Watson Fuller (Hrsg.)
Biologie und Gesellschaft

Die biologische Forschung kann in Zukunft unser Leben radikal verändern. Seit der Entdeckung der DNS wurden ungeheure Fortschritte erzielt, vor allem auf dem Gebiet der Genetik. Sind diese Entdeckungen, die z. B. eine Manipulation der Gene oder eine Kontrolle des menschlichen Gehirns möglich machen könnten, ein Fortschritt oder eine Gefahr? Der Wissenschaftler, der sich seiner gesellschaftlichen Verantwortung bewußt ist, stellt sich die Frage, was er tun soll, wenn er weiß, daß seine Forschungsergebnisse mißbraucht werden können. Dieses Buch bringt die Ergebnisse einer Konferenz der »British Society for Social Responsability in Science«, auf der die bedeutendsten Naturwissenschaftler unserer Zeit diese aktuellen Fragen diskutieren.

Watson Fuller ist Dozent für Biophysik am King's College der Universität London.

Serie Piper:

Watson Fuller (Hrsg.)

Biologie und Gesellschaft

Der Text dieses Buches basiert auf Referaten und Diskussionen einer internationalen Konferenz, die in London vom 26.–28. November 1970 stattfand und von der British Society for Social Responsability in Science mit Unterstützung des Council for Biology in Human Affairs, Salk Institute, San Diego, California, organisiert wurde.
Übersetzt aus dem Englischen von Norbert Wölfl und Hansheinz Werner. Die Überprüfung der Fachausdrücke besorgte Frau Dr. Ruthild Winkler vom Max-Planck-Institut für biophysikalische Chemie in Göttingen, der der Verlag an dieser Stelle seinen besonderen Dank aussprechen möchte.

Die englische Originalausgabe unter dem Titel
»The Social Impact of Modern Biology« erschien bei
Routledge & Kegan Paul Ltd, London 1971

ISBN 3-492-00324-9

Umschlag Wolfgang Dohmen
Gesetzt aus der Garamond-Antiqua
Gesamtherstellung Clausen & Bosse, Leck
Printed in Germany

Inhalt

Vorwort

Schon innerhalb der nächsten Jahrzehnte können die Entdeckungen auf dem Gebiet der Biologie das menschliche Leben radikal verändern. Es stimmt zwar, daß die Biologie bereits die Medizin und die Nahrungsmittelproduktion maßgebend beeinflußt hat, doch im Vergleich zu den künftigen Möglichkeiten erscheinen diese Effekte als Stückwerk und von geringer Bedeutung. Fortschritte in der Behandlung von Krankheiten, im Verständnis der Alterungsprozesse, in der Kontrolle von Verhaltensweisen, in der Nutzbarmachung von Mikroorganismen zur Herstellung besonderer Chemikalien und (auch) in der Nahrungsmittelproduktion ergeben die Möglichkeit, die Grenzen jener sozialen und politischen Strukturen aufzuzeigen, die sich für die Anwendung wissenschaftlicher und technischer Neuerungen herausgebildet haben. Das Problem besteht nicht nur einfach darin, daß es uns vielleicht nicht gelingen könnte, aus diesen Fortschritten maximalen Nutzen zu ziehen, sondern in der ernsten Gefahr, die dem Wohlergehen oder gar dem Fortbestand unserer Art bei unsachgerechter Anwendung dieser neuen Kenntnisse droht. Physisch werden wir als Art von der Erschöpfung natürlicher Rohstoffe und der Vergiftung unserer Umwelt durch nicht eingeplante technologische Entwicklungen bedroht. Auf sozialem Gebiet beruht die Bedrohung unserer Art auf den Techniken der Beeinflussung menschlichen Verhaltens, die zu einer Entmenschlichung führen und die Kreativität zerstören könnten. Die für uns als Individuen gültigen Wertsysteme werden ebenso ausgehöhlt wie neuerworbenes Wissen um biologische Phänomene, wie Vererbung und Verhaltensweise alte Mythen und Dogmen aushöhlt, die das Herzstück unserer ethischen und religiösen Glaubensgrundsätze darstellen.

Die Britische Gesellschaft für soziale Verantwortung in der Wissenschaft (British Society for Social Responsibility in Science) vertrat die Ansicht, daß durch eine Diskussion dieser Fragen auf einem Kongreß ein echter Beitrag zur Definition jener Probleme geleistet werden könnte, die vermutlich auftreten werden, aber auch ein Beitrag zur Entwicklung von Standpunkten und Methoden, mit deren Hilfe solche Probleme gelöst werden könnten. Wir gingen dabei folgendermaßen vor: Erstens bemühten wir uns um eine zuverlässige Analyse mutmaßlicher Entwicklungen auf Gebieten wie Genetik, Krebsbekämpfung, Immunologie und angewandter Botanik durch Wissenschaftler, die bereits über einschlägige Erfahrungen verfügten; zweitens versuchten wir, die zu erwartenden sozialen Auswirkungen dieser Entwicklungen abzutasten, indem wir Wissenschaftler, die sich schon Gedanken über diese Probleme gemacht hatten, aber auch Nichtwissenschaftler, zur Mitarbeit einluden; drittens richteten wir das Programm des Kongresses so ein, daß nicht nur die Vortragenden, sondern auch die Zuhörer ausreichend Gelegenheit fanden, diese Themen erschöpfend zu diskutieren.

Es war von Anfang an vorgesehen, den Kongreß der Öffentlichkeit zugänglich zu machen. Presse und Rundfunk wurden eingeladen. Trotzdem wurde uns klar, daß es sicherlich viele Leute geben würde, die an dem Treffen nicht teilnehmen konnten, aber mehr darüber zu erfahren wünschten, als den Massenmedien zu entnehmen war; daß die Teilnehmer Gelegenheit zu einem intensiveren Studium des Materials begrüßen würden. Daher wurde aus den Vorträgen und Diskussionsbeiträgen dieses Buch zusammengestellt. Den Diskussionsrednern wurde meine Rohfassung ihres Beitrags zugestellt, und sie leisteten durch ihre Antworten einen wichtigen Beitrag zur endgültigen Herausgabe des Buches. Aus Platzgründen wurden die Diskussionsbeiträge stark gerafft. Außerdem habe ich sie so geordnet, daß sie zu verwandten Themenkreisen zusammengefaßt wurden. Ich habe nicht versucht, die von den Rednern vorgelegten Manuskripte stilistisch zu vereinheitlichen, sondern mich lediglich um die Vermeidung größerer Überschneidungen bemüht. Die Beiträge sind nicht nur inhaltlich, sondern auch in ihrer Einstellung und Betrachtungsweise vielgestaltig und, so glaube ich, als Darstellung der Ansichten von Personen in den unterschiedlichsten Positionen ebenso interessant wie vom eigentlichen Inhalt her.

Maurice Wilkins war es, der dem Kongreß die allgemeine Richtung gab und der auch den ersten Kontakt zu den meisten Vortragenden herstellte. Viele Wissenschaftler standen uns mit wertvollen Ratschlägen zur Seite, insbesondere Arthur Galston, Henry Harris, John Humphrey und Martin Pollock sowie Wissenschaftler der britischen Pugwash-Gruppe. Wir möchten uns nicht nur bei den Vortragenden sehr herzlich bedanken, sondern auch bei dem Kongreßleiter Dr. C. O. Carter, bei Professor W. R. S. Doll, Dr. M. F. Perutz und bei Professor Pat Wall. Natürlich bin ich allen Beteiligten für ihre Unterstützung und die prompte Bearbeitung der Manuskripte zu großem Dank verpflichtet. Dadurch wurde es möglich, daß knapp sieben Wochen nach Beendigung des Kongresses bereits das komplette Manuskript in Druck gehen konnte. Was die Fertigstellung betrifft, habe ich John Wolfers und Ian Roxburgh für ihren fachlichen Rat zu danken, Bert Ede und der BBC für die Bandaufnahmen, meiner Frau für die Niederschrift und allen meinen Kollegen am King's College, insbesondere Ann Kernaghan, für ihre Unterstützung. Die Organisation dieser Tagung wurde wirkungsvoll gefördert von David Dickson und den Mitarbeitern der BSSRS (Britische Gesellschaft für soziale Verantwortung in der Wissenschaft). Für den ausgezeichneten Rahmen dieser Veranstaltung im Friends' House sorgten Robert Avery und Mitarbeiter. Ohne die (früh-)zeitige Zusage einer finanziellen Unterstützung durch das Council for Biology in Human Affairs beim Salk-Institut in San Diego wäre der Kongreß kaum durchführbar gewesen.

Zuletzt möchte ich Matteo Adinolfi, Geoffrey Brown, David Dickson, Shev Lal, Steven Rose, Bob Smith und Maurice Wilkins danken, meinen Kollegen im Vorbereitungsausschuß, der zur Planung des detaillierten Programms acht Monate lang regelmäßig tagte. Wie wertvoll ihr Beitrag war, beweisen schon der Erfolg des Kongresses und die Tatsache, daß die Zuhörerzahl durchweg über 800 lag. Hoffentlich gewinnen alle, die am Zustandekommen des Kongresses mitgewirkt haben, den Eindruck, daß dieses Buch ein getreues Protokoll und eine nützliche Grundlage für weitere Untersuchungen darstellt.

Watson Fuller

I. Wissenschaft, Technologie und Werte

1. M. H. F. Wilkins · Einleitung

Die Krise in der heutigen Wissenschaft ist nicht nur von unmittelbarer Bedeutung für die Frage, ob wir überleben werden, sondern auch von großer Tragweite für das gesamte Gebäude unserer Weltanschauung und unseres Werturteils. Natürlich werden manche Wissenschaftler abstreiten, daß überhaupt eine Krise existiere. Sie arbeiten einfach weiter, wie es die Wissenschaftler im letzten halben Jahrhundert getan haben. Aber gerade der Umstand, daß Gastwissenschaftler aus den USA und aus Japan die Ruhe zu schätzen wissen, die in den wissenschaftlichen Institutionen Großbritanniens herrscht, macht deutlich, wie anders es dort aussieht. In den Vereinigten Staaten wurde in einer Universität ein Forschungslabor in die Luft gesprengt, und in anderen wurde die Arbeit berühmter Einrichtungen monatelang schwer behindert; in Japan, wo die Wissenschaft vorwärts drängte, kommt es heute allenthalben zu ernsten Störungen. Ein guter Teil dieser Störungen entspringt zwar der allgemeinen Unruhe innerhalb der Studentenschaft und der politischen Unzufriedenheit, aber sie sind doch weitgehend auch unmittelbar auf die Wissenschaft selbst, ihre Organisationsformen und ihre sozialen Prioritäten zurückzuführen.

Aber auch da, wo die Wissenschaftler ihrer Arbeit noch ungestört nachgehen können, hat sich ihre Einstellung zu ihren Aufgaben seit dem Kriege erheblich geändert. Obgleich viele Wissenschaftler ihre Arbeit keinesfalls in Frage stellen wollen, ist im allgemeinen der Wandel doch unübersehbar. Die Hauptursache mag die Atombombe sein – die Wissenschaftler haben ihr beinahe schon arrogantes Vertrauen in den Wert der Wissenschaft verloren. Gleichzeitig melden sich in zunehmendem Maße Nichtwissenschaftler zu Wort und stellen den Wert der Wissenschaft offen in Frage. Einige Extremisten gehen sogar noch weiter und lehnen rationales Denken insgesamt ab. Ausgehend von der vagen Ahnung, daß sich Erfahrung mit dem Verstand allein nicht zur Gänze erfassen läßt, leugnen sie jegliche Vernunft und befürworten den Mystizismus als einzigen Leitfaden für unser Leben und die Zukunft. Welchen Vertrauensverlust die Vernunft erlitten hat, zeigt sich schon durch die Popularität primitiver Formen der Astrologie und ähnlicher Dinge. Daß diese vernunftfeindliche Haltung vermutlich um sich greift, wird dadurch deutlich, daß sie unter jüngeren Leuten – auch Intellektuellen – viele Anhänger hat. Bezeichnenderweise wählen Oberschüler vorwiegend andere, nicht naturwissenschaftliche Studienfächer, obgleich die Wissenschaft im modernen Leben eine immer größere Rolle spielt. Es ist bestürzend, wenn man sich daran erinnert, wie dünn beim zivilisierten Menschen die Schicht des rationalen Denkens ist, und daß erst vor gar nicht so langer Zeit in einem der höchstzivilisierten Länder der westlichen Welt Bücher verboten und sogar öffentlich verbrannt wurden und daß der Völkermord, gestützt auf eine »mystische« Ideologie, Bestandteil staatlicher Politik war. Leider gehören diese Dinge durchaus nicht der Vergangenheit an.

Durch den Trubel um die Atombombe und die Ursachen der Umweltverschmutzung sind die Naturwissenschaften ins Zwielicht geraten. Aber auch bei Ausklammerung all dessen, was eindeutig negativ und destruktiv ist, kann man bei Betrachtung der ungeheuren Aufwendungen für die Mondlandungen und des durch die Anwendung medizinischer Fortschritte entstandenen Problems der Überbevölkerung heute nicht mehr automatisch behaupten, die Wissenschaft brächte nur Segen, wenn man sie mit ausreichenden Mitteln ausstattete. So einfach lagen die Dinge nie, selbst wenn die Verantwortlichen sie vielleicht so gesehen haben mögen. Die Ergebnisse der Wissenschaft waren schon immer ziemlich unvorhersehbar; doch heute kommt es mehr denn je zu Komplikationen, unerwünschten Nebenwirkungen und schwierigen Entscheidungen weltanschaulicher Art. Darüberhinaus ist es verwirrend, mit welchem Tempo die Wissenschaft unsere Lebensweise verändert. Das Auto, die Pille, der Computer und so weiter verändern unmerklich unsere Verhaltensweisen. Diese Wandlungen gehen so schnell vor sich, daß es schwierig wird, aus Erfahrung zu lernen. Man wirft der Wissenschaft Entmenschlichung vor: Das Goldene Zeitalter ist beinahe

Wirklichkeit geworden, Babys aus der Retorte, Menschen werden durch Computer ersetzt oder als Computer betrachtet, logisches Denken verdrängt menschliche Wärme und Poesie. Die radikale Linke sieht in der Wissenschaft mehr ein Werkzeug der Unterdrükkung in den Händen des Establishment als eine Kraft zur Verbesserung und Veränderung der Gesellschaft.

Die Wissenschaftler reagieren auf diese Schwierigkeiten unterschiedlich. Die meisten von ihnen verspüren vage ihre herkömmliche Verpflichtung, zeigen sie jedoch weitaus weniger artikuliert als ihre Kritiker. Viele sehen in einer Diskussion der Schwierigkeiten (mit den »Jeremias der Wissenschaft«, wie sie sagen) so etwas wie eine Nestbeschmutzung, die notwendigerweise zu einer Überbetonung der weniger erfreulichen Aspekte führen müsse. Sie verurteilen die Kassandrarufe der Überängstlichen – und mit Recht, denn diese verursachen übertriebene Reaktionen: man verdammt entweder die Wissenschaft in Bausch und Bogen, oder man steckt einfach den Kopf in den Sand. Aus verständlichen Gründen lehnen die Wissenschaftler auch jene Personen ab, die von der Notwendigkeit eines größeren sozialen Verantwortungsbewußtseins predigen. Vermutlich empfinden sie richtig, denn es ist kaum ein Fortschritt zu erwarten, wenn man die Wissenschaft lediglich mit einer dünnen Schicht sozialen Verantwortungsbewußtseins übertüncht. Zweifellos liegen sie auch mit der etwas altmodisch klingenden Auffassung richtig, die Wissenschaft brauche ein Maximum an Freiheit, um sich überall entwickeln zu können; dieser Gedanke ist für sie seltsamerweise von großem Wert. Dennoch geben nahezu alle Wissenschaftler zu, daß sich die Situation des Menschen so zugespitzt hat, daß dringend etwas unternommen werden muß.

Bei all diesen Überlegungen muß man sich zuerst ein klares Bild von der Bedeutung der Wissenschaft in der heutigen Welt verschaffen. Eine der Haupttriebfedern dieses Kongresses war die Hoffnung, daß sich vielleicht zu diesem Punkt neue Ideen ergeben würden. Die Notwendigkeit eines Wertbewußtseins ist kein typisches Merkmal der Naturwissenschaft, sondern von allgemeiner Geltung für das gesamte höhere Bildungswesen. Die Aussage, die Wissenschaft sei von Wert, weil ihre Anwendung dem Menschen große Vorteile bringt, ist wahr, aber nicht ausreichend. Die Vorteile sind überwiegend materieller Art, wie zum Beispiel die Steigerung des Lebensstandards oder die Besiegung von Krankheiten. Diese Dinge sind in rückständigen Ländern außerordentlich wichtig, aber in technologisch hochentwickelten Ländern ist der Bedarf an materiellem Fortschritt weitaus weniger vordringlich. Besonders die jungen Leute neigen dazu, sich mehr für den Sinn des Lebens, für geistige Werte und menschliche Beziehungen zu interessieren.

Also stehen wir vor der Aufgabe, die Bedeutung der Wissenschaft nicht nur in materiellen Begrifffen zu definieren. Für das siebzehnte Jahrhundert hat Medawar dies sehr anschaulich 1969 in seiner Antrittsrede als Präsident der British Association dargestellt. Die Entwicklung der experimentellen Naturwissenschaft im siebzehnten Jahrhundert hat den negativen, dogmatischen Einfluß vieler Jahrhunderte engstirniger Scholastik hinweggefegt und den Weg für das Zeitalter der Vernunft und für die Französische Revolution bereitet. Die Erschließung der Neuen Welt war das Symbol für die Befreiung des menschlichen Geistes.

Auch heute ist es noch möglich, etwas von diesem geistigen Auftrieb zu spüren. Nehmen Sie als Beispiel jenen Zweig der Wissenschaft, der sich mit dem Nervensystem befaßt. Diese Wissenschaft sollte nicht nur zur Beherrschung der Störungen des Nervensystems führen, sondern dadurch, daß sie uns die Funktionsweise des menschlichen Gehirns lehrt, auch ein neues Licht auf die Beschaffenheit des Verstandes selbst werfen. Dieses Wissen sollte zu einer *Bewußtseinserweiterung* führen, wie es in Hippiekreisen gern heißt. Darwin und Freud bewirkten eine einschneidende Änderung in der Einstellung des Menschen zu sich selbst und zu seinen Wertbegriffen. Infolgedessen können wir jetzt etwas über unsere animalische Natur und unsere Psyche aussagen und haben eine neue Grundlage für zwischenmenschliche Toleranz gefunden. Mit der Weiterentwicklung der Neurobiologie – wenn sich beispielsweise Neurophysiologie und Psychologie gegenseitig befruchten – dürfen wir uns eine noch tiefere Einsicht in unsere Natur erhoffen. Eine solche Selbsterkenntnis sollte einen großen Einfluß auf unsere Wertbegriffe ausüben. Durch die Selbsterkenntnis, die sie uns vermittelt, wird die Wissenschaft dann wertvoll. Da wir Bestandteil der materiellen Welt sind, müssen wir diese Welt insgesamt studieren, um uns selbst besser verstehen zu lernen. Darin, so glaube ich, liegt der eigentliche Wert der gesamten Wissenschaft.

Wir müssen uns jedoch mit der Tatsache abfinden, daß sich jenes erhebende Gefühl des Selbstvertrauens nicht zurückholen läßt, das die Wissenschaft dem Menschen in der Vergangenheit gab. So erregend beispielsweise die Aussichten auf eine tiefere Selbsterkenntnis durch die Neurologie auch sein mögen, müssen wir uns dennoch sagen, daß Selbsterkenntnis nicht unbedingt größere Weisheit bedeutet und daß befürchtet wird, die Neurologie könnte zur Gedankenkontrolle mißbraucht werden. Wir empfinden drückend unsere eigenen Grenzen. Im Falle der Atombombe wissen wir, daß es Angst und nicht Großmut oder Toleranz war, die uns von grauenhaften Taten abhielt.

Wir befinden uns in einer sehr schwierigen Lage. Manches könnte einfacher werden, wenn wir versuchten, anders über unsere Probleme nachzudenken. Wenn wir das Problem so darstellen, daß es Wissen, Weisheit und menschliche Bedürfnisse in sich vereint, so heißt das doch, daß Wissen, Weisheit und Bedürfnisse getrennte und verschiedene Dinge seien. Diese Unterteilung existiert nicht nur in der Wissenschaft, sondern auch in unserem Denken. Das war nicht immer so. Im 17. Jahrhundert gab es beispielsweise die Begriffe der reinen und der angewandten Wissenschaft überhaupt noch nicht. Was immer an menschlichen Bedürfnissen auftrat, ob praktischer oder philosophischer Natur, es war eben Bestandteil der Wissenschaft. Im Laufe der letzten dreihundert Jahre hat sich dann der Begriff der reinen Wissenschaft herausgebildet. Das war zweifellos notwendig, um die Entwicklung der Wissenschaft durch Spezialisierung zu fördern; aber unsere heutigen Schwierigkeiten wären geringer, wenn wir diesen Begriff wieder aufgeben könnten.

Welche Bedürfnisse befriedigt die Wissenschaft? Die Fähigkeit »Wissenschaft zu betreiben« entwickelte sich höchstwahrscheinlich aus der Fähigkeit Probleme zu lösen, die der Mensch durch natürliche Auslese erwarb, um zu überleben. Wenn wir den Drang nach fortgesetzter geistiger Entwicklung als Grundbedürfnis akzeptieren – ein Stillstand würde Rückschritt bedeuten –, so steht dieses Bedürfnis selbst schon in Beziehung zum Überleben. Auf diese Weise sind alle menschlichen Grundbedürfnisse miteinander verknüpft.

Wenn wir den Wert der Wissenschaft klarer herausstellen wollen, dürfen wir sie nicht länger in reine und angewandte Wissenschaft, menschliche Bedürfnisse und so weiter einteilen. Die wissenschaftliche Forschung und Lehre sollte nicht fern vom übrigen Leben ein Eigendasein führen (wobei man unter Leben die emotionelle und intellektuelle Entwicklung des Individuums, die kulturelle Betätigung und seine soziale Organisation versteht). Lord Snow beschreibt *»Zwei Kulturkreise«*, die bei zwei verschiedenen Gruppen von Menschen in Erscheinung treten – den Künstlern und den Wissenschaftlern. Ernster ist jedoch, daß diese *Aufspaltung* auch im Individuum selbst existiert. Eine Art der Betrachtensweise der Katalogisierung in der Wissenschaft leitet sich von Jungs Vorschlag ab, Probleme der individuellen Psychologie dadurch zu lösen, daß man das Denken und das Fühlen des Menschen zusammenführt. Der Begriff sozialer Verantwortung der Wissenschaft deutet an, daß auch die Wissenschaft Bereiche des Denkens und des Fühlens aufweist. Könnte man diese getrennten Teile zusammenführen, wäre die Wissenschaft besser für die weitreichenden Hoffnungen und Bedürfnisse des Menschen gerüstet; die entmenschlichenden Aspekte der Wissenschaft wären verringert, die Wissenschaft könnte eine Kraft zur Veränderung und Verbesserung der Gesellschaft sein, und die soziale Verantwortung läge bereits in der Natur der Wissenschaft begründet.

Diese Gedanken könnten durch eine Erforschung der Beziehungen zwischen Wissenschaft und Kunst klarer gefaßt werden. Es handelt sich um alltägliche Probleme in diesen beiden Bereichen. Die Krise der Wissenschaft ist lediglich Teil einer größeren kulturellen Krise. Kunst, höhere Bildung ganz allgemein, Politik, Wirtschaftskunde – all das ist heute nicht mehr den menschlichen Bedürfnissen angepaßt: jeder einzelne Bereich ist abgetrennt. Genau wie die Wissenschaft, hat sich auch die Kunst vom Leben entfernt. Sie ist nicht mehr das, was sie zum Beispiel zeitweilig in primitiven Gesellschaften war: ein fester Bestandteil unserer Kultur, der in alle Bereiche des Lebens, in den Alltag, die Religion, hineinreicht. Die Kunst hat sich abgetrennt und ist zu einem Spezialgebiet geworden, das nur noch von einer Minderheit verstanden wird; sie fristet ein isoliertes Dasein in Galerien, Museen und Konzertsälen (und sie wird, genau wie die Wissenschaft, zu politischen und kommerziellen Zwecken mißbraucht). Neuerscheinungen im kulturellen und wissenschaftlichen Bereich, wie zum Beispiel Vorlesungen über Ökologie und kombinierte Kunst-Technik-Ausstellungen im hiesigen Institut für zeitgenössische Kunst in London deuten auf eine mögliche Veränderung und die Chance hin, daß sich die Kultur vielleicht auf einer breiteren Basis wiederfinden könnte.

Eine Bejahung der Gedanken, die ich darzulegen versuchte, müßte zu Veränderungen in der Wissenschaft selbst führen. Es liegen tatsächlich Anzeichen für derartige Veränderungen vor. Die so oft von radikalen Studentengruppen erhobene (und oberflächlich klingende) Forderung nach einer »sozial relevanten« Wissenschaft hat vielleicht sogar schon einige wünschenswerte Veränderungen bewirkt. Das gilt hauptsächlich für die USA. Neue Forschungsprojekte, die sich mit Umweltproblemen befassen, haben, zuweilen eingebettet in den höheren Lehrbetrieb, zu einer neuen Form intellektueller Herausforderung geführt. Akademische Forscher, die auf sozial relevante Gebiete abgedrängt wurden, haben zu ihrer eigenen Überraschung festgestellt, daß sie mit neuen Arbeiten von großer prinzipieller wie auch praktischer Bedeutung konfrontiert wurden. Diese Entwicklungen weisen nicht nur einfach auf die Schaffung neuer Aufgabengebiete für die angewandte Wissenschaft hin, und sie besagen auch nicht, daß das Interesse an grundlegenden Ideen verloren gehen muß. Es könnte sich vielmehr herausstellen, daß die Wissenschaft von noch größerem prinzipiellem Interesse sein wird, wenn sie sich besser den menschlichen Bedürfnissen im weitesten Sinne des Wortes anpaßt.

Es wird manchmal angenommen, das Bemühen um die Verhinderung gefahrbringender Nutzanwendungen der Wissenschaft könnte dazu führen, daß die Gesellschaft der wissenschaftlichen Forschung unerwünschte Beschränkungen auferlegt – da der Wissenschaft ein Element der Unberechenbarkeit innewohnt, könnte letztlich auch Forschung blockiert werden, die als sehr wünschenswert angesehen werden muß. Die Kirche betrachtete sich wahrscheinlich als Trägerin sozialer Verantwortung, als sie sich bemühte, Galilei Einhalt zu gebieten. Aber solche Situationen hätten kaum ernsthafte Auswirkungen, wenn Wissenschaft und Gesellschaft nicht voneinander getrennt wären. Die Notwendigkeit einer grundsätzlichen Freiheit der wissenschaftlichen Forschung würde von einer nicht aufgesplitterten Gesellschaft als ein äußerst wichtiges menschliches Bedürfnis angesehen werden, das gleichberechtigt neben anderen Erfordernissen der Menschheit steht.

Im 17. Jahrhundert machte die Entwicklung der Wissenschaft eine kritische Phase durch. Es war eine positive Phase des absoluten Vertrauens in die Wissenschaft. Heute ist, nach mehr als dreihundertjähriger Entwicklung der Wissenschaft, wieder eine sehr kritische Phase eingetreten; aber diesmal ist sie negativ gefärbt und mit einem Vertrauensverlust für die Wissenschaft verbunden. Wenn wir uns mit dieser Krise auseinandersetzen wollen, müssen wir neue Betrachtungsweisen entwickeln, die ebenso radikal sind wie jene, die in der kritischen Phase im 17. Jahrhundert entstanden sind. Bei der Behandlung dieses Problems werden wir wohl mit Nachdenken nicht weit kommen, wenn wir uns nicht die experimentelle Methode zu eigen machen (*nullius in verba*, wie es die Gründer der Royal Society in einer übereifrigen Reaktion auf die Scholastik ausdrückten). Die Vorbereitung neuer Forschungsprojekte, die Entwicklung neuer Lehrgänge, die Durchführung von Diskussionen, das alles sind Experimente, die zu überraschenden Ergebnissen führen könnten.

Wir beginnen diese Diskussion mit Versuchen zum Aufbau intellektueller Schemata und mit einer Besprechung des Wertes der Wissenschaft. Dann betrachten wir verschiedene Aspekte der Biologie und ihre Anwendungsmöglichkeiten. Wir können uns nicht mit allen Aspekten befassen, das wäre eine rahmensprengende Aufgabe. Wir beginnen mit der Mikrobengenetik, gehen zur Humangenetik über und befassen uns dann mit verschiedenen Aspekten der Molekularbiologie, der Zellularbiologie und der Medizin. Dabei stoßen wir zwangsläufig auf die Frage medizinischer Ethik. Wir betrachten die verschiedenen Gebiete nicht so sehr aus Interesse am Detail – obgleich Detailkenntnis für unsere Zwecke wichtig werden könnte –, sondern mehr aus Interesse an der Frage, was diese Überlegungen eventuell an Enthüllungen für die allgemeinen Grundlagen von Wissenschaft und Gesellschaft bieten könnten. Aus Vorträgen über verschiedene Gebiete der Molekularbiologie erfahren wir etwas über die sehr positiven Beiträge, die die Biologie leistet, zum Beispiel bei der Entwicklung neuartigen Saatgutes und bei der Krebsbekämpfung. Wir werden sehen, was wir alles aus der Geschichte der Naturwissenschaft und auch aus der industriellen Technik lernen können. Gegen Ende dieses Buches werden wir uns mit philosophischen und politischen Fragen beschäftigen, da sich diese in zunehmendem Maße den Wissenschaftlern aufdrängen. Für einen Wissenschaftler ist es heutzutage schwierig, fernab von der Außenwelt und fernab von Philosophie und Politik wirklich bedeutungsvolle Arbeit zu leisten.

2. Jacques Monod · Über die logischen Beziehungen zwischen Wissen und Werten

Niemand wird abstreiten, daß gerade in diesem »Zeitalter der Wissenschaft«, da die Gesellschaft von ihrer Technologie (und damit letztlich von der Wissenschaft selbst) mindestens ebenso abhängig ist wie ein Süchtiger von seinem Rauschgift, eine schwere Verantwortung auf dem Wissenschaftler lastet. Bevor wir den Versuch unternehmen, Art und Reichweite dieser Verantwortung und der damit verbundenen Verpflichtungen zu durchleuchten, dürfte es ratsam sein, sich einige Gedanken über den Status der Wissenschaft zu machen, das heißt, über das Verhältnis zwischen *objektivem Wissen* und Ethik.

Verantwortungen, Aufgaben und Verpflichtungen kann man nur in bezug auf ein gültiges Wertsystem vernünftig definieren und diskutieren. Es stimmt: Bei manchen Problemen oder Alternativen kann man sich frei entscheiden oder ein Urteil umgehen, ohne bis zum Grund unserer Wertsysteme vorzustoßen. Jedermann wird anerkennen, daß Umweltverschmutzung SCHLECHT ist und daher alle dagegen gerichteten Techniken, Bemühungen, Eingaben, Proteste und Warnungen GUT sind. Alle sind sich darin einig, daß genetische Störungen SCHLECHT sind. Aber wir wissen nur allzu genau, daß man sehr geteilter Meinung darüber sein kann, welche technisch durchführbaren Methoden zur Verhinderung einer allmählich genetischen Verkümmerung der menschlichen Rasse man noch ethisch vertreten kann. Für viele liegt die Grenze immer noch bei der therapeutischen Abtreibung. Andere, die eine therapeutische Abtreibung befürworten, wehren sich heftig gegen jegliche Eugenikgesetzgebung. Neunzig Prozent der internationalen Wissenschaft bezeichnen übereinstimmend den Krieg als SCHLECHT! Daher wird es ein hoher Anteil dieser neunzig Prozent strikt ablehnen, als Wissenschaftler etwas mit der Entwicklung neuer Waffen oder »Waffensysteme« in ihrem Vaterland zu tun zu haben. Die Frage ist nur: Wie würden Sie sich verhalten, wenn sie heute mit demselben Dilemma konfrontiert würden wie 1940 die Wissenschaftler Szilard, Fermi und Einstein, als sie Roosevelt drängten, das in die Wege zu leiten, was später als »Projekt Manhattan« bekannt wurde? Ich persönlich neige zu der Ansicht, daß selbst die wohlmeinendsten unter diesen Wissenschaftlern (Linus Pauling nicht ausgenommen) unter ähnlichen Umständen genau so handeln würden, wie Einstein damals handelte.

Es liegt auf der Hand, daß man sich angesichts solcher Alternativen bei der Entscheidung nicht nach dem Wissen, sondern nach Werten richtet. Objektives Wissen schreibt die möglichen Alternativen vor. Aber das Wissen selbst hilft in keiner Weise bei der Lösung der quälenden ethischen Probleme, die nur die Wissenschaft aufwirft. Es bedarf wohl keiner Worte, daß Zurückhaltung und Nichtstun außer Diskussion stehen. Das wäre keine sehr anständige Lösung.

Die Wissenschaft beruht auf einer streng *objektiven* Analyse und Interpretation des Weltalls einschließlich des Menschen selbst und seiner Gesellschaften. Werturteile muß die Wissenschaft außer acht lassen. Mit Hilfe von Wissen werden neue Alternativen erschlossen und natürlich auch vorgeschlagen. Aber sobald eine *Entscheidung* gefällt wird, verläßt man den Bereich des Objektiven und tritt in die Wertungen ein, die von ihrem Wesen her nicht-objektiv sind und daher auch nicht vom objektiven Wissen erfaßt werden können. Es ist absolut unmöglich, *objektiv* nachzuweisen, daß es SCHLECHT ist, Kriege zu führen, einen Menschen zu töten, ihn zu berauben oder mit der eigenen Mutter zu schlafen.

Daraus könnte man schließen, daß der Wissenschaftler *keine besondere* Verantwortung für die Menschheit und ihr Wohlergehen trage, da er sich ja von berufs wegen ausschließlich mit der Erlangung objektiven Wissens befaßt. Es steht auch keineswegs fest, ob er kraft seiner Ausbildung im Rahmen der gegebenen Möglichkeiten besser als etwa ein Theologe, ein Rechtsanwalt, ein Polizist oder ein Berufspolitiker prädestiniert wäre, bestimmte Maßnahmen vorzuschlagen oder zu empfehlen.

Man könnte meinen, die einzige *Verpflichtung* seines Berufsstandes müsse darin bestehen, die Gesellschaft über den objektiven Stand der Dinge auf seinem Gebiet zu *informieren* und die mutmaßlichen Konsequenzen der verschiedenen denkbaren Entscheidungen aufzuzeigen. Aber selbst diese Verpflichtung kann man anzweifeln. Nehmen wir an, Sie hätten als Wissenschaftler eine einfache, wirksame und billige Methode entdeckt, mit deren Hilfe sich ein beliebiger Teil der Menschheit auslöschen ließe, der einem anderen Teil lästig geworden ist. Wäre es dann Ihre Pflicht, diese Entdeckung preiszugeben? Auch nur Ihrer eigenen Regierung? Oder vielleicht dem Generalsekretär Ihrer Partei? Oder, wie die meisten Wissenschaftler es halten würden, ihre eigenen Kollegen zu unterrichten, allerdings in einer so technischen Sprache, daß nur Wissenschaftler die Tragweite Ihrer Entdeckung erkennen würden? Diese letzte Möglichkeit würde Sie im Rahmen der Wissenschaft zu einem berühmten Mann machen, aber gleichzeitig die Garantie dafür bedeuten, daß Ihre Entdeckung eines Tages allgemein bekannt und damit zu einer Bedrohung der Menschheit würde. Würden Sie so handeln – wie einige Wissenschaftler in den dreißiger Jahren tatsächlich gehandelt haben, als sie eine derartige Bedrohung in Händen hielten und sich darüber im Klaren waren?

Betrachten wir ein weiteres Problem. Angenommen, Sie wären Sozialanthropologe mit Erfahrungen auf den Gebieten der Experimentalpsychologie und Genetik. Könnte diese (sehr seltene) Kombination von Befähigungen Sie in Versuchung führen, beispielsweise die Genetik der Intelligenz zu untersuchen? Nehmen wir ferner an, Sie hätten endlich einen echt »kulturneutralen« Test gefunden, der Sie in die Lage versetzte, das durchschnittliche genetische Potential verschiedener Menschenrassen miteinander zu vergleichen. Noch vor Erreichung dieses Punktes müßte Ihnen klar geworden sein, daß Sie hier ein emotionell und politisch sehr gefährliches Gebiet berühren. Würden Sie an dieser Stelle Halt machen, vielleicht aus Angst, unliebsame Tatsachen aufzudecken? Oder würden Sie im Vertrauen auf den angeblich »absoluten« Wert des Wissens weitermachen? Was ist, wenn Sie sich nicht beirren lassen und tatsächlich herausfinden, daß gewisse ethische Gruppen Ihres eigenen Vaterlandes nach bestimmten Maßstäben tatsächlich minderwertig sind? Was werden Sie dann mit Ihren Daten anfangen? Sie veröffentlichen, obgleich Sie wissen, welcher Mißbrauch damit getrieben werden könnte? Würden Sie die Ergebnisse für sich behalten und damit gegen eines der moralischen Grundgesetze der Wissenschaft verstoßen, das besagt, Wissen gehöre niemals dem einzelnen, sondern stets der Gemeinschaft und dürfe daher nicht geheimgehalten werden?

Ich will gar nicht versuchen, diese Fragen hier zu beantworten. Versuchen Sie es doch – nur als Übung auf dem Gebiet der Ethik in der Wissenschaft.

Trotz dieser großen »kasuistischen« Schwierigkeiten vertrete ich dennoch die Meinung, daß die Wissenschaftler eine sehr spezielle Verantwortung gegenüber der Gesellschaft und der Menschheit insgesamt tragen und daß sie – innerhalb genau umschriebener Grenzen – durch Beruf und Ausbildung besser gerüstet sind oder zumindest sein sollten, um bei der Entscheidung zwischen gegebenen Alternativen dann, wenn es um die Zukunft der Menschheit geht, sachkundige Empfehlungen geben zu können. Ich werde versuchen, diese Meinung logisch zu begründen.

Im großen und ganzen lautet die Argumentation folgendermaßen (einige nebensächliche Aussagen sind so selbstverständlich, daß ich darauf verzichte, sie zu rechtfertigen oder zu illustrieren):

1. All die traditionellen Wertsysteme (die angeblich noch Maßstab für unsere Gesellschaft sind), gründeten sich auf irgendeine ›Geschichte‹ oder Ontogenie, die den Menschen absolute Moralgesetze gab, die er weder diskutieren noch übergehen noch ablehnen konnte. Die Ethik gehörte nicht dem Menschen – er gehörte ihr. Das gilt natürlich in ester Linie für die Religionen, aber gleichermaßen auch für jene Systeme, die sich von der »Aufklärung« ableiten und die das Vorhandensein »natürlicher Moralgesetze« voraussetzen. Beispiele: Die ethische Grundlage der amerikanischen und der Französischen Revolution, der marxistische Glaube an »objektive« historische Gesetze.

2. Die wissenschaftliche Behandlung hat nicht die durch solche Systeme empfohlenen Werte zerstört (die Wissenschaft urteilt nicht über Werte), sondern die unterschiedlichen Mythologien und philosophischen Ontologien, auf die sich diese Systeme scheinbar unverrückbar begründeten.

3. So wurden die modernen Gesellschaften, die sowohl wirtschaftlich als auch psychologisch von den technologischen Früchten der Wissenschaft leben, durch die Wissenschaft selbst ihres festen, in sich geschlossenen und für sie akzeptablen »Glaubens« beraubt, auf den sie ihre Wertsysteme gründen konnten. Das ist wahrscheinlich die größte Revolution, die sich jemals in der Kultur des Menschen

vollzogen hat. Ich meine hier ausdrücklich die durch die Wissenschaft und das systematische Streben nach objektivem Wissen erzielte völlige Zerstörung all jener Glaubenssysteme, seien sie primitiv oder hochentwickelt, die Jahrtausende lang die Aufgabe der Rechtfertigung von Moralkodex und Gesellschaftsstruktur erfüllten.

4. Diese Revolution ist die eigentliche Wurzel des modernen *mal du siècle.* Gleichgültig, ob man sie in ihrer Natur und ihren Konsequenzen klar erkennt oder nur verschwommen wahrnimmt, sie ist die Ursache des tiefgreifenden Gefühls der Frustration und Entfremdung bei heutigen Menschen, insbesondere bei der Jugend. Kein Wunder, daß sich diese Frustration häufig in einer systematischen, zuweilen sogar gewalttätigen Ablehnung nicht nur der technologischen »Geschenke« der Wissenschaft, sondern der wissenschaftlichen Arbeit selbst und der Objektivität als *moralische* Grundhaltung äußert.

5. An diesem historischen und logischen Punkt tritt notwendigerweise die soziale Verantwortung der Wissenschaft am deutlichsten zutage. Es ist eine Verantwortung der Wissenschaft und daher auch der Wissenschaftler als Vertreter und Herolde ihrer Disziplin. An ihnen liegt es, dieses größte Dilemma in der Beziehung zwischen Wissenschaft und Gesellschaft zu lösen, falls es überhaupt lösbar ist.

6. Die Frage ist, ob die Wissenschaft überhaupt einen Ersatz für die verschiedenen Wertsysteme anzubieten hat, die die traditionelle Grundlage der sozialen Werte und Strukturen darstellten. Das mag auf den ersten Blick als unmöglich erscheinen, da Werte eben ihrem Wesen nach *nicht objektiv* sind und sich daher auch nicht logisch von objektivem Wissen ableiten lassen. Die Wissenschaft kann auch nicht irgendeine Überzeugung vorschlagen, die als neues Fundament für die Werte in Frage käme. Jede Annäherung von ›Glaube‹ und ›Wissen‹ wird von der Wissenschaft nicht nur ignoriert, sondern auch abgelehnt. Müssen wir daraus den Schluß ziehen, daß die Gebiete des »wahren« Wissens und der Werte ein für alle Mal getrennt und einander völlig fremd bleiben müssen?

7. Diese zutiefst pessimistische Schlußfolgerung wäre ein Irrtum, da es tatsächlich zwischen dem Gebiet des Wissens und der Domäne

der Werte eine inhärente historische und logische Verwandtschaftsbeziehung gibt. Die Wissenschaft kann Werte weder schaffen noch ableiten noch vorschlagen. Aber das Streben nach objektivem Wissen ist an sich eine ethische Grundhaltung, ausgehend von einer vorangestellten *Entscheidung* für ein Wertsystem, das ich die »Ethik des Wissens« nennen möchte. Im Rahmen dieses Systems heißt das oberste Ziel, der Wertmaßstab, objektives Wissen um seiner selbst willen. Wer sich entschließt, Wissenschaftler zu werden, bekennt sich – ausdrücklich oder auch nicht – zu diesem System, und seine Entscheidung ist augenscheinlich nicht das logische Resultat einer wissensmäßig begründeten Entscheidung, sondern der bewußten axiomatischen Wahl eines bestimmten Wertmaßstabs.

8. Die Ethik des Wissens beruht auf dem klaren Postulat, daß die Natur selbst objektiv sei und nicht »projizierend« (wie im aristotelischen System); sie geht historisch gesehen zurück auf die Begründer der modernen Wissenschaft: Galilei, Descartes und Bacon. Auf dieser Urentscheidung beruhen die Schaffung der modernen Welt durch die Wissenschaft und die Abschaffung des traditionellen Glaubenssystems ebenfalls durch die Wissenschaft.

9. Daher rühren die moralischen Widersprüche, die unsere modernen Gesellschaften bedrohen. Sie waren bereit, die Früchte der Wissenschaft zu ernten. Sie waren aber nicht bereit, die Ethik des Wissens zu übernehmen, auf der die Wissenschaft beruht, und sie haben sie kaum begriffen. Und doch ist einzig und allein diese Ethik imstande, den Grundstein zu einem Wertsystem zu legen, das mit der Wissenschaft in völligem Einklang steht und der Menschheit in diesem »Zeitalter der Wissenschaft« dienen könnte.

10. Hier ist nicht der Raum, um den neuen Humanismus zu diskutieren, der sich auf der Basis der Wertmaßstäbe der Ethik des Wissens entwickeln könnte. Es ist aber klar, daß ein solches System dem ureigensten Wesen des Menschen entgegenkäme und ihm als oberstes Ziel die Entwicklung von Kultur und schöpferischer Kraft sowie die Bekämpfung jeder Form der Entfremdung, sei sie nun intellektuell, politisch oder ökonomisch, setzen würde.

11. Ich glaube, daß die Wissenschaftler bei dieser moralischen, intellektuellen und auch politischen Revolution, die kommen muß, wenn die Zivilisation nicht zusammenbrechen soll, eine wichtige

Rolle spielen müssen. Und ich glaube auch, daß sie dieser großen Verantwortung nicht ausweichen können, ohne gegen ihren eigenen, frei gewählten Moralkodex zu verstoßen.

Diskussion

Lal: Ich gebe zu, daß es kein *letztes* Kriterium zur Rechtfertigung eines Wertsystems gibt, aber das gilt ebenso für wissenschaftliche Aussagen; mir scheint, daß dieses Streben nach einer letzten Rechtfertigung ein Mythos ist, – man bedarf ihrer nicht. Wir wollen doch nur das Recht auf Kritik.

Monod: Das ist nun eine typische Kritik aus dem Munde eines typisch britischen Empirikers. Ich halte es für erwiesenermaßen falsch zu behaupten, daß man eine letzte Rechtfertigung nicht braucht. Alle sozialen Systeme haben sich um eine letzte Rechtfertigung bemüht oder zumindest vorgegeben, eine zu besitzen. Naturlich war es eine mythische, aber die Tatsache bleibt bestehen, daß sie sich immer darum bemüht haben. Es muß daher eine tief verwurzelte Sehnsucht nach der letzten Rechtfertigung existieren. Wir stehen vor der großen Schwierigkeit, daß wir den Menschen, wenn wir als objektive Wissenschaftler wahrhaftig sein wollen, sagen müssen, daß es für einen irgendwie gearteten Moralkodex keine letzte Rechtfertigung geben kann und daß wir uns daher im Hinblick auf die Sozialstruktur und den Moralkodex selbst mit einer axiomatischen Grundlage abfinden müssen. Lassen Sie mich hinzufügen, daß es seltsamerweise eine Parallele zwischen der Geometrie und der Ethik gibt. Hunderte oder tausende von Jahren nahm man an, daß es eine natürliche Geometrie gebe, nämlich die Euklidische. Ich glaube nicht, daß wir bei der Wahl der Axiome für die Menschheit so frei entscheiden können wie in der Geometrie aber dennoch müssen wir vom Standpunkt der reinen Logik aus anerkennen – und ich möchte dies als ein rein logisches Argument verstanden wissen – daß wir sagen müssen: Wenn wir von jetzt an nach den Maßstäben des objektiven Wissens leben wollen, müssen wir erklären und lehren, daß der Moralkodex sich von einer axiomatischen freien Entscheidung ableitet. Was ich hier sage, ist nicht ganz neu, sondern es entspricht der Haltung einiger der modernen Schulen von Existenzialisten, insbesondere der eines Camus und Sartre.

Levy: Ich möchte bemerken, daß der Redner nach meinem Dafürhalten verkehrt herum argumentiert. Wenn Professor Monod die Entwicklung der Euklidischen Geometrie und die der Ethik einander gleichstellt, und uns dann den Rat erteilt, wir müßten zuerst die geeignete axiomatische Basis für Ethik und Moral suchen, verwechselt er die Reihenfolge der Entdeckung, mißversteht den griechischen Beitrag zum mathematischen Denken und verwischt die wesentliche Unterscheidung zwischen einem Werturteil und mathematischen Abstraktionen. Mathematische Regeln und physikalische Regeln sind durch ein und dieselbe physikalische Logik miteinander verbunden. Da es nur eine Welt gibt, haben alle Völker auch nur eine Logik gemeinsam. Wer rational denkt, dessen Denken entspricht der Welt, in der wir leben, da es ansonsten keine Wissenschaft geben könnte.

Ethische Werte und Moralurteile sind keine Ideen, sondern Gefühle, die unmittelbar durch die soziale Erfahrung hervorgerufen werden. Ein ethischer Lehrsatz betrifft die Gefühle einer sozialen Gruppe, und da es noch keine einheitliche menschliche Gesellschaft gibt, kann es auch keine echte internationale Ethik geben. Die Ethik beschäftigt sich mit der Untersuchung der Frage, wie die Menschen sich verhalten müssen, wenn sie auf der Erde als eine Menschheit zusammenleben wollen. Sie ist die Suche nach dem menschlichen Gegenstück der Naturgesetze. Keines von beiden läßt sich *a priori* ableiten; beide setzen bewußte Erfahrung voraus.

Monod: Ich bestreite natürlich nicht die Tatsache, daß Erfahrung wichtig ist, aber ich bin nicht bereit, zu einem rein utilitaristischen System zurückzukehren. Ich glaube, das geht nicht. Ich halte ein System, das nicht irgendwo eine Rechtfertigung dafür enthält, daß man sein eigenes Leben opfert, nicht für ein wahres ethisches System.

Raschid: Ihre zentrale Behauptung lautet: die Wissenschaft könne keine Werte vorschlagen, aber damit verträgt sich Ihre übrige Argumentation überhaupt nicht. Sie erklären, wir müßten einen objektiven Weg zur Schaffung von Werten finden, aber dann gehen Sie dieser Frage dadurch aus dem Weg, daß Sie den Begriff der

›Axiome‹ einführen. Ich bestreite Ihre dogmatische Feststellung: »Die Wissenschaft ist an sich nicht zur Richterin von Werten berufen, aber sie ist häufig in der Lage, ein objektives Gutachten über die Gültigkeit der Quellen abzugeben, aus denen die meisten traditionellen Wertsysteme ihre Rechtfertigung bezogen haben.« Moralcodices kann man auf alles Mögliche begründen, beispielsweise auf humanistische Überlegungen, auf ein marxistisches Wertsystem (*Monod:* Man sieht ja, wohin das führt), auf religiöse Prämissen, auf die unterschiedlichsten philosophischen Standpunkte und so weiter. Auf all dies hat die Wissenschaft, soviel ich sehen kann, keinerlei Einfluß ausgeübt.

Monod: Ich behaupte ja nicht, diese Systeme seien falsch, sondern ich sage nur, sie liegen außerhalb der Wissenschaft und sind mit ihr unvereinbar.

Gunnell: Ich möchte Sie um eine Erläuterung der Informationspflicht und insbesondere Ihrer Behauptung bitten, es könne eine Situation entstehen, in der ein Wissenschaftler seine Forschungsergebnisse zurückhalten oder unterdrücken solle, falls die Auswirkungen dieser Arbeit gefährlich oder bedenklich werden könnten. Die Informationspflicht wird hauptsächlich deshalb befürwortet, weil es viele Fälle von Mehrfachentdeckungen in der Wissenschaft gegeben hat. Es liegt in der Natur der Sache, daß diese Fälle immer häufiger werden und daß die Erkenntnis eines Wissenschaftlers, wenn er sie für sich behält, unabhängig davon von anderen entdeckt wird. Deshalb wird sich der verantwortungsbewußte Wissenschaftler selbst dann, wenn er etwas entdeckt hat, das in seinen Augen nachteilige politische Folgen zeitigen könnte, trotzdem verpflichtet fühlen, die Öffentlichkeit davon zu unterrichten in der Hoffnung, dann auf die Konsequenzen Einfluß nehmen zu können.

Als sozial verantwortungsbewußte Wissenschaftler verpflichten wir uns hiermit, der Öffentlichkeit keinerlei Informationen über die allgemeine Natur unserer Forschungsarbeiten und sich hieraus eventuell ergebende gefahrbringende Anwendungsmöglichkeiten vorzuenthalten. Diese Verpflichtung wurde auf einer Arbeitstagung angenommen, die von Mitgliedern der Britischen Gesellschaft für soziale Verantwortung in der Wissenschaft im Rahmen der Jahreshauptversammlung 1970 der Britischen Gesellschaft für die Förderung der Wissenschaft in Durham organisiert wurde. – Die Britische Gesellschaft nahm den Wortlaut auf der Jahreshauptversammlung 1970 an.

Monod: Ich gebe Ihnen recht. Trotzdem halte ich das Beispiel des Dilemmas Einstein-Szilard für gut, weil es gewisse Schwierigkeiten und Probleme aufwirft, die sonst nicht auftauchen. Was Szilard betrifft, so halte ich es immer noch für richtig, daß er versuchte, die Veröffentlichung dieser Schriften zu verhindern, insbesondere einige Arbeiten von Joliot. Es ist außerdem eine Frage, ob wir heute nach dreißig Jahren berechtigt sind, ein Urteil über die Entscheidung Einsteins und Szilards abzugeben, etwas in Gang zu bringen, was später zur Bombe von Hiroshima führte. Die beiden entschlossen sich damals zu dem Schritt, weil sie Informationen über den Beginn ähnlicher Bemühungen in Deutschland erhalten hatten. Ich sprach mit Szilard darüber und bin überzeugt davon, daß ihre Begründung ethisch war. Sie ließen sich nicht durch rein nationalistische Gefühle hinreißen – einer der Gründe, warum dieses Experiment so faszinierend ist. Sie ließen sich bei ihrer Entscheidung einzig und allein durch die Überzeugung leiten, daß der Fortschritt der Kultur auf der ganzen Welt höchstwahrscheinlich einen Rückschlag erleiden würde, falls die Deutschen den Krieg gewinnen sollten. Vielleicht hatten sie mit dieser Überzeugung recht. Ihre Information stimmte natürlich nicht – die Deutschen waren weit von ähnlichen Entwicklungen entfernt – aber das hat mit dem Problem selbst nichts zu tun. Auch wir könnten uns eines Tages in einer ähnlichen Lage befinden.

Wilkins: Als einer der Wissenschaftler, die an der Entwicklung der Atombombe mitgearbeitet haben, glaube ich sagen zu können, daß die meisten beteiligten Wissenschaftler angesichts der Schrekken des Naziregimes ihre damalige Entscheidung heute für richtig halten.

Monod: Ich glaube, wir müssen eines erkennen: Im wirklich entscheidenden Augenblick wird keine feierliche Verpflichtung gelten – dann muß man das ganze Problem neu durchdenken.

Bucian: Professor Monod, kann man vom Standpunkt Ihres ethischen Systems aus genetische Eingriffe in die menschliche Persönlichkeit rechtfertigen?

Monod: Ich halte es für vorstellbar, daß wir einmal einen Punkt erreichen, an dem wir objektiv und rational meßbar Einfluß auf die Persönlichkeit, zum Beispiel die Intelligenz, nehmen können. Ich glaube aber, daß solche Möglichkeiten noch weit in der Zukunft liegen und wir uns keine allzu großen Sorgen darüber zu machen brauchen. Im Augenblick zumindest gibt es vordringlichere Probleme zu lösen.

Garrood: Professor Monod hat erklärt, wir müßten die gegenwärtigen Probleme im Rahmen der derzeitigen Struktur unserer Gesellschaft betrachten. Sicherlich sind doch einige dieser Probleme gerade dadurch entstanden, daß die Wissenschaftler nicht in der Lage waren, soziale Institutionen und soziale Denkweisen zu ändern oder zu verbessern. Erst jetzt bekommt die Wissenschaft einige Werkzeuge in die Hand, die weitreichende soziale Auswirkungen zeitigen können, aber sie werden versagen, wenn es den Wissenschaftlern nicht gelingt, die Institutionen umzuformen.

Monod: Ich glaube, Sie tun den Wissenschaftlern zu viel Ehre an, wenn Sie meinen, daß es an ihnen liege, Institutionen zu formen. Ihre Aufgabe ist es, die Sachlage auf ihrem Gebiet bekanntzugeben und ihre politische wie auch ethische Meinung zu äußern, soweit sie von ihrem Beruf beeinflußt werden; sehr viel weiter können sie damit nicht gehen. Ich glaube nicht, daß sie die Stelle des Volkes, der Rechtsanwälte, der Soziologen, der ehrenhaften Politiker und so weiter einnehmen können.

Ich bin ganz Ihrer Meinung, daß die Wissenschaftler die Macht nicht erkannt haben, die ihre Entdeckungen der Menschheit verliehen haben. Das heißt, daß die Wissenschaft weitaus mächtiger ist als einzelne Wissenschaftler oder eine Gruppe von Wissenschaftlern, mächtiger auch als alle Wissenschaftler, die es heute auf der Welt gibt. Andererseits glaube ich, daß in der westlichen Welt während der letzten zweihundertfünfzig oder dreihundert Jahre die Entwicklung der Wissenschaft und die Entwicklung demokratischer Institutionen viel miteinander zu tun hatten. Daß sich hauptsächlich in der Wissenschaft, aber auch bis in die Gesellschaft hinein, die Auffassung durchsetzte, kein Glaube sei absolut, kein System könne von sich behaupten, die einzige Wahrheit zu besitzen, jede Theorie müsse durch Experimente und Beobachtungen revidiert werden –

hat etwas mit dem demokratischen Grundsatz zu tun, keine demokratische Gesellschaft als vollkommen zu betrachten, sondern zu experimentieren und sich nach Möglichkeit zu verbessern. Beides geht Hand in Hand miteinander, ohne daß ein einzelner Wissenschaftler viel damit zu tun hätte. Aber der allgemeine Trend wissenschaftlicher Ideen hatte einen tiefgreifenden Einfluß auf die Entwicklung sozialer Institutionen und auf unsere Haltung ihnen gegenüber.

Dauman: Was Ihre Andeutung betrifft, man könne das Intelligenzniveau anheben, so glaube ich, daß wir unter allen Umständen Halt sagen müßten, wenn auch die geringste Gefahr vorliegt, daß die aus solchen Entdeckungen entstehenden sozialen Probleme größer sein könnten als die Vorteile. (Monod: Einverstanden). Etwas anderes macht mir Sorgen. Während auf der ganzen Welt die Wissenschaftler über soziale Verantwortung reden, gibt es kaum jemanden, der es gewagt hätte, Halt zu sagen. Es fehlt einfach der Mut dazu.

Gibson: Uns wurde die Allmacht der Forschung um ihrer selbst willen beigebracht, und wir geben diese Lehre immer noch weiter. *Deshalb* verfügen wir über keinen Mechanismus, durch den eine Forschungsarbeit angehalten werden könnte, selbst wenn sie der großen Mehrheit aller Wissenschaftler als verabscheuungswürdig erschiene. Es liegt an unserer Lehre, daß ein solcher Mechanismus nur äußerst schwer zu schaffen sein wird. Ich glaube daher, daß sich unsere Gesellschaft hier auf dieser Tagung und auch bei anderer Gelegenheit ernsthaft damit befassen sollte.

Monod: Ich muß sagen, daß ich nicht einverstanden sein kann, wenn Forschung auf einem legitimen Gebiet, auf dem es Wissen zu erlangen gilt, gewaltsam angehalten werden soll. Wenn wir das versuchen, stellen wir uns nicht unserer Verantwortung, sondern wir gehen ihr bewußt aus dem Wege.

Hayes: In Verbindung mit dieser Frage von Wissenschaft und Macht glaube ich als Biologe, daß wir Macht ausüben können, wenn wir uns zusammentun. Ich war kürzlich in Westdeutschland, dort hatte ein Freund von mir eine deutsche genetische Gesellschaft gegründet – wie ich glaube, die einzige in Westdeutschland – und in diesem Punkt gingen die Meinungen auseinander. Die eine Gruppe, zu der auch mein Freund zählte, wollte erreichen, daß im Rahmen der Gesellschaft auch Fragen der sozialen und politischen Bedeutung des Wirkens der Genetiker in Westdeutschland diskutiert werden sollte. Die andere Gruppe wollte die Gesellschaft ganz einfach zu einer bequemen Institution machen, in der Reden gehalten und Festessen veranstaltet werden sollten. Mein Freund machte sich große Sorgen, weil er bei einer wichtigen Ausschußsitzung den Eindruck gewann, daß seine Gruppe wahrscheinlich unterliegen würde. Er setzte sich jedoch durch, und das Interessante daran ist, daß es gerade die Genetiker der großen und mächtigen pharmazeutischen Industrie Westdeutschlands waren, aus deren Reihen er Gegenstimmen befürchtete; gerade sie unterstützten ihn doch, weil sie als Individuen isoliert dastanden und einem starken Druck ausgesetzt waren, sowohl wirtschaftlich als auch in anderer Hinsicht. Sie glaubten, nur dadurch Hilfe bekommen zu können, daß sie sich die Unterstützung aller Berufskollegen ihres Landes sicherten. Dann konnten sie, wenn wichtige Fragen an sie herangetragen wurden, wenigstens sagen: »es liegt gar nicht an mir, aber ich kann's nicht ändern – alle Fachkollegen tendieren in die entgegengesetzte Richtung.« Daher glaube ich, daß wir Macht erlangen können, wenn wir uns zusammentun und in bezug auf die politischen und sozialen Fragen eine gemeinsame Doktrin entwickeln.

3. David Bohm · Aufsplitterung in Wissenschaft und Gesellschaft*

In den letzten Jahren war die Wissenschaft heftiger Kritik von seiten der Nichtwissenschaftler ausgesetzt. Einen Eindruck von dieser Art der Kritik vermitteln die unter der Überschrift »Nichtwissenschaftler sezieren die Wissenschaft« in *Impact of Science on Society* erschienenen Artikel[1].

In diesen Artikeln wird vor allen Dingen der Vorwurf erhoben, die Wissenschaft sei heutzutage durch Arroganz, Machtansprüche, Verantwortungslosigkeit sowie eine übermäßige Konzentration auf esoterische Fragen – fast wie in der mittelalterlichen Scholastik – gekennzeichnet. Die Wissenschaft, so wird behauptet, sei zu einer Art neuer Geheimreligion geworden, einer Sekte mit eigener Priesterschaft und einer okkulten Lehre, die nur von einer kleinen erlesenen Gruppe begriffen werde. Daher wird die Forderung nach einer allgemeinen Kontrolle der Wissenschaft durch die Gesellschaft erhoben, um zu gewährleisten, daß die Menschheit tatsächlich von der Wissenschaft profitiert und daß sich die Kluft zwischen der Wissenschaft und anderen Lebensbereichen verkleinert.

Als Wissenschaftler müßte ich mich eigentlich zu diesen Vorwürfen äußern. Ich glaube aber, daß eine solche Antwort irrelevant wäre, da es sich hier um ein Problem handelt, das nicht auf die Wissenschaft beschränkt bleibt. In der Tat, alles was sich gegenwärtig in der Wissenschaft tut, ist im Grunde genommen nur Ausdruck eines allgemein vorherrschenden Zustandes unserer Gesellschaft: Zersplitterung. Diese Zersplitterung spiegelt sich in der Konfrontation von Nation gegen Nation, Rasse gegen Rasse, Religion gegen Religion, Gruppe gegen Gruppe, Mensch gegen Mensch. Aber auch der einzelne Mench ist wiederum innerlich zersplittert und beherrscht von den verschiedensten miteinander unvereinbaren Loyalitäten, Zielen, Wünschen und so fort.

Auch die Wissenschaft bleibt nicht von der allgemeinen Zersplit-

* Nachdruck mit Genehmigung der Unesco aus *Impact of Science on Society*, Bd. 20, Nr. 2/1970, S. 159; geringfügig verändert und mit einem Nachwort versehen.

terung verschont. So existieren scharfe Trennlinien zwischen angewandter und »reiner« Wissenschaft, zwischen Theorie und Experiment, zwischen den einzelnen Spezialgebieten und sogar zwischen den einzelnen Zweigen eines Fachgebietes. Die Kluft zwischen Wissenschaft und anderen Lebensbereichen stellt noch ein weiteres Beispiel für diese Zersplitterung dar.

Der einzelne Wissenschaftler fühlt sich zwischen all diesen Teilstücken hin und her gerissen. Hinzu kommt noch, daß seine Motivation noch auf andere, subtilere Weise aufgesplittert wird. Er schwankt beispielsweise zwischen dem Wunsch nach Wissen und Verstehen und dem Wunsch voranzukommen, bekannt zu werden, erfolgreich zu sein und eine Position zu erringen, die es ihm gestattet, seine Meinung den Kollegen nahezubringen.

Solcher Art sind die meisten der Schwierigkeiten, die von Nichtwissenschaftlern beklagt werden. Daher wäre es wenig sinnvoll, eine Kontrolle der Wissenschaft durch die Gesellschaft einzurichten, da die Gesellschaft, die diese Kontrolle zu übernehmen hätte, unter derselben Zersplitterung leidet wie die Wissenschaft, die sie kontrollieren soll.

Hier geht es um ein tiefgreifendes Problem, das sich nicht durch Kontrollen oder organisierte Planung erfassen läßt. Die Zersplitterung ist nämlich bereits in der Sprache der Wissenschaft enthalten (die sich natürlich von der allgemeinen Sprache, wie sie innerhalb der Gesellschaft benutzt wird, ableitet.)

Zersplitterung in der Biologie

Nehmen Sie als Beispiel die Biologie. Die neuere Forschung hat sich großenteils auf die Analyse der Lebewesen und ihre Gliederung in Zellen, Zellteile, DNS, RNS usw. konzentriert. In der Psychologie hat man das Individuum Mensch nahezu wie ein in sich abgeschlossenes einzelnes Atom betrachtet und die Gesellschaft als eine Ansammlung miteinander reagierender Atome. Das Individuum seinerseits wird weiter analysiert und als Ansammlung untereinander verbundener Organe, Muskeln, Nerven, Kontrollkreise usw. dargestellt. So tragen wir durch unser eigenes Denken und Reden die

Zersplitterung in diese Bereiche hinein. Es ist interessant, damit die Aufsplitterung in der Physik zu vergleichen, einer Wissenschaft, die eigentlich in die entgegengesetzte Richtung tendiert, nämlich weg von der Vorstellung, man könne die Welt in Teile zerlegen. (Siehe Bohm, *Impact of Science on Society, Bd. 20,* Nr. 2)

Zersplitterung in der Technologie

Die Zersplitterung in der Wissenschaft geht Hand in Hand mit einer Zersplitterung in der Technologie. Man neigt dazu, jedes industrielle oder technische Problem isoliert zu betrachten. Dabei hat sich der kindliche Glaube entwickelt, daß all diese getrennten Vorgänge schon irgendwie zum allgemeinen Nutzen der Menschheit harmonisch zusammenwirken werden. In unserer Zeit wurde dieser Glaube jedoch schwer erschüttert, insbesondere durch Probleme, die sich aus der Eingliederung des Menschen in die Natur und die Gesellschaft ergeben.

Die Technologie, betrieben als Sammelbecken getrennter und voneinander unabhängiger Vorgänge, hat zu einer Reihe von Krisen geführt, wie die Umweltverschmutzung, Störungen des ökologischen Gleichgewichts, mögliche Klimaveränderungen und andere ernste Folgen. Die Medizin hat in ihrem Streben nach besserer Volksgesundheit und höherer Lebenserwartung zur Übervölkerung und dazu geführt, daß sich Völker und Nationen um Nahrungsmittel und Rohstoffe streiten. Allgemeiner ausgedrückt: Verschiedene Gruppen, die technologisch voneinander abhängig sind, waren nicht imstande zusammenzuarbeiten. Eine solche Zusammenarbeit wurde dadurch blockiert, daß sich diese Gruppen in sehr unterschiedlichen und weit voneinander abweichenden Entwicklungsstadien mit unterschiedlichen Kulturen, Traditionen, Sprachen und Denkweisen befinden. So finden die Menschen nicht zusammen, um gemeinsame Probleme wie das einer gerechteren Verteilung der Nahrungsmittel zu lösen; in einigen Gebieten herrscht bittere Not, in anderen Überfluß.

Darüberhinaus wurde erst kürzlich auf die psychologischen Gefahren der Übervölkerung hingewiesen. Im Zusammenhang mit diesen Gefahren scheinen selbst technisch hochentwickelte Nationen nicht imstande zu sein, die Probleme des Wohnungsbaus, des Schulwesens, der Freizeitgestaltung usw. in angemessener Form zu lösen. Im Gegenteil – gerade diese Länder weisen oft die größte Zersplitterung auf; das geht beispielsweise daraus hervor, daß in einem Teil einer bestimmten Stadt die höchstentwickelte Technologie herrscht, während ein anderer Stadtteil zu einem wahren Dschungel wird, in dem man sich nicht mehr ohne Gefahr auf die Straße wagen kann.

Ganzheit

Schon sehr früh ist sich der Mensch der allgemeinen Zersplitterung bewußt geworden und hat versucht, irgendwie Ganzheit zu erlangen. Betrachten Sie zum Beispiel die Wortwurzel »heil«; sie leitet sich vom angelsächsischen »hale« ab, das so viel wie »whole = ganz« bedeutet. »Heilen« heißt also so viel wie »ganzmachen«. Auch das Wort »heilig« entstammt derselben angelsächsischen Wurzel. Der Mensch hat sich immer schon gewünscht, heil oder ganz gemacht zu werden, nicht nur physisch und geistig, sondern auch seelisch. In seinem Bemühen um Ganzheit hat er Medizin und Religion geschaffen und damit »Zuständigkeiten für die Ganzheit« eingerichtet, die natürlich auch wieder eine Form der Zersplitterung darstellen.

So hat auch die Wissenschaft ursprünglich versucht, dem Menschen ein Ganzes an Wissen und Verstehen zu vermitteln. Aber sie wurde mit der Zeit in zahllose Einzelgebiete aufgesplittert, von denen ein jedes den Studenten in einer Flut spezieller Teilinformationen ertränkt. Neue Zweige der Wissenschaft, die es sich zum Ziel machen, die Kluft zwischen den Fachgebieten zu überbrücken, erreichen für gewöhnlich nichts anderes als die Hinzufügung noch eines weiteren Splitters zu dem Scherbenhaufen.

Das Problem der Zersplitterung ist außerordentlich subtil. Wie können wir es anpacken, ohne dadurch die Zersplitterung noch zu verschlimmern (wie es seit Jahrtausenden immer wieder geschehen ist)?

Wir müssen sehr tief schürfen und nach universellen Faktoren suchen, die wir normalerweise nicht wahrnehmen (wie sich der Fisch vielleicht des Wassers nicht bewußt wird, in dem er schwimmt). Einer davon ist vermutlich ganz allgemein unsere Art der Kommunikation und unsere Denkweise. Könnte es nicht sein, daß wir beim Bemühen um eine Diskussion unserer Probleme gerade durch unsere Denkweise und unseren Sprachgebrauch unsere Probleme vertiefen, anstatt zu ihrer Lösung beizutragen?

Linearer Fortschritt und Zyklen

Nehmen wir als Beispiel den Begriff »Fortschritt«. Rein sprachlich bedeutet es »vorwärtsschreiten«. Davon geht das ganze technologische Denken des Menschen aus: Wir beginnen an einem bestimmten Punkt und bewegen uns in Richtung auf ein Ziel, das wir vor uns sehen. Aber sobald dieses Ziel erreicht ist, läßt man das Problem gern fallen. Wir stellen uns auf den Standpunkt, daß sich von hier an ein anderer darum kümmern soll. Wie bereits angedeutet, greifen wir auf den Kinderglauben zurück, daß schon alles irgendwie harmonisch zusammenwirken werde. Aber das geht natürlich nicht. In Wirklichkeit setzen wir durch das »Fortschreiten« von Punkt A nach Punkt B eine Art von Zyklus in Gang. Hier bleibt nicht einfach alles stehen, sondern die Dinge bewegen sich weiter und tendieren zu einer Rückkehr nach Punkt A. Wenn beispielsweise die Landwirte einer bestimmten Gegend ein Ziel im Auge haben und zur Erreichung dieses Ziels das Tier- und Pflanzenleben dieser Region verändern, werden die »Nebenwirkungen« einer solchen Maßnahme üblicherweise dazu führen, daß sich die ursprüngliche Planungsgrundlage noch weiter verändert. Wenn man Urwald rodet, um größere Anbauflächen für Luzerne zu gewinnen, verringert man gleichzeitig die zur Befruchtung der Luzerne nötigen wilden Bienenvölker und damit den Hektarertrag. Die Ökologie beweist, welch große Rolle solche Zyklen in der Natur spielen.

Ähnliche Situationen entstehen in der Gesellschaft. So wird heute vielfach das Problem der Gewalt diskutiert (die offenkundig eine Folge der allgemeinen sozialen Zersplitterung ist). Bei derartigen

Diskussionen wird nur meistens übersehen, daß Gewaltanwendung ein Rückkopplungsprozeß ist. Ein Beispiel: Eine bestimmte gesellschaftliche Gruppe hat Anlaß zu Klagen und trägt sie in Form eines öffentlichen Protestes vor. Werden die gestellten Forderungen erfüllt, wird diese Gruppe zu weiteren Protestaktionen ermutigt, bis die »andere Seite« Angst bekommt und zu repressiven Mitteln greift. Daraufhin verschärft die erste Gruppe ihre Protestaktionen, die dadurch gewaltsamer werden und ihrerseits bei denen, die »Recht und Ordnung aufrechterhalten« wollen, Gewalt auslöst; das ist der inzwischen fast schon klassisch gewordene Kreisprozeß der »Eskalation«.

Eine solche Situation führt zu der Erkenntnis, daß jeder Schritt in Richtung auf ein bestimmtes Ziel die Zersplitterung fördert und damit eher geeignet ist, einen Zyklus in Gang zu setzen als ihn zu beenden. Selbst wenn sich eine bestimmte Gruppe zur Bekämpfung der Gewalt einen Generalstabsplan zurechtlegt, wird sie durch ihr beschränktes Verständnis für die Probleme anderer behindert; sie geht ja von eigenen fixen Meinungen und Vorstellungen aus, die sie gerade von jenen Leuten unterscheidet, denen diese Gruppe helfen möchte.

Ähnlich liegen die Dinge in der reinen Wissenschaft. Die Zerlegung der Welt in ihre Einzelteile hat unmittelbar zur Folge, daß die Bewegung dieser Einzelteile als »Prozeß« beschrieben wird. Vom Wortstamm her bedeutet das »voranschreiten«, also dasselbe wie der Begriff »Fortschritt«. Bei den Bewegungsgesetzen in der Physik wird beispielsweise gesagt, daß etwas (beispielsweise ein Partikel) innerhalb einer bestimmten Zeit den Weg von A nach B zurücklegt. Ein solches Fortschreiten, ein solcher Prozeß, wird zur Grundlage gemacht; in Zyklen sieht man lediglich Sonderfälle eines Prozesses und analysiert sie als eine Anzahl von Schritten, die eine Bewegung zum Ausgangspunkt zurückkehren läßt.

Ähnlich wird in der Biologie das Leben als ein Vorgang beschrieben. Auch die Geschichte betrachtet man häufig als einen solchen Prozeß, dessen Ablauf man durch eine entsprechende Zerlegung in einzelne »Elemente« und die Verfolgung dieser »Elemente« in all ihren Verflechtungen und Wechselwirkungen studieren kann.

Die Antike dagegen neigte mehr dazu, alles (sowohl den Menschen als auch die Natur) als Zyklen zu sehen, die jeweils ein geschlossenes Ganzes darstellten. Eine Zerlegung in einzelne Schritte hielt man nicht für grundsätzlich erforderlich. So zum Beispiel betrachtete man alles Himmlische als vollkommen; diese Vollkommenheit fand ihren Ausdruck in Kreisbahnen, weil man im Kreis die vollkommenste aller geometrischen Figuren sah. Als die Beobachtungen die Annahme vollkommen kreisförmiger Bahnen nicht bestätigten, überlagerte man sie mit Epizyklen oder »Kreisen innerhalb von Kreisen«. Hier wie in vielen anderen Fällen, zum Beispiel der Mythologie, sah man im ganzen Kreis, im Zyklus, die grundlegende Definition, wobei der Ablauf bestimmter Ereignisse und Vorgänge nur eine relativ untergeordnete Rolle spielte.

Diese Methode war jedoch zu statisch, da man glaubte, daß sich die Zyklen ewig wiederholten. So blieb kein Raum für eine echte Evolution und die Entfaltung neuer Möglichkeiten und neuer Kräfte. In dieser Hinsicht erwies sich die Vorstellung eines lineraren Ablaufs als nützlich, da sie den Menschen zum Bewußtsein des ewigen Wandels in der Natur führte – zunächst in seiner Umwelt, dann auch in einer Gesellschaft und in ihm selbst. Aber man konzentrierte sich auf eine einseitig gerichtete Bewegung und verlor etwas aus den Augen: die Erkenntnis, daß der fundamental zyklische Charakter jeglicher Bewegung keine Vorzugsrichtung kennt.

Eine Sprache für den fundamental zyklischen Charakter der Bewegung

Können wir mit dem Sprachgebrauch experimentieren und ermitteln, ob es möglich ist, entsprechend auf den fundamental zyklischen Charakter der Bewegung hinzuweisen, ohne in die früheren Vorstellungen von ihrem statischen Charakter zu verfallen?

Betrachten wir, um die Bedeutung solcher Experimente zu erkennen, beispielsweise einen Fluß, der aus verschiedenen Quellen gespeist wird und dem Meer zufließt. Wer einen Fluß so beschreibt, behandelt ihn als einen Bewegungsprozeß von der Quelle bis zu der Stelle, wo er »absorbiert« wird und in »etwas viel Größerem« aufgeht. Aber das ist naturgemäß nur ein Teil dessen, worum es hier geht. Das Wasser hat in Wirklichkeit seinen Ursprung nicht in den Quellen, sondern es fällt vorher als Regen auf die Erde und versikkert. Der Regen wiederum stammt aus Wolken, die über dem Meer durch Verdunstung entstanden. Um den »Fluß als Ganzes« zu begreifen, muß man in einem solchen Zyklus denken. Der Zyklus läuft ununterbrochen ab. Also kann man ihn nicht so sehen, als würde er innerhalb eines bestimmten Zeitraums in einer Reihe von Aktionen ausgeführt, sondern man denkt ganz allgemein an die Bewegungen der verschiedenen Formen des Wassers im Rahmen eines Zyklus *als Ganzem* und betrachtet alles gleichzeitig.

Um klarzumachen, daß es hier um eine neue Art des Denkens geht, sollten einige neue Vokabeln eingeführt werden. Auf die Ganzheit kann man mit Hilfe der griechischen Silbe *holo* hinweisen, die »ganz« bedeutet. Um anzudeuten, daß ein solches »Ganzes« nicht als eine statische Ansammlung von Teilen und Elementen, sondern als eine ungeteilte Bewegung zu sehen ist, beginnt man nicht mit einem Hauptwort, sondern mit der Verbalform »holozyklieren«. Dieses Wort deutet auf eine ungeteilte Ganzheit der Bewegung in viele Richtungen gleichzeitig hin und nicht auf eine Reihe von Einzelschritten von einer Stelle zur anderen und in eine bestimmte Richtung. Will man nach dieser Methode den Fluß beschreiben, so müßte man eine Art Panorama zeichnen, das die See, die Luft, den Wind, die Wolken, den Regen, das Versickern des Wassers im Boden, das Wiederauftauchen in vielen Quellen, das Zusammenfließen in Bächen und Wasserläufen und schließlich die Rückkehr dieser Flüsse ins Meer zeigt.

Damit soll ganz allgemein gesagt sein, daß wir jeden besonderen Aspekt der Bewegung (z. B. in einem bestimmten Fluß) nur im Rahmen des Gesamtkreislaufs, dem alle Aspekte entspringen, verstehen können.

Führen wir gleich noch ein Verbun ein: »prozedieren«; das bedeutet »in einer linear gerichteten Bewegung denken oder sprechen«. Das Prozedieren ist allgemein eine nützliche Abstraktion des Holozyklierens. Wir können beispielsweise den Strom eines bestimmten Flusses von einer Stelle zur anderen beobachten, indem wir einem auf dem Wasser schwimmenden Gegenstand folgen. Schließlich kann man einen »besonderen Zyklus« als eine Serie solcher prozedierender Schritte analysieren. Diese Analyse hat jedoch in der Hauptsache als Mittel des Einblicks in einen Gesamtzyklus Bedeutung und stellt keine grundsätzliche Beschreibung dar.

Wie bereits erwähnt, bedeutet das Verb »holozyklieren« keineswegs statische, sich ewig wiederholende Zyklen, sondern etwas wesentlich Dynamischeres. Beim Fluß stammt die Energie des Holozyklierens beispielsweise von der Sonne. Würde die Sonne zu strahlen aufhören, müßten die Ozeane zufrieren und die Flüsse austrocknen. Das Holozyklieren wird erst durch die Sonnenenergie in Bewegung gesetzt. Diese Bewegung läßt sich unendlich variieren, weil eine unbegrenzte Anzahl unterschiedlicher Faktoren mit hineinspielt (Berge, Wälder, Küsten und so weiter).

Zur Versinnbildlichung der dynamischen und vielfältigen Natur des Holozyklierens könnte man sich Spiralbewegungen vorstellen, die sich ausdehnen und zusammenziehen (im Gegensatz zu einer Kreisbewegung, die in der Antike das typische Symbol eines geschlossenen Zyklus darstellte.) Diese Symbolisierung des Holozyklierens bedeutet, daß Expansion und Kontraktion bei zyklierenden Bewegungen gleichzeitig ablaufen (das heißt, einige Flüsse mögen anschwellen, während andere austrocknen). Es wird damit gleichzeitig angedeutet, daß jeder Aspekt des Zyklierens in einen größeren Komplex zyklischer Bewegungen eingeordnet ist (z. B. Sonnenenergie, Planetenbewegungen und so weiter), die den generellen Rahmen oder Hintergrund darstellen.

Es ist durchaus möglich, unser gesamtes Wissen zu überprüfen und festzustellen, was geschieht, wenn man das Holozyklieren anstelle des Prozedierens zur Grundlage der Beschreibung macht. So kommen beispielsweise in der Physik an sehr vielen Stellen Zyklen vor (z. B. bei integrierten Kreisen in der Elektrodynamik, bei der Quantentheorie und in anderen Zusammenhängen). Diese werden gegenwärtig als eine Reihe prozedierender Schritte analysiert, die sich über einen gewissen Zeitraum hinziehen, um schließlich zum Ursprung zurückzuführen und so einen Zyklus zu bilden.

Es ist sogar möglich, die Sprache der Physik dahingehend abzuändern, daß die große Gesamtheit solcher zyklischer Bewegungen in der Zusammenschau zur Grundform der Beschreibung werden, während man prozedierende Schritte als Abstraktionen des Holozyklierens betrachtet. Das erfordert neuartige Gesetze, die nicht mehr »Gesetze der Bewegung« im klassischen Sinne sind. Man geht nicht mehr vom zeitlichen Ablauf der prozedierenden Bewegung aus, sondern vom übergeordneten Zyklieren.

Dieser Artikel bietet nicht genügend Raum, näher auf solche Sprachänderungen einzugehen, mit denen der Autor hier experimentiert. Doch eröffnen die neuen Sprachformen ganz neuartige Möglichkeiten zur Beschreibung von Raum, Zeit, Materie und so weiter.

Ähnlich können wir in der Biologie das Leben holozyklierend und nicht mehr als Prozeß betrachten. In der Psychologie und Soziologie können wir die Eingliederung des Menschen in Natur und Gesellschaft als Holozyklieren sehen und nicht mehr als Prozedieren, wobei jeder Mensch im Verhältnis zu unabhängigen Objekten in Natur und Gesellschaft »Schritte unternimmt«, während diese Objekte im Verhältnis zu ihm ihrerseits »Schritte unternehmen«. Dieser Sprachgebrauch richtet die Aufmerksamkeit ständig auf das ungeteilte Ganze und auf die Tatsache, daß eine Aufgliederung in prozedierende Einzelteile bestenfalls eine nützliche Abstraktion darstellt.

Holozyklieren und Wahrnehmung

Das Holozyklieren ist charakteristisch für unsere gesamte Erfahrung. Betrachten wir beispielsweise moderne Experimente mit der Perzeption. Im wesentlichen soll dabei gezeigt werden, daß körperliche Bewegung die Voraussetzung für jede sinnliche Wahrnehmung ist. Das heißt, die Wahrnehmung besteht nicht darin, daß man Objekte als isolierte Einheiten sieht, sondern sie besteht vielmehr in der Gesamterkenntnis der Beziehung zwischen ausströmenden Bewegungen und einströmenden Empfindungen des Individuums. Beide zusammen bilden eine Zyklation.

Gibt man beispielsweise einer Person einen Gegenstand, den sie mit verbundenen Augen ertasten soll, stellt man fest[2], daß sie diesen Gegenstand mit Händen und Fingern erkundet und daraus allmählich eine gewisse Kenntnis des »Objekts als Ganzem« ableitet.

Der einzelnen Bewegungen wird sich die Versuchsperson zumeist nicht bewußt. Eine genauere Untersuchung zeigt jedoch, daß ein Erkennen des Objekts nur aus dem Zusammenwirken von Beziehungen zwischen Handbewegungen und den damit verbundenen Wahrnehmungen des Tastsinns entsteht.

Auf den ersten Blick könnte man annehmen, daß es sich bei der optischen Wahrnehmung anders verhält, daß man nämlich das Objekt als selbständige Einheit sieht. Eine genauere Betrachtung zeigt jedoch, daß dies nur dann der Fall ist, wenn uns die Objekte einigermaßen vertraut sind und man ihre allgemeine Formen und Eigenschaften aus früheren Erfahrungen mit ähnlichen Versuchen an ähnlichen Gegenständen ableiten kann. Experimente[2] beweisen, daß eine Versuchsperson, wenn sie mit einer neuartigen Situation in der visuellen Wahrnehmung konfrontiert wird, nur dann richtig sehen kann, wenn sie dabei bestimmte Körperbewegungen macht und beobachtet, wie sich das Blickfeld relativ zu diesen Körperbewegungen verändert. Die optische Wahrnehmung ist grundsätzlich der Wahrnehmung durch den Tastsinn sehr ähnlich: Sie ist bedingt durch eine Zyklation ausströmender Bewegungen und einströmender Sinneseindrücke.

Einen überzeugenden Beweis für das soeben Gesagte liefert die Beobachtung einer Person, die von Geburt an blind war und (beispielsweise durch eine Operation) plötzlich sehen kann. Beim Wiedererlangen der Sehfähigkeit nimmt diese Person Objekte nicht als solche wahr und begreift im allgemeinen auch nicht, was in ihrem Blickfeld erscheint. Es dauert manchmal Jahre, bis sich ein solches Verständnis dadurch entwickelt, daß das Gesehene mit dem Erfühlten und bestimmten Körperbewegungen in Zusammenhang gebracht wird. Natürlich ist uns allen nicht bewußt, daß wir in den ersten Lebensjahren ähnliches getan haben, als wir die Welt erforschten und lernten, wie man optische Eindrücke auf Körperbewegungen und Wahrnehmung des Tastsinns abzustimmen hat[3].

Aus dem bisher Gesagten geht hervor, daß die Zeit bei der Wahrnehmung keine große Rolle spielt. An anderer Stelle[4] wurde eingehend erläutert, daß die Sinneseindrücke der Vergangenheit normalerweise gebraucht werden, um den Wahrnehmungen der Gegenwart Form und Ordnung zu verleihen. Daher kann man nicht sagen, »wann genau« wir etwas sehen. Die Gesamterfahrung, aus der wir ein bestimmtes wahrgenommenes Objekt ableiten, kann sich vielmehr über einen praktisch nicht abgrenzbaren Zeitraum erstrekken.

Kurz und bündig läßt sich das so ausdrücken: Die Holozyklation ist die grundlegende Beschreibung der Wahrnehmung, während eine Analyse, eine Zerlegung in prozedierende Schritte selbständiger Teile oder Aspekte, bestenfalls eine nützliche Abstraktion darstellt.

Wahrnehmung, Kommunikation und Aktion

Unsere allgemeine Handlungs- und Lebensweise ist offenbar durch unsere Form der Wahrnehmung und Kommunikation festgelegt. Wir denken und handeln so wie wir wahrnehmen und sprechen – so sind wir eben. Erhebt man daher das Prozedieren selbständiger Objekte zur Grundlage von Wahrnehmung und Kommunikation, dann bedeutet das eine tiefgreifende und weitgehende Aufsplitterung unserer Aktionen und unseres Seins. Begreifen und kommunizieren wir jedoch nach der allgemeinen Regel des Holozyklierens, so bedeutet das für unser ganzes Leben ein ungeteiltes Ganzes.

Beschäftigt man sich mit der Zersplitterung des Individuums und der Gesellschaft, so genügt es natürlich nicht, bestimmte Maßnahmen zu empfehlen, wenn wir dennoch die Zersplitterung fast im gesamten Bereich unseres Sehens und Sprechens fortsetzen. Wir müssen vielmehr aufmerksam beobachten und bereit sein, mit der Sprache zu experimentieren und sogar die Grundzüge der Wahrnehmung in Frage zu stellen.

Wenn wir beispielsweise Menschen begegnen, die sich durch ihre Herkunft von uns unterscheiden, begreifen wir, wie sinnlos es ist, »sie zu tolerieren« oder »Teile ihrer Kultur unseren Gegebenheiten anzupassen« oder sie irgendwie als separate Wesen zu behandeln, mit denen wir zu tun haben. Wir erleben vielmehr, daß die Eigenart dieser Leute durch unsere Kontakte zu einem »Teil unserer selbst« wird, wie auch unsere Eigenart zu einem »Teil ihrer selbst« werden muß. So kommt, ob wir es wollen oder nicht, eine neue

Zyklation in Bewegung, die nichts weiter ist als eine neue Art der »Ganzheit« oder »Einheit«. Aber wenn wir im Sinne einer Trennung sprechen, denken und wahrnehmen, werden wir dieses Ganze als aufgesplittert und widersprüchlich empfinden, weil unsere Wahrnehmung nicht mit der naturgegebenen Zyklation der tatsächlichen Lage im Einklang steht.

In ähnlicher Weise verläuft jede Wechselwirkung »zwischen Mensch und Mensch« und auch jede Wechselwirkung zwischen »Mensch und Natur« ganz allgemein holozyklierend. Wenn wir das wirklich begriffen haben, werden wir die separative und unschlüssige Methode grundsätzlich analytischer Beschreibungen als untauglich erkennen und fallenlassen. Mensch und Natur können dann als ein riesiger Komplex von Zyklen betrachtet werden. Dadurch wird die richtige Form der Aktion zwischen Mensch und Mensch und zwischen Mensch und Natur möglich, eine Aktion, die nicht mehr einseitig ist, sondern abgestimmt auf alle wichtigen Aspekte der Zyklation. Eine Zersplitterung findet dann nicht mehr statt.

Ist das Handeln des Menschen erst einmal frei von Zersplitterung, wird die allgemeine soziale Disharmonie, von der hier die Rede ist, allmählich aufhören und nicht mehr dauernd weiterbetrieben werden. Die Menschen werden erkennen, daß sie in einer Holozyklation leben. Daraus geht hervor, wie sinnlos Bemühungen sind, andere zu beherrschen, ihnen die eigenen Ansichten und Handlungsweisen aufzudrängen oder sich auf enge esoterische Fragen zu beschränken, die nur für kleine elitäre Gruppen von Interesse sind.

Den Wissenschaftlern, die echt begriffen haben, daß »ihr ganzes Sein« auf einer Zyklation mit der Gemeinschaft und mit der Natur als Ganzem beruht, wird, wie allen anderen, das Wohlergehen der Menschheit am Herzen liegen. Dadurch werden Kontrollen von außen – die ohnehin meist willkürlich sind, – überflüssig. Wesentliche Voraussetzung ist jedoch die Erkenntnis, daß es sinnlos ist, sich um eine Harmonie in der Wissenschaft zu bemühen, während Gesellschaft und Individuum allgemein im Zustand des Chaos verharren. Die Harmonie in der Wissenschaft muß vielmehr mit einer allgemeinen Harmonie Hand in Hand gehen, was sich nur erreichen läßt, wenn der Mensch aufhört, alles nur fragmentarisch zu sehen.

Man kann mit vollem Recht auch die allgemeinen Vorgänge auf dem Gebiet der Kommunikation als Holozyklation bezeichnen. Natürlich gibt es in der Kommunikation einen begrenzten Bereich, der einfach aus der Übermittlung von Information besteht und als linearer Prozeß betrachtet werden kann. Im allgemeinen besteht Kommunikation jedoch aus einem Dialog, das heißt einem Austausch nach beiden Seiten.

Wenn in einem solchen Dialog eine Person etwas sagt, reagiert die andere Person nicht unbedingt in genau demselben Sinne, den die erste Person meint. Auffassungen sind nicht identisch, sondern nur *ähnlich*. Wenn die zweite Person antwortet, erkennt die erste daher einen *Unterschied* zwischen dem, was sie ausdrücken wollte, und dem, was die andere Person verstanden hat. Betrachtet man diesen Unterschied genauer, erkennt man vielleicht etwas Neues, das sowohl für die eigenen Ansichten als auch für die der andren Personen Gültigkeit hat. So geht es hin und her, wobei ständig neue Inhalte zu Tage treten, die beiden Teilnehmern gemeinsam sind. In einem Dialog geht es daher jedem der beiden Partner nicht in erster Linie um die Übermittlung bestimmter Gedanken, die dem anderen bereits bekannt sind, sondern man könnte vielmehr sagen, daß die beiden Gesprächspartner in einen gemeinsamen zyklischen Ablauf eingetreten sind, in dem sie *gemeinsam etwas Neues schaffen.*

Eine solche schöpferische Kommunikation kommt natürlich nur dann zustande, wenn Menschen fähig sind, einander aufgeschlossen zuzuhören, ohne Vorurteil und ohne den Versuch, sich gegenseitig zu beeinflussen. Beide müssen primär an Wahrheit und Klarheit interessiert sein und die Bereitschaft mitbringen, all die Ideen und Absichten fallenzulassen und notfalls Neuland zu betreten. Wenn zwei Menschen jedoch nur versuchen, sich gegenseitig bestimmte Ideen oder Ansichten zu übermitteln, als seien diese unabänderlich und der Weisheit letzter Schluß, dann werden sie sich nie begegnen. Jeder sieht nämlich den anderen nur durch das Filter seiner eigenen Gedanken und wird dazu neigen, sie unter allen Umständen beizubehalten und zu verfechten, ohne Rücksicht auf Wahrheit und Klarheit. Das Ergebnis ist natürlich genau die Verwirrung, die zu unlösbaren »Kommunikationsschwierigkeiten« führt, wie man sie heute nahezu in jeder Lebensphase antrifft.

Eine Kommunikation im hier beschriebenen Sinne ist notwendig, sowohl in der Wissenschaft wie auch in der Gesellschaft in ihrer Gesamtheit. Wenn Menschen zusammenarbeiten sollen, müssen sie imstande sein, etwas Gemeinsames zu schaffen, das aus ihren Aktionen und Diskussionen entsteht, und nicht etwas, das einer Person oder Gruppe durch eine andere aufoktroiert wird – sei es nun durch überlegene Machtmittel oder Kraft der Autorität. Eine der Hauptursachen für das Nichtzustandekommen eines echten Dialogs zwischen *zwei* Menschen ist die, daß jeder der beiden dazu neigt, sich als Individuum zu betrachten, das abgesondert von den anderen und von der Welt als Ganzem existiert. Ein typisches Beispiel für diese Betrachtensweise ist die Vorstellung von der Dualität von Geist und Materie. Man betrachtet Geist und Materie als getrennte Substanzen, wobei verschiedene Menschen angeblich über einen eigenen und individuellen Geist verfügen, wobei nur die gemeinsame, materielle Welt ein gewisses Bindeglied darstellt. Davon ausgehend sieht man in der Kommunikation ein Mittel, in einem Prozeß von Wechselwirkungen eine Verbindung zwischen all den verschiedenen Verstandeswelten herzustellen.

Das typischste Beispiel für diesen Standpunkt ist in der modernen Psychologie die Bedeutung des Wortes *psychosomatisch*. Es wird von zwei griechischen Worten abgeleitet: *Psyche* ist gleich »Geist« und *soma* ist gleich »Körper«, oder allgemeiner »etwas, das man anfassen kann«, (womit in diesem Zusammenhang Materie allgemein zu verstehen ist). Dieser heute übliche Sprachgebrauch deutet natürlich auf eine überwiegend analytische Denkweise hin, die Geist und Körper als getrennte, in Wechselwirkung zueinander stehende Dinge betrachtet. Eine solche Auffassung führt unweigerlich zu einer Zersplitterung in allen Lebensbereichen, weil sie implizit eine Zersplitterung in jeder Aktion des Individuums voraussetzt, gleichgültig, ob sich diese Aktion auf die Natur oder auf andere Menschen bezieht.

Es wäre ganz nützlich, in diesem Zusammenhang eine neue Vokabel zu empfehlen, zum Beispiel »soma-signifikant«. Dieses Wort stammt von »sign« gleich Zeichen oder Signal. Es besteht aus irgendeinem Material, und ist daher *somatisch*. Da es über sich selbst hinaus weist, ist es *signifikant* – wegweisend, bedeutsam. Ein Tisch wäre aufgrund seines Materials *somatisch* und gleichzeitig *signifikant* – als ein Tisch, als Holz, als Farbe, als Form, in seiner Struktur von Molekülen, Zellen, Atomen und so weiter. Dem Bereich von Bedeutungen, an denen wir einen Tisch erkennen, ist keine Grenze gesetzt. Jede Form von Erkennen oder Wissen ist letztlich eine Gesamtheit von *signifikant*, also von Bedeutungen.

Man könnte noch einen Schritt weitergehen und auch Gefühle, Gedanken und andere Aspekte dessen, was man gemeinhin als »Geist bezeichnet, *soma-signifikant* nennen. »Wegweisend« sind diese insofern, als sie über sich selbst hinaus deuten, und moderne wissenschaftliche Untersuchungen zeigen, daß sie auch somatisch sind, indem geistige Vorgänge untrennbar mit physikalischen, chemischen und mechanischen Vorgängen verbunden sind, die im Gehirn, im ganzenNervensystem und in den Muskeln stattfinden.

So drängt sich der Gedanke auf, daß »alles *soma-signifikant* ist«, mit anderen Worten: was immer sich im Zusammenhang mit unserer Diskussion oder unserem Denken ergibt, es erscheint immer gleichzeitig auf zwei Ebenen, der des *soma* und der *signifikanz*. Die »Bedeutsamkeit« weist auf einen größeren Zusammenhang hin, der wiederum eine Reflektion auf den ursprünglichen Zusammenhang bewirkt und so eine Zyklation in Gang setzt. Diese Zyklationen leiten endlos zu immer breiteren Zyklationen über, bis sie schließlich im Gesamtinhalt unseres Redens und Denkens aufgehen.

Wie soll man die Zersplitterung beenden? Zur Zeit läßt sich diese Frage nicht abschließend beantworten. Daß sie sich überhaupt erhebt, ist schon ein Anzeichen dafür, wie notwendig ernsthafte und umfassende Untersuchungen sind. Da sich die Zersplitterung auf unsere Denk- und Redegewohnheiten auswirkt, erscheint der hier gemachte Vorschlag vernünftig, mit diesen zu *experimentieren*. Was über Holozyklation und Soma-signifikanz gesagt wurde, soll nicht als Empfehlung einer neuartigen statischen Metaphysik betrachtet werden, sondern vielmehr als eine Anregung, als ein Aspekt eines solchen Experiments. Einen solchen Vorschlag zu machen und ihn in Form eines Vortrages zu fassen ist ein *Akt des Hinaussendens*. Zu beobachten, was geschieht, und die Reaktion aufzunehmen, heißt empfänglich für die zugehörige Rückantwort zu sein. Wenn die Zuhörer in ähnlicher Weise reagieren, ist der Dialog schon eingeleitet. In einem solchen Dialog muß Harmonie herrschen, zwischen den tatsächlichen Vorgängen und der Bedeutung des Gesagten. Eine ähnliche Harmonie brauchen wir auch bei den größeren Aspekten der Zyklation, der Soma-signifikanz und bei all unserem Tun in jeder Lebensphase. Wer diese Harmonie schafft, beendet die Zersplitterung.

Literaturhinweise

1. *Impact of Science on Society*, Vol. 20, no. 2, 1970.

2. Diese Experimente werden zusammenfassend dargestellt in Bohm, D., *The Special Theorie of Relativity*. New York: Benjamin 1965 (Anhang). Siehe auch J. G. Gibson *Psych. Review 69*, 477, 1962.

3. *Piaget, J., The Origin of Intelligence in the Child*. London: Routledge & Kegan Paul 1955; Bohm a. a. O.; Gibson; a. a. O.

4. Bohm a. a. O.; J. G. Gibson *Amer. Psychologist 15*, 694, 1960.

Diskussion

Monod: Im achtzehnten Jahrhundert veröffentlichte die Pariser Zeitung *Gazette* Nachrichten, wie: ›In der vergangenen Woche maßen die Philosophen die Temperatur der Seine mit neuen Thermometern.‹ Bis zum Beginn des neunzehnten Jahrhunderts war Philosophie gleichbedeutend mit Wissenschaft, und Wissenschaft gleichbedeutend mit Philosophie. Von den verschiedenen Zersplitterungen, die Sie erwähnten, dürfte zur Zeit die Trennung zwischen sogenannter Wissenschaft und sogenannter Philosophie mit am gefährlichsten sein. Auf dem europäischen Kontinent ist, größtenteils unter dem Einfluß deutscher Idealisten und Metaphysiker, eine philosophische Schule entstanden, die alles Wissenschaftliche im breitesten Sinne völlig ignoriert – jede Art des objektiven Wissens. Ihre Anhänger beschäftigen sich mit Konstruktion imaginärer Universen, über die sie friedlich reden können, ohne durch die Naturwissenschaft gestört zu werden. Da die Kenntnis vom realen Universum das Feld der Naturwissenschaft geworden ist, mußte sich die Philosophie auf imaginäre Universen zurückziehen. In England und Amerika ist die Philosophie größtenteils gegenüber der Naturwissenschaft in eine Dienerrolle abgeglitten, indem sie Dinge wie eine klare Epistemologie erledigt. Sie fürchtet sich davor, einige der brennendsten philosophischen Probleme anzupacken. Auch hierin zeigt sich wiederum die Kluft im Verhältnis zwischen Mensch und Universum. Eine der dringendsten Aufgaben für Naturwissenschaftler und Philosophen wäre ein Beitrag zur Widervereinigung der beiden Gebiete.

Gorinsky: Ich möchte gern die Frage des heilen Ganzen aufgreifen. Dabei möchte ich an Professor Monods Gedanken anschließen und vorschlagen, daß sich ein absolutes Wertsystem auf der Integrität der Natur errichten ließe. Wenn wir nämlich unser biologisches Erbe schädigen, dann schädigen wir uns selbst. Als Spezies haben wir ein Gleichgewicht geerbt, als Wissenschaftler haben wir diesen Konflikt zur natürlichen Umwelt erzeugt. Insofern haben wir nach meiner Überzeugung – ob es uns paßt oder nicht – diese Zersplitterung hervorgerufen, diese Entfremdung zwischen dem Menschen und seiner biologischen Verantwortung. Falls es den Naturwissenschaftlern nicht gelingt, dieses biologische Erbe zu bewahren, dürfte auch alles andere, was sie tun, suspekt bleiben, denn letztlich geht es doch immer um das Überleben, und zwar sowohl als Spezies, als auch im Rahmen der Gemeinschaft. Gegenwärtig gibt es noch andere menschliche Gemeinschaften, die man als ›primitiv‹ bezeichnet und die im Namen des Fortschritts ausgerottet werden, wie es in den Dschungeln des Amazonas geschieht.*
Sie sind uns so fremd, als wären sie eine andere Spezies. Ich will damit sagen, daß es nicht in erster Linie um die Anerkennung irgendeines Ganzen geht, das sowohl diese Gesellschaften als auch uns umfaßt, sondern um eine Koexistenz mit diesen anders gearteten Gesellschaften.

Bohm: Das würde ich nicht sagen. Ich glaube, daß sich unsere Gesellschaft nicht wesentlich von irgendeiner anderen unterschei-

* ›*Primitive Tribes of South America*‹ Encyclopidia Britannica, Yearbook 1970, p. 99–101.

det, die Sachen trennt und zerstört; daß ein wesentlicher Aspekt des Ganzheitsproblems die Frage ist, ob wir eine Trennung zwischen uns und jenen schaffen, die wir für die Zerstörer halten, und in deren Augen wir es zweifellos auch sind. Es ist unbedingt erforderlich, daß alle von uns, ob ›primitiv‹ oder ›hochentwickelt‹, fähig sind, jenen Dialog der Kommunikation einzuleiten, von dem ich vorhin sprach, damit wir endlich aufhören, alles zu zersplittern. Wenn Sie einen anderen als den Zerstörer bezeichnen, haben Sie in Ihrer eigenen Vorstellung bereits eine Zersplitterung vorgenommen, da sein Image für Sie die Quelle alles Bösen geworden ist, und Sie all das Böse mehr oder weniger einem anderen zuschieben, anstatt zu überlegen, was von Ihnen selbst ausgehen könnte.

Rothman: Ich möchte gern wissen, auf welcher Grundlage Sie Ganzheit mit Harmonie gleichstellen. Ich möchte auch wissen, warum Sie die Möglichkeit außer acht lassen, daß es eine Einheit geben kann, aber auch Widersprüche im Rahmen dieser Einheit. Wenn Ganzheit gleich Harmonie sein soll, möchte ich wissen, wie sich jemals etwas wandeln sollte. Als Biologe akzeptiert man die Ganzheit der Biosphäre, man akzeptiert den Austausch zwischen lebenden Organismen, aber man steht auch vor der Tatsache, daß es sich hierbei nicht um eine harmonische Situation handelt, weil nämlich Spezies auftauchen und andere verschwinden, weil eine Entwicklung stattfindet. Ich empfinde es als eine Schwäche Ihres Zyklationskonzepts, daß im Gegensatz etwa zu einem dialektischen Konzept offenbar in keiner Weise das Problem des Widerspruchs berücksichtigt wird.

Bohm: Nach meinem Dafürhalten löst auch die dialektische Analyse dieses Problem nicht. Wenn Menschen in einen Widerspruch geraten, versuchen sie stets, diesen Widerspruch zu beseitigen, ob sie nun an Dialektik glauben oder nicht. Wenn ich mich mit Ihnen auf eine widersprüchliche Debatte einließe, würden Sie das nicht akzeptieren. Würde ich behaupten, zwei sei gleich fünf, würden Sie das als Unsinn bezeichnen. Vielleicht würde ich einräumen, daß es sich hier um einen kreativen Widerspruch handelt. Dann müssen Sie sagen: Nein, das ist kein kreativer Widerspruch, dieser Widerspruch ist von einer anderen Art. Es hat lange Diskussionen um die Frage gegeben, ob in einer sozialistischen Gesellschaft ein

Widerspruch existiere; Sie behaupten ja, da sei ein Widerspruch vorhanden, aber ein kreativer, während der Widerspruch in der kapitalistischen Gesellschaft destruktiv ist. Diese Einstufung wird jedoch sehr willkürlich, weil jeder dazu neigt, den eigenen Widerspruch als kreativ, und den Widerspruch des anderen als destruktiv zu bezeichnen. Das führt zu der Frage, wie man zwischen einem kreativen und einem destruktiven Widerspruch unterscheiden soll – eine solche Unterscheidung ist in der Tat unmöglich. Widersprüche sind eben ein Bestandteil unseres Verständnisses, unseres Denkens. Wenn wir sagen, gehen Sie gleichzeitig nach Süden und nach Norden, so ist das ein Widerspruch. Genau aus dieser Art von Widerspruch entsteht die Zersplitterung, weil wir nämlich versuchen, gleichzeitig nach Sünden und nach Norden zu gehen. Wir erteilen widersprüchliche Instruktionen, ohne es selbst wahr zu haben. Das Ergebnis ist Verwirrung. Wir beobachten ringsum ein gewaltiges Ausmaß von Verwirrung, weil Leute immer wieder das eine sagen und das andere tun.

Schama: Ich frage mich, ob wir nicht möglicherweise eine Synthese zwischen den Erkenntnissen der westlichen Wissenschaft und der östlichen Philosophie finden könnten. Zersplitterung ist etwas, das in völligem Gegensatz zur Philosophie des Ostens steht. Dort stützt sich alles, was drei- bis fünftausend Jahre zurückreicht, auf das Ganze, und ich glaube, wir können daraus sehr viel lernen. Nach meiner Meinung sollten die Naturwissenschaftler durchaus einmal Urlaub von ihrem Fach nehmen und diese Philosophie studieren.

Bohm: Es mag zutreffen, daß die östliche Philosophie das Ganze und nicht die Zersplitterung apostrophiert. Aber anders betrachtet glaube ich, daß der Osten eben an einer anderen Form der Zersplitterung leidet als der Westen. Wenn Sie beispielsweise Indien betrachten, ist eine weitgehende Zersplitterung festzustellen; in vieler Hinsicht führt die Philosophie der Ganzheit die Menschen nicht zur Zusammenarbeit – im Gegenteil, es fällt ihnen sehr schwer, zusammenzuarbeiten. Man fragt sich unwillkürlich, wie so etwas kommt: ›Warum kümmern sich diese Menschen so wenig um ihre eigene Philosophie?‹ Nun, das ist eine sehr weiträumige Frage, und unsere Zeit dürfte es kaum zulassen, sich damit zu beschäftigen. Aber ich möchte trotzdem auf einen wesentlichen Unterschied zwischen dem östlichen und dem westlichen Standpunkt hinweisen. Es betrifft das Konzept des Messens. Das Maß spielt im Westen eine wesentliche Rolle. Wenn wir auf die alten Griechen zurückgreifen, von denen wir einen großen Teil unserer Philosophie übernommen haben, so ist dort in vieler Hinsicht das Maß das Wesen aller Dinge. Im Osten gilt das Maß beinahe nichts. Selbst das Wort *›maya‹*, das denselben Wortstamm hat wie ›Maß‹, bedeutet hier ›Illusion‹; daraus wird auch begreiflich, warum im Osten der Anstoß zur Entwicklung der Naturwissenschaften und Technik fehlte. Ich bin zwar der Überzeugung, daß Maß nicht mit Illusion gleichzusetzen ist, ich glaube aber andererseits, daß das Messen im Westen übertrieben wird. Es hat einen Bruch gegeben, der vielleicht schon weit zurückliegt: Auf der einen Seite wurde das Messen überbetont, auf der anderen Seite wurde das Unmeßbare überbetont. Aber diese Scheidung zwischen Maß und Unmeßbarem ist schon wieder eine Form der Zersplitterung. Hier dürfte nach meiner Meinung im Osten der wunde Punkt liegen.

II. Molekulargenetik

4. W. Hayes · Molekulargenetik: Eine allgemeine Einführung

Dieser Einführungsartikel stellt mich vor eine gewaltige Aufgabe. Ich wurde gebeten, in einem sehr kurzen Zeitraum ein verständliches Bild vom derzeitigen Stand der Molekulargenetik zu zeichnen und damit die Ausgangsbasis für alles Folgende zu schaffen – und zwar für Leser, deren Fachwissen, wie ich annehmen muß, praktisch von null bis zu den Kenntnissen jener hervorragender Wissenschaftler reicht, die so ungewöhnliche und entscheidende Beiträge zu diesem Thema geleistet haben. Die Zwickmühle, in die ich geraten bin, erinnert mich an George Bernhard Shaw, der sich dafür entschuldigte, daß er einen ungebührlich langen Brief schrieb, da ihm die Zeit für einen kurzen Brief fehlte. Ich brauche wohl nicht zu betonen, daß ich sehr dogmatisch vorgehen und darauf verzichten muß, die Beweise für die meisten von mir behandelten molekularen Modelle zu liefern. Sie werden Einzelheiten unbesehen hinnehmen müssen. Der wahre Beweis besteht vom pragmatischen Standpunkt aus darin, daß die Modelle funktionieren und eine hohe Voraussagegenauigkeit aufweisen, was ja schließlich das Hauptkriterium wissenschaftlicher Wahrheit ist – oder vielleicht sollte ich sagen wissenschaftlicher Annehmbarkeit. Heute brauchen wir nicht mehr die grundlegende Konzeption nuklearer Verschmelzungsreaktionen zu kennen, um an ihre Möglichkeit zu glauben. Die Tatsache der Wasserstoffbombe genügt uns.

Die strukturelle Einheit alles Lebenden ist die Zelle (Abbildung 1). Sie besteht im wesentlichen aus einem Kern, der das genetische Material in Form von Chromosomen enthält; dem Cytoplasma, das zahlreiche kleine Körper enthält, Ribosome genannt, und das Grundlage für den größten Teil der biochemischen Voraussetzungen und Vorgänge beim Aufbau neuer Zellsubstanz und bei der Erzeugung der dafür erforderlichen chemischen Energie ist; schließ-

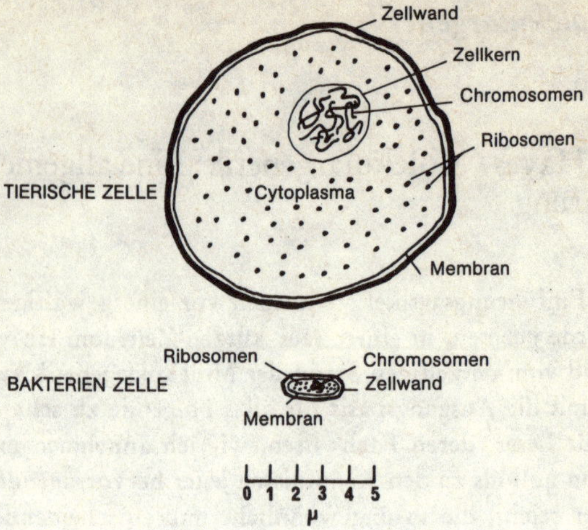

Abbildung 1: Zellenquerschnitte. Zellen von Pflanzen und Bakterien besitzen noch zusätzlich zur tierischen Zelle eine Zellwand.

lich einer alles umhüllenden Membrane, durch die von außen Nährstoffe in die Zelle eindringen und Abfallstoffe sowie andere Produkte hinausgeschleust werden. Diese Membrane entpuppt sich bei näherer Betrachtung als sehr komplex. Ihr fällt eine Schlüsselrolle bei der Koordinierung der Zelltätigkeit zu. Die Zellen von Pflanzen und Bakterien weisen schließlich noch eine Außenwand auf, die der Zelle Schutz und Gestalt verleiht.

Unser Körper ist aus unzähligen Milliarden solcher Zellen aufgebaut. Allein das Gehirn enthält schätzungsweise zehntausend Millionen Zellen. Sie alle haben einen gemeinsamen Ursprung: die befruchtete Eizelle. Während der embryonalen Entwicklung vermehren sich die Nachkommen dieser einen Zelle nicht nur, sondern sie beginnen sich auch zu spezialisieren und formieren sich zu Gruppen wie Haut-, Muskel-, Leber- und Nervenzellen, die sich nach Funktion und Aussehen deutlich voneinander unterscheiden. Ganz allgemein nennt man den Vorgang der Zellspezialisierung *Differenzierung*, während die anatomische Formierung von Zellen zu Strukturen und Organen *Entwicklung* genannt wird. Diese beiden Prozesse findet man sogar bei so niedrigen vielzelligen Organismen wie den Pilzen. Es gibt jedoch auch andere Organismen wie zum Beispiel Amöben und Bakterien, deren Haupteigenschaft die Vermehrung ohne Differenzierung ist. Da ein einziges Bakterium sich über Nacht in einer Nährlösung milliardenfach vermehren kann, muß man annehmen, daß unser Planet mehr Bakterien trägt als die Summe aller Zellen der darauf lebenden Tiere und Pflanzen.

Aber wie bei Tieren und Pflanzen gibt es auch bei den Bakterien eine große Vielzahl unterschiedlicher Spezies, von denen jede durch ganz bestimmte Merkmale wie Größe, Form, Nahrungserfordernisse und andere Charakteristika gekennzeichnet ist und diese Merkmale mehr oder minder unverändert über zahllose Generationen hinweg beibehält. Demnach muß die Zelle mit spezifischen Instruktionen programmiert sein, die nicht nur die genaue Funktionsweise bestimmen, sondern die auch bei jeder Zellteilung verdoppelt und an die beiden Tochterzellen weitergegeben werden. Das heißt, daß der Satz funktioneller Instruktionen – die Blaupause der Zelle – vererbbar ist. Einer der Meilensteine in der Biologie war die Entdeckung, daß die Chromosomen im Zellkern Träger dieser genetischen Information sind und sie an die Tochterzellen weitergeben. Das genetische Material der Chromosomen ist also die biologische Grundsubstanz, und die Genetik, die sich mit Struktur und Verhaltensweise des genetischen Materials befaßt, wird zur biologischen Grundwissenschaft.

Die klassische Genetik, begründet durch das Werk Mendels vor etwas mehr als hundert Jahren, sowie die mikroskopische Beobachtung des Verhaltens von Chromosomen befaßten sich hauptsächlich mit der Erkundung der *Regeln* der Vererbung und der Anwendung dieser Regeln auf die wichtigen Probleme der Tier- und Pflanzenzucht. Es stellte sich heraus, daß die grundlegenden Determinanten für die Eigenschaften, nämlich die Gene, in den Chromosomen linear angeordnet sind und daß der Ausdruck dieser Eigenschaften durch Veränderungen in den Genen – *Mutationen* genannt – verloren gehen oder modifiziert werden können. Sehr vereinfacht dargestellt besteht die Grundmethode der genetischen Analyse darin, mutierte Organismen zu beschaffen, die in zwei oder mehr charakteristischen Eigenschaften verändert sind, zum Beispiel a und b anstelle

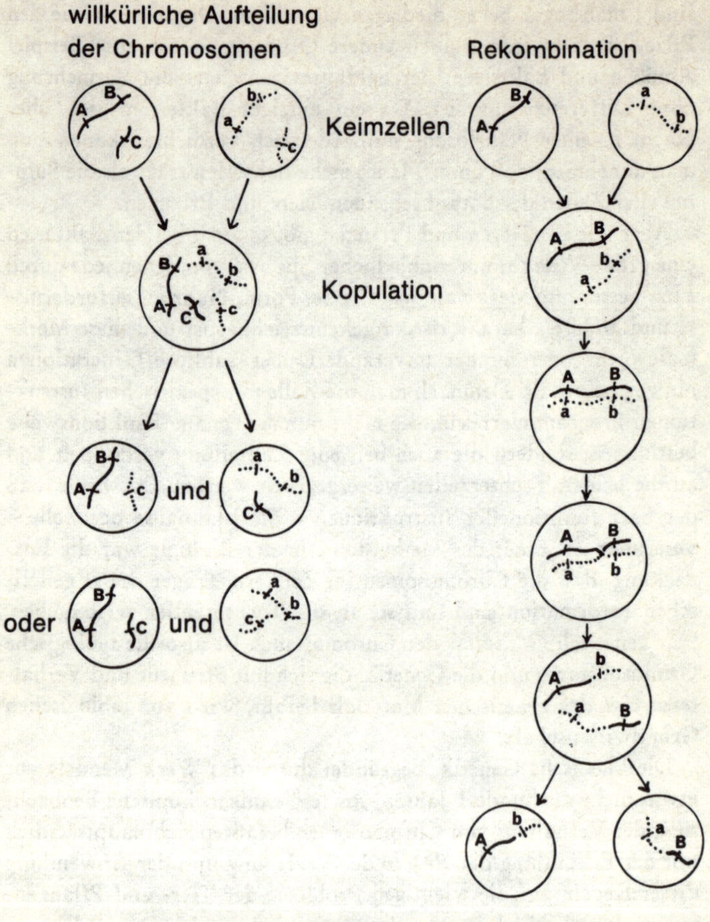

Abbildung 2: Links: Willkürliche Aufteilung der Chromosomen; rechts: Rekombination während der Bildung neuer Keimzellen.

von A und B (Abbildung 2), diese (durch geschlechtliche Verschmelzung) mit unveränderten oder wildlebenden Sorten zu kreuzen und die Verteilung charakteristischer Unterschiede bei den Produkten der Kreuzung zu untersuchen (Abbildung 2). Wie Sie aus der linken

Seite der Darstellung ersehen, werden Charakterunterschiede dann, wenn die Determinanten der beiden Eigenschaften (zum Beispiel A und C) sich auf verschiedene Chromosome verteilen (Abbildung 2), unabhängig und willkürlich an die Nachkommenschaft weitergegeben, da die Chromosomen nun einmal so verteilt sind. Sind beide Charakteristika (wie A und B) auf ein und demselben Chromosom angeordnet, werden die beiden für jeden Elternteil typischen Eigenschaften zumeist gemeinsam vererbt, d. h. A mit B und a mit b.

Es gibt jedoch noch einen anderen Prozeß, der ›crossing-over‹ oder *Rekombination* genannt wird (rechte Seite, Abbildung 2), durch den die elterlichen Kombinationen von Genen auf demselben *Chromosom* während der Bildung der Keimzelle ausgetauscht werden können. Die beiden Elternchromosome lagern sich aneinander, brechen auf und werden kreuzweise wiedervereinigt, so daß an die Nachkommenschaft ein Abschnitt des Chromosoms von einem Elternteil und ein Abschnitt vom anderen weitergegeben wird. Wenn nun zwei Gene auf dem Chromosom weit auseinander liegen, können sie getrennt werden, wo immer auch der Austausch stattfindet, so daß eine Tendenz zur willkürlichen Vererbung entsteht, als ob diese Gene an getrennten Chromosomen lägen. Doch je geringer ihre Entfernung voneinander wird, um so geringer ist auch die Wahrscheinlichkeit der Trennung durch einen Austausch und um so häufiger werden die Kombinationen des einen oder anderen Elternteils gemeinsam vererbt. So werden wir in die Lage versetzt, die relativen Abstände zwischen zwei Genen in demselben Chromosom dadurch zu ermitteln, daß wir zählen, wie häufig die elterlichen Kombinationen von Eigenschaften (A und B oder a und b) bei der Nachkommenschaft anzutreffen sind. Liegen zwei Gene außerordentlich dicht beisammen, kann es erforderlich werden, viele Tausende von Nachkommen zu untersuchen, bevor ein Rekombinante gefunden wird. Deshalb sind Tiere und Pflanzen für die genetische Analyse als Material ungeeignet, wenn wir das Verhältnis der Mutationen in der Feineinstellung studieren wollen – das heißt, die Detailstruktur der Chromosomen im molekularen Maßstab.

Noch zwei weitere Anmerkungen, bevor ich diese Grundbetrachtung verlasse.

1. Bringt man in dieselbe Zelle zwei Alternativen desselben Gens

ein, beispielsweise »A« und »a«, so stellt man üblicherweise fest, daß nur eins davon, nämlich »A«, zur Geltung kommt; wir sagen, »A« sei gegenüber »a« dominierend. Daran ist nichts Geheimnisvolles. Es bedeutet lediglich, daß das Gen »A« normal produziert, während Gen »a« durch eine Mutation daran gehindert wird, irgend etwas zu produzieren. Es gibt andere Fälle, in denen mutierte Gene für die Synthese *veränderter* Produkte bestimmend sind; ein gutes Beispiel hierfür ist die Sichelzellenanämie, die aus der Erzeugung eines fehlerhaften Hämoglobins infolge der Mutation in einem Hämoglobin-Gen resultiert. In den roten Blutkörperchen von Individuen, die von einem Elternteil ein normales Gen und vom anderen ein mutiertes Sichelzellengen erben, finden sich beide Typen Hämoglobin[1].

2. Nur wenige Charaktereigenschaften leiten sich vom Ausdruck eines einzigen Gens ab. So können beispielsweise selbst ganz einfache biologische Produkte aus einer *Serie* biochemischer Reaktionen entstehen, von denen jede durch ein anderes Gen determiniert wird. Dieselbe Charakterveränderung bei zwei Organismen kann demnach das Ergebnis von Mutationen in ein und demselben Gen oder in verschiedenen Genen sein. Wie unterscheidet man nun diese beiden Möglichkeiten? Wenn die Mutationen in verschiedenen Genen stattfinden, kann man dies unter Umständen durch eine Rekombinationsanalyse nachweisen, die aber versagen kann, wenn die Gene sehr dicht beisammen liegen. Die Lösung ist der sogenannte *Komplementationstest*, bei dem die zwei mutierten Gene durch Vereinigung der elterlichen Trägerorganismen in dieselbe Zelle eingebracht werden. Sind die beiden Gene identisch, wird der Organismus keine brauchbare Kopie dieses Gens besitzen und daher mutieren. Sind die Gene verschieden, wird von jedem Gen eine gute Kopie vorhanden sein, so daß der Organismus den normalen und nicht den mutierten Typ aufweist (Abbildung 3).

Was ist denn Molekulargenetik? Die Antwort ist einfach: Sie benutzt diese eben beschriebenen Methoden der genetischen Analyse zur Erkundung von Struktur und Funktion des genetischen Materials auf molekularer Ebene. Zunächst müssen wir uns die Frage stellen: Wie sieht die molekulare Struktur der Gene aus? Und wie funktionieren sie in molekularer Hinsicht? Die Antwort auf die

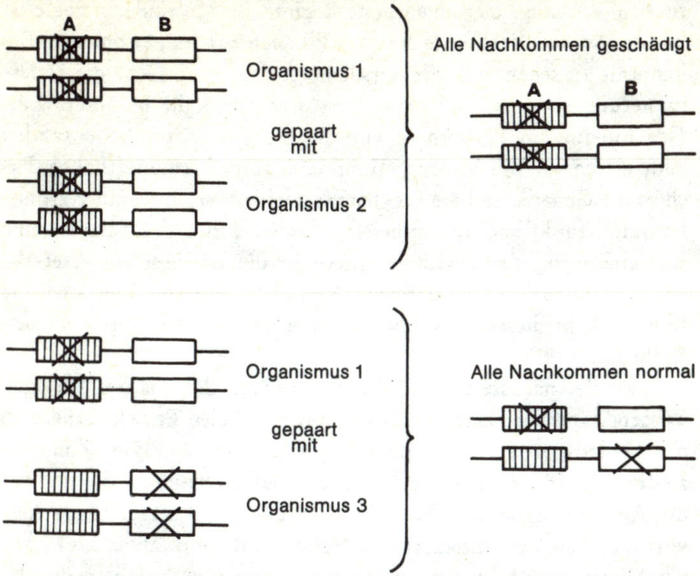

Abbildung 3: Komplementationstest. Vorausgesetzt, daß alle drei Organismen bezüglich ihrer Gene A und B reinerbig sind, bedeutet das, daß die Alternativen für jedes dieser Gene identisch sind. (Wenn die Alternativen eines einzelnen Gens differieren, so ist der Organismus bezüglich dieses Gens heterozygot.) Es wird angenommen, daß die Ausprägung eines bestimmten Merkmals im Organismus das exakte Funktionieren der Gene A und B erfordert. Bei der Kreuzung dieser Organismen kann man die Ursache dafür feststellen, warum sich dieses Merkmal nicht ausprägt, d. h. ob es auf einen Defekt im gleichen Gen (z. B. A in beiden Organismen) oder in verschiedenen Genen (z. B. A in einem Organismus und B im anderen) zurückzuführen ist.

zweite Frage wurde zuerst gefunden. Alle Lebensvorgänge werden durch bestimmte katalytische Proteine bewirkt, die man *Enzyme* nennt. Sie wirken auf Nahrungsstoffe ein, die aus der Umgebung in die Zelle eindringen, formen sie zu neuen Strukturelementen um, zerteilen sie in kleine Bauelemente oder oxydieren sie, um Energie für solche Synthesen zu erhalten. Beim Vorhandensein der notwendigen Nährstoffe und Enzyme sowie eines gewissen Systems der Koordinierung wird das Wachstum der Zelle fast zu einem automatischen Vorgang. Der eigentliche Beginn der Molekularbiologie ist in der vor etwa dreißig Jahren am Pilz *neurospora* gewonnenen Erkenntnis zu sehen, daß die wirkliche Aufgabe der Gene die Determinierung spezifischer Enzymstrukturen ist, – die berühmte Ein-Gen-Ein-Enzym Hypothese von Beadle und Tatum[2]. So fanden zum erstenmal die bisher getrennten naturwissenschaftlichen Fächer: die Genetik und die Biochemie, zueinander, indem ihre grundlegenden funktionellen Einheiten, das Gen und das Enzym, eine Ehe eingingen; der gesamte spätere Erfolg ist ihrer fortgesetzten Zusammenarbeit zu verdanken, obgleich in jüngster Zeit auch die Biophysik in dieser Partnerschaft eine immer wichtiger werdende Rolle spielt.

Auch der nächste große Schritt vorwärts, der uns den heutigen Wissensstand bescherte, ergab sich aus parallelen Entwicklungen in der Genetik und in der physiko-chemischen Analyse. Zunächst stellte man fest, daß Bakterien Eigenschaften besitzen, die sich für die Analyse der genetischen Funktion auf molekularer Ebene hervorragend eignen: 1. dauert eine Generation nicht länger als zwanzig Minuten; 2. bilden sie große homogene Populationen, die der biochemischen Analyse leicht zugänglich sind; 3. stellen sie haploide Organismen dar, das heißt, sie verfügen (im Gegensatz zu Tier- und Pflanzenzellen) nur über einen Gensatz, so daß rezessive Mutationen unmittelbar zum Vorschein kommen und erkannt werden können; 4. lassen sich einfache biochemische Eigenschaften, wie die Fähigkeit oder Unfähigkeit zur Synthese von Aminosäuren (die Grundbausteine der Proteine) oder zum Abbau bestimmter Zuckermoleküle, die sich unmittelbar aus der Gentätigkeit ergeben, studieren; 5. bei vielen Bakterienarten finden sich primitive Sexualsysteme, durch die sich Gene von einer Zelle auf eine andere übertragen lassen, so daß die Rekombinationsanalyse durch Überstempelungsversuche vorgenommen werden kann. Hier bieten sich Methoden zur Sichtung und Zählung außerordentlich seltener Typen von Rekombinanten unter Millionen anderer Nachkommen einer Kreuzung an. Wenn wir beispielsweise einen Bakterienstamm, der zum Wachstum die Substanz A, aber nicht B, benötigt, mit einem anderen Stamm kreuzen, der B aber nicht A braucht, können sich auf einem Nährboden, in dem die Substanzen A und B fehlen, nur solche

Tochterbakterien entwickeln, bei denen das funktionelle B-Gen des einen Elternteils und das A-Gen des anderen sich durch eine Rekombination verbunden haben. Mit Hilfe solcher Methoden lassen sich die Anordnung von Mutationsorten an einem einzelnen Gen und der relative Abstand zwischen ihnen in molekularen Dimensionen abschätzen.

Es ist vielleicht angebracht, an dieser Stelle ein Wort über die Zusammenarbeit zwischen genetischen und chemischen Methoden in der Molekularbiologie zu sagen. Der Chemiker und Physikochemiker geht so vor, daß er die Zellen aufbricht, ihre (entweder normalen oder durch Mutation veränderten) Komponenten isoliert und reinigt und schließlich ihre molekulare Zusammensetzung und Struktur analysiert – in der Hoffnung, dadurch Informationen über ihre Funktion und Verhaltensweise zu erlangen. Die Genetik andererseits erlaubt die Herstellung räumlicher und funktioneller Beziehungen zwischen genetischen Determinanten *bei ihrer tatsächlichen Arbeit in der lebenden Zelle*. Die relative Bedeutung dieser beiden Methoden hat gewaltige Veränderungen durchgemacht. So werden wir beispielsweise noch sehen, daß die Erkennung der Struktur der DNS – mit Abstand die bedeutendste Entdeckung dieses Jahrhunderts – unsere Vorstellung von Beschaffenheit und Funktion des genetischen Materials revolutioniert hat. Aber man muß fairerweise auch sagen, daß Wilkins, Watson und Crick überhaupt erst zur Analyse der DNS veranlaßt wurden, weil sie zuvor beobachteten, daß diese Substanz in sehr reiner Form einen genetischen Transfer zwischen Bakterien vermitteln konnte und daher höchst wahrscheinlich selbst genetisches Material darstellte[3]. Andererseits stammt unser Wissen darüber, wie die genetische Aktivität gesteuert wird, fast ausschließlich von genetischen Experimenten, die nachträglich durch biochemische Methoden bestätigt wurden. Doch davon später.

Ich muß nun einige der wichtigsten Errungenschaften dieser Gemeinschaftsarbeit streifen und beginne mit der DNS, der Desoxyribonukleinsäure (Abbildung 4)[4]. Ein DNS-Molekül kann man sich schematisch als eine Leiter vorstellen, die so verdrillt ist, daß sich die beiden senkrechten Holme umeinander winden und eine (Doppelwendel oder) Doppelhelix bilden. Diese Holme, in Wirklichkeit

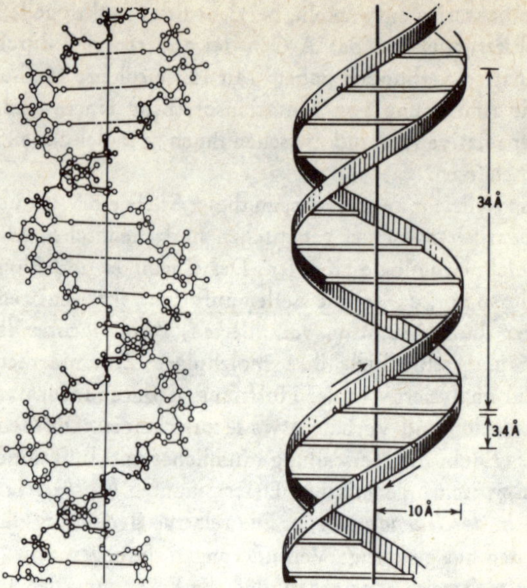

Abbildung 4: Rechts: Schematisches Diagramm – die Basenpaare sind durch die Stufen der Wendeltreppenstruktur und die Zuckerphosphatketten, die sie zusammenhalten, durch das Geländer dargestellt; links: zusätzlich zur rechten Darstellung sind hier die Atome der Zuckerphosphatketten erkennbar.

flexible Fäden, zeigen eine einfache und gleichartige chemische Zusammensetzung. In regelmäßigen Abständen gehen von ihnen nach innen gerichtete flache, stickstoffhaltige Moleküle ab, die man Basen nennt und von denen es vier Sorten gibt: Adenin, Thymin, Cytosin und Guanin, abgekürzt A, T, C und G. Die Basen eines jeden Stranges haben schwache Verbindungen zu den Basen des gegenüberliegenden Strangs, wodurch Basenpaare entstehen. Die Basenpaare formen so die Sprossen der Leiter, aber so als ob jede Sprosse auseinander geschnitten und wieder zusammengeklebt worden wäre, damit man die beiden Teile leicht trennen kann. Da sich die Basen nach Größe und molekularer Anordnung voneinander unterscheiden, gibt es eine strenge Regel – damit die Strukturform erhalten bleibt –, daß nur A mit T und C nur mit G paaren kann (Abbildung 5). Was das bedeutet, werden wir gleich erkennen.

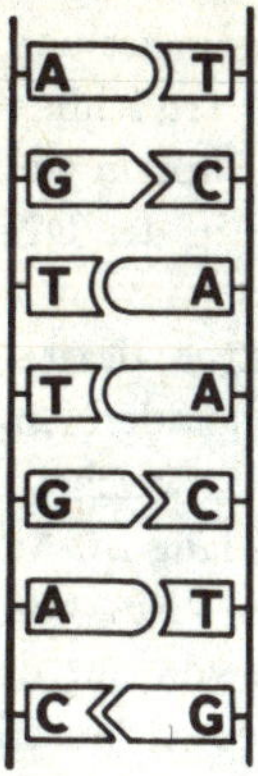

Abbildung 5: Schematische Darstellung der DNS, in der die Basenpaarung von Adenin (A) und Thymin (T) und von Cytosin (C) und Guanin (G) gezeigt wird.

Genetisches Material hat in erster Linie die Aufgabe, Informationsträger zu sein. Da die einzige Unregelmäßigkeit in der DNS-Doppelhelix die Reihenfolge der Basen oder Basenpaare entlang der Achse des Moleküls darstellt, muß die Information im Code dieser Reihenfolge enthalten sein (in Abbildung 5 A, G, T, T, G, A, C)[5]. Wie bereits erwähnt, haben Gene die Aufgabe, die spezifische Struktur von Proteinenzymen zu bestimmen. Also müssen wir in der Proteinstruktur nach einer Antwort auf unsere Frage suchen. Die Proteine bestehen ebenfalls aus langen Ketten recht einfacher chemischer Verbindungen, Aminosäuren genannt, von denen es zwanzig verschiedene Arten gibt. Eine durchschnittliche Proteinkette mag etwa dreihundert Aminosäuren enthalten, aber diese Ketten hängen nicht lose wie Halsketten mit verschieden geformten Perlen, sondern sie sind zu fast kugelförmigen Molekülen unterschiedlicher Gestalt zusammengefaltet. Hier stoßen wir zum Kern des Problems vor. Die spezifische Aufgabe der Proteine ist nämlich eine Funktion ihrer Faltung und diese wiederum wird durch die spezifische Reihenfolge der Aminosäuren in der Kette festgelegt. Daraus ergibt sich logisch das eigentliche Problem des genetischen Codes: Wie kann die Reihenfolge von vier Basen in der DNS die

Reihenfolge von zwanzig Aminosäuren in einem Protein bestimmen? Theoretisch ist dieses Problem leicht zu lösen, da sich vier Basen in vierundsechzig verschiedenen Dreiergruppen oder Tripletts anordnen lassen: A-T-C, T-A-C, C-A-T, T-C-A, C-T-A, A-T-G und so weiter. Mit Hilfe sehr komplizierter genetischer und chemischer Experimente wurde festgestellt, daß es sich tatsächlich so verhält: die Reihenfolge der Aminosäuren in einem Protein wird durch die Reihenfolge der Tripletts von Basenpaaren in der DNS geregelt[6].

Da drei Basenpaare den Code für eine Aminosäure darstellen und es in einem durchschnittlichen Protein etwa dreihundert Aminosäuren gibt, kann man errechnen, daß ein Gen, durch welches ein Protein bestimmt wird, etwa eintausend Basenpaare lang ist. Auf dieser Grundlage könnte die DNS eines sehr kleinen Virus von knapp zweitausendstel Millimeter Länge die Synthese von nur drei oder vier Proteinen bestimmen. Das wurde experimentell bestätigt. Die Chromosomen-DNS des Bakteriums *Escherichia coli* bildet einen Kreis von gut einem Millimeter Länge und kann für etwa viertausend Proteine codieren. Im Vergleich dazu würde die DNS im Chromosom einer Mauszelle fast zwei Meter lang sein und würde eine Kapazität zur Kodierung von vier Millionen verschiedener Proteine haben.

Die zweite Funktion des genetischen Materials besteht in der Fähigkeit, sich zu erneuern oder zu replizieren[7]. Die Replikation ist eine angestammte Fähigkeit des DNS-Moleküls; wie sie Abbildung 6 entnehmen können, brauchen sich dazu nur die zwei helikalen Stränge zu entwinden und zu trennen. Neu synthetisierte Basen, die an Strangfragmenten angehängt sind, können sich dann entsprechend der Regel A an T, T an A, C an G und G an C an die alten Basen anlagern; die Fadenfragmente werden dann durch ein Enzym einer sogenannten Replikase zusammengefügt, so daß zwei Tochter-Doppelstränge gebildet werden, von denen jeder mit dem ursprünglichen Doppelstrang identisch ist und aus einem der beiden Originalstränge sowie einem neuen besteht. Raffinierte physikalische Experimente haben bewiesen, daß dieser »Reißverschlußmechanismus« tatsächlich funktioniert und daß das gesamte Chromosom eines bestimmten Bakteriums, bestehend aus etwa vier Millionen Basenpaa-

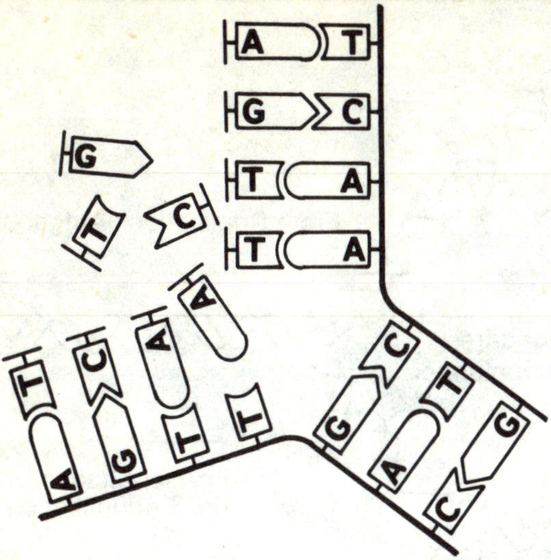

Abbildung 6: Eine bestimmte Basenpaarung als Grundlage des DNS-Moleküls.

ren, sich in nur vierzig Minuten reproduziert. Die Replikation beginnt an einem ganz bestimmten Punkt der DNS des Bakterien-Chromosoms. Eine interessante Begleiterscheinung wird in Abbildung 7 dargestellt: In der Umgebung dieses Anfangspunktes existieren doppelt so viele Kopien von Genen wie am Endpunkt der Replikation. Darüberhinaus kann ein Bakterium in einer reichen Nährlösung sehr rasch wachsen und sich alle zwanzig Minuten teilen. Das ist nur die Hälfte der für eine Chromosomenreplikation erforderlichen Zeit. Um das auszugleichen und um sicherzustellen, daß für jede Tochterzelle ein Chromosom verfügbar ist, löst ein Signal – offenbar als Funktion des Zellvolumens – einen neuen Replikationszyklus des Chromosoms aus, und zwar bereits wenn der erste Ablauf erst halb beendet ist. Man nennt dies dichotome Replikation. Sie führt zu der in Abbildung 7 dargestellten Situation, in der in der Nähe des Anfangspunktes die Gene vierfach vorhanden sind, wobei die Produktion der von ihnen geregelten Proteine

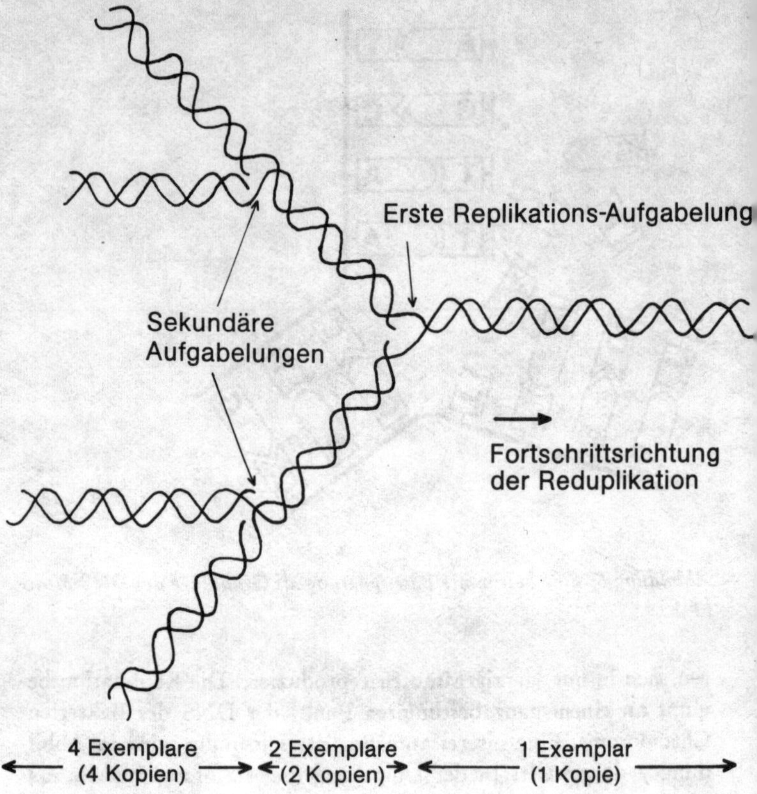

Abbildung 7: Die DNS-Helix ganz rechts im Bild dupliziert sich an der ersten Replikations-Aufgabelung in zwei identische Tochtermoleküle. Bei dichotomischer Replikation beginnt die Duplikation dieser Tochtermoleküle ehe die erste Replikation beendet ist. Das Ergebnis sind 4 Gen-Kopien ganz links im Bild, zwei Kopien jener zwischen der zweiten und ersten Replikations-Aufgabelung und nur eine jener rechts von der ersten Replikations-Aufgabelung.

entsprechend erhöht wird. Am Schlußpunkt treten die Gene nur einfach auf.

Die dritte und letzte Funktion des genetischen Materials ist die

Fähigkeit zur Mutation[8]; sie steht nicht nur als Tatsache fest, sondern ist auch eine wesentliche Voraussetzung für die Evolution. Eine Mutation entsteht durch gelegentliche Fehler bei der Replikation, wodurch ein Basenpaar der DNS durch ein anderes ersetzt wird. Dadurch verändert sich ein Triplett, das eine Aminosäure codiert, in ein anderes Triplett, das für eine andere Aminosäure, oder wie es manchmal vorkommt für etwas ohne Sinn codiert. Im ersten Fall kann sich die Funktion des Proteins verändern oder auch nicht, je nach dem, welche Aminosäure neu eingeführt wird. Entsteht etwas Sinnloses, wird bei der Mutation die Proteinstruktur für gewöhnlich zerstört.

Die nächste Frage lautet: Wie wird die in den Genen enthaltene Information auf die Proteinstruktur übertragen? Füttern wir Zellen mit radioaktiv gekennzeichneten Aminosäuren und trennen wir dann die verschiedenen Zellkomponenten, um festzustellen, welche Komponenten sich mit den neu geformten radioaktiven Proteinen verbunden haben, so stellt sich heraus, daß Proteine in der Hauptsache nicht im Zellkern oder in Verbindung mit der DNS synthetisiert werden, sondern an den zahlreichen kleinen Ribosomen im Cytoplasma. Aber wie erreicht die genetische Information der DNS die Ribosomen? Als Nachrichtenträger oder *Messenger* entdeckte man eine andere Art von Nukleinsäure, RNS genannt. Sie besteht nur aus einem einzigen Strang und es stellt sich heraus, zumindest bei Bakterien, daß sie recht kurzlebig ist. Diese Messenger-RNS entsteht unter dem Einfluß des Enzyms RNS-Polymerase durch Kopierung der Basensequenz von einem DNS-Faden des Chromosoms auf die eigene Basensequenz, etwa auf dieselbe Weise wie neue DNS-Stränge während der Replikation hergestellt werden. Der Strang wird dann abgestreift und wandert zu den Ribosomen[8]. Die Ribosomen tragen nunmehr eine linerare Folge von Basentripletts, die die Anordnung der verschiedenen Aminosäuren im Protein bestimmen. Aber wie erkennen die verschiedenen Aminosäuren das für sie bestimmte Basentriplett am Messenger-RNS, um sich richtig anordnen zu können? Das wird wiederum durch eine andere Art von sehr kurzen RNS-Molekülen erreicht, die Transfer-RNS genannt werden. Jede Aminosäure hat eine ihr zugeordnete Art von Transfer-RNS, an die sie gebunden wird. An einer anderen Stelle am RNS-Molekül befindet sich ein Triplett, das dem Triplett an der Messenger-RNS entspricht; dieses wiederum codiert seine eigene Aminosäure. Diese Triplett-Paare erkennen einander und treffen sich nach denselben allgemeinen Regeln, nach denen auch die Replikation der DNS verläuft. Auf diese Weise werden die Aminosäuren in die richtige Reihenfolge gebracht und schließlich durch ein Enzym zu einer Kette zusammengeknüpft, die sich nach der Loslösung vom Ribosom zu ihrer spezifischen Proteingestalt zusammenfaltet (Abbildung 8).

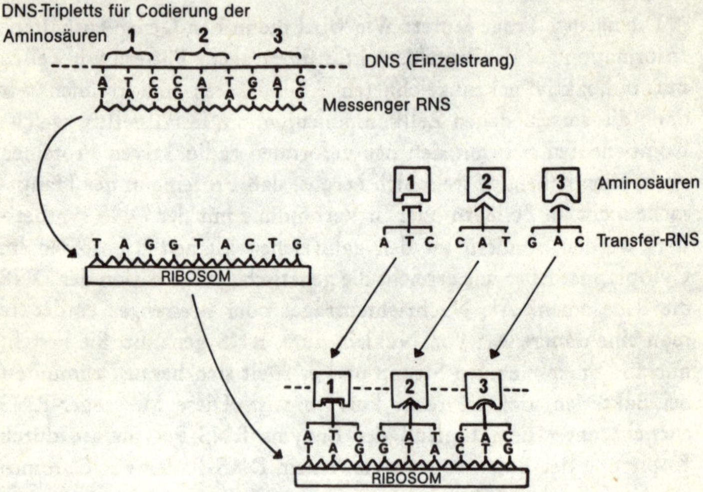

Abbildung 8: Die Synthese eine Messenger-RNS mit einer Basensequenz komplementär jener eines DNS-Genstrangs und seiner Übertragung des Ribosoms in das Protein, dessen Aminosäuresequenz durch dieses Gen kodiert ist. Die verschiedenen Aminosäuren sind durch 1, 2 und 3 gekennzeichnet. Die Base T der RNS hat die gleichen Basenpaarungseigenschaften wie T in DNS, jedoch eine etwas andere chemische Struktur.

In der Welt der Bakterien herrscht ein genauso harter Wettkampf wie in unserer eigenen Welt. Es wird um einen beschränkten Vorrat natürlicher Rohstoffe gerungen. Man sollte daher erwarten, daß die Bakterien im Laufe ihrer Entwicklung mit einem raffinierten Mechanismus zur Rationalisierung ihrer biochemischen Vorgänge ausgestattet wurden, damit nicht alle Gene mit Hochdruck dauernd Proteine produzieren, die vielleicht nur periodisch erforderlich sind. Aber ein Kontrollmechanismus kann sich nur dann entwickeln und von Wert sein, wenn er vererbt wird. So können wir davon ausgehen, daß die Kontrolle der Biosynthese im genetischen Material verankert liegt; sie kann daher durch Mutationen durchbrochen werden und ist einer genetischen Analyse zugänglich. Einer der wichtigsten Kontrollmechanismen, auf den die genetische Analyse stieß, ist das Operon-Modell nach Jacob und Monod, das ich hier kurz darstellen möchte (Abbildung 9). Im wesentlichen besteht ein Operon aus

(1) einer Anzahl von Genen S 1, S 2, S 3 (obwohl es auch ein

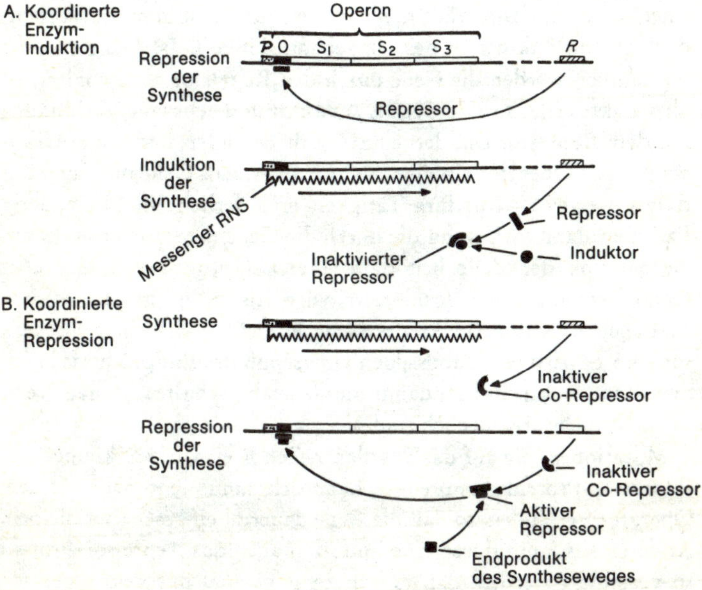

Abbildung 9: Kontrollmechanismus des ›red out‹ der genetischen Information.

einzelnes sein könnte), die die Struktur des Proteins festlegen, sowie

(2) einer anschließenden Region von DNS, Promotor P genannt, der von dem Enzym erkannt wird, das die Gene in Messenger-RNS umkopiert, damit die Information der Gene in Proteinstrukturen übersetzt werden kann; und

3. ein Regulator-Gen R, das nicht unbedingt in der Nähe des Operons liegen muß. Dieses Gen ist determiniert für die Synthese eines cytoplasmatischen Protein-Repressors, der die Aktivität des Operons abschaltet, indem er

(4) in eine Operatorregion eingegliedert wird, die zwischen dem Operator und den Struktur-Genen liegt, so daß die Transskription auf den Messenger-RNS blockiert ist[9].

Dieses Modell funktioniert auf zweierlei Weise. Nehmen wir zunächst an, die Funktion der Gene S 1, S 2 und S 3 bestünde in der Herstellung von Enzymen zur Aufspaltung der Zuckerlaktose als Energiequelle, dann wäre die Tätigkeit der Gene nur bei Vorhandensein von Laktose in der Umgebung sinnvoll. Ist keine Laktose vorhanden, werden die Gene durch den Repressor abgeschaltet; ist aber Laktose da, so agiert er als *Induktor* und geht eine Verbindung mit dem Repressor ein, der seine Gestalt verändert und seine Affinität für den Operator einbüßt. So kommt es, daß Gene nur dann aktiviert werden, wenn ihre Tätigkeit erforderlich ist. Ein anderer Fall liegt dann vor, wenn die durch die Gene determinierten Enzyme ein von der Zelle benötigtes Molekül produzieren, das aber möglicherweise mehr produziert wird als nötig ist. In solchen Systemen ist das Produkt des Gens R nicht selbst ein Repressor, sondern es wird erst durch einen Überschuß des Endprodukts zu einem Repressor aktiviert, damit die Gene abgeschaltet werden, wenn sie nicht mehr erforderlich sind.

Mutationen, die auf das Regulator-Gen R einwirken, können das Repressor-Protein zerstören. Es kann sich dann nicht mehr mit dem Operator verbinden, so daß die Gene dauernd eingeschaltet bleiben. Andererseits kann durch eine Mutation auch das Repressor-Protein so verändert werden, daß es sich zwar normal mit dem Operator verbindet, aber seine Affinität zu dem Induktor – beispielsweise Laktose – einbüßt, und daß die Gene in einem solchen Fall permanent abgeschaltet bleiben. Veränderte Repressoren beider Typen wurden inzwischen isoliert und rein dargestellt. Auch Mutationen im Operator wurden beschrieben. Diese führen zu einem Fehlen der Hemmung auch dann, wenn das Operon auf eine andere Zelle übertragen wird, deren Cytoplasma aktive Repressoren enthält. Mutationen im Operator beeinflussen andererseits nicht die Einleitung der Hemmung einer Gen-Tätigkeit, sondern lediglich die Geschwindigkeit in deren Ablauf, je nachdem die Affinität des Operators zur Messenger-RNS für die Enzymsynthese gesteigert oder vermindert wird.

Über die Regelung der Gentätigkeit bei vielen Bakterien und Viren durch ein Operon wurde inzwischen vielfach berichtet. Einiges deutet darauf hin, daß sich dieser Vorgang auch in tierischen Zellen abspielt. Das Operon wurde auch als denkbares Modell zur Erklärung der Differenzierung angeführt, da es die gemeinsame An- oder Abschaltung großer Genbereiche, die verschiedene Funktionen regulieren, gestattet. Der wichtigste Aspekt des Modells besteht vielleicht in dem klaren Beweis der Existenz von Proteinen, deren Affinität zu einem bestimmten Molekültyp durch andere, selbständige Moleküle sehr spezifisch aktiviert oder gehemmt werden kann. Solche Proteine nennt man *allosterisch*; sie können als biologische Relaisstationen dienen und die Tätigkeit unterschiedlicher biochemischer Schaltungen koordinieren[10]. Auf dieser Basis läßt sich am besten die Hormontätigkeit erklären. Im Grunde genommen stellt das Operon eigentlich ein negatives System dar, weil das Schlüsselmolekül ein Repressor ist. Aber auch positive Systeme wurden in tierischen Zellen sowie bei Bakterien und Viren gefunden, Systeme, bei denen verschiedene Proteine und andere Faktoren zur Aktivierung jener Enzyme erforderlich sind, die die Messenger-RNS beispielsweise in die Lage versetzten, bestimmte Promotor zu erkennen. Einer dieser Faktoren, das sogenannte zyklische AMP, spielt auch eine wichtige Rolle bei der Tätigkeit von Hormonen wie dem Adrenalin. Der Bedarf an zyklischem AMP kann andererseits durch Mutationen im Operator hinfällig werden.

Ich möchte hier noch erwähnen, daß es Shapiro und Beckwith und Kollegen gelungen ist, durch sehr geschickte Manipulationen das Laktose-Operon eines Bakteriums in reinem Zustand zu isolieren[11], so daß man es im Reagenzglas studieren kann, während es Khorana gelungen ist, durch Zusammenspiel biologischer und genetischer Methoden ein kleines, etwa achtzig Basen langes Gen zu synthetisieren, das die Struktur nicht eines Proteins, sondern einer bestimmten Transfer-RNS bestimmt[12].

Ich möchte zum Abschluß noch einige Worte über Viren und ganz besonders über Bakterienviren sagen[13]. Viren bestehen nur aus genetischem Material, üblicherweise DNS, manchmal auch RNS, in einer schützenden Proteinhülle. Eine Vireninfektion ist ein genetisches Phänomen, weil es sich im wesentlichen um das Eindringen der Viren-DNS in die Wirtzelle handelt. Im Fall der meisten Bakterienviren bleibt die Proteinhülle außerhalb der Zelle. Die Viren-DNS trägt in ihrer Basenkette alle Informationen, die für die eigene Replikation sowie die Synthese neuer Virenproteine erforderlich sind. Für diese Zwecke verwendet sie einfach den Energie produzierenden Mechanismus und die Proteinsynthese der Zelle. Dieser Zellmechanismus ist ziemlich neutral. Er übersetzt die von den Viren eingehende Information wie eigene. Wenn alle Komponenten der Viren in entsprechender Konzentration hergestellt wurden, fügen sie sich durch eine Art automatischer Kristallisierung zu neuen Virenpartikeln zusammen und verlassen die Zelle, die sie üblicherweise sprengen und damit zerstören. Im Fall der RNS-Viren gelangt die RNS unmittelbar zu den Ribosomen, wo sie als ihr eigener Nachrichtenträger oder Messenger fungiert.

Viren, die ihre Wirtzelle regelmäßig töten oder beschädigen, nennen wir *virulent*. Doch die Mehrheit der Bakterienviren wird *gemäßigt* genannt und läßt eine zweite Möglichkeit offen. Nach der Infektion produziert die Viren-DNS ein Repressor-Protein, das üblicherweise die für die Virenfunktion zuständigen Operons abschaltet, ehe sie in Tätigkeit treten können. So wird aus der Virus-DNS ein latentes *Provirus*-Molekül unter der Kontrolle der Zelle, das sich zusammen mit dem Bakterienchromosom repliziert und an die Tochterbakterien vererbt wird.

Bakterienkulturen, die einen solchen Pro-Virus tragen, zeigen zwei Eigenschaften:

1. bricht die Repressorkontrolle gelegentlich in einer Zelle zusammen, und zwar zumeist aus physiologischen und nicht aus gene-

tischen Gründen, so daß der Virus virulent wird und die Zelle sprengt. Dadurch werden Viruspartikel frei und sind in der Umgebung anzutreffen. Ohne sie könnte man den Pro-Virus überhaupt nicht erkennen. Wenn dieser Zusammenbruch der Hemmung jedoch durch eine Mutation im Repressor-Gen des Virus erfolgt ist, handelt es sich bei den freigesetzten Partikeln um virulente Viren; sie können keinen Repressor mehr produzieren, um ihre Gene bei der Infektion neuer Zellen abzuschalten.

2. besitzen Bakterienkulturen, die einen Pro-Virus tragen, in ihrem Cytoplasma bereits den Repressor und sind damit immun gegen eine Infektion durch jeden Virus, der auf diesen Repressor anspricht.

Eine letzte Frage: Wie wird dieser Pro-Virus beherbergt? In einigen Fällen scheint der Pro-Virus wie ein kleines, unabhängiges Chromosom durch die Zelle repliziert zu werden, doch über den genauen Vorgang sind wir uns noch nicht im klaren. In anderen Fällen wird die Viren-DNS, die eine kreisförmige Struktur hat, auf dem Wege der Rekombination in das Gefüge des kreisrunden Bakterienchromosoms eingefügt, wie Abbildung 10 zeigt. Danach wird sie als Teil des Chromosoms repliziert. Durch eine Umkehrung dieses Vorgangs kann der Pro-Virus wieder austreten, aber hierbei kann es auch zu einem interessanten Zwischenfall kommen: Durch eine fehlerhafte Wahl des genauen Rekombinationspunktes wird ein Teil der Bakterien-DNS mitsamt ihren Genen in die Viren-DNS eingefügt und danach (Abbildung 10) in ein Virenpartikel verwandelt. Diese Bakterien-Gene erhalten so die Fähigkeit von Viren, infektiös zu sein und sich unabhängig replizieren zu können. Sie werden damit übertragbar, und man findet in den infizierten Zellen viele Kopien davon. Wiederum, wenn eine Bakterienkultur, die kongenitale Defekte hat, beispielsweise aufgrund von Mutationen in solchen Genen, die die Synthese wesentlicher Wachstumsfaktoren bestimmen, durch Viren infiziert werden, die intakte Kopien dieser Gene tragen, dann werden die kongenitalen Defekte in jenen Zellen, die die Viren-DNS in ihre eigenen Chromosome einbauen, in vererbbarer Weise rückgängig gemacht[14].

Träger von Erbfaktoren wie die DNS gemäßigter Viren, die sich auf zweierlei Art replizieren können – entweder unter eigener Kon-

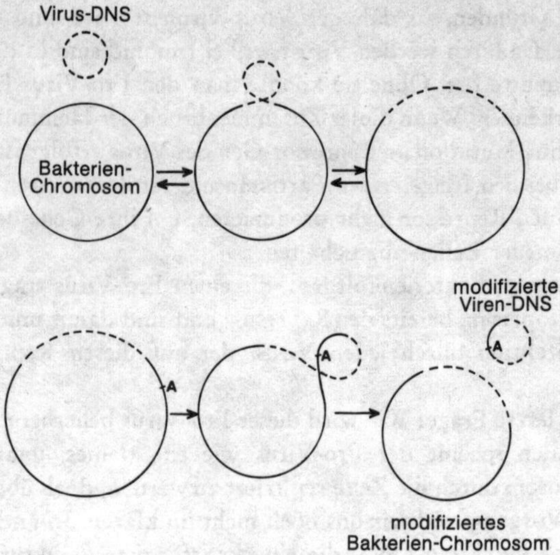

Abbildung 10: Oben wird gezeigt, wie die kreisförmige DNS eines Virus oder Plasmids während des Ablaufs der Rekombination (genetischer Austausch) in die kreisförmige DNS eines Bakterienchromosoms eingefügt wird (und folglich ausgelöscht wird); unten sieht man, wie durch eine fehlerhafte Wahl des richtigen Rekombinationspunktes ein Viren-DNS-Molekül entstehen kann, das einen Teil des Bakterienchromosoms enthält. Die unterbrochene Linie bezeichnet die Viren-DNS und die durchgezogene Linie die Bakterien-DNS. A ist ein Bakterien-Gen.

trolle im Cytoplasma oder als Teil des Bakterienchromosoms – wurden als *Episome* oder Plasmiden bezeichnet. Manches deutet darauf hin, daß gewisse tierische Viren, wie einige Turmor erzeugende Viren und der Virus herpes simplex sich ebenso verhalten. Bei gewissen Bakterienarten tritt eine andere Klasse von Episomen auf, gekennzeichnet durch die sogenannten *Geschlechtsfaktoren,* kleine DNS-Ringe ohne Proteinhüllen, die außerhalb der Zelle nie existieren können[15]. Durch den Erwerb einer dieser Faktoren wird ein Bakterium männlich, so daß es sich jetzt mit weiblichen Bakterien, denen dieser Faktor fehlt, paaren und diesen Faktor übertragen kann, so daß diese auch männlichen Geschlechts werden. Diese

Form der Geschlechtlichkeit ist infektiös. Wenn diese Geschlechtsfaktoren in ein Chromosom eingefügt und dann wieder freigesetzt werden, können auch sie benachbarte Bakteriengene mitnehmen, die Bestandteil des Geschlechtsfaktors werden und mit ihm auf andere Zellen übertragen werden. Geschlechtsfaktoren haben in jüngster Zeit in der Medizin große Bedeutung erlangt, da viele von ihnen Träger bestimmter Gene sind, die eine Resistenz gegenüber ganzen Gruppen von Antibiotika vermitteln, wie sie bei der Behandlung und Vorbeugung von Infektionskrankheiten angewandt werden. Sie sind in der Lage, diese Resistenz auf ganze Bakterienkulturen zu übertragen, wodurch sich diese als resistente Arten vermehren.

Da unsere Gespräche unter dem Aspekt der sozialen Auswirkungen der modernen Biologie stehen, möchte ich mit einem Wort über die gesellschaftliche Bedeutung meiner Ausführungen schließen: Die Molekularbiologie hat eindeutig bewiesen, daß sich das Phänomen des Lebens auf Zellebene vollständig und ausschließlich durch die bekannte Verhaltensweise der Moleküle und ihr Zusammenwirken erklären läßt. Vitalistische Vorstellungen, die bis vor kurzem noch eine so große Rolle spielten, werden damit irrelevant und überflüssig. Ich sehe keinen Grund zu der Annahme, daß sich diese Situation ändern könnte, wenn die Methoden der Molekularbiologie tiefer in die Geheimnisse von Differenzierung und Entwicklung oder wie in letzter Zeit auch in die Neurobiologie und Pharmakologie eindringen. Es kann kein Zweifel daran bestehen, daß diese neue Erkenntnis unserer selbst als das bloße, sehr komplexe und vielleicht sogar vorhersagbare Endprodukt einer ausschließlich makromolekularen Evolution einen ebenso tiefgreifenden Einfluß auf unser soziales, ethisches und politisches Denken ausüben wird wie die Erkenntnisse von Darwin und Freud.

Literaturhinweise

1. Allison, A. C. (1954), ›Protection afforded by sickle-cell trait against sub-tertian molarial infection‹, *Brit. med. J. i*, 290; Baglioni, C. and Ingram, V. M. (1961), ›Four adult haemoglobin types in one person‹, *Nature, Lond. 189*, 465.

2. Beadle, G. W. and Tatum, E. L. (1941), ›Genetic control of biochemical reactions in Neurospora‹, *Proc. natl Acad. Sci., Wash. 27*, 499.

3. Avery, O. T., Macleod, C. M. and McCarty, M. (1944), ›Studies on the chemical nature of the substance inducing transformation of pneumococcal types. I. Induction of transformation by a deoxyribonucleic acid fraction isolated from pneumococcus Type III‹, *J. exptl Med. 79*, 137.

4. Watson, J. D. and Crick, F. H. C. (1953), ›The structure of DNA‹, *Cold Spr. Harb. Symp. quant. Biol. 18*, 123.

5. Watson, J. D. and Crick, F. H. C. (1953), ›Genetic implications of the structure of deoxyribonucleic acid‹, *Nature, Lond. 171*, 964.

6. Stretton, A. O. W. (1965), ›The genetic code‹, *Brit. med. Bull. 21*, 229 (review article); Khorana, H. G. (1968). ›Synthesis in the study of nucleic acids‹, *Biochem. J. 109*, 709.

7. Watson and Crick, *op. cit.* (vgl. Anm. 4).

8. *Ebd.*

9. Jacob, F. and Monod, J. (1961), ›On the regulation of gene activity‹, *Cold Spr. Harb. Symp. quant. Biol. 26*, 193.

10. *Ebd.*

11. Shapiro, J., Machattie, L., Eron, L., Ihler, G. Ippen, K. and Beckwith, J. (1969), ›Isolation of pure *lac* operon DNA‹, *Nature, Lond. 224*, 768.

12. Siehe ›News and Views‹ (1970). *Nature, Lond. 227*, 13.

13. Siehe Stent, G. (1963), *Molecular Biology of Bacterial Viruses.* San Francisco & London, W. H. Freeman.

14. *Ebd.*

15. Siehe Hayes, W. (1966), ›Genetic Society Mendel Lecture: Sex factors and viruses‹, *Proc. Roy. Soc., B. 164*, 230.

Eine ausgezeichnete grundlegende Einführung zu diesem Thema bietet J. R. S. Fincham (1965), *Microbial and Molecular Genetics. London,* English Universities Press.

5. M. R. Pollock · Molekulargenetik: Kurzfristige Anwendungen und Möglichkeiten auf lange Sicht

In dem vorhergehenden Kapitel hat Hayes beschrieben, wie die genetische Konstitution einer Zelle (das »Genom«) in Gestalt von immens langen Fäden von DNS – zusammengesetzt aus Millionen sogenannter Basen, die in einer einzigartigen spezifischen Sequenz aneinandergereiht sind – die Information für die Konstruktion sehr großer Zahlen von verschiedenen Proteinen, hauptsächlich Enzymen, trägt; jedes davon katalysiert eine besondere, wichtige chemische Reaktion im Stoffwechsel der Zelle.

Verschiedene zusammenhängende DNS-Teilstücke (»Gene«) kodieren so für verschiedene Enzyme; obwohl sie in der Form von Chromosomen räumlich aneinanderhängen und oft – besonders während der Replikation – koordiniert fungieren, können sie funktionell als relativ unabhängig voneinander angesehen werden. Ein enzym-kodierendes (»strukturelles«) Gen enthält alle nötigen spezifischen Informationen für die Konstruktion eines besonderen Enzyms. Unter geeigneten Bedingungen – das heißt, wenn es mit einem angemessenen Energievorrat, nicht-spezifischen Bausteinen (wie Aminosäuren) und gewissen untergeordneten Helfer-Molekülen und Komplexen (wie etwa Transfer-RNS, Ribosomen[1]) versehen ist – wird es spezifisch die Synthese seines »eigenen« Enzyms fördern. Wenn wir uns ein Gen vorstellen, denken wir im allgemeinen an ein Enzym: das heißt funktionell gesehen, an eine besondere biochemische Reaktion, wie etwa die Aufspaltung von Laktose oder an einen Schritt in der Kette der Reaktionen für die Oxydation von Glukose (für die Energieversorgung) oder an die Synthese einer Aminosäure (für die Bildung von Proteinen).

Genau so wie die strukturellen Gene enthält das Genom der Zelle auch Kontroll- (»regulierende«) Gene, die allerdings noch nicht so gut verstanden sind. Diese bestimmen das Tempo, mit dem jedes besondere strukturelle Gen – oder eine Gruppe solcher Gene – die Produktion seines Enzyms steuert. Alle diese chemischen (und physikalischen) scharf kontrollierten und integrierten Reaktionen bestimmen den individuellen Charakter eines Organismus.

Nahezu alles, was heute darüber bekannt ist, wie Gene auf molekularer Ebene funktionieren und in Wechselwirkung treten, erfuhr man aus Untersuchungen an Mikroorganismen – hauptsächlich an Bakterien und deren Viren. Es überrascht daher keineswegs, daß einige der ersten und vielversprechendsten Arbeiten über die Manipulation von Genen – das heißt, Versuche, die Typen und das Funktionieren von Genen innerhalb des Organismus zu ändern – mit Bakterien und bakteriellen Viren (Bakteriophagen) ausgeführt wurden.

Der größte Teil dieses Aufsatzes wird sich daher mit der Anwendung der Molekulargenetik auf Bakterien befassen.

Die in diesem Bereich gefundenen fundamentalen Prinzipien gelten jedoch in gleichem Maß auch für höhere Organismen. Während der letzten Jahre haben manche Forscher natürlich auch Anwendungsmöglichkeiten in der Medizin in Erwägung gezogen[2]. Es ist daher angebracht, die Möglichkeiten zu durchdenken, die sich in der unmittelbaren Zukunft in dieser Richtung entwickeln könnten, und zu versuchen, eine ausgeglichene Schätzung der Aussichten zu präsentieren.

Bei niedrigen Organismen sind die Ziele der manipulativen genetischen Forschung – oder sollten das wenigstens sein – darauf konzentriert, ihre Möglichkeiten zum Nutzen der Menschheit einzuspannen, während sie beim Menschen selbst auf die »Reparatur« gefährlicher, genetisch vorbestimmter Defekte gerichtet sind oder sein sollten. Die Ziele sind daher in beiden Fällen sehr verschiedenartig; die theoretischen Grundlagen und in großem Maße auch die anzuwendenden technischen Verfahren sind jedoch die gleichen.

Die Vorstellung, bei der Erbmasse zu manipulieren, insbesondere im Hinblick auf den Menschen –, noch dazu wenn Ausdrücke wie »genetische Konstruktion« verwendet werden –, erzeugt bei Nichtwissenschaftlern oft geradezu Entsetzen. Zum Teil ist das zweifellos aufgrund irreführender und übertriebener Vorstellungen der Fall, die von fachlich ungeschulten Autoren in den Massenmedien verbreitet werden, genau so aber auch wegen unverantwortlicher und voreiliger Schlüsse, die manche Wissenschaftler selbst ziehen.

Teilweise gründet sich diese Furcht auch auf unser Wissen um den sich selbst fortpflanzenden Charakter jeglicher Veränderungen, die im genetischen System eingeleitet werden: Angst, daß etwas einmal Eingeleitetes für immer weitergegeben wird und sogar vielleicht wie eine Epidemie außer Kontrolle geraten und dadurch die menschliche Rasse zerstören oder auf die Dauer schädigen könnte. Man sollte jedoch zu würdigen wissen, daß genetische Manipulation im traditionellen Sinn, z. B. in der Tier- und Pflanzenzucht zur Erlangung wirtschaftlich überlegener Arten für die Nahrungsmittelproduktion als moralisch statthaft und tatsächlich als für die Menschheit von lebenswichtiger Bedeutung voll akzeptiert ist. Die erst kürzlich erfolgte »grüne Revolution« in den Tropen, die die landwirtschaftlichen Erträge während der letzten zehn Jahre so auffällig gesteigert hat, leitet sich aus der Entwicklung neuer Pflanzenvarianten durch die Verwendung genetischer Techniken her, die man, in einem gewissen Sinn als ein Mittelding zwischen der klassischen und der molekularen Methode ansehen kann.

Eines sollte hier noch erwähnt werden. Ich glaube nicht, daß es je eine wissenschaftliche Entdeckung von potentiellem Nutzen für die Menschheit gegeben hat, gibt oder geben wird, die sich nicht in einem gewissen Ausmaß auch *gegen* die Menschheit verwenden ließe, wenn das die Menschen eben so wollen. Ähnlich gibt es kein geplantes Forschungsprojekt, das als für die Gemeinschaft möglicherweise wohltätig beurteilt wurde und das, wenn man so will, sich nicht auch gegen die Gesellschaft richten ließe. Es könnte Zeiten geben, in denen – bei einer Knappheit der Mittel – bestimmte Forschungsrichtungen, die letztlich von Wert sein können, zugunsten dringenderer oder opportunerer Projekte zurückgestellt werden sollten. Es ist vielmehr die Richtung der Anwendung wissenschaftlicher Entdeckungen und nicht ihre Art, die kontrolliert werden muß.

Prinzipien der genetischen Modifikation. Mögliche Arten der Veränderung

Genetische Veränderungen können quantitativ oder qualitativ sein. Das heißt, Variationen können im Ausmaß der »Genexpression« liegen (beispielsweise in der Bildungsgeschwindigkeit eines oder mehrerer Enzyme oder in der Art des »ausgedrückten« Gens (also in einer Modifikation der Genprodukte oder Zusätzen zum genetischen Repertoire) gemacht werden.

Quantitative Veränderungen

1. Derepression. Viele Gene sind normalerweise nicht voll aktiviert und können (aus Gründen des inneren Gleichgewichts oder der Wirtschaftlichkeit innerhalb der Zelle) nur mit einem Bruchteil (z. B. mit weniger als einem Prozent) ihres maximalen Potentials arbeiten. Einige Gene haben »Schalter«, die auf spezifische Umweltfaktoren empfindlich reagieren. Das heißt, die Anwesenheit solcher Faktoren kann diese einschalten (Induktion) oder abschalten (Repression). Ihre Wirkungen sind jedoch vorübergehend, das Gen kehrt zu seiner ursprünglichen Ausdrucksebene zurück, sobald der äußere Faktor verschwindet, oder kurz darauf. Diese Veränderungen sind natürlich nicht genetisch; sie sind nicht vererbt und interessieren uns hier nicht direkt.

Die gleichen Schalter jedoch, die an den Phänomenen der Induktion und der Repression (d. h. der sogenannten Enzym-Adaption) beteiligt sind, sprechen auch so wie andere auf genetisch stabile Veränderungen an. Sie können sie damit auf unbestimmte Zeit in der offenen (oder geschlossenen) Position festlegen. Oft genügen kleine Veränderungen in der DNS – zum Beispiel die Änderung in einem einzigen Nukleotid. So können Gene, die normalerweise im »Sickertempo« laufen, oder solche, die für den vollen Ausdruck ihrer Fähigkeit von besonderen Faktoren in der Umwelt abhängig sind, ohne Rücksicht auf das Medium die ganze Zeit mit maximaler Effizienz operieren. Bei Bakterien kann die Produktivität gewisser Enzyme durch eine solche genetische Derepression um das Mehrhundertfache gesteigert werden.

2. Multiple-Gen-Kopien. Eine andere Möglichkeit ist die Steigerung der Anzahl von Kopien eines bestimmten Gens in jeder Zelle. Das kann auf verschiedene Weise geschehen.

Normalerweise besitzen Bakterien nur eine einzige Kopie jeder Genart pro Zelle (d. h. sie sind »haploid«). In höheren Organismen gibt es mindestens zwei (d. h. sie sind diploid). Die unterschiedliche

Bildungsgeschwindigkeit eines Enzyms oder eines anderen Genprodukts (d. h. sein Besetzungsniveau in der Zelle) ist – falls die anderen Faktoren gleich sind – innerhalb ziemlich weitgesteckter Grenzen der Zahl der Kopien des Gens pro Zelle direkt proportional.

Es ist jetzt möglich, daß sich die Zahl der Chromosomen pro Zelle mehrfach steigert, wobei gleichzeitig eine große Zahl von Genen beeinflußt wird. Bei Bakterien gestatten gewisse Bedingungen die Steigerung in der Zahl der sogenannten »Plasmide« (winziger Subchromosomen, die autonom und in einem gewissen Maß unabhängig von dem einzigen Hauptchromosom replizieren) so, daß es statt der üblichen ein oder zwei (Chromosomen) pro Zelle bis zu etwa sechzig geben kann[3]. Das wirkt natürlich nur auf die Gene, die auf dem Plasmid sitzen, aber einige davon (beispielsweise das Gen für das Penicillin-zerstörende Enzym Penicillinase) können in dieser Weise lokalisiert sein, etwa wie auch eine Anzahl anderer Gene, die für Drogenresistenz verantwortlich sind[4].

Eine der einfachsten Möglichkeiten, wie diese Plasmide außer Kontrolle geraten und mehr Kopien als normal produzieren können, tritt dann ein, wenn sie auf andere, etwas verschiedene Bakterienarten übertragen werden. Wenn sich beispielsweise ein Plasmid von E.coli (eines Darmbakteriums) auf eine andere ähnliche Gattung (z. B. den Proteus-Bazillus) überträgt, wo, wie es scheint, das Regulationssystem nicht so gut angepaßt ist wie in der normalen »Heimat«-Zelle, könnte sich dieses Plasmid für kurze Zeit frei vervielfältigen und in einer einzigen Zelle viele Kopien produzieren[5].

Eine andere, ganz ähnliche Möglichkeit besteht darin, daß sich ein bestimmtes Bakteriengen an einen Bakteriophagen (»Phagen«) anhakt, so daß es, wenn dieser Phage die Bakterienzelle infiziert, als Teil des Phagenchromosoms repliziert und daher viele Kopien produziert, die ihr spezifisches Produkt in großen Mengen bildet, ehe die Bakterienzelle schließlich an »Viruserkrankung« stirbt[6].

Eine dritte Möglichkeit für multiple Kopien bestimmter Gene tritt unter gewissen Bedingungen auf, indem sie eine »dichotome« Replikation[7] der Bakterien-Chromosome fördert (siehe Abbildung 7 bei Hayes, S. 68) Hierbei können Extrakopien jener Gene entstehen, die nahe an dem Punkt sind, wo das sich teilende Chromosom mit der Replikation beginnt.

Qualitative Veränderungen

Der Bereich theoretischer Möglichkeiten ist hier enorm. Es mag sein, daß minimale Änderungen vom Normalen vorliegen, z. B. Veränderungen eines oder weniger Nukleotide, einschließlich einer Reparatur von Defekten und einer Wiederherstellung des Normalzustands. Das andere Extrem kann große »Zerstörungen« (der vollständige Verlust ganzer Abschnitte des Genoms) oder der Erwerb völlig neuen genetischen Materials von anderswoher (d. h. von anderen Organismen) bedeuten[8]. Kleine Änderungen an vorliegenden Genen können trotzdem große Veränderungen in den Eigenschaften der Enzyme hervorrufen, die sie produzieren. Es ist in der Tat die ausgewählte Sequenz solcher Veränderungen, die im Verlauf der Zeit aufgetreten sein muß, während der sich ein Enzym langsam in ein anderes verwandelte.

Es ist auch möglich, daß »gemischte« oder Enzymhybride durch die Fusion eines Teils oder der Gesamtheit eines Gens zu einem anderen in angemessenen Paarungen zwischen verschiedenen Spezies produziert werden; im Prinzip könnte so ein neues Enzym entstehen, das die Eigenschaften seiner zwei »Eltern« vereinigt[9]. Ähnlich könnten neue Kombinationen von Enzymtypen – sozusagen ein neues Enzymrepertoire – aus dem Austausch oder dem Zuwachs von Genen während einer interspezifischen Konjugation entwickelt werden.

Mechanismen genetischer Modifizierung

Wir werden jetzt die Hauptphänomene betrachten, die – allein oder alle zusammen – an den verschiedenen Prozessen der genetischen Modifizierung beteiligt sein könnten, und wir werden gewisse spezifische Fälle ausführlicher erörtern.

Im wesentlichen bestehen sie aus vier Grundprozessen, die in der manipulativen Genetik von grundsätzlicher Bedeutung sind.

1. Zufällige Mutation

Kleine, gewöhnlich einzelne, Nukleotid-Veränderungen in langen Sequenzen miteinander verbundener Nukleotide (d. h. DNS), hervorgerufen durch Veränderung einer Base in eine andere durch zusätzlichen Einbau oder durch Verlust von Basen, treten fortwährend spontan auf (Abbildung 1). Unter dem Einfluß von Mutagenen (Chemikalien wie Senfgas, physikalischen Faktoren wie ultraviolettem Licht oder anderen Strahlungsarten) kann die Mutationsgeschwindigkeit sehr stark (um mehrere hundert Male) gesteigert werden. Obwohl nicht immer streng zufällig, können die *Arten* der

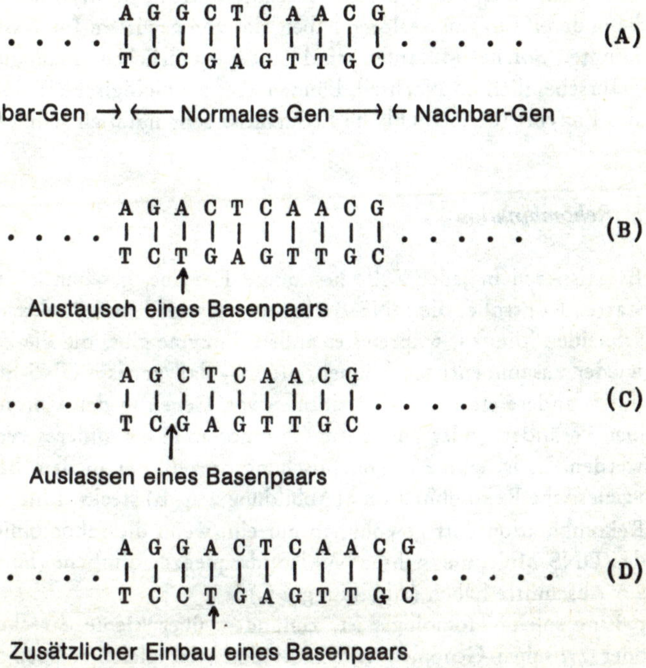

Abbildung 1: »Geringfügige« Mutationen, (A) Normales Gen, (B) Ersatz eines Basenpaars durch ein anderes, (C) Verlust eines Basenpaars, (D) Zusätzlicher Einbau eines Basenpaars.

Veränderung (im Bezug auf die Funktion des Genprodukts) im allgemeinen noch nicht kontrolliert werden, so daß die Isolierung besonderer Mutanten von einer spezifischen Selektion aus einer sehr großen Zahl abhängen muß.

Mutationen treten jederzeit in allen Arten von Zellen einschließlich der menschlichen auf; die meisten werden jedoch eliminiert, weil sie die Zellen töten, in denen sie entstehen oder weil ihre Wirkungen durch das Übergewicht normaler Zellen maskiert sind, so daß wir uns ihres Auftretens nicht bewußt werden.

Spezifische Mutanten können bei Bakterien sehr leicht selektiert werden, weil man mit einer so großen Zahl arbeiten kann. Es ist zum Beispiel eine einfache Sache, spezifische, voll derepressierte Mutanten zu erhalten, die die Abschaltkontrolle der Synthese eines besonderen Enzyms verloren haben, das von gewissem Interesse sein könnte. Solche Mutanten sind unter natürlichen Bedingungen wahrscheinlich im Nachteil, können aber als biologische ›Fabriken‹ des Enzyms für menschliche Bedürfnisse sehr nützlich sein.

2. Rekombination

Es existieren in jeder Zelle bestimmte Enzyme, gewöhnlich unter starrer Kontrolle, die DNS-Ketten an verschiedenen Punkten aufschneiden können, während es andere Enzyme gibt, die die Enden wieder zusammenfügen können, oft so – daß gewisse DNS-Stücke durch andere ersetzt und Positionen von Genen in den Chromosomen verändert (oder von einem Chromosom in ein anderes verlegt) werden. Es ist eine Art von Mischungsprozeß, der in dem Begriff »genetische Rekombination« (Abbildung 2 A, B) steckt. Eine solche Rekombination tritt gewöhnlich nur ein, wenn die rekombinierenden DNS-Moleküle in ihren Nukleotidsequenzen ähnliche (homologe) Abschnitte haben (Abbildung 2 C).

Eine solche Homologie ist, zumindest über kleine Strecken in oder zwischen Genomen von Individuen der gleichen Spezies, so häufig, daß die Neuordnung genetischer Information (wenn nicht spezifisch behindert) häufig eintreten kann, sowohl zwischen verschiedenen Genen wie innerhalb von Genen (besonders in Bakteri-

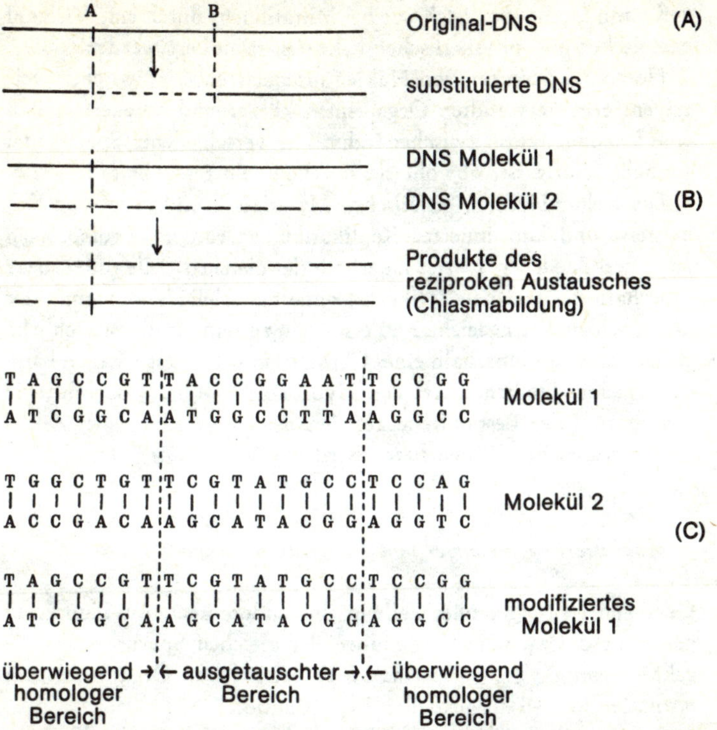

Abbildung 2: Rekombination: (A) einzelner Ersatz (Substitution) einer DNS-Strecke (Sequenz von Nukleotiden) durch eine andere; (B) reziproker Austausch; (C) eine Art von Homologie zwischen den beiden DNS-Stükken in Nebeneinanderstellung, die für den genetischen Austausch erforderlich ist. Der Mechanismus, durch den sich homologe Sequenzen in verschiedenen DNS-Molekülen erkennen, ist bis jetzt noch nicht geklärt worden.

en). Sie kann für große Veränderungen im metabolischen Verhalten verantwortlich sein: Additionen und Subtraktionen von Enzymen und anderen lebenswichtigen Eigenschaften wie Pathogenität und Virulenz, die Fähigkeit von Gen-Gruppen, autonom zu replizieren – Veränderungen der Bildungsgeschwindigkeit von Genprodukten und qualitative Veränderungen von Enzymeigenschaften. Der Prozeß kann (nicht-spezifisch wie bei Mutationen) durch eine Vielzahl chemischer und physikalischer Faktoren stimuliert werden.

Homologe Strecken von Nukleotidsequenzen sind zwischen weiter entfernt verwandten Organismen kürzer und seltener, so daß eine Rekombination zwischen Individuen verschiedener Spezies viel weniger häufig ist, obwohl sie durchaus eintreten kann[10].

Die Rekombination genetischen Materials in der Form von Koexistenz und koordinierter Replikation getrennter Chromosomen ganz verschiedener Spezies innerhalb der gleichen Zelle (oder sogar innerhalb des gleichen Zellkerns) ohne materielle Vereinigung der DNS, scheint etwas leichter zu erreichen zu sein als die tatsächliche Rekombination innerhalb eines Chromosoms. In vielen Fällen kann das zu einer ähnlichen Art von Hybrid-Zelle führen, obwohl eine Segregation der Bestandteile aus den beiden verschiedenen Zellen höchst wahrscheinlich eintreten wird[11].

3. Mobilisierung, Transfer und Integration

Gene gehen oft von einer Zelle in eine andere über. Am häufigsten geschieht das zwischen Individuen der gleichen Spezies durch direkten Kontakt (z. B. Sperma zu Ei bei höheren Organismen) im normalen Prozeß der sexuellen Reproduktion.

Es ist auch möglich, daß Gene zwischen Zellen verschiedener Spezies auf natürliche Art oder durch künstliche Anwendung übergehen. Das kommt viel weniger häufig vor und wird oft nur mit Mühe und unter besonderen Umständen erreicht, ist aber in Beziehung auf die genetische Manipulation interessanter, da durch solche Mittel wirklich neue Kombinationen von Eigenschaften und sogar fundamental neue Eigenschaften selbst konstruiert werden können.

Der Transfer kann im allgemeinen durch direkten Zellkontakt (mittels eines Spezialapparates, der durch die Gruppe der transferierten Gene selbst kodiert wurde), stattfinden oder durch das Eindringen »nackter« Gene (in der Form reiner DNS oder ganzer Chromosome) oder durch vermittelten Transport, als eine Art »blinder Passagier« im Mantel eines Viruspartikels, der eine spezielle Affinität und einen Apparat zum Durchdringen der Empfängerzelle besitzt.

Die Risiken eines »abnormalen« (d. h. interspezifischen) Gentransfers zwischen Zellen sind zahlreich. Wenn die DNS ungeschützt ist, wird sie leicht durch Enzyme oder grobe Eingriffe von außerhalb der Zelle zerstört; sie muß physikalische Barrieren passieren, wenn sie die Zellhülle durchdringen soll; die Empfängerzelle kann oft spezifische »Schutzmittel« entwickelt haben, die gegen eine fremde Nukleinsäure von einer anderen Organismenart wirksam wird, was in der Vernichtung des »Eindringlings« sehr wirksam bewiesen wird.

Schließlich muß der Eindringling, selbst wenn er intakt hineinkommt, noch fähig sein, sich dem Metabolismus der fremden Zelle anzupassen, seine eigenen Enzyme zu produzieren und einen Weg zu finden, sich selbst zu replizieren.

Es gibt jedoch einen Bereich von Techniken, durch den es jetzt schon oft möglich ist, ein derartiges Eindringen zu fördern und der eindringenden Nukleinsäure zu helfen, sich entsprechend ihrer neuen Umgebung einzurichten, obwohl ich mich in diesem Artikel nur auf einige wenige Beispiele werde beziehen können.

4. Replikation

DNS-Stücke, die ansonsten völlig intakt und funktionell sind, wie lang sie auch sein mögen, sind selbst in einer sonst rezeptiven Umgebung nicht automatisch mit einer selbst-replizierenden Fähigkeit ausgestattet. Sie müssen spezifische Gene, die für die Einleitung der Replikation verantwortlich sind, besitzen oder durch Rekombination erhalten.

Keine Modifizierung eines Organismus kann als *genetisch* angesehen werden, wenn die Modifizierung nicht für immer oder auf sehr lange Zeit, durch aufeinander folgende Generationen aufrecht erhalten wird. Mit anderen Worten, neue Gene, die in eine andere Zelle eingeführt werden, müssen einer getreuen Replikation fähig sein, damit die Veränderung vererbbar ist.

Um diese Fähigkeit zu erreichen, gibt es hauptsächlich zwei Möglichkeiten. Das hereinkommende Nukleinsäurestück kann nachträglich in ein bestehendes Nukleinsäurestück integriert werden (Chromosom, Plasmid oder Virus), das bereits die Fähigkeit besitzt, repliziert zu werden (wahrscheinlich kraft eines kleinen DNS-Stücks am Ende des Chromosoms, oder, wenn es kreisförmig ist, an einem besonderen Punkt seiner Struktur, der als der alleinige Ursprung der Replikation fungiert); oder es besitzt vielleicht bereits selbst so einen »Initiator der Replikation«, der es ihm ermöglicht, von nun an selbst zu replizieren, sobald es in die Empfängerzelle aufgenommen ist. Im ersten Fall wird seine Replikationsgeschwindigkeit automatisch mit dem Rest des Chromosoms koordiniert werden, während im letzten Fall seine Replikation irgendwie kontrolliert werden muß, um mit der Zellteilung Schritt zu halten – weder zu schnell (sonst tötet es die Zelle), noch zu langsam (sonst geht es schnell in der wachsenden Zellpopulation verloren).

Manchmal kann es auch vorkommen, daß ein neuer genetischer Bestandteil (der einer autonomen Replikation unfähig ist) in eine fremde Zelle eingeführt wird, wo es normalerweise kaum eine Möglichkeit für eine automatische Integration in eine existierende selbstreplizierende Struktur gibt (aufgrund einer zu fernen Verwandtschaft zwischen den Spezies). In einem solchen Fall kann eine Integration nach einer vorausgegangenen Rekombination unter anderen Umständen zwischen dem neuen Bestandteil und einem kleinen Teil des Gens des zukünftigen Empfängers eintreten (oder einem anderen Bestandteil, der mit dem Empfänger eng verwandt ist)[12]. Das kann in der Folge ein ausreichendes »Erkennen« durch den homologen Teil des Empfängergenoms gestatten, um eine integrierende Rekombination mit dem letzteren nach seinem Eindringen in die Zelle zu erlauben. Alternativ dazu kann ein Gen oder können Gene von anderswoher, die fähig sind, eine Replikation einzuleiten (gewöhnlich ist ein Virus oder der Teil eines Virus oder ein übertragbares Plasmid wie der Sexfaktor F^{1} an diesem Vorgang beteiligt) in ähnlicher Art mit dem neuen Bestandteil rekombiniert werden, wobei es ihm ermöglicht wird, nach der Aufnahme in die Empfängerzelle spontan zu replizieren.

Die Prozesse der Mutation, Rekombination, des Transfers und der Replikation, die oben beschrieben werden, können praktisch als ein Informationsband großer Länge beschrieben werden – in gewisser Hinsicht analog zu einem Film, von dem viele originalgetreue Kopien zur Verteilung für die ganze Welt hergestellt werden. Beim Herstellen dieser Duplikate, das man mit dem Endresultat absichtlicher Versuche zur genetischen Rekonstruktion vergleichen könnte, können viele Manipulationen in bezug auf das Original eintreten. Diese Manipulationen umfassen das Entfernen von kleinen Fehlern und winzige Veränderungen sowie die zufällige Beschädigung von einzelnen Aufnahmen (Mutationen), Schnitte (Zerstörungen), Veränderungen im Ablauf des Films (Translokationen) und Einschübe aus einem völlig anderen Film, der vielleicht vor vielen Jahren gedreht wurde (Einführung von Genen einer anderen Spezies), was sowohl den Schnitt wie Neukombinationen (Rekombinationen) mit einbezieht. Der Film muß aufgerollt und in Behältern dorthin befördert werden können, wo er gebraucht wird (Mobilisierung und Überführung von Genen von einer Zelle in eine andere) und muß vom Produzenten abschließend gebilligt werden (Einleitung der Replikation), um vor der allgemeinen Freigabe (Replikation) in die Kopieranstalten gegeben werden zu können.

Zumindest in einem wichtigen Punkt ist diese Analogie jedoch falsch, weil alle oben beschriebenen genetischen Modifizierungen bezogen auf die Gesamtpopulation tatsächlich nur sehr selten auftreten. Die erfolgreiche Extraktion der Zellgenerationsfolge, die eine spezifisch modifizierte genetische Konstitution besitzt, hängt daher von der Anwendung einer Umgebung (gewöhnlich eines spezifischen Wachstumsmediums und/oder physikalischer Faktoren) ab, durch die diese Variante selektiv begünstigt wird (d. h. sich auf Kosten der normalen Zellen oder anderer Varianten, die vielleicht anwesend sind, vermehren kann). Bei Mikro-Organismen ist das für gewöhnlich nicht schwierig, weil so viele von ihnen so schnell zur Verfügung gestellt werden können. Bei größeren Pflanzen und Tieren könnte es ein fundamentales Hindernis für viele Arten der genetischen Rekonstruktion sein, weil es nur selten möglich ist, eine erwünschte genetische Veränderung in einem nur sehr kleinen Teil von Individuen zu bewirken.

Angewandte Molekulargenetik in Bakterien. Kurzfristige Anwendungen

Die Molekularbiologie wurde bereits in der Mikrobiologie, wenn auch bisher zum großen Teil empirisch, angewandt. Die Beispiele erstrecken sich von der Verwendung künstlich induzierter Mutanten von Mikroorganismen, die abnormal hohe Mengen von Antibiotika bilden könnten, bis zur Isolierung dereprimierter Bakterienmutanten für die Produktion von Enzyman wie der Penicillinase[13] (für die Behandlung von Penicillinallergie und der Blutkulturdiagnose der Septicämie[14]) durch die pharmazeutische Industrie.

Ein besonderes Projekt, das jetzt gestartet wird, betrifft die Auswertung spezifisch konstruierter Bakterienstämme für die wirtschaftliche Produktion verschiedener Arten großer Moleküle, die bis jetzt nicht ohne einen gewaltigen Aufwand an Zeit und Geld chemisch hergestellt werden können. Mögliche Beispiele, die bei einem solchen Projekt zu erwägen sind, wäre die Produktion von komplizierten Vitaminen (wie etwa B_1) in zellfreien Bakterienextrakten, von Nukleasen in der Medizin und Chirurgie zur Auflösung klebriger Exudate[15], von Asparaginase[16] als mögliche Waffe gegen die Leukämie, von Enzymen für die gegenseitige Umwandlung von Hormonen vom Cortisontyp[17] und von einem ganzen Bereich anderer Enzyme für Forschung und quantitative Laboratoriumsversuche mit komplizierten organischen Molekülen.

Das weitgesteckte Ziel ist es, neu entwickelte Techniken zur Steigerung der Zahl von Genkopien in Zuchtstämmen einzusetzen, wo das Gen bereits durch die Isolierung voll dereprimierter Mutanten (wie oben beschrieben) optimal zur Arbeit gebracht wurde.

Es gibt dafür mehrere Möglichkeiten, die vielversprechendste ist die folgende:

Plasmid-Ankopplung: Varianten, die die Rekombination des Gens (oder der Gene) aufweisen, die die Struktur und Synthese eines besonderen Enzyms mit Genen eines autonomen extrachromosomalen Plasmids bestimmen, können künstlich selektiert werden. Man stellt fest, daß das relevante Gen in diesen Varianten materiell ein Teil des Plasmids ist[18]. Dieses rekombinante Gen-tragende Plasmid kann in eine andere Art von Bakterienzelle transferiert werden. Wie oben erklärt, geschieht es häufig[19], daß die so zu einem »fremden Wirt« transferierten Plasmide nicht so gut kontrolliert werden wie in ihrer normalen Wirtsumgebung und sich freier vermehren und dabei viele Kopien pro Zelle produzieren. Das enzym-kodierende Gen, das Teil des Plasmids geworden ist, wird zusammen mit den anderen Plasmidgenen repliziert und wird die gleiche erhöhte Zahl von Kapien haben. Die Geschwindigkeit der Enzymproduktion pro Zelle ist proportional angestiegen.

Bei dieser Art von Problem ist es, wie bei einigen anderen Arten genetischer Manipulation mit Bakterien, wichtig, daß ein besonderes Gen fähig ist, sich von seiner normalen Position auf einem Chromosom nicht bloß auf ein Plasmid, sondern zu anderen Stellen auf dem Chromosom selbst zu begeben (»Translokation«). Der Vorgang schließt die selektive Isolierung sehr seltener Zell-Generationen ein, die sich aus der Integrierung eines Plasmids ergeben – mit episomalen Eigenschaften[20] und mit dem in Frage kommenden Gen rekombiniert – an identifizierbaren chromosomalen Stellen, die von dem normalen Platz verschieden sind. Die Integrierung an abnormalen Stellen wird (sehr selten) unter Bedingungen eintreten, wo die normale Bindungsstelle absichtlich durch eine Zerstörung eliminiert wurde.

Im wesentlichen hängt dieser Trick von der Verwendung eines genetischen Elements als Genträger ab, das sich von einer Position auf dem Chromosom zur anderen bewegen kann. Mit Hilfe von Genen für solche Enzyme, die für die Spaltung von Laktose[21] verantwortlich sind, hat man in *E.coli* bereits begrenzte Erfolge erzielt, und es scheint keinen Grund zu geben, warum diese Technik nicht auch auf andere Gene ausgeweitet werden sollte.

Phagen-Ankopplung: Assoziierung (ebenfalls durch Translokationsverfahren in Verbindung mit geeigneter Selektion ähnlich der oben bereits beschriebenen Verfahren) des erwünschten Gens mit Genen eines Bakteriophagen können in einem Stadium auftreten, wenn sich ein Phage in einem, wie es bezeichnet wird, Provirus (»Prophagen«)-Zustand befindet[22] – d. h., wenn er sich wie eine Gruppe von Genen auf dem Bakterien-Chromosom verhält oder sich unabhängig, aber koordiniert, im Cytoplasma vermehrt.

Mehrere Typen von Prophagen können (z. B. durch ultraviolet-

tes Licht oder andere Faktoren) dazu gebracht werden, dem Chromosom und/oder seinem kontrollierenden Einfluß zu entkommen und eine schnelle Vermehrung autonom im Cytoplasma wieder aufzunehmen, um schließlich aus der Zelle auszubrechen, die sie als ausgewachsene Virus-Partikel getötet haben. Wenn das enzym-kodierende Gen mit den Phagen-Genen passend zusammengefügt wurde (ohne zu viele von ihnen zu verdrängen), wird es zusammen mit dem Virus repliziert werden. Um jedoch zu gestatten, daß das Enzym selbst im richtigen Verhältnis zu der gesteigerten Zahl der verfügbaren Gen-Kopien gebildet wird, ist es nötig, eine Phagenmutante des Typs zu isolieren[23], die in ihrer Virulenz geschädigt ist und die Zellen nicht allzu schnell abtötet. Eine vielfache Steigerung des Ertrages gewisser Enzyme ist bei E.coli bereits durch dieses besondere Verfahren erreicht worden[24]. Es besteht kein Grund, warum diese Verfahren nicht auch auf andere Enzyme ausgeweitet werden könnten; die Haupthindernisse stehen wahrscheinlich in Zusammenhang mit Translokationen, selektiven Isolierungsverfahren, für die es schwierig sein könnte, gewisse Gene, die zögern, sich mit spezifischen Prophagengenen zu verbinden, an einer besonderen Stelle auf dem Chromosom einzusetzen.
Dichotome Replikation von Chromosomen: Multiple Replikationspunkte auf dem Bakterienchromosom (siehe oben und Abb. 7 bei Hayes, S. 68) können induziert werden, indem man Zellen auf einen besonders reichen Nährboden überträgt und indem man ihnen gestattet, mit maximaler Geschwindigkeit zu wachsen[25]. Das kann anstelle der üblichen Einzelgabelung drei oder mehr Replikationsgabelungen bewirken. Durch die Verwendung gewisser Mutanten und besonderer Wachstumsbedingungen ist es möglich, Zellen zu einer Überproduktion ihrer DNS (in Bezug auf den übrigen Zellinhalt) zu stimulieren, indem sie die Zahl der Replikationspunkte bis zu fünfzehn erhöhen[26].

Es kann auch notwendig sein, das gewünschte Gen zu einem Punkt nahe dem Ursprung der Replikation zu versetzen, damit es aus der gesteigerten Zahl von Kopien maximalen Nutzen zieht. Das kann auf die gleiche Art von Rekombination und Selektionstechniken, wie oben beschrieben, geschehen.
Künstlich synthetisierte Gene: Schließlich wird es allmählich mög-

lich, ganze Gene im Reagenzglas zu synthetisieren und so eine einzigartige Polynukleotid-Sequenz, genau wie gefordert, zu konstruieren. Ein sehr kleines künstliches Gen für eine ziemlich spezielle Art von sogenannter »Transfer-RNS« (eigentlich kein Enzym, aber in etwa analog) wurde bereits hergestellt[27], obwohl niemand bis jetzt weiß, ob man es zum Arbeiten bringen kann. Man hat jedoch behauptet, es sei möglich, einem Virusgenom eine sehr einfache sich wiederholende Nukleotid-Sequenz (AAAAAA ...), die für eine Sequenz von Aminosäuren, und zwar Lysin, kodiert, anzuheften und zu zeigen, daß die mit diesem modifizierten Virus infizierten Zellen eine Sequenz von aneinandergehängten Lysin-Molekülen (»Polylysin«) produzieren und daß dieser modifizierte Virus sich rein fortpflanzt, seine Modifizierung beibehält und weiterhin die Produktion von Polylysin anregt[28]. Es besteht daher ein gewisser Grund zur Annahme, daß dieses Verfahren im Prinzip in allen lebenden Zellen funktionieren wird.

Wiederum könnte, im Prinzip, *irgendeine* Sequenz von Nukleotiden (und deshalb theoretisch auch jedes Gen) wahrscheinlich auf chemischem Wege gebildet werden – vorausgesetzt, daß man genügend Zeit hat. Niemand weiß jedoch, wie man die Sequenzen richtig zum Funktionieren bringt, ja nicht einmal, welche Sequenz nötig wäre, um ein Protein mit einer gegebenen Funktion herzustellen. Das liegt einfach daran, daß die chemischen Eigenschaften der existierenden Proteine (mit sehr geringen Ausnahmen) so wenig bekannt sind, daß bisher keine Verallgemeinerungen möglich waren, die es Wissenschaftlern gestatten, Gene zu planen, die Enzyme mit einer völlig neuen (d. h. bisher unbekannten) Funktion bilden würden.

Man könnte es beispielsweise für wünschenswert halten, unter gewissen Umständen in der Lage zu sein, das künstliche und lästige beständige Pestizid DDT durch biologische Mittel zu zerstören. Und sicherlich wünschen sich viele Urlauber, es gäbe Mikroorganismen im Boden, die in der Lage sind, Kunststoffbehälter genau so leicht abzubauen wie »gewöhnlichen« Abfall.

Alles, was man sich für die unmittelbare Zukunft vorstellen kann, wäre die chemische Synthese von Genen für bekannte Enzyme – und auch das liegt noch in weiter Zukunft – geschweige denn die praktische Möglichkeit, sie zu veranlassen, ihre Enzyme zu bilden, so daß sie anderen lebenden Organismen überlegen sind. Sehr kleine künstliche Modifizierungen – zusätzlicher Einbau oder Wegnahme – am Ende von Gengruppen (wie etwa bei kleinen Viren) sind hingegen, wie das oben angeführte Beispiel zeigt, überzeugendere Möglichkeiten, die bereits für die Absiegelung von DNS-Ringen und für das Zusammenfügen von Genen in großartigen Rekombinationsverfahren erforscht worden sind. Auf diese Möglichkeiten werde ich später etwas detaillierter eingehen.

Möglichkeiten auf lange Sicht

Diejenigen der oben erwähnten Möglichkeiten für eine genetische Steuerung in Bakterien, die bereits getestet wurden, umfassen hauptsächlich quantitative Veränderungen in den unterschiedlichen Bildungsgeschwindigkeiten bestimmter Enzyme. Es ist jedoch wichtig zu erkennen, daß einige dieser Verfahren zu einer (mehrere) hundert-, ja sogar tausendfach gesteigerten Produktion gegenüber der, die im Organismus des »Wildtyps« vorhanden ist, führen kann – und all das im gleichen Medium ohne erhöhte Produktionskosten. Tatsächlich ist es eine Methode, Bakterien dazu zu bringen, den Anteil eines bestimmten Anteils, den sie produzieren, vom »Normalen« (sagen wir 0,1 Prozent) der Gesamtmenge auf etwa 20 Prozent steigern.

Langfristige, bisher wenig erprobte und mehr spekulative (jedoch nicht unwahrscheinliche) Möglichkeiten, die jetzt einer Erwägung wert sind, umfassen die Konstruktion »neuer« Zelltypen mit neuer genetischer Beschaffenheit durch die Einführung fremder DNS von anderen Organismen, um zwei oder mehr besonders nützliche Eigenschaften von verschiedenen Zellarten zu vereinigen. Es könnte beispielsweise möglich sein, das schnelle Wachstum der *E.coli* in einem sehr billigen Medium mit der Produktion besonders wertvoller Enzyme (wie jener der Synthese von B_{12}) zu kombinieren, die bisher nur auf natürlichem Wege durch andere langsam wachsende oder anspruchsvolle Organismen gebildet wurden.

Eine weitere analoge Möglichkeit wäre, Gene für Enzyme einzuführen, die fähig sind, atmosphärischen Stickstoff als Stickstoffquelle zum Wachstum zu verwenden (wie es die N-fixierenden Bakterien an Wurzeln von Klee und anderen Pflanzen tun), die sie befähigen, ohne Stickstoffkomponenten im Erdboden und/oder ohne Kohlendioxyd durch Photosynthese zu Organismen heranzuwachsen, die für spezifische Zwecke (wie bereits geschildert) nützlich sind und die normalerweise kompliziertere und teuerere Kohlenstoff- und Stickstoffquellen benötigen.

Die theoretischen Möglichkeiten scheinen hier fast unbegrenzt zu sein. Vielleicht wäre eine der wertvollsten von allen die weitere Verwendung von billig und schnellwachsenden Bakterien als künstliche Wirte für die Replikation von tierischen Viren, wie die der Kuhpocken oder der Poliomelytis (zur Verwendung für die Impfung von Menschen), die jetzt noch kostspielig in Tieren oder tierischen Geweben gezüchtet werden müssen. Das ist vielleicht gar nicht so weit hergeholt, wie das auf den ersten Blick erscheinen mag. Tatsächlich gab es vor einigen Jahren schon Behauptungen, daß diese Art von Verfahren verwirklicht worden sei[29]. Die Tatsache, daß es nicht möglich war, die Experimente in anderen Laboratorien zu wiederholen, bedeutet nicht notwendigerweise, daß entweder die ursprünglichen Experimente falsch waren oder daß man nicht so bald Wege finden würde, um solche Möglichkeiten in der Praxis zu beherrschen und zu reproduzieren – weil sie mögliche Beispiele *der Art* von Phänomenen sind, die sich früher oder später fast sicher als durchführbar erweisen werden.

Eine weitere interessante Möglichkeit wäre – in den Programmen für biologische Kontrolle[30], die jetzt von der UNESCO gefördert werden – die Verwendung geeigneter modifizierter Bakterienstämme an Stelle des normalen Wildtyps, um Gefahren einer zu großen Verschiebung des ökologischen Gleichgewichts vorzubeugen und/oder die Wirksamkeit während einer kurzfristigen Anwendung zu verbessern.

Das Ausmaß von »Mischehen« zwischen verschiedenen Spezies (besonders in der Art von verschiedenen Kerntypen, die sich in der gleichen Zelle vermehren, oder sogar von Chromosomensätzen – von Vögeln und Säugetieren – innerhalb der gleichen Zellkerne)[31] scheint kontinuierlich zuzunehmen.

Soweit es Bakterien betrifft, wäre besonders das Wissen über die Art der physiologisch möglichen Verträglichkeiten und der Techniken für die Einführung »fremder« Gene durch die Zellschranken nötig, genauso wie das Wissen um Verfahren zur Förderung und zur Selektion wahrscheinlich äußerst seltener Rekombinationsereignisse, die dadurch erleichtert werden können.

Maßnahmen zur Verschmelzung verschiedener Typen von Bakterien-Zellen, eventuell durch Aufweichen ihrer Zellhüllen (in Analogie zur Verschmelzung, wie sie oft von Zellen verschiedener Familien von Wirbeltieren angewendet wird) sollten die Grundlagen für kooperative Wechselwirkungen und vielleicht sogar für dauerhafte Rekombinationen zwischen zwei Spezies von Genomen legen.

Die Anwendung auf den Menschen

Es ist unvermeidlich, daß man daran denkt, Techniken der genetischen Rekonstruktion, die man bei Bakterien für denkbar oder wahrscheinlich gehalten hat, auch für eine mögliche Anwendung beim Menschen zu erwägen. In letzter Zeit wurde in der Tat behauptet, daß es möglich sei (genetisch) isolierte Hautzellen von Albinomäusen zur Pigment(Melanin)-Produktion umzuwandeln, indem man sie mit DNS behandelt, die aus anderen Zelltypen (Leber und anderen Organen) einer normal pigmentierten Maus extrahiert wurde[32]. Es scheint auch möglich, Gene von einer Mauszelle zur anderen durch Verwendung eines tierischen Virus (Polyoma) zu übertragen, das als Träger – wie es scheint – ähnlich fungiert wie bei Bakterien, die Phagen transduzieren, obwohl eine tatsächliche Rekombination noch nicht gezeigt werden konnte[33].

Im Prinzip wird also, wie erwartet, das, was bei Bakterien geschehen kann, oft auch bei Zellen höherer Organismen möglich sein. In gewissem Sinn ist also der Weg für eine genetische Intervention beim Menschen frei. In der Praxis allerdings liegen die Dinge ganz anders.

Überspannte Phantasien von genetisch umgemodelten Babys, die (in der Retorte) heranwachsen, oder von gesteuerter Konstruktion menschlicher Genotypen mit riesigem Intellekt und keinem Gefühl oder ganz voll Muskelkraft und ohne Verstand, gehen nicht von vernünftigen wissenschaftlichen Möglichkeiten aus, geschweige denn, daß sie sozial akzeptabel wären. Das »Kloning« von Individuen, dadurch daß man den normalen Zellkern eines befruchteten Eis durch den einer erwachsenen Zelle ersetzt und dann diese Ei-Zelle wieder im Mutterschoß unterbringt, würde eine exakte Kopie des erwachsenen Spenders hervorbringen; theoretisch könnte das mit dem gleichen Spender oft wiederholt werden. Es ist vom wissenschaftlichen Standpunkt plausibler, weil es (wenn auch unter viel einfacheren Bedingungen) mit Fröschen[34] erreicht wurde und vielleicht bald mit Säugetieren möglich sein wird. Eine vermittelte interspezifische Befruchtung von Ei mit Sperma (zum Beispiel zwischen Mensch und Affe) ist keineswegs unfaßbar und praktisch nur einen Schritt von einer Paarung zwischen einem Pferd und einem Esel entfernt. Beide Verfahren beinhalten aber ungeheuerliche Konsequenzen.

Natürlich sind alle Dinge (oder zumindest viele noch sehr unwahrscheinliche Dinge) begreiflich. Wenn wir uns aber über die wirklichen Gefahren in der unmittelbaren Zukunft sorgen sollten, täten wir gut daran, an die Möglichkeit zu denken, daß wir uns alle mit der riesigen Zahl von Wasserstoffbomben, die wir besitzen, in die Luft sprengen könnten, was viel, viel wahrscheinlicher ist, als daß wir »kleine grüne Männer im Reagenzglas« herstellen und versuchen, etwas dagegen zu tun.

Selbst vom rein biologischen Standpunkt aus ist die genetische Steuerung beim Menschen etwas völlig anderes als die bei Bakterien. Genetische Mängel (d. h. solche, die aus Defekten im Genom selbst entstehen) sind außerordentlich verbreitet; die meisten bleiben jedoch unbemerkt, weil das befruchtete Ei (die Zygote) an den Bedingungen lange vor der Geburt zugrunde geht. Die wenigen Kinder, die am Leben bleiben, mögen ein quälendes Leben vor sich haben, sie können Idioten oder Krüppel sein oder an Hämophilie, cystischer Fibrose usw. leiden; wir wünschten, wir könnten in der Lage sein, nicht nur zu heilen, sondern auch sicherstellen, daß ihre Kinder und Kindeskinder normal sind. Man hat geschätzt, daß bis zu 15 Prozent[35] der Geburten *einige* Beweise einer vererbten Störung zeigen, obgleich diese oft relativ trivial sein kann.

Viel mehr Menschen sind zwar normal, tragen aber das defekte Gen in einem inaktiven Zustand (oder mit nur minimal ungünstigen Wirkungen). Wenn sie aber Träger des gleichen defekten Gens heiraten, laufen sie Gefahr, ernstlich behinderte Kinder zu zeugen.

Viele Arten genetischer Mängel beim Menschen sind bereits bekannt (die meisten davon treten glücklicherweise selten auf), wo es möglich war, den Defekt in dem Sinn zu identifizieren, daß man weiß, welche spezifischen Enzyme »irre gelaufen« sind, obgleich man nur wenig über das Gen selbst weiß.

Ein defektes Gen kann bedeuten, daß eine besonders wichtige biochemische Reaktion nicht stattfindet und ein wesentlicher Bestandteil des Körpers nicht hergestellt wird. Theoretisch könnte dann der Defekt ausgeglichen werden, indem man den fehlenden Bestandteil im Laufe des Lebens des Patienten fortwährend mit der Nahrung oder durch Injektion zuführt.

Eine länger andauernde Heilung würde (wieder theoretisch gesehen) das normale Enzym selbst zuführen, obwohl sich (mit Ausnahme der Enzyme, die ausschließlich im Blutkreislauf wirken) das Problem, das Enzym intakt in die Zellen zu bringen, so schwierig wie die Einführung eines Gens erweisen könnte. So ist es beispielsweise möglich, die Krankheit Diabetes (die für gewöhnlich *nicht* einem genetischen Defekt zuzuschreiben ist) sehr erfolgreich mit einem unentbehrlichen Protein (Insulin) zu behandeln, aber natürlich muß Insulin das ganze Leben lang gegeben werden. Bei einem echten genetischen Defekt könnte eine grundlegende Heilung erreicht werden, wenn man das relevante DNS-Stück einführen und seine entsprechende Integration in einem hinreichend hohen Anteil der Zellen bewirken könnte, die normalerweise das Enzym bilden sollten.

Diese letztgenannte Bedingung könnte das Hauptproblem darstellen. Bei Bakterien ist es leicht, eine »Reparatur« aufzuzeigen, es hängt aber von der künstlichen Selektion (einer Art Amplifikation) der relativ geringen Anteile so modifizierter Zellen ab. Beim Menschen und anderen höheren Organismen könnte es jedoch sehr schwierig sein, eine solche Reparatur, wenn sie überhaupt möglich ist, in einem mehr als nur winzigen Prozentsatz der Zelle, die modifiziert werden müßte, durchzuführen.

Trotzdem bräuchte es im Falle eines Enzymmangels nicht nötig sein, mehr als (etwa) fünf Prozent der Zellen zu reparieren, da fünf Prozent der normalen Enzymtätigkeit sehr wohl genügende Mengen des fehlenden Faktors zu liefern vermögen, die ausreichen würden, Symptome zu verhüten. Darüber hinaus gibt es Möglichkeiten, die Verwendung von relativ harmlosen Viren als Genträger einzubeziehen, die den Transfer des normalen Gens zu einem hohen Prozentsatz zu den entsprechend geschädigten Zellen gestattet.

Ein spezifischer Fall, der in letzter Zeit die Aufmerksamkeit auf sich gelenkt hat, betrifft die seltene genetische Krankheit Argininämie bei Menschen, wo die lebensnotwendigen Enzyme zur Entfernung überschüssigen Arginins aus dem Blutkreislauf (die Arginase) fehlen oder mangelhaft sind aufgrund eines genetischen Defektes in dem für ihre Bildung verantwortlichen Gen[36]. Arginin ist eine natürlich vorkommende Aminosäure, die als Baustein in der Protein-Biosynthese erforderlich ist. Zuviel davon ist jedoch giftig und verursacht geistiges Zurückbleiben, Epilepsie und oft auch den Tod. In diesem Fall beruht daher der Enzymdefekt eher auf einer übermäßigen Produktion einer potentiell toxischen Substanz und weniger auf einem einfachen Mangel eines unentbehrlichen Ernährungsfaktors, wie es oben diskutiert wurde.

Nun kommt es vor, daß ein Virus, der normalerweise Kaninchen infiziert (*das Shope Papillom*) auch den Menschen infizieren kann, ohne augenscheinlich einen Schaden anzurichten. Dieser Virus enthält ein Gen für Arginase, daher könnte möglicherweise eine Chance bestehen, die Krankheit beim Menschen durch Infektion mit diesem Virus zu behandeln oder mindestens einzudämmen. In dem ziemlich unwahrscheinlichen Fall, daß man dabei einen Erfolg erzielen würde, wäre es einer der nächsten Schritte zu versuchen, spezifische Gene an harmlose, den Menschen infizierende Viren durch künstliche Rekombination anzuheften; zu diesem Zweck könnte man isolierte Enzyme oder sogar rein chemische Verfahren verwenden. Es könnte dann möglich sein, die eindringenden und selbstreplizierenden Eigenschaften von Viren zur Beförderung normaler Gene in defekte Zellen zu verwenden und so einen weiten Bereich genetischer Krankheiten zu heilen[37].

All das liegt jedoch noch in weiter Ferne, aber auf dieser Ebene könnte es jetzt angemessen sein, praktische Zukunftsmöglichkeiten für die genetische Intervention beim Menschen in Betracht zu ziehen. Immerhin, in gewissem Sinne sind diese Eingriffe nicht wirklich genetischer Art. Bestenfalls können die erreichten Reparaturen während der Vervielfältigung der Leber-, Nierenzellen usw., die der Reparatur bedürfen, weitergereicht werden. Aber die Kinder werden den betreffenden Defekt beibehalten.

Um eine echte vererbbare Heilung zu bewirken, wird es nötig sein, den Defekt im Genom der Keimzellen selbst zu reparieren: in den Spermen, den Eizellen und ihren Vorläufern. Und es wird nötig sein, das in *allen* (oder zumindest in der überwältigenden Mehrheit) der Keimzellen zu tun und nicht bloß in den fünf Prozent, die für eine individuelle (»phenotypische«) Heilung ausreichend sein könnten.

Im Augenblick gibt es keinen vorhersagbaren Weg, auf dem das erreicht werden könnte, obwohl es im Prinzip wiederum nicht für wirklich unmöglich angesehen werden muß. Ernster jedoch, als die Schwierigkeit, zu sehen, wie eine wahre genetische Heilung erreicht werden könnte, ist das gesamte Problem jeglicher Versuche, die »Keimgenerationsfolge« zu modifizieren. Man weiß viel zu wenig über mögliche Gefahren auf diesem Gebiet, um Manipulationen zu gestatten, die dauernde Entstellung(en) von Menschengenerationen verursachen oder sie zur Sterilität verdammen könnten.

Man mag es für statthaft halten, gewisse Risiken bei dem Versuch einzugehen, todkranke Patienten in der Hoffnung einer phenotypischen Heilung zu behandeln; Manipulationen, die beabsichtigen, auf die nächste Generation einzuwirken, gehören jedoch zu einer anderen Kategorie. Selbst ein Eingriff in die Gene von Nicht-Keimgenerationsfolgen (d. h. somatische) Zellen (z. B. Leber) durch Vireninfektion in der Absicht, eine Reparatur ihres Genoms zu verursachen, könnten das Risiko eines »Überfließens« in die Keimzellen selbst ergeben und sollte daher nur mit allergrößter Vorsicht betrieben werden.

Man könnte argumentieren, daß schließlich die beste Hoffnung für eine dauernde genetische Heilung von Erbdefekten bei der örtlichen Anwendung in einem sehr frühen Stadium der Schwangerschaft liegen könnte, wenn im Embryo erst eine oder sehr wenige

Zellen vorhanden sind; das heißt zu einem Zeitpunkt, in dem alle Zellen, einschließlich der zukünftigen Keimgenerationsfolge, repariert werden *könnten*. Dann, im Falle eines Mißerfolges oder einer ernsten Schädigung (*falls* sie festgestellt werden könnte), gäbe es schlimmstenfalls eine Fehlgeburt und nicht ein verkrüppeltes Wesen. Die meisten Menschen würden aber zu Recht den Schluß ziehen, daß Erwägungen dieser Art nur zeigen, daß es noch allzu früh ist, solche Manipulationen bei dem gegenwärtigen Stand unseres Wissens als tatsächliche Möglichkeiten in Betracht zu ziehen.

Wie aber die Situation in zwanzig Jahren sein wird, vermag niemand zu sagen.

Literaturhinweise

1. Hayes, W., Abb. 8, s. S. 70.

2. Rogers, S. (1970). *New Scientist 45* (29 January) 194.

3. Rownd, R. (1969). *J. mol. Biol. 44*, 387; Kontomichalou, P., Mitani, M. and Clowes, R. C. (1970). *J. Bact. 104*, 34.

4. Novick, R. P. (1969). *Bact. Rev. 33*, 210; Watanabe, T. (1967). *Sci. American 217*, no. 6, 19.

5. Rownd, *op. cit.;* Kontomichalou *et al.*, *op. cit.*

6. Smith, J. D., Abelson, J. N., Clark, B. F. C., Goodman, H. M. and Brenner, S. (1966). *Cold Spr. Harb. Symp. Quant. Biol. 31*, 479.

7. Oishi, M., Yoshikawa, H. and Sueoka, N. (1964). *Nature 204*, 1069; Yoshikawa, H. and Haas, M. (1968). *Cold. Spr. Harb. Symp. Quant. Biol. 33*, 843

8. Pollock, M. R. (1969), *Progr. Biophys. molec, Biol. 6*, 273.

9. Sarkar, S. (1966), *J. Bact. 91*, 1477; Journo, J., Kohno, T. and Roth, J. R. (1970). *Nature 228*, 820.

10. Pollock, *op. cit.*

11. Ephrussi, B. and Weiss, M. C. (1969). *Sci. American 220*, no. 4, 26; Engel, E., McGee, B. J. and Harris, H. (1969). *Nature 223*, 152.

12. Watanabe, T. and Ogata, C. (1965). *J. Bact. 91*, 43; Demerec, M. and Ohta, N. (1964). *Proc. natl. Acad. Sci. Wash. 52*, 317.

13. Pollock, M. R. (1957). *J. Pharmacy & Pharmacol. 9*, 609.

14. Becker, R. M. (1960). *Practitioner 184*, 447.

15. Johnson, A. J., Ayvazian, J. H. and Tillett, W. S. (1959). *New Eng. J. Med. 260*, 893.

16. Adamson, R. H. and Fabro, S. (1968). *Cancer Chemotherapy Rep. 52*, 617; Ho, P. P. K., Frank, B. H. and Burck, P. J. (1969). *Science 165*, 510.

17. Charney, W. (1969). *New Scientist 43* (25 September) feature section, p. 10.

18. Hayes, W., S. 75 u. Abb. 10.

19. Rownd, *op. cit.;* Kontomichalou *et al., op. cit.*

20. Hayes, W., S. 75 u. Abb. 10.

21. Beckwith, J. R., Signer, E. R. and Epstein, W. (1966). *Cold Spr. Harb. Symp. Quart. Biol. 31*, 393.

22. Gottesman, S. and Beckwith, J. R. (1966). *J. Med. Biol. 44*, 117.

23. Signer, E. R. (1909) *Nature 223*, 158

24. Brammar, W. J. and Burdon, M. G. (1970). Private communication.

25. Oishi *et al., op. cit.* vgl. Anm. 7.

26. Yoshikawa and Haas, *op. cit.* vgl. Anm. 7.

27. ›Monitor‹ (1970). *New Scientist 46* (11 June), 510.

28. Rogers, *op. cit.* vgl. Anm. 2.

29. Abel, P. and Trautner, T. a. (1964). *Vererbungslehre 95*, 66; Bayreuther, K. E. and Romig, W. R. (1964). *Science 146*, 778; Ben-Gurion, R. and Ginzberg-Tietz, Y. (1965). *Biochem. biophys. Res. Comm. 18*, 226.

30. Royal Society (1970), ›Biological Control‹. The U. K. contribution to the proposed international organization for Biological Control. Brit. Nat. Cttee for Biology (Biological Control-Sub-Cttee); Wilson, F. (1970). *New Scientist 48* (8 October), 72.

31. Ephrussi and Weiss, *op. cit.:* Engel *et al., op. cit.* vgl. Anm. 11; Harris, H. and Cook, P. R. (1969), *J. Cell Science 5*, 121.

32. Glick, J. L. and Saline, A. P. (1967). *J. Cell Biol. 33*, 209; Ottolenghi-Nightingale, E. (1969). *Proc. natl. Acad. Sci. Wash. 64*, 184.

33. Osterman, J. V., Waddell, A. and Aposhian, H. V. (1970). *P.N.A.S.* 67, 37

34. Gurdon, J. B. (1968). *Sci. American 219*, no. 6, 24.

35. Lederberg, J., quotet in *New Scientist* (1970) *46* (18 January), 564.

36. Rogers, *op. cit.* vgl. Anm. 2.

37. Ebd.

Literatur

Clowes, R. (1957). *The Structure of Life.* London, Penguin.
Leach, G. (1970). *The Biocrats.* London, Jonathan Cape.
Nass, G. (1970). *Moleküle des Lebens.* München, Kindler.
Paterson, D. (ed.) (1969). *Genetic Engineering.* London, B.B.C.

III. Humangenetik und Reproduktion

6. Geoffrey Beale · Soziale Auswirkungen der Forschung in der Humangenetik

Bei der Vorbereitung dieses Artikels versuchte ich, verschiedene Arten der genetischen Forschung in zwei Gruppen zu klassifizieren, die man »wohltätig« und »unheilvoll« nennen könnte. Eine derartige Klassifizierung – obwohl sie natürlich äußerst willkürlich und zum größten Teil für die »neutrale« Arbeit rein wissenschaftlicher oder akademischer Art bedeutungslos ist – dient dazu, möglicherweise gute und schlechte Folgen unserer Tätigkeit als Forscher hervorzuheben. Wenn ich als Forscher jedoch auf die Arbeiten der letzten fünfzig Jahre zurückschaue, finde ich es ziemlich schwierig, irgendwelche besonderen genetischen Entdeckungen zu benennen, die tatsächlichen Schaden herbeigeführt haben; im Gegenteil, viele waren von beträchtlichem Nutzen. Da ich die Absicht habe, später etwas über mögliche Gefahren zu sagen, die sich aus der Arbeit ergeben, die jetzt im Gange oder geplant ist, ist es der Mühe wert, einige der Segnungen aus der Vergangenheit aufzuzählen, so daß wir zu einer einigermaßen gerechten Betrachtung gelangen.

Daher wäre es wohl zuerst angebracht, einige Worte über die folgenden Themen zu sagen: (1) biochemische Humangenetik; (2) menschliche Chromosomenvarianten und (3) Auswirkungen infolge von Strahlung und mutagene Chemikalien.

Die biochemische Humangenetik geht auf die Arbeit von A. E. Garrod zu Beginn unseres Jahrhunderts über den als Captonurie bekannten Zustand zurück. Da dieser sehr selten und von relativ geringfügiger klinischer Bedeutung ist, hat er keine große soziale Bedeutung; er diente jedoch dazu, den völlig neuen Begriff des »angeborenen Fehlers« im Metabolismus einzuführen. Wir wissen jetzt von einer beträchtlichen Zahl weiterer angeborener Fehler[1], wie der Phenylketonurie (PKU) und der Galaktosaemie, die sehr ernste Folgen haben – Irsinn, grobe physische Defekte oder vorzeitigen

Tod bei einer beachtlichen Zahl von Menschen. Dank der gemeinsamen Bemühungen von Biochemikern und Genetikern ist es möglich, die verhängnisvollen Folgen der Gene, die einige dieser Fehler kontrollieren, in einem gewissen Ausmaß zu lindern. Das geschieht, indem man die Säuglingsnahrung durch Weglassen oder Reduzierung einiger Nahrungskomponenten modifiziert, wie der Aminosäure Phenylalanin im Fall von PKU oder der Galaktose im Fall von Galaktosaemie. Durch diese Behandlung können viele Menschen ein viel erträglicheres Leben führen, als das sonst möglich wäre, obwohl sie zugegebenermaßen keine Aussicht auf »Heilung« der grundlegenden genetischen Abnormalitäten bietet.

Was eine »dauerhaftere« Reparatur, d. h. die völlige Eliminierung eines genetischen Defekts aus Individuen oder Populationen betrifft, so ist der gegenwärtige Stand des genetischen Wissens und genetischer Technik von wenig oder gar keinem Nutzen, außer daß man Personen mit schädlichen Genen empfiehlt, keine Kinder zu zeugen. Ich möchte nicht bei diesen eugenischen Problemen verweilen, die noch von Penrose erörtert werden.

Wenn wir uns den Chromosomenvarianten im Menschen zuwenden, so ist es von Interesse hervorzuheben, daß das Studium der chromosomalen Abweichungen einst als eine rein akademische Aufgabe angesehen wurde; niemand hätte voraussehen können, welche Folgen Untersuchungen, die vor vierzig Jahren über Trisomiee (Trisom = dreifach vorhandenes Chromosom eines diploiden Chromosomensatzes) in Pflanzen durchgeführt wurden, für geistig defekte Personen haben würden. Heute weiß man, daß einige wichtige Abnormalitäten beim Menschen durch solche chromosomale Abweichungen verursacht wurden. Eine der verbreitesten ist das Down's Syndrom (Mongolismus), das der Anwesenheit von einem Extrachromosom – Nur. 21 im menschlichen Chromosomensatz von 23 Paaren – entweder frei oder an ein anderes Chromosom gebunden – zuzuschreiben ist.

Beim Menschen gibt es auch einige Abnormlitäten hinsichtlich der Geschlechts- (X und Y)-Chromosome, einige haben verhältnismäßig geringfügige Wirkung (XXX), andere sind deutlicher ausgeprägt (XO, XYY). Ich werde über den XYY genannten Typ später noch mehr sagen. Alle diese Chromosomen-Varianten können durch mikroskopische Untersuchung an Zellen eines Säuglings oder durch die von Fairweather (S. 126 f.) beschriebene Amniocentese aufgedeckt werden.

Unglücklicherweise wissen wir praktisch nichts über die endgültigen Ursachen der Unregelmäßigkeiten im Verhalten von Chromosomen, die für diese Zustände verantwortlich sind, obwohl das Alter der Mutter, wie Penrose schon vor vielen Jahren entdeckt hat, in einigen Fällen eine wichtige Rolle spielt. Natürlich ist es von beträchtlichem Wert, diese Fehler in einem Stadium erkennen zu können, in dem eine Abtreibung eine Möglichkeit darstellt, die Geburt eines stark defekten Wesens verhüten zu können.

Die obenbeschriebenen Veränderungen von Genen und Chromosomen treten beim Menschen spontan auf und in Abwesenheit von durch den Menschen produzierte Umweltstimulantien. Gewisse künstliche Agenzien sind jedoch für eine Einwirkung auf genetisches Material verantwortlich. H. J. Muller bewies 1927, daß die Behandlung der *Drosophila*-Fliege mit Röntgenstrahlen ein starkes Anwachsen von Mutationen zur Folge hatte; noch nach vielen Jahren warnte Muller weiter vor den schädlichen genetischen Folgen der Bestrahlung, die zur medizinischen Behandlung angewandt wurde.

Diese Warnung hatte jedoch bis etwa 1956 wenig Wirkung als sowohl die amerikanische wie die britische Regierung Kommissionen gründeten, um die biologische Auswirkung der Strahlung zu untersuchen, die sich durch Atombombentests ergab. Das war eine Folge der damals weit verbreiteten Angst hinsichtlich dieser Frage.

Damals standen keine direkten Messungen für die Auswirkung der Strahlung auf die Gene des Menschen zur Verfügung, und die Situation ist auch heute noch fast die gleiche – außer daß jetzt die Arbeit mit der in einer Kultur aufgezogenen menschlichen Zellen als Experimentiergut beginnt. Aus Untersuchungen an Tieren wie Mäusen und an der Drosophila ist jedoch gewiß, daß jedes Ausgesetztsein einer Strahlung genetische Schäden hervorruft und auf ein Minimum beschränkt bleiben sollte. Heute ist man hier viel vorsichtiger als früher.

Wir sind uns jetzt auch der Tatsache bewußt, daß viele chemische Substanzen für schädliche genetische Veränderungen verantwortlich sind. Bei den meisten untersuchten Substanzen ist es unwahrscheinlich, daß sie eine ernstliche Drohung darstellen, da sie für gewöhnlich nicht in genügend hoher Konzentration vorliegen, um auf die menschlichen Keimzellen einwirken zu können. Es gibt aber eine riesige Zahl von Substanzen, die noch nicht im Hinblick auf mutagene Wirksamkeit geprüft wurden und sehr wohl gefährlich sein könnten. Es wurde eine Gesellschaft für mutagene Umweltseinflüsse gegründet, die diese Frage untersuchen soll. Es ist wichtig, daß viele Pestizide, Insektizide, Nahrungsmittelzusätze und medizinische Präparate, die derzeit gebräuchlich sind, untersucht werden. Es wird notwendig sein, die nützlichen und die schädlichen Wirkungen bei einigen dieser Produkte gegeneinander abzuwägen. Wie Muller wiederholt betont hat, steigert jede zusätzliche Mutation, die durch Strahlung oder chemische Agenzien erzeugt wird, die genetische »Last« und früher oder später, möglicherweise erst viele tausend Jahre später, wird ein unglückliches Wesen an physischer Behinderung, geistigem Defekt leiden oder wird frühzeitig sterben müssen. Es ist für uns sehr schwierig, diesen Schaden richtig einzuschätzen, der einem Individuum in Tausenden von Jahren zugefügt werden mag, aufgrund eines Vorkommnisses von heute.

Was ich gesagt habe, soll aufzeigen, daß es eine der wohltätigsten Konsequenzen der bisherigen genetischen Forschung war, vor der Möglichkeit eines Auftretens von schädlichen Veränderungen im Erbgut des Menschen zu warnen und Vorschläge zu machen, diese Veränderungen zu vermeiden oder wenigstens zu mildern, wo sie auftreten. Man sollte jedoch nicht vergessen, daß auch positiver Nutzen daraus folgte. Das spektakulärste Beispiel dafür ist die enorme Steigerung der Nahrungsmittelproduktion, die durch die Anwendung der Genetik auf die Pflanzenzucht erreicht wurde. Die Erträge der Hauptnahrungsmittel der Erde – Reis, Weizen und Mais – sind durch die Anwendung der bloßen Kenntnis um die Mendelschen Gesetze[2] (die von Galston ausführlicher erörtert werden) ungeheuer gesteigert worden. Etwas weniger spektakuläre, aber immerhin noch sehr bedeutsame Erfolge bei tierischen Produkten, besonders in der Geflügel- und Schweinezucht sowie der Milchproduktion waren ebenfalls auf das genetische Wissen zurückzuführen.[3] Zweifellos sind das in erster Linie ökonomische Fragen, indirekt waren jedoch auch die sozialen Konsequenzen von entscheidender Bedeutung.

Ein weiteres Beispiel für die Anwendung der Genetik in bezug auf den Menschen sollte noch erwähnt werden – nämlich ihre Bedeutung in Fällen der umstrittenen Vaterschaft. Gene, die ABO, Rh und andere Blutgruppenbestandteile kontrollieren, wurden schon seit vielen Jahren für diese Zwecke verwendet; jetzt sind so viele verschiedene Blutgruppen, genau soviel wie gen-kontrollierende Proteinvarianten bekannt, daß es mit entsprechendem Einsatz möglich sein sollte, auf Wunsch die genaue biologische Abstammung von uns allen festzustellen.

Man hat manchmal auch gesagt, daß es mit Hilfe unserer Kenntnisse in der Genetik möglich ist, Vorurteile hinsichtlich Rassen, sozialer Klassen und Nationalitäten rationaler zu betrachten – bisher hat man aber in dieser Richtung noch kaum Fortschritte erkennen können.

Nachdem ich einige der bisherigen Anwendungen der Genetik angeführt habe, möchte ich fragen: Welche weiteren Entwicklungen sind wahrscheinlich und was werden ihre Folgen sein? Zweifellos wird man in der gleichen Richtung wie bisher Fortschritte zur Verbesserung angeborener Fehler machen, und man hofft, daß Defekte, deren biochemische Ursache im Augenblick noch unbekannt ist, gut genug verstanden werden, um Abhilfemaßnahmen zu ermöglichen. Das gilt für cystische Fibrose (dem weitverbreitetsten genetischen Defekt beim Menschen), Muskeldystrophie, Hämophilie, Huntingtonsche Chorea (Veitstanz) und viele andere, und übrigens auch für die Sichelzellenanämie, die biochemisch fast aufgeklärt ist, aber immer noch eine große Quelle menschlichen Elends darstellt.

Streng wissenschaftlich gesehen ist das Problem offenkundig, da wir gerade mit den allgemeineren Gen- und Chromosomen-Defekten im Menschen vertraut sein müssen. Man hat eine großangelegte Untersuchung der Weltbevölkerung gemacht: die gleichen Genmutationen und Chromosomvarianten treten wieder und wieder auf. Es ist sehr unwahrscheinlich, daß in der Zukunft völlig neue genetische Defekte auftauchen werden – mit Ausnahme von viel selteneren als denen, die bereits bekannt sind.

Die biochemische Behandlung von genetischen Defekten zu Lebzeiten der betroffenen Individuen stellt größere Ansprüche an die medizinischen Dienstleistungen, eine Belastung, die aber leicht getragen werden kann. Man hat oft gedacht, daß eine derartige Belastung signifikant steigen würde, falls Menschen mit genetischen Defekten selbst wieder Kinder bekommen würden. Man kann jedoch abschätzen, daß die Zunahmerate seltener rezessiver Gene, die auf diese Art und Weise in die Bevölkerung gebracht würden, nach wenigen Generationen kaum mehr wahrnehmbar sein würden.

Ein weiterer Aspekt der biochemischen Genetik, der wahrscheinlich an Bedeutung zunehmen wird, ist die Erkennung von Personen, die für rezessive Gene heterozygot sind, aber keine der Auswirkungen zeigen. Eine Anzahl geschlechtsgebundener Gene, wie die der Hämophilie, der Duchenne-Muskeldystrophie, der Hunter-Krankheit und anderer können bereits in heterozygoten Frauen erkannt werden. Diese Erkenntnis ist sehr wertvoll, da man erwarten muß, daß die Hälfte der Söhne dieser Frauen – falls sie überhaupt Kinder bekommen –, schwere Schäden aufweisen würden.

Was die radikaleren Techniken der direkten »Reparatur« des genetischen Materials in den Keimzellen von Menschen betrifft, die schädliche Gene enthalten, – ob durch den Ersatz ganzer Chromosomen oder durch die Einfügung kleiner Segmente von DNS oder individueller Gene über eine Art Virusvermittler-Transduktion – so will ich die Diskussion dieser überaus wichtigen Fragen anderen überlassen. Desgleichen will ich die höchst subtile Frage der Manipulation an Eizellen, Sperma und Embryos des Menschen sowie die Geschlechtsbestimmung von Kindern R. G. Edwards überlassen. Auch ohne diese Themen, die so viele lebenswichtige Fragen aufwerfen, bleibt mir jedoch noch genug, um über gewisse Forschungszweige der Genetik zu berichten, die zeigen, welche schädlichen sozialen Folgen sich ergeben können – Folgen aus Arbeiten, die von denen, die damit begannen, nicht vorhersagbar waren.

Um das zu illustrieren, betrachten wir einmal die Folgen der Durchführung von groß angelegten Untersuchungen von Gen- und Chromosomen-Abnormalitäten bei Menschen. Das daraus gewonnene Wissen wird zweifellos für die Gemeinschaft und für einige Individuen von großem Wert sein, aber einige andere Individuen werden auch zu leiden haben. Nehmen wir zum Beispiel die XYY-Chromosomengeschichte, die 1965 von Jacobs und anderen berichtet wurde.[4] Wie jedermann weiß, haben die Zellen des Mannes ein Y-Chromosom anstelle eines der beiden X-Chromosome der Frau. Gelegentlich findet man auch Männer mit zwei Y-Chromosomen; die ersten Beispiele dieser Art wurden in einer großen Strafanstalt in Schottland entdeckt. Einige dieser Männer wurden als »gefährliche, aggressive, geistig zurückgebliebene Psychopathen« geschildert. Natürlich erweckte die Veröffentlichung dieser Information weitverbreitetes Interesse – besonders, als ähnliche Feststellungen auch aus anderen Ländern berichtet wurden. Es verbreitete sich der Eindruck, daß ein direkter Zusammenhang zwischen dem XYY-Zustand und der Kriminalität bestünde.

Erst kürzlich haben jedoch Mitarbeiter aus der Forschungsgruppe, die sich damals mit den ursprünglichen Entdeckungen befaßte, klare Beweise gewonnen, daß »XYY-Männer« sehr häufig in der Bevölkerung zu finden sind und daß einige davon – wahrscheinlich die Mehrheit – keinerlei Verhaltensstörungen aufweisen. Die Häufigkeit ist unerwartet hoch – 1 auf 700 – wie sich anläßlich einer Untersuchung an Kleinkindern, die in zwei Krankenhäusern in Edinburgh geboren wurden[5], sowie an erwachsenen Männern in Frankreich herausstellte. Darüber hinaus konnte bei keiner, auch noch so ausgedehnten Untersuchung an Männern in verschiedenen schottischen Strafanstalten eine größere Häufigkeit nachgewiesen werden als bei der allgemeinen Bevölkerung[7].

Es war ein unglücklicher Unfall, daß ausgerechnet einige der ersten entdeckten XYY-Fälle Verbrecher waren. Das könnte zur Folge haben, daß andere XYY-Männer, falls ihre Chromosomenzusammensetzung bekannt wird, zum Objekt eines völlig ungerechtfertigen Verdachts werden. Es könnte sein, daß man nicht bereit ist, ihnen Arbeit zu geben, und daß das Interesse der Polizei an ihnen geweckt würde. Glücklicherweise sind die auf etwa 2500 in Schottland geschätzten Männer, die sich wahrscheinlich von ihren normalen XY-Mitbürgern nicht unterscheiden, niemals identifiziert worden sind.

Ganz allgemein gelten die gleichen Überlegungen auch für die Veröffentlichung oder Registrierung jeglicher Art von Information über genetische Nachteile eines Individuum. Man hat mich darauf aufmerksam gemacht, daß die Indentifizierung von Personen, die erwiesenermaßen schädliche heterozygote Gene besitzen, zu einer Einschränkung der Freiheit eben für solche Personen führen könnte, denen man davon abrät, den Partner ihrer Wahl zu heiraten.

Persönlich finde ich die Situation solcher heterozygoten Personen etwas weniger verhängnisvoll als die der eben geschilderten XYY-Männer. Heterozygote Personen, bei denen es um die verbreitetsten schädlichen rezessiven Gene beim Menschen – cystische Fibrose – geht, bilden nur etwa ein Zwanzigstel der Bevölkerung. Wäre einer von uns davon betroffen, so wären die Chancen, daran gehindert zu werden, einen bestimmten Partner zu heiraten, nicht sehr groß und was die Häufigkeit der meisten anderen Defekte betrifft, so wäre sie noch viel geringer. Vielleicht nehmen aber andere hier einen viel strengeren Standpunkt ein.

Ein weit bedrohlicheres Problem könnte sich aus den zur Zeit erörterten Vorschlägen ergeben, Genotypen einer großen Zahl von Menschen, möglicherweise ganzer Bevölkerungsgruppen in Computern zu speichern, mit dem lobenswerten Ziel, zu versuchen, besondere – für Krebs oder andere Krankheiten empfängliche – Genotypen zu korrelieren. Wenn man solche Pläne in die Tat umsetzt, sollte man an den möglichen Verlust der Freiheit für solche Personen denken, die auf die eine oder andere Art für »geschädigt« angesehen werden müssen. Ich denke dabei an Einschränkungen im Berufsleben oder bei Reisen von einem Land zum anderen oder in der Wahl des Partners. Natürlich wären diese Einwände weniger durchschlagend, wenn die Informationen oder die Identität der Personen, die die Information liefern, automatisch geheimgehalten würden. Eine Regierung ist jedoch immer in der Lage, auf solchen Informationen zu bestehen. Mit zunehmenderem Wissen in der Genetik kann es sein, daß die beteiligten Personen ebenfalls informiert werden wollen.

Das führt mich zu der letzten Frage, ob es wünschenswert ist, daß gewisse Forschungszweige generell verboten werden sollten, und zwar wegen der Möglichkeit einer unheilvollen Auswertung der Ergebnisse durch andere. Besonders empfindlich ist das Forschungsgebiet, das sich auf die Intelligenz, ihre mögliche genetische

Grundlage und ihre Unterschiedlichkeit bei verschiedenen sozialen Schichten und menschlichen Rassen bezieht. Einige sind der Ansicht, daß ein derartiges Wissen möglicherweise so explosiv ist, daß es Rassenkonflikte verschärfen kann, und daher sollte es überhaupt nicht veröffentlicht werden. Monod hat dieses Problem bereits erwähnt; ich aber bin der Meinung, daß es für das Thema dieser Tagung so wichtig und relevant ist, daß es unbedingt weiter erörtert werden sollte.

In einer kürzlich erschienenen Ausgabe des *Scientific American*[8] veröffentlichten Bodmer und Cavalli-Sforza einen Artikel mit dem Titel »Intelligenz und Rasse«, der die Haltung der Genetiker zu diesem Thema beschreibt. In ihrem Artikel kommen sie zu der Schlußfolgerung, daß weitere Forschungen dieser Art gestoppt werden sollten, indem man ihnen den Etat aus öffentlichen Mitteln streicht. Diesen Vorschlag kann ich jedoch nicht unterstützen, selbst wenn es möglich wäre, eine derartige Ächtung durchzusetzen, was sehr unwahrscheinlich ist. Wenn man das besondere Beispiel der genetischen Grundlage für den Intelligenz-Quotienten in Betracht zieht, ist der Grund für die derzeitige emotionelle Auseinandersetzung der, daß die Qualität der zur Verfügung stehenden wissenschaftlichen Information so armselig ist. Wenn man sich mit der Literatur dieses Themas befaßt, fallen einem drei Dinge auf. Erstens sind die Fakten spärlich und basieren hauptsächlich auf einigen wenigen Zwillingsuntersuchungen, die vor dreißig Jahren gemacht wurden. Zweitens sind die tatsächlichen »Messungen« oder Bewertungen des IQ nicht objektiv infolge der verschiedenen, nicht kontrollierbaren Variablen – wie etwa hinsichtlich der kulturellen sowohl derer, die die Tests vorbereiten und durchführen, wie derer, die Objekt der Untersuchungen sind –, nicht objektiv. Drittens ist die genetische Analyse einer sich dauernd ändernden Eigenschaft wie die des IQ beim Menschen kompliziert und schwierig. Angesichts dieser drei Quellen für mögliche Irrtümer überrascht es nicht, daß hinsichtlich der Bedeutung dieser Entdeckungen keine Übereinstimmung besteht.

Es mag sein, daß das Problem von Intelligenz und Rasse so schwierig ist, daß es unmöglich sein wird, jemals die Informationen zu erhalten, die für eine präzise genetische Analyse notwendig sind.

Mir erscheint es jedoch defaitistisch, dies als endgültigen Standpunkt zu akzeptieren. Neue Techniken, bessere Kriterien für die Bewertung des menschlichen Intellekts, neue grundsätzliche Informationen über die Genetik des Verhaltens und neue analytische Methoden werden in Zukunft sicherlich zur Verfügung stehen, um es uns zu ermöglichen, wirksamer an das Problem heranzutreten. Wir werden über das bloße Fragenstellen hinauskommen, ob etwa der IQ einer Person höher ist als der einer anderen und wie weit der Unterschied zwischen beiden genetischen Ursachen zuzuschreiben ist. Subtilere und durchdringendere Fragen wird man stellen müssen. Würde man diese Forschung jetzt ächten, wäre das gleichbedeutend mit dem Eingeständnis einer auf Unwissenheit basierenden Furcht, daß die Rassisten recht hätten, daß einige Menschenrassen anderen genetisch »unterlegen« seien. Meiner Ansicht nach gibt es keinerlei Rechtfertigung für diese Annahme, und es wäre ein großer Fehler, die Angelegenheit verloren zu geben. Letzten Endes ist es das Wesen jeder wissenschaftlichen Forschung, daß man im voraus nicht weiß, zu welchen Schlußfolgerungen man gelangen wird.

Deshalb möchte ich mich der Ansicht nicht anschließen, daß die Forschung über Genetik und Intelligenz, ja nicht einmal über Rassenunterschiede, geächtet werden sollte. Unsere gegenwärtigen Schwierigkeiten werden nicht dadurch gelöst, daß wir nichts unternehmen, sondern indem wir neue Begriffe formulieren, neue Fragen stellen und eventuell neue Untersuchungen planen. Aber ich bin auf jeden Fall auch der Ansicht, daß mit der größten Sorgfalt verfahren werden sollte, wenn man die Zeit für gekommen hält, die Resultate solcher Untersuchungen zu veröffentlichen.

Literaturhinweise

1. Harris, H. (1970), *The Principles of Human Biochemical Genetics.* Amsterdam u. London.

2. Riley, R. (1969), «Plant Genetics in the Service of Man«. In: Jink (Ed.) *Fifty Years of Genetics.* Edinburgh, Oliver & Boyd, 27–36.

3. Robertson, A. (1969), »The Application of Genetics to animal breeding«. Ebd. 37–56.

4. Jacobs, P. A., Brunton, M., Melville, M., Brittain, R. P. und Clement,

M. M. (1965), »Aggressive Behavior, mental subnormality and the XYY male. *Nature*, 208, 1351.

5. Ratcliffe, S. G., Melville, M., Stewart, A. L. und Jacobs, P. A. (1970), »Chromosome studies on 3500 newborn male infants«. *Lancet*, 17. Januar, 121–2.

6. Norl, B., Quack, B., Durand, Y. und Rethorn, M. O. (1969), »Les Hommes 47, XYY«. *Ann. Génét*, 14, 223.

7. Jacobs, P. A., Price, W. H., Richmond, S. und Ratcliffe, R. A. W. (1971), »Chromosome Surveys in penal institution in Scotland«. *J. Human Genet.*

8. Bodmer, W. F. und Cavalli-Sforza, L. L. (1970), »Intelligence and Race«. *Sci. American*, 224, Nr. 4, 19–29.

Diskussion

Hayes: Ich möchte lediglich eine Bemerkung zu Professor Beales Kommentar über die XYY-Individuen machen, die als Psychotiker gebrandmarkt werden. Mir scheint, daß es dabei – moralisch gesehen – nicht darum geht, ob man ihnen den Genotyp in den Paß schreiben sollte oder nicht, sondern um die Tatsache, daß Fehlauffassungen über die tatsächliche Relevanz ihres XYY-Genotyps in bezug auf ihren Charakter entstanden und verbreitet worden sind. Ich glaube, die wichtigere moralische Frage ist, wie diese Information verbreitet wurde. Es ist völlig klar, daß die Meinung, die den XYY-Genotyp mit einer höher als durchschnittlichen Wahrscheinlichkeit für asozialem Verhalten verbindet, aus der Interpretation ungenügender Informationen herrühren muß. In Zukunft sollten wir die Forschung sehr energisch dafür einsetzen, die Bedeutung vorgeschlagener Korrelationen festzulegen, ehe sie möglicherweise Mißverständnisse bei der Öffentlichkeit, den Medizinern oder Strafrechtlern verbreiten.

Beale: Ich stimme dem völlig zu. Natürlich ist es sehr leicht zu sagen, daß man keine Informationen an die Presse oder die Allgemeinheit freigeben soll, ehe man nicht völlig sicher ist, daß die Information zutrifft; in der Praxis ist das jedoch völlig unmöglich. Viele Menschen erhalten Informationen, die von Anfang an interessant und wichtig genug sind, um veröffentlicht zu werden, obwohl sie sich später als unrichtig herausstellen mögen. Bei rein wissenschaftlichen Berichten ist das vielleicht nicht so wichtig, das trifft aber dann sicherlich nicht mehr zu, wenn sich daraus ernsthafte soziale Konsequenzen ergeben.

S. Rose: Professor Beale, ich bin froh, daß Sie zu der Frage zurückgekommen sind, die Monod hinsichtlich des Problems zur Bestimmung der genetischen Grundlage der Intelligenz aufgeworfen hat. Dieses Problem ist vielleicht von viel größerer Relevanz als viele fernerliegende Konsequenzen, die wir diskutiert haben. Tatsächlich liegt hier ein Fall vor, bei dem gewisse Gruppen durch die Anwendung von quasi-wissenschaftlichen Beweisen gebrandmarkt wurden. Es geht hier nicht darum, die Wissenschaft auf diesem Gebiet anzuhalten, sondern darum, absolut klarzustellen, daß die Art von Forschung, die geleistet wurde, begreiflicherweise nicht auf wissenschaftliche Grundlage derartige Schlüsse – die man daraus gezogen hat – hervorbringen kann. Es ist sehr wichtig, daß wir das sehr deutlich aussprechen, weil wir es mit einer sehr heiklen politischen Frage zu tun haben.

7. L. S. Penrose · Ethik und Eugenik

Eugenik ist ein Wort, das Francis Galton 1883 erfunden hat[1]. Es wurde geprägt, um eine Mischung von Wissenschaft und Dogma mit dem Ziel zu beschreiben, einerseits die menschliche Rasse durch wohlüberlegte Heiraten zwischen begabten Menschen zu fördern und andererseits die Geburtenquoten der Untauglichen einzudämmen. So sollte die natürliche Selektion durch künstliche genetische Methoden ersetzt werden[2].

Galton selbst verfolgte humanitäre Prinzipien, seine Nachfolger hingegen nicht immer. Vorschläge, diejenigen zwangsweise zu sterilisieren, bei denen man annahm, daß sie Träger ungünstiger Gene waren, waren zu Beginn unseres Jahrhunderts in England und besonders in den Vereinigten Staaten nicht ungewöhnlich. Selbst die zurückhaltendste Propaganda für freiwillige Sterilisation konnte sich von dem Verdacht nicht befreien, daß sie die unteren sozialen Gruppen als biologisch minderwertig ansah und sie von Fortpflanzung abgehalten werden sollten. In der Einstellung der Laien bestand immer starke Verwirrung, hervorgerufen durch die Ähnlichkeit zwischen echtem biologischen Erbgut und Erbgut aus der Umwelt. Man hat ernstlich argumentiert, daß Armut ein genetisches Phänomen sei – ebenso wie Tuberkulose und Unterernährung –, weil sie in ganzen Familien auftritt[3]. In den dreißiger Jahren gerieten eugenische Vorstellungen in Deutschland völlig aus der Kontrolle und wurden zur Rechtfertigung aller Arten von brutaler und krimineller Vorhaben zur Reinerhaltung der Rasse angewandt.

Ein Einwand gegen die Eugenik ist ihre Nutzlosigkeit. In North-Carolina beispielsweise, wo Gesetze zur eugenischen Sterilisierung beinahe zwanzig Jahre lang in Kraft waren, wurde beobachtet, daß 71 000 geistig behinderte Personen unfruchtbar gemacht worden waren[4]. Nur wenige von ihnen hätten ohnehin Nachkommen gehabt, so daß eine Auswirkung dieser eugenischen Aktion auf die Bevölkerung nicht zu entdecken gewesen wäre. Zu Beginn des Naziumsturzes wurden Weisungen erlassen, alle Insassen von Irrenanstalten mit Ausnahme derer zu sterilisieren, deren geistige Behinderungen als durch die Umwelt verursacht nachgewiesen werden konnten. Vom eugenischen Standpunkt aus war diese Maßnahme völlig nutzlos, weil die sterilisierte Bevölkerungszahl ausnahmslos unfruchtbar war. Solche Gesetze können jedoch bestehen bleiben und in den Händen skrupelloser Politiker zur Bedrohung werden; in Deutschland waren sie der Auftakt zu wahnwitzigen entsetzlichen Massakern – angeblich durchgeführt im Interesse der Schaffung einer reineren nordischen Rasse.

Als Folge der Exzesse des Hitlerregimes geriet die klassische eugenische Propaganda in Verruf. In den letzten Jahren sind jedoch neue Begriffe aufgetaucht, die die alten unter dem Namen der genetischen Steuerung ersetzt haben. Der Plan besteht darin, moderne wissenschaftliche Techniken, die von der Biologie, der Physiologie und der Genetik entliehen wurden, einzusetzen, um die menschliche Fortpflanzung zu beeinflussen. Eine Anzahl dieser Vorschläge hat nichts mit der Vererbung im biologischen Sinne zu tun, wie etwa die Übertragung einer bereits befruchteten Eizelle von der Mutter auf eine andere Frau oder in ein Reagenzglas. Jede Wirkung des Experiments auf die Nachkommenschaft wäre umweltbedingt.

In den frühen Zeiten der Eugenik zog man die Verbesserung der Rasse durch die Förderung der Inzucht von Elitegruppen und die Verhinderung der Inzucht bei Minderwertigen oder Untauglichen vor. Die Methoden, die zur Erreichung dieser Ziele vorgeschlagen wurden, waren grob. Die Eliterasse sollte durch die Zucht zwischen den besten Exemplaren wie bei preisgekrönten Hunde- oder Pferderassen produziert werden. In diesem Zusammenhang ist es von Bedeutung, daß die homozygote Festlegung der genetischen Generationsfolge durch Inzucht irreversibel ist und daß, falls nicht genau das richtige Tier herangezüchtet wurde, die ganze Anwendung ein Fehlschlag ist. Tatsächlich gibt es zwingende Beweise dafür, daß heterozygote Gene oft günstiger sind als homozygote und daß Bastarde, die sehr dazu tendieren, heterozygot zu sein, insgesamt biologisch besser angepaßt sind als reinrassige Tiere. Darüber hinaus werden genetische Varianten, die R. A. Fisher »die Energie der Spezies« genannt hat, durch Mischzucht erhalten.

Die negative Eugenik versucht, schlechte Gene aus der Population zu beseitigen. Ihre Methoden sollen verhindern, daß sich minderwertiges Zuchtmaterial vermehrt, Träger besonders ungünstiger Gene davon abhält, überhaupt Nachkommen zu haben und wenn nötig, Individuen, die vom genetischen Standpunkt aus gefährlich sind, zwangsweise zu sterilisieren oder gar zu töten. In Zivilisationen, wo man die Unverletzlichkeit des Individuums zur Grundlage gemacht hat, kann wenig Zweifel daran bestehen, daß eugenische Zwangsmaßnahmen ethisch nicht zu vertreten sind. Man hat viele Versuche unternommen, humane oder freiwillige Methoden der Sterilisierung einzuführen[5], aber vom Standpunkt der Verbesserung der genetischen Struktur der Bevölkerung aus betrachtet, sind ihre Wirkungen unbedeutend. Selbst radikalere Vorschläge scheitern an zwei versteckten Schwierigkeiten. Die erste Schwierigkeit besteht darin, daß die meisten typischen Erbkrankheiten rezessiv sind und daß die Träger der Gene, die sie verursachen, weithin in der normalen Bevölkerung verteilt sind. Die Abtötung der abnormalen Homozygoten hat kaum eine Wirkung, da die natürliche Selektion sie ohnehin an der Fortpflanzung hindern wird. Die zweite Schwierigkeit liegt darin, daß der Verlust abnormaler Gene laufend in der Bevölkerung durch frische Mutationen wettgemacht wird. Das geschieht spontan auf Grund von »mechanischen« Fehlern bei der Gen-Replikation und der natürlichen Strahlung, zu denen noch Umweltsfaktoren hinzukommen, verursacht durch Unfälle, medizinische Röntgenstrahlung und Virusinfektionen. Des weiteren sind nicht alle Mutationen notwendigerweise schlecht und die Evolution der menschlichen Spezies zu ihrer gegenwärtigen führenden Position hing von den Variationen ab, für die sie letztlich verantwortlich waren.

Galtons Idee war es, die Geschwindigkeitsrate der menschlichen genetischen Änderung durch Eugenik zu steigern, und zwar in der gleichen Richtung wie die durch Selektion hervorgegangene, nur eben humaner und wirksamer. Die genetische Steuerung hat jedoch keine so klar spezifizierten Ziele. Wir wollen einige Grundgedanken untersuchen. Die praktischste ist die künstliche Massenbesamung. Hier besteht die eugenische Vorstellung darin, daß eine sehr große Anzahl von Kindern von einem besonders vorbildlichen männlichen Wesen gezeugt wird. Hier sind offensichtlich Gefahren verborgen, weil etwa ein Diktator, der mächtig, aber nicht unbedingt genetisch wünschenswert ist, schädliche Gene sehr weithin verbreiten könnte. Der Versuch, durch vorausgewählte Massenbesamung eine Rasse von Genies zu schaffen, könnte ebenfalls fehlschlagen, weil wir zum gegenwärtigen Zeitpunkt keine präzisen Kenntnisse über die Genetik von Genies besitzen. Daher kommt es, daß praktisch alles, was über die Wirkung spezifischer Gene (DNS) bekannt ist, zur Behebung von Defekten eingesetzt wird und nicht als »Aktivposten« verwendet werden kann.

Ähnliche Gedanken haben Genetiker veranlaßt, vorzuschlagen, daß eine Möglichkeit zur Rassenverbesserung die Duplizierung ausgewählter Individuen sei, indem man identische Zwillinge aus ihren in Kulturen gezogenen Zellen wachsen läßt. Im Augenblick ist das nur ein Traum aus Science-fiction-Romanen, theoretisch ist es jedoch möglich. Es würde bedeuten, daß im Laboratorium identische Zwillinge von jedem erwünschten Genie, wie etwa Einstein, gezüchtet werden könnten. Sie könnten natürlich aus tiefgefrorenen Zellen in verschiedenen Altersstufen gemacht werden, und sie müßten ohne Eltern auf Staatskosten bis zum Erwachsenendasein aufgezogen werden. Es ist auch noch nicht erwiesen, daß ein Genie in einer Situation notwendigerweise ein Genie unter allen Umständen ist. Mehr noch, es kann möglich sein, daß die replizierten Genies durch Zufall Träger verborgener ungünstiger Gene sind.

Genetisch vertretbarer ist der Vorschlag, daß es möglich sein könnte, tatsächlich die Gene in den Keimzellen zu verändern, indem man an Stelle der bereits vorhandenen bessere Schemata in die DNS einsetzt. Dieser Ersatz ist in Organismen mit einem sehr einfachen Chromosomenapparat möglich, es ist aber völlig unrealistisch, sich vorzustellen, daß das in Säugetierkeimzellen aufgrund des heutigen technischen Wissens der Genetik möglich gemacht werden könnte. So weit es den Menschen betrifft, müßte eine derartige Steuerung äußerst exakt vorgenommen werden, weil andernfalls die schädlichen Wirkungen die guten bald überwiegen. Man hat Versuche gemacht, Gene im Körper durch die Einführung eines spezifizierten Virus zu verändern; man kann erwarten, daß sich dieser an die Wirts-DNS anhängt und ein abnormales durch ein normales Gen ersetzt. Es wurde aber wiederholt gezeigt, daß die Wirkung von Viren auf die DNS des Zellkerns Chromosomenbrüche mit daraus folgenden strukturellen Veränderungen und anderen dysgenischen Ereignissen verursacht.

Es gibt jedoch noch eine andere, völlig unterschiedliche Art, wie man genetisches Wissen zum Wohl der Menschheit anwenden und gleichzeitig in einem gewissen Maß Veränderungen in eine eugenische Richtung bewirken kann. Ich beziehe mich auf die medizinische Anwendung der Genetik, die, wie ich glaube, manchmal phänotypische Steuerung genannt wird. Ein klassisches Beispiel ist die Verwendung des Wissens über die Blutgruppen, um Katastrophen bei Blutübertragungen zu vermeiden. Später folgte die Entdeckung des Rhesusfaktors und die Entwicklung von Maßnahmen, um die verhängnisvollen Auswirkungen der mütterlichen und fötalen Unverträglichkeit zu vermeiden. Und im Augenblick tragen die Untersuchungen von Gewebeantigenen dazu bei, die Abstoßung von Organtransplantaten zu verhindern.

Eine ganz andere Anwendung der Genetik betrifft die Entdekkung von Zuständen, die aufgrund der Erbempfänglichkeit für Umweltsagenzien, besonders von Drogen, entstehen. Indem man es vermeidet, Menschen, die genetisch besonders anfällig sind, bestimmten Agenzien auszusetzen, kann viel Leid verhindert werden.

Ein wichtiger Zweig in der medizinischen Genetik betrifft die Beratung künftiger Eltern, wenn das Risiko besteht, daß ihre Kinder ernste Erbkrankheiten bekommen könnten. Ein bezeichnendes Beispiel ist die steigende Wahrscheinlichkeit, daß ein Kind am Down's Syndrom erkrankt, wenn die Mutter schon älter ist. Wenn Frauen, die älter als 38 Jahre sind, keine Kinder mehr bekämen, würde etwa ein Drittel der Fälle von Down's Syndrom vermieden. Mehrere Mutationen von Chromosomen, die Krankheiten verursachen, sind demnach vom Alter der Mutter abhängig, andere wieder sind das nicht. Einer der wichtigsten Typen von Chromosomenfehlern ist unabhängig vom Alter der Eltern, und dieser kann auftreten, wenn ein Elternteil eine abnormale Chromosomenzusammensetzung besitzt, die sich spontan und für den Elternteil harmlos ergeben hat, jedoch für einen verhängnisvollen Defekt bei dem Kind verantwortlich ist. In solchen Fällen kann eine Information, gegründet auf Kenntnisse von Familien, in denen ähnliche Fehler aufgetreten sind, dazu verwendet werden, Eltern vor ernsten Risiken zu warnen. Dazu müssen die Chromosomen der Eltern untersucht werden, aber das könnte in den meisten Fällen für eine exakte Prognose nicht ausreichend sein. Das Auftreten einiger Mutationen von Chromosomen kann, wie wir gesehen haben, durch zunehmendes Alter der Eltern beeinflußt werden. Die einzige bekannte Methode dagegen, das Auftreten von Genmutationen zu reduzieren, ist, sich – wenn irgend möglich – keiner Strahlung auszusetzen.

In den letzten Jahren hat sich die Untersuchung am Fötus zum frühestmöglichen Zeitpunkt als eine für die Praxis geeignete Möglichkeit erwiesen, obwohl sich die Techniken, die angewendet werden, noch im experimentellen Stadium befinden. Einige biochemische Fehler und chromosomale Abweichungen sind jetzt theoretisch etwa im vierten Schwangerschaftsmonat zu entdecken.

Wenn ein Fötus erwiesenermaßen abnormal ist, kann ein Abbruch der Schwangerschaft angeraten werden. Das überaus wichtige ethische Prinzip müßte hier sein, daß es der Mutter selbst immer gestattet sei, die Entscheidung angesichts der Information zu treffen, die ihr der genetische Berater gegeben hat.

Es gibt ein Problem, das wieder häufig in den Gedankengängen der Menschen auftaucht; es betrifft die genetische Wirkung der Medizin auf die menschliche Rasse. Man befürchtet, daß durch die Linderung oder vielleicht sogar durch die Heilung von Erbkrankheiten die Träger ungünstiger Gene fruchtbarer werden könnten als zuvor und daß die Verbreitung dieser Gene[6] eine allmähliche Verschlechterung der Rasse bewirken würde. Es gibt jedoch zwei Gründe, warum wir uns durch diese Ansichten nicht zu ängstigen brauchen. Der erste ist der, daß Berechnungen zeigen, daß jedes gesteigerte Vorkommen einer Krankheit, wie, sagen wir der Phenylketonurie (die erfolgen könnte, wenn alle betroffenen Subjekte fruchtbar würden), in jeder Generation nur sehr geringfügig ist, – ein zusätzlicher Fall auf je hundert Fälle. In den Fällen, wo die genetischen Faktoren nur eine Teilursache sind, wie bei Diabetes, Rheumatismus und Schizophrenie, kann eine Korrektur nur insoweit Wirkung auf die Häufigkeit der Gene haben, als es sich um Erbkrankheiten handelt.

Der zweite Grund, warum keine Ursache zu einem Alarm gegeben ist, ist der, daß eine genetische Krankheit, sobald sie geheilt werden kann, kein genetisches Risiko mehr darstellt. Ich habe oft darauf hingewiesen, daß der Mangel an Körperbehaarung beim Menschen eine genetische Krankheit ist, die wir dadurch heilen, indem wir Bekleidung tragen; ohne sie würden wir alle wegen der Kälte sterben. Das zeigt deutlich, daß sich ein Zustand in einer Umwelt nachteilig und in einer anderen vorteilhaft auswirken kann; wir können zudem die Bedürfnisse zukünftiger Zivilisationen nicht klar voraussagen[7].

Das logische Ziel der genetischen Steuerung wäre es, eine vollkommene menschliche Rasse zu schaffen, die ihrer Umwelt genau angepaßt ist. In ferner Zukunft könnte das die Entwicklung von Menschen bedeuten, die speziell dem Leben auf dem Mond oder in anderen Regionen des Universums angepaßt sind. Offensichtlich ist es im Augenblick völlig unmöglich, solche Bedürfnisse klar vorauszusehen.

Einige Enthusiasten, wie H. J. Muller, haben vorgeschlagen, daß die Produktion einer Art vollkommener DNS das Ziel der menschlichen Zucht[8] sein sollte, falls nicht die DNS die Sache in die Hand nimmt und uns lehrt, wie man das macht; aber das ist unwahrscheinlich; zudem wäre die Ethik, die uns die DNS lehren würde, höchstwahrscheinlich sehr verschieden von den humanitären Vorstellungen, die wir gewohnt sind.

Abschließend möchte ich erwähnen, daß in den letzten Jahren das unmittelbare Problem der Überbevölkerung der Erde zu einem beachtlichen Teil die verfeinerten technischen Erfordernisse der Eugenik überschattet hat, die sich auf jeden Fall mehr mit der Qualität als mit der Quantität von Individuen zu befassen hätten. Und es scheint, daß die Ethik der Bevölkerungskontrolle durch eine Art physiologische Steuerung eine akutere praktischere Frage darstellt als die Ethik der Eugenik, die ich erörtert habe.

Literaturhinweise

1. Galton, F. (1883), *Inquiry into Human Faculty and its Development.* London, Macmillan.

2. Pearson, K. (1912), »Eugenicys and public Health.« *J. Roy. San. Inst.* 33, 304.

3. Lidbetter, J. (1913), »Nature and nurture – a study in conditions«. *Eugen. Rev. 4, 54.*

4. Woodside, M. (1950), *Sterilization in North Carolina.* London. Geoffrey Cumberlege.

5. Blacker, C. P. (1945), *Eugenics in Prospect and Retrospect.* London, Hamish Hamilton Medical.

6. Penrose, L. S. »Propagation of the unfit«, *Lancet,* 11, 425.

7. Penrose (1963), »Imitations of Eugenics«, *Proc. Roy. Inst.* 39, 566.

8. Muller, H. J. (1967), »What genetic course will man steer?« In: J. F. Crow und J. V. Neel (eds.) *Proc., 3. Int. Cong. Human Genet.,* Baltimore, John Hopkins, 521.

Diskussion

Lal: Die Ethik der Bevölkerungskontrolle und der Eugenik werden sicherlich immer mehr ineinander verflochten werden. Wenn beispielsweise ein Plan angenommen wird, daß alle Eltern zwei Kinder haben können, wird sicherlich jemand kommen und sagen: »Aber warum sollte es nicht Professoren gestattet werden, mehr Kinder zu haben als Arbeiter?«

Penrose: Ich glaube, daß man einen Punkt besonders betonen sollte: Was die Intelligenz anlangt (und das gleiche gilt auch für viele andere wichtige gemeinsame Unterschiede im Menschen), so haben wir keine genauen Informationen über die positiven Seiten, wir besitzen lediglich Informationen über die negativen. Das heißt, wir wissen von vielen Genen, die die Intelligenz beschädigen oder zerstören, aber wir wissen praktisch nichts über eine Gen-Mutation, die die Intelligenz verbessern kann. All das Gerede über die Vererbung von Intelligenz sollte sehr, sehr vorsichtig gehandhabt werden. Es gibt keinen Hinweis dafür, daß irgendeine soziale Gruppe einen anderen Satz von Genen hätte als irgendeine andere.

Pontecorvo: Mir scheint, daß man eine absolute Vogel-Strauß-Politik betreibt, wenn man so spricht, wie es Professor Penrose tat;

wir täuschen uns nur selbst, wenn wir glauben, daß die genetische Steuerung beim Menschen so im Bereich der Science fiction ist, daß wir darüber überhaupt nicht erst anfangen brauchen zu denken. Meine Sorge ist die, daß die Fortschritte anfangs extrem langsam und geringfügig sein werden. Ich würde beispielsweise schätzen, daß es in vier oder fünf Jahren möglich sein wird, durch genetische Steuerung, zwar nur in einem sehr geringfügigen begrenzten Ausmaß, gewisse genetische Mängel zu beheben. Niemand wird sich dem widersetzen, und so werden wir den nächsten Schritt tun und dann wieder einen usw. Und wenn wir nicht jetzt damit beginnen, über diese Frage zu sprechen, werden wir, wie es bei der Atombombe war, zu einem Zustand gelangen, bei dem niemand mehr weiß, was vor sich geht.

Monod: Da Sie darauf bestehen, daß das alles viel näher ist, als andere Menschen glauben, würden Sie uns bitte sagen, was die spezifischen Punkte in der genetischen Steuerung sind, die Ihrer Meinung nach Probleme aufwerfen, die unter Wissenschaftlern und auch mit der Öffentlichkeit diskutiert werden sollten.

Pontecorvo: Nehmen Sie beispielsweise folgenden Fall: Sie nehmen Zellen aus einem Individuum, das an einer Mangelkrankheit leidet; während diese Zellen nun in einer Gewebekultur wachsen und sich teilen, fügen Sie genetisches Material von normalen Zellen hinzu, was dazu führt, daß eine normale Version des mangelhaften Gens in die defekte Zelle inkorporiert wird. Das ist bereits bei einer genetischen Mangelerscheinung geschehen, die zum Fehlen eines bestimmten Enzyms führt. Dann können Sie diese transformierten Zellen wieder in das gleiche Individuum einpflanzen und mit etwas Phantasie und Science Fiction können Sie sich vorstellen, wie sich die transformierten Zellen verhalten werden. Ich bin sicher, daß das, was in diesem Endstadium relativ kleine technische Schwierigkeiten darstellt, leicht bewältigt werden kann. Das wäre dann der erste Schritt, und niemand kann erraten, was der zweite sein wird. Ich würde denken, daß eine Kombination dieser genetischen Transformationstechniken mit denen, die von Dr. Edwards für die Befruchtung von Eizellen in vitro besprochen werden, wahrscheinlich ist. Es gibt unzählige Möglichkeiten und wir müssen uns dessen bewußt sein.

8. D. V. I. Fairweather · Der Geburtshelfer und genetische Untersuchungen

Ein großer Teil der in diesem Buch beschriebenen Arbeit findet im Laboratorium statt und bezieht sich auf Pflanzen und Tiere. Das endgültige Ziel eines wesentlichen Teils der Arbeit ist offensichtlich zum Nutzen der menschlichen Rasse, wie es auf medizinischem Gebiet normalerweise der Fall ist. Die Übertragung von Befunden aus der nicht-humanen Forschung auf die den Menschen betreffende Zusammenhänge ist eine gefährliche Sache, und es gibt viele wohlbekannte Beispiele für Schwierigkeiten, die sich aus der Annahme einer Ähnlichkeit der Auswirkung, sagen wir von Arzneimitteln, zwischen den Spezies ergeben haben.

So fand man beispielsweise ein Mittel, das sich bei Tieren als potenter Ovulationshemmer erwies; und als dieses Mittel am Menschen als ursprünglich empfängnisverhütendes Agens eingeführt wurde, war es außerordentlich peinlich, als es sich als starker Ovulationsstimulator erwies, und jetzt wird es tatsächlich als Mittel zur Fruchtbarkeit verwendet.

Die Schwierigkeiten und die Verantwortung des Klinikers als Mittelsmann muß allen offenkundig sein. Meine kurze Zusammenfassung soll sich auf die Rolle des Geburtshelfers in bezug auf die genetische Forschung richten. Mit den Fortschritten in der Genetik ist es jetzt möglich geworden, gewisse Informationen über die Chromosomen und den biochemischen Aufbau des Fötus zu erhalten, solange er sich noch »in utero« befindet und es infolge dessen ermöglicht, Abnormitäten bezüglich der Chromosomen in einem verhältnismäßig frühen Stadium der Schwangerschaft zu entdekken. Um diese Information zu erhalten, ist es nötig, das Fruchtwasser zu untersuchen, indem man eine Nadel durch den Bauch der Mutter in die Gebärmutter einführt – die Methode der Amniocentese. Diese Methode ist seit vielen Jahren sicher und mit Erfolg bei Schwangerschaften nach der zwanzigsten Woche angewandt worden, um die Flüssigkeitsprobe zu erhalten, die verwendet wurde, um bei der Überwachung und Behandlung von Schwangerschaften zu helfen, die durch Rhesuskrankheit erschwert werden. Bei den genetischen Untersuchungen werden die Informationen in einem früheren Stadium der Schwangerschaft gesucht, und eine Amniocentese zwischen der vierzehnten und zwanzigsten Woche der Schwangerschaft ist möglich[1]. Die Erfahrungen, die man mit der Amniocentese vor der zwanzigsten Woche gemacht hat, sind jedoch noch ziemlich begrenzt und nicht völlig ohne Risiko. Die Möglichkeit, daß der Fötus beschädigt oder daß sogar eine Fehlgeburt herbeigeführt wird, kann nicht in Abrede gestellt werden. Hinweise auf die experimentelle Arbeit mit dieser Methode auf dem tierischen Sektor deuten darauf hin, daß gewisse Typen von fötalen Abnormitäten tatsächlich durch die Amniocentese hervorgerufen worden sein können[2].

Vor diesem Hintergrund wird der Geburtshelfer wie ich selbst mit dem Wunsch konfrontiert, Klempner zu spielen, um den Wissenschaftler oder den Genetiker mit dem für die Analyse nötigen Material zu beliefern. Angenommen, man erhält eine ausreichende Flüssigkeitsprobe, so können die Methoden für die Zellzüchtung aus dieser Probe noch keinen 100prozentigen Erfolg für ihr Wachstum bieten. Tatsächlich variieren die Erfolgsquoten für zufriedenstellende Zellzüchtungen zwischen 70 und 90 Prozent und liegen in einigen Fällen noch viel niedriger[3].

Dazu kommt noch, daß die Zellzüchtung und die Vorbereitung zwischen zwei oder drei Wochen erfordern, was bedeutet, daß die Ergebnisse der Analyse, wenn die Amniocentese etwa in der fünfzehnten Woche der Schwangerschaft vorgenommen wird, nicht vor etwa der achtzehnten Woche zur Verfügung steht. Man bedenke, was mit der Information geschieht, wenn man sie erhält. Angenommen, die erwähnten Risiken sind bewältigt.

Zum gegenwärtigen Zeitpunkt sind wir, wenn wir über eine Abnormität benachrichtigt werden, noch nicht in der Lage, sie, vorausgesetzt daß die chromosomal ist, in utero zu korrigieren. Der einzige Ausweg ist daher der, eine Unterbrechung der Schwangerschaft anzuraten, wenn die Abnormität das erfordert, und hier muß der Geburtshelfer wieder die endgültige Entscheidung treffen, denn er muß die »Hinrichtung« vollziehen.

Wir hörten bereits, daß ein gewisses Maß von genetischer Steuerung möglich ist, und es wird nicht lange dauern, bis der Geburtshelfer vermutlich mit dem Ersuchen konfrontiert wird, die »Rakete zu starten«, um den Kurs des chromosomalen Schemas in utero zu verändern in der Hoffnung, daß er es dadurch wieder auf einen normalen Kurs zurückbringt. Dann soll er vermutlich später noch einmal überprüfen, ob jetzt alles normal verläuft.

Es ist außerordentlich wichtig, daß wir alle, ob wir nun Wissenschaftler, Forscher oder Kliniker sind, unsere Verantwortung gegenüber der menschlichen Rasse erkennen. Im großen und ganzen stellt niemand unser Ziel und unsere Bemühungen, dem Menschen zu nützen, ernstlich in Frage. In der heutigen Gesellschaft aber und angesichts der ungeheuren Macht der Massenmedien, zu informieren und die öffentliche Meinung zu bilden, ist es lebenswichtig, daß die Information über unsere Arbeit, auf welchem Gebiet auch immer, der Öffentlichkeit in einer so nüchternen autoritativen und Tatsachen betreffenden Art wie möglich gegeben wird, und zwar ohne sensationsheischende Behauptungen und Ansprüche. Wir alle sind von unseren eigenen Interessen und unserer Arbeit fasziniert und die Versuchung, andere durch unsere Begeisterung zu beeinflussen, könnte groß sein; es vergeht aber kaum ein Tag ohne Beweise für allzu aufgestachelte Emotion in der Öffentlichkeit, die für viele Leid bringt, wenn der wahre Sachverhalt allmählich durch den Nebel der Behauptungen und Gegenbehauptungen heraufdämmert, was vor allem in der Medizin zu bedauern ist. Manchmal kann man der Presse die Schuld geben, daß sie aus dem Zusammenhang gerissene Erklärungen veröffentlicht. Ich bin jedoch sicher, daß viele Mißverständnisse vermieden werden könnten, wenn von Anfang an präzisere Aussagen gemacht würden und man nicht auf Sensationen aus ist. Wenn nötig, würde ich die Herausgabe einer schriftlichen Erklärung, die aufgrund ruhiger Überlegungen zusammengestellt wäre, Kommentaren »aus dem Handgelenk« vorziehen. Unvermeidlicherweise wird es andere geben, die um Kommentare zu ursprünglichen Erklärungen gebeten werden, und auch hier würde ich wieder Mäßigung empfehlen. Ich spreche hier unter dem Eindruck des Gefühls, das ich haben würde, wenn ich z. B. einer besorgten und in Angst versetzen Mutter, die von der Möglichkeit einer pränatalen Diagnose bezüglich des Geschlechts oder chromosonaler Abnormitäten gehört hat, erklären muß, warum ich es in ihrem besonderen Fall nicht für angebracht halte, sie einem Test zu unterziehen, der in sich einige Risiken birgt und bei dem es wegen der Risiken der Technik eine weniger als 100prozentige Chance gibt, am Ende des Tages eine klare Diagnose zu erhalten. Unglücklicherweise mag ihre Informationsquelle nicht über die Gefahren und Schwierigkeiten, die Grenzen und realen Anwendungsmöglichkeiten der Untersuchung berichtet haben.

Wenn man genetische Störungen betrachtet, muß das Risiko jeder Untersuchungsmethode immer gegen die Risiken des Auftretens und Wiederauftretens von Zuständen abgewogen werden, über die man Informationen sucht. Der Genetiker kann uns die Informationen über das Risiko des Vorkommens einer besonderen Abnormität bei einem gegebenen Paar als Ausgangspunkt geben. Wann ist ein Risiko noch annehmbar und wer entscheidet, wo die Grenze des »Annehmbaren« ist. Annehmbar für wen? Am Ende wird es – und muß es auch – der Integrität eines jeden Individuums in seiner Beziehung zum Patienten überlassen bleiben, zusammen mit dem Patienten oder mit dem Paar, wie es gerade der Fall verlangt, zu einem Schluß zu kommen über die Erwünschtheit und die Sicherheit der Anwendung neuer Techniken, über Untersuchungs- und Behandlungsmethoden aufgrund eines Studiums der zur Verfügung stehenden Informationen. Das ist der Grund, warum ich zustimmte, heute mit meinem Beitrag diese besondere Verantwortung hervorzuheben, die Verantwortung, die soziale Einwirkung der modernen Biologie zu dirigieren oder manchmal sogar abzudämpfen.

Ich habe absichtlich einen Hinweis auf besondere genetische Probleme vermieden, um die allgemeinen Fragen nicht zu vernebeln. Oft wird die Rolle des Mittlers, der die wissenschaftliche Entdekkung und die praktische Durchführung wissenschaftlicher Kenntnisse verbindet, vergessen. Ich hoffe, daß ich mit diesem Vortrag Ihre Aufmerksamkeit auf die Probleme und Verantwortlichkeiten dieser Rolle lenken konnte.

Wenn wir die Freiheit des Denkens und Handelns in unseren ureigenen Aspekten der modernen Biologie beanspruchen, mögen wir uns an eine von George Bernard Shaws Maximen für Revolutionäre erinnern:

»Die Freiheit bedeutet Verantwortung, das ist der Grund, warum die meisten Menschen sie fürchten.«

Literaturhinweise

1. Nadler, H. L. und Gerbie, A. B. (1970), Role of amnicocentesis in intrautering detection of genetic disorders«. *New Engl. J. Med.* 282, 596; Nelson M. M. und Emery A. E. H. (1970), »Amniotic fluid cells, prenatal sex prediction and culture«. *Brit. Med. J.* i. 523.

2. Poswillo, D. (1968), »The aetiology and surgery oft cleft palate with micrognathia«. *Annals Roy. Coll. Surg. Eng.* 43, 62–8.

3. Nelson und Emery a.a.O.; Riis P. und Fuchs, F. (1966), In: Moore, K. G. (Ed.), *Sex Chromatin and Ante-Natal Sex Diagnosis in the Sex Chromatia.* Philadelphia, Saunders.

Diskussion

Parkhouse: Der Fortschritt der empfängnisverhütenden Methode bedeutet zusammen mit der Propaganda, die man erhält, daß die meisten Schwangerschaftsunterbrechungen in voraussehbarer Zukunft eher aus therapeutischen Gründen als deshalb vorgenommen werden, weil ein Kind aus gesellschaftlichen oder wirtschaftlichen Gründen stört. Wir haben gehört, daß gewisse Risiken bei der Entnahme von Fruchtwasserproben und auch Unsicherheiten bei der Analyse bestehen.

Wenn wir uns daher nur mit einem Kind befassen, das beide Eltern wünschen, solange es nur normal ist, wäre es dann nicht besser, wenn man den Eltern die Möglichkeit gäbe, das Kind abzulehnen, wenn es bei der Geburt stark deformiert ist, statt die Entscheidung mehrere Monate vorher zu treffen, wenn noch die Möglichkeit besteht – man denke an den Fall von Rubella –, daß das Kind völlig normal sein könnte? Ich kann den Unterschied zwischen einer Schwangerschaftsunterbrechung – besonders wenn sie, wie berichtet wurde, noch im siebten Monat durchgeführt wurde – und einer Tötung des neugeborenen Kindes nicht einsehen. Ich möchte wieder betonen, daß das nur die Situation betrifft, wenn solche Eltern ein Kind bekommen, die tatsächlich ein Kind wollen.

Humphrey: Ich zögere, als Mann darüber zu sprechen, aber ich habe das Gefühl, daß es für eine Frau etwas ganz anderes ist, ob das Kind *vor* oder *nach* der Geburt getötet wird. Das ist einer Überlegung wert. Wenn Sie in Rechnung stellen, daß sie das Kind abstoßen oder mit Angst davor erfüllen wird, welche Erziehungsprobleme bezüglich ihrer möglichen anderen Kinder auftreten werden, dann glaube ich, daß eine Schwangerschaftsunterbrechung eine gute Tat ist.

Kernaghan: Viele Menschen glauben so wie ich, daß ein solches Vergehen ganz einfach Mord wäre. Niemand scheint bereit zu sein, das in Erwägung zu ziehen.

Young: Professor Fairweather, wollen Sie weiter die Verantwortung tragen, Eltern hinsichtlich dieser Entscheidung über eine Abtreibung und auch der Durchführung klinischer Arzneimitteltests aufgrund Ihrer individuellen »Kapazität« zu beraten, oder erreichen wir ein Stadium, wo eine Art formeller oder zwangloser Konsultation innerhalb des Berufsstandes und innerhalb der Wissenschaft gefordert wird?

Fairweather: Was Sie meinen, wäre ein Idealzustand. Ich bezweifle aber, ob es eine praktische Möglichkeit gibt, daß man damit allen Situationen gerecht wird. In gewisser Weise wird das durch Körperschaften, wie dem Medical Research Council, bereits durchgeführt, der Treffen von Personen veranstaltet, die auf einem bestimmten Sektor besondere Erfahrungen und Verantwortung besitzen. Diese »Experten« können dann diskutieren, was die Risiken sind, und zu entscheiden versuchen, was in einer bestimmten Situation vernünftig ist. Der Vorschlag einer nationalen oder internationalen Körperschaft klingt zwar großartig – aber es wäre schwierig, sie in die Tat umzusetzen. Viele einzelne Personen werden trotzdem immer noch die Verantwortung übernehmen müssen.

Doll: Wenn Sie in der Lage waren, das Risiko ganz genau in arithmetischen Begriffen zu messen – sagen wir, Sie haben bestimmt, daß eine gewisse Maßnahme ein Risiko von eins zu 100 000 für das Leben birgt, wie teilen Sie das der Patientin mit? Sie diskutieren mit ihr darüber und nennen ihr diese Zahl, aber wieviel Frauen, die zu einem Arzt gehen, werden sich vorstellen können, was das im einzelnen bedeutet? Ich glaube, Menschen wie Sie haben die Verantwortung, Zahlen dieser Art in bezug auf das tägliche Leben zu übersetzen. Wenn man dem Patienten sagt, »das gleiche Risiko, wie in einem Jahr überfahren und getötet zu werden«, hat das viel mehr Sinn.

Fairweather: Ja. Ich war leicht amüsiert, daß gerade Sie mir diese Frage stellten, weil ich glaube, daß gerade Sie in die Aufgabe verwickelt sind, der Öffentlichkeit die Bedeutung besonderer Risiken wie der Pille zu übermitteln. Sicherlich helfen der Patientin Vergleiche mit dem Risiko, beim Überqueren der Straße, überfahren zu werden.

9. R. G. Edwards · Aspekte der Reproduktion des Menschen

Wissenschaftliche und medizinische Untersuchungen, die die Vermehrung des Menschen betreffen, wecken unvermeidlicherweise Interesse und Besorgnis. Das Thema ist emotionell und persönlich, der Fötus wird, im Eileiter und der Gebärmutter verborgen, gebildet und das genetische Erbe des entstehenden Kindes wird bei der Empfängnis festgesetzt. Wenn Empfängnis und Schwangerschaftsunterbrechung öffentlich zur Diskussion gestellt und Vorschläge gemacht werden, sie zu kontrollieren, müssen die Erklärungen vollständig und sorgfältig sein, um die Öffentlichkeit und die eigenen Kollegen hinsichtlich der auftauchenden Fragen zu informieren. Man denke z. B. daran, wie das Gesetz für die Schwangerschaftsunterbrechung die Einstellung der Gynäkologen gespalten hat, die aufgerufen waren, es durchzusetzen. Wahrscheinlich werden wir auch bei unserem Wissenschaftskollegen wie beim Laien auf eine ähnlich geteilte Meinung stoßen, in dem Maße wie wir bei unseren Untersuchungen der Empfängnis des Menschen Fortschritte machen.

Untersuchungen, die von Patrick Steptoe und mir selbst durchgeführt wurden, hatten das Ziel, klinische und Laboratoriumsmethoden für die Befruchtung und das Wachstum von menschlichen Eizellen im Laboratorium zu entwickeln. Für diese Art von Arbeit müssen Eizellen aus den Eierstöcken entnommen, und die verschiedenen Stadien der Entwicklung der Embryos müssen identifiziert werden, während sie in der Nährlösung, die für die Zellkultur verwendet werden, heranwachsen.

Ehe ich unsere Arbeit beschreibe, ist eine Definition der Begriffe empfehlenswert; die Stadien der Entwicklung, die wir erörtern werden, werden schematisch in Abbildung 1 gezeigt. Der Eierstock produziert normalerweise in einem Menstruationszyklus ein Ei, kann aber dazu stimuliert werden, zu einem bestimmten Zeitpunkt mehrere Eier zu produzieren, indem man der Patientin die als Gonadotrophine bekannten Hormone injiziert. Die Hormone bewirken auch den Eisprung, d. h. den Prozeß, bei dem sich die Eier vom Eierstock lösen und in den Eileiter eintreten. Die Befruchtung vollzieht sich im Eileiter, das Ei ist jetzt ein Embryo. Es teilt sich in zwei gleiche Zellen, dann in vier, acht und so weiter, ein Vorgang, der als Zellteilung bekannt ist. Während dieser Zeit wandert es den Eileiter hinunter in die Gebärmutter.

Der Embryo tritt in die Gebärmutter, wenn er aus etwa 16 Zellen besteht, obwohl das nur eine Vermutung ist, da keine Daten über Menschen zur Verfügung stehen, die uns darüber Aufschluß geben könnten.

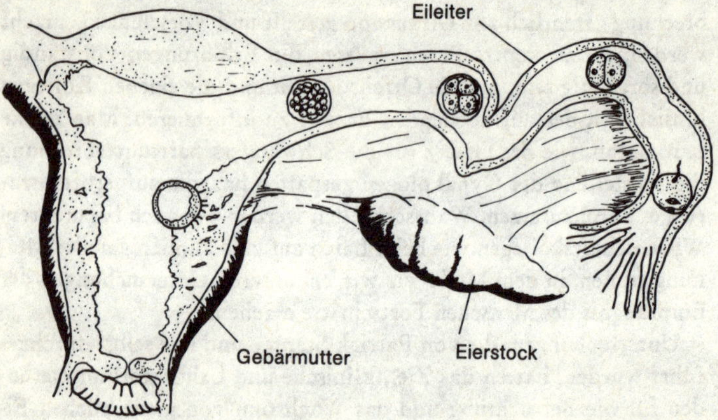

Abbildung 1: Schematische Darstellung der Entwicklung des Menschen im Frühstadium. Die Eizellen entstehen und wachsen im Eierstock unter dem Einfluß von Hormonen, die Gonadotrophine genannt werden. Diese Hormone bewirken den Eisprung, d. h. die Freigabe der Eizellen aus dem Eierstock in den Eileiter. Das Ei wird im Eileiter befruchtet und während sich der Embryo den Eileiter abwärts bewegt, teilt er sich in zwei, dann in vier, acht, sechzehn usw. Zellen. Dieser Vorgang ist als Zellteilung bekannt. Der Embryo tritt einige Tage nach der Befruchtung in die Gebärmutter ein und entwickelt sich zu dem Keimblase genannten Stadium. Die Keimblase haftet dann eng an der Gebärmutter. Diesen Vorgang nennt man Implantation.

Der Embryo setzt seine Entwicklung in der Gebärmutter fort; wenn er etwa 60 Zellen hat, tritt eine Veränderung in seiner Struktur ein. Zwischen den Zellen erscheinen mit Flüssigkeit gefüllte

Räume, sie vereinigen sich und bilden schließlich einen großen Hohlraum, der schließlich den größten Teil des Embryos einnimmt. In diesem Stadium wird der Embryo Keimblase genannt. Das Keimblasenstadium wird erreicht, gerade bevor sich der Embryo in die Gebärmutter einnistet (vgl. Abb. 1).

Dieses Einnisten nennt man Implantation; nach der Implantation wächst die Keimblase schnell und entwickelt sich zu einem erkennbaren Fötus.

Wir sind jetzt in der Lage, aus Frauen zwei oder drei Stunden vor dem Eisprung Eizellen zu entnehmen, sie in Zellkulturen mit vom Ehemann ausgeworfenen Spermatozoen zu befruchten und einige davon zu Keimblasen heranwachsen zu lassen[1]. Das bedeutet, daß jetzt alle Stadien der Entwicklung des Menschen bis zur Implantation offen studiert werden können. Die Implantation selbst und die unmittelbar folgenden Stadien des fötalen Wachstums werden vielleicht bald außerhalb des Körpers untersucht werden können. Diese Embryos ans Tageslicht zu bringen, ruft verschiedene Gedanken und Meinungen hervor: der Beginn von Babies in der Retorte, »Armeen sorgfältig geplanter Roboter«, den lieben Gott im Laboratorium spielen. Wie wahr und wie bedeutungsvoll sind diese Gedanken? Was sind die Vorteile und was die Nachteile, die tatsächlich aus dieser Arbeit erwachsen werden? Ich will versuchen, in diesem kurzen Artikel Antworten auf einige dieser Fragen zu umreißen und einen Kommentar zu einigen Reaktionen auf unsere Arbeit zu geben, die bereits aufgetaucht sind oder sich in naher Zukunft ergeben werden. Mein Kollege, der Jurist David Sharpe von der George Washington-Universität, und ich haben bereits einige der juristischen und sozialen Fragen erwogen, die sich wahrscheinlich ergeben werden[2].

Der Grundgedanke für unsere Arbeit beruht auf einem fundamental humanitären Gesichtspunkt. Wir versuchen, die Qualität des menschlichen Lebens zu verbessern, indem wir die Fruchtbarkeit regulieren und indem wir die Ursachen verschiedener Formen von Anomalien identifizieren und dann unterbinden. Wir hoffen, es möglich zu machen, daß einige unfruchtbare Eltern ihre eigenen Kinder haben, wo immer wir glauben, daß unsere Hilfe vertretbar und bedeutungsvoll ist. Wir haben bereits die Ursachen einiger ererbter Defekte studiert und wir werden unser Äußerstes tun, um die quälenden Auswirkungen eines solchen Erbes zu beseitigen oder zu modifizieren.

Ein weiterer Antrieb für unsere Arbeit ist intellektueller Natur: wir möchten mehr Kenntnisse unserer eigenen Spezies und ihrer Umwelt erwerben. Wir glauben, daß diese Ziele würdig und human sind, ja, daß man schwerlich ein Forschungsgebiet finden wird, das mehr Verantwortung und Hingabe fordert als das, die Qualität des menschlichen Lebens zu verbessern.

Lassen Sie mich zuerst die klinischen und sonstigen Möglichkeiten skizzieren, die unsere Arbeit erbringen kann; dann wollen wir uns der Verantwortung, so wie wir sie sehen, zuwenden.

Primären Nutzen aus unserer Arbeit sollen unfruchtbare Ehepaare ziehen; sie könnten so die Möglichkeit erhalten, selbst Kinder zu bekommen, auch in Fällen, wo das im Augenblick schwierig oder sogar unmöglich ist. Bei den Frauen einiger dieser Ehepaare ist der Eileiter blockiert. Ihre eigenen im Laboratorium befruchteten und herangewachsenen Embryos in ihre eigene Gebärmutter zu verpflanzen, bietet ihnen eine echte Chance, eigene Kinder zu haben. Andere unfruchtbare Ehepaare können später daraus Nutzen ziehen – beispielsweise jene, bei denen beide Partner klinisch normal sind, die aber doch kein Kind zeugen, und jene, bei denen der Mann Antikörper gegen seine eigenen Spermatozoen entwickelt hat oder zu wenig Spermatozoen für eine normale Empfängnis besitzt.

Auf längere Sicht könnte unsere Arbeit für die Paare nutzbringend sein, bei denen das Risiko besteht, daß ihre Kinder mit Erbfehlern behaftet sind. Störungen wie Hämophilie oder eine Form von muskulärer Dystrophie treten fast ausschließlich bei Männern auf und könnten vermieden werden, wenn man in solchen Familien, die durch biochemische Tests oder durch die Geburt eines geschädigten Kindes identifiziert wurden, die Geburt von Mädchen sicherstellt. Die Geschlechtsbestimmung an Keimbläschen von Kaninchen ist bereits mit vollem Erfolg von Richard Gardner und mir durchgeführt worden[3]. Ähnliche Methoden werden bei Keimblasen von Mäusen angewandt[4], und die Geschlechtsbestimmungen von menschlichen Keimblasen könnten wahrscheinlich ebenfalls durch diese Methode geklärt werden. Verbesserungen in der Technik sind dringend nötig, aber zumindest können wir jetzt schon solche Methoden erwägen, um das Problem in Angriff zu nehmen. Die Geschlechtsbestimmung von Spermatozoen wäre eine geeignetere Methode, um die Geschlechtsanteile zu kontrollieren, aber sie scheint im Augenblick noch nicht durchführbar.

Andere Krankheiten, z. B. Mongoloismus, werden größere Schwierigkeiten bieten; er entsteht durch einen chromosomalen Fehler während der Zellteilungen, und die Ursachen müssen noch identifiziert werden. Die frühe Zellteilung in Eizellen und die Zellteilung im Embryo kann jetzt untersucht werden. Wir sollten also in der Lage sein, die Ursachen dieses angeborenen Defekts zu analysieren. Ob unsere Arbeit dazu beitragen wird, diesen Schaden zu lindern oder nicht, bleibt noch abzuwarten. Die Ursachen anderer quälender Krankheiten könnten mit Hilfe unserer Methoden ebenfalls analysiert werden. Eine dieser ist Spina bifida; viele Menschen mit dieser Krankheit sind für immer invalid. Die Ursachen sind noch unklar[5], sie könnten entweder mit dem Cytoplasma der Eizelle oder mit Anomalien der Gebärmutter in Zusammenhang stehen.

Ein total anderer Weg für die Verbesserung genetischer Schäden könnte sich aus Methoden ergeben, die von unserem Kollegen Richard Gardner entwickelt wurden. Er zeigte, daß bei Mäusen die Injektion einiger weniger Spenderzellen in ein Keimbläschen die Eigenschaften des entstehenden Nachkommen verändern könnte[6]. Die Spenderzellen werden fremden Embryos entnommen, und die Eigenschaften der fremden Embryos werden partiell dem Wirtsembryo beim Wachsen übertragen. Man muß wiederum bei dieser Methode sehr viel an Tieren lernen, sie könnte aber eines Tages die Modifizierung genetischer Störungen des Menschen ermöglichen, die unheilbar sind und ernsthafte Schäden bewirken. Auch hier werden wir die Konsequenzen solcher Maßnahmen gegen das Leid und die Schwierigkeiten abwägen müssen, die sich ergeben, wenn ein mißgestalteter Säugling einmal geboren ist. Die Wissenschaftler müssen sich jetzt intensiv mit den Forderungen der Gesellschaft auseinandersetzen, die sich daraus ergeben, daß eine wachsende Zahl genetisch behinderter Menschen in unserer Gemeinschaft am Leben bleiben[7]. Es müssen Maßnahmen ergriffen werden, um die

Situation zu erleichtern, möglicherweise durch die Eliminierung der Ursachen oder der Auswirkungen von Geburtsfehlern.

Ein weiterer Nutzen aus unserer Arbeit sollte ein besseres Verstehen für die Empfängnisvorgänge bewirken, was vielleicht zu neuen Methoden der Empfängnisverhütung führen könnte. Wir wissen genau so wenig über den Eisprung beim Menschen, wie das beispielsweise bis vor kurzem mit unserer Unkenntnis in bezug auf den Zeitpunkt des Eisprungs der Fall war. Wir wissen praktisch fast nichts über Befruchtung, Zellteilung und Implantation. Und doch sind gerade das die Vorgänge, die genau untersucht werden müssen, wenn wir wirklich sichere Empfängnisverhütungsmittel erhalten wollen.

Zwei weitere mögliche Entwicklungsrichtungen unserer Arbeit müssen sorgfältig erwogen werden, ehe man sie in Angriff nimmt. Die eine ist das Weiterwachsen von Embryos in Zellkulturen nach der Implantation. Die ersten Schritte für diese Untersuchungen sind jetzt möglich; sie würden jedoch in erster Linie Forschungszwecken dienen, obwohl die Kontrolle der Implantation auch für Empfängnisverhütung von großem Wert wäre. Wahrscheinlich werden sich viele Schwierigkeiten ergeben, bis die ersten Post-Implantations-Embryos erfolgreich gewachsen sind – aber diese Art von Untersuchungen wird eines Tages zweifellos möglich sein. Vielleicht wachsen Fötusse einmal in Zellkulturen zu voller Größe, wenn wohl auch erst nach langer, langer Zeit.

Das Wachsen von Embryos, selbst in den frühen Stadien der Post-Implantation, wird einige moralische Probleme aufwerfen, weil die Fötusse bestimmt ein beträchtliches Wachstum und eine starke Differenzierung verschiedener Organe mitmachen werden. Die zweite Entwicklung wird Fragen von noch größerer Bedeutung aufwerfen.

Bei Tieren hat man Methoden zur Übertragung von Zellkernen entwickelt; die Zellkerne, die man ausgewachsenen Tieren entnommen hat, werden in Eizellen eingeführt, deren Zellkern vorher entfernt worden war. Die so behandelten Embryos könnten sich zum großen Teil als eine genetische Kopie der Spender entwickeln; diese Methode wird oft als »Kloning« bezeichnet. Die Fragen, die sich aus der Anwendung dieser Methoden auf Menschen erheben, sind in der Vergangenheit ausführlich diskutiert worden, wir haben dazu unsere eigenen Kommentare abgegeben[8].

Ich will das weiterdauernde Wachstum von Fötussen in Zellkulturen nach der Implantation nicht diskutieren, genau so wenig wie die Folgen des Kloning, da andere Fragen dringend eine Erörterung fordern. So begleiten unsere gesamte Arbeit große wissenschaftliche und medizinische Möglichkeiten verbunden mit Fragen, die eine sorgfältige Aufmerksamkeit benötigen. Der Wissenschaftler, der mit Menschen arbeitet, muß von Anfang an gewisse Verantwortlichkeiten erkennen und sich ihnen stellen, einschließlich der ärztlichen Verpflichtungen, wenn sich seine Arbeit auf die Behandlung von Patienten erstreckt. Obwohl es sonst der Arzt ist, der gegenüber seinen Patienten große Verantwortung trägt, glaube ich doch, daß auch der Wissenschaftler, der sich mit Embryos befaßt, für genauso verantwortlich gehalten werden muß. Viel von dem, was ich jetzt schreibe, wurde durch Diskussionen mit Patrick Steptoe angeregt. Lassen Sie mich kurz die Verantwortlichkeiten schildern, die sich bei unserer Arbeit ergeben.

Unsere primäre Verantwortung gilt im Augenblick dem Patienten. Während des Anfangsstadiums unserer Arbeit haben wir zu vermeiden versucht, daß zu große Hoffnungen geweckt wurden. Als wir das erste Mal erwogen, Patienten um ihre Mitarbeit zu bitten, waren die ersten Stadien der Befruchtung im Laboratorium durch unsere Kollegen B. D. Bavister und unser Team durchgeführt worden. Wir hatten dabei Eizellen aus Eierstöcken verwendet, die aus klinischen, mit unseren Untersuchungen nicht in Zusammenhang stehenden Gründen herausoperiert worden waren. Die klinische Anwendung unserer Arbeit erforderte, daß die Eizellen gerade vor dem Eisprung direkt der Patientin entnommen wurden. Den Patientinnen mußten Hormone verarbreicht werden – vier Injektionen über acht bis zehn Tage verteilt – gefolgt von einer kleinen Operation (als Laparoskopie bekannt), um die Eizellen zu entfernen. Der Gatte mußte ein Ejakulat zur Verfügung stellen. In den ersten Tagen mußte noch sehr viel mehr bewältigt werden, ehe wir auch nur sicher sein konnten, Embryos zu erhalten. Unsere Entscheidung, die Patientinnen um Hilfe zu bitten, war riskant und auf unserer Überzeugung gegründet, daß die Forschung auf unserem

Gebiet einen Punkt erreicht hatte, wo ihre soziale Anwendung den Patientinnen selbst und später auch anderen große Vorteile gewährleistete.

Die Schwierigkeiten, Forderungen und Möglichkeiten wurden jeder Patientin im Detail erklärt, obwohl gewisse Probleme mit der Erlangung dessen verknüpft wird, was als »Zustimmung nach Information« bekannt ist. Wie kann man erwarten, daß sie sowohl die wissenschaftlichen wie die medizinischen Probleme verstehen, wenn sie in beiden Disziplinen ungeschult sind? Offensichtlich ist ein volles Verständnis unmöglich; ich glaube aber, daß sie genug verstanden, um hinsichtlich der Forderungen Bescheid zu wissen, die wir an sie stellten. Zu unseren Patientinnen gehören auch Ärztinnen und Krankenschwestern, und ihre Zustimmung zu unseren Methoden spricht vielleicht für sich selbst. Diese Bemerkungen beziehen sich natürlich nur auf unsere Beziehung zur Patientin; ich befasse mich nicht mit den Einschränkungen, die der Durchführung verantwortlicher klinischer und wissenschaftlicher Arbeit gelten – dafür geben unsere veröffentlichten Arbeiten den besten Einblick.

Nachdem wir nun Embryos durch die ersten Entwicklungsstadien gebracht haben, wird unsere nächste Aufgabe der Fötus sein, der in der Mutter wächst, nachdem er in die Gebärmutter gebracht wurde. Zum erstenmal in der Geschichte haben wir bewußt die embryonale Entwicklung außerhalb der Mutter eingeleitet, mit der Absicht, daß die Mutter dann letzten Endes das Kind austrägt. Wir müssen alles tun, um sicherzustellen, daß diese Kinder völlig normal sind. Es ist sehr wohl bekannt, daß abnormale Kinder unter Umständen geboren werden, die augenscheinlich ganz normal sind. Vererbte Anomalien bei Säuglingen liegen fast ausschließlich außerhalb des menschlichen Einflußbereiches; Eltern, die mehr als ein abnormales Kind zur Welt bringen, werden kaum je verurteilt. Bei unseren Arbeiten geschieht die Befruchtung willkürlich in dem Sinn, daß Eizellen und Spermatozoen nicht selektiert wurden, das Risiko von angeborenen Anomalien also genau so hoch ist wie bei einer normalen Empfängnis. Zusätzliche Fehler könnten sich jedoch aus zufälligen Mängeln unserer Methoden ergeben oder dadurch, daß der Embryo Laboratoriumsbedingungen ausgesetzt wird. Viel Wissen wurde gesammelt, um zu beweisen, daß sich tierische Embryos verschiedener Spezies normal entwickeln, wenn sie in die Gebärmutter des Weibchens verpflanzt werden. Obwohl diese Beobachtungen ermutigend sind, bleibt ihre Relevanz für den Menschen eine Streitfrage. Im Augenblick wäre es nicht gerechtfertigt, die menschlichen Embryos, die wir wachsen ließen, zu verpflanzen, ehe wir nicht gezeigt haben, daß ihre chromosomale Konstitution normal ist. Wir wollen einige Keimblasen für chromosomale Analysen verwenden, um, so weit wir dazu in der Lage sind, sicherzustellen, daß die zukünftigen Kinder normal sein werden. Wir akzeptieren die Möglichkeit, daß einige Kinder mit Abnormitäten, wie etwa dem Mongoloismus – trotz all unserer Vorsichtsmaßnahmen – aus »überpflanzten« Embryos geboren werden, und zwar wahrscheinlich mit größerer Häufigkeit als in der Allgemeinheit. Der Grund ist der, daß die meisten unserer Patientinnen über dreißig sind, ein Alter, in dem die Mütter in steigendem Maß Gefahr laufen, solche Kinder zu bekommen. Eine Hypothese, die gemeinsam mit Dr. A. A. Henderson hinsichtlich der Ursachen des Mongoloismus entwikkelt wurde, nimmt in der Tat an, daß es keine Hoffnung gibt, die Entstehung solcher Embryos zu vermeiden, da die Eizelle selbst abnormal ererbt sein könnte[9]. Wir hoffen, daß eine alternative, von German[10] vorgetragene Hypothese sich bestätigt, nämlich, daß das Übel dann auftritt, wenn ein langer Zwischenraum entsteht, bevor die Eizellen befruchtet werden. Wir können diesen Aspekt der Befruchtung wahrscheinlich im Laboratorium unter Kontrolle bringen.

Einige der Fötusse werden untersucht werden, um sicherzustellen, daß sie völlig normal sind. Ein Problem könnte sich bei abnormalen Fötussen ergeben, denn wir werden die Schwangerschaftsunterbrechung in Erwägung ziehen müssen, wenn mit bestimmten Erbeigenschaften oder mit verschiedenen Deformierungen zu rechnen ist. Diese Erwägung gilt nicht allein für unsere Arbeit und wurde schon vorher weithin erörtert. Solche Schwangerschaftsunterbrechungen werden gegenwärtig nach natürlicher Empfängnis bei Familien mit einem bekannten genetischen Risiko durchgeführt. Abnormale Fötusse werden oft durch eine als Amniocentese bekannte Methode entdeckt, bei der einige Zellen des Fötus zur Untersuchung entnommen werden.

Falls sich eine derartige Situation ergibt, werden wir den Patientinnen die Lage im Detail erklären und ihnen helfen, ihre eigene Entscheidung hinsichtlich einer Schwangerschaftsunterbrechung zu treffen. Viele Ärzte müssen bereits mit diesem Problem fertig werden. Sich einer solchen Entscheidung stellen zu müssen, wird für unsere Patientinnen, die für die Schwangerschaft oft viel in Kauf nahmen, keine leichte Sache sein. Wo man bei Abtreibungen von Fötussen mit ererbten oder anderen Anomalien die Grenze ziehen soll, ist ein weiteres Problem. Manche Menschen nehmen beispielsweise ein mongoloides Kind bereitwillig an. Manchmal werden die Auswirkungen vererbter Gene noch falsch interpretiert. Vorschnelle Entscheidungen könnten zu unerwarteten sozialen Konsequenzen führen; ein Beispiel ergab sich, als man kürzlich Männer mit zwei Y-Chromosomen fand. Es setzte eine feindselige Propaganda der Presse hinsichtlich gewisser Verhaltensaspekte dieses Zustands ein und beeinflußte die Haltung der Gesellschaft gegenüber diesen Erwachsenen auf ganz ungerechtfertigte Weise.

Aus unserer Arbeit ergeben sich auch verschiedene moralische Fragen im Zusammenhang mit juristischen Standpunkten, die in den verschiedenen Ländern stark differieren. Lassen Sie mich zuerst unsere eigene Haltung betrachten und mich dann zu denen anderer Personen und Organisationen äußern.

Wir halten es für wesentlich, daß Ärzte und Wissenschaftler frei sind darin, die Forschung so voranzutreiben, daß die dabei erlangten Kenntnisse zum Wohl der Menschheit beitragen können, vorausgesetzt, daß die Rechte der Patientinnen einschließlich derer des Fötus so weit wie möglich geschützt bleiben. Das Streben nach Wissen um seiner selbst willen ist noch kein ausreichender Grund für die Forschung, es sei denn, es geht um klinische Verantwortung. So gesehen gibt es keinen Widerspruch zwischen wissenschaftlicher und medizinischer Ethik. Kinderlosigkeit kann zu großem Unglück, ja sogar zum Zusammenbruch einer Ehe führen. Unsere Verantwortung und unser Glaube können mit der Geschlechtsbestimmung bei Embryos in volle Übereinstimmung gebracht werden, um die Geburt mit vererbten Defekten zu verhindern. Im Augenblick sind wir weniger dazu geneigt, Junge oder Mädchen auszuwählen, bloß um elterliche Wünsche zu befriedigen, weil es keine Kontrollen gäbe, die gleiche

Zahl beider Geschlechter zu erhalten, und weil die große Mühe, die nötig wäre, um diese Wahlmöglichkeit zu erreichen, nicht gerechtfertigt wäre. Mehr noch: es sind noch weitere Diskussionen über die Geschlechtsbestimmung der Nachkommen zur Befriedigung elterlicher Wünsche nötig[11]. Wir hätten keinen Einwand dagegen, Zellen in Keimbläschen zu injizieren, wenn überzeugende Beweise dafür vorliegen würden, daß die Gesundheit der Fötusse durch diese Prozedur gebessert würde. Zunächst aber sind die wissenschaftlichen Probleme bei dieser Methode zu erörtern.

Die gespendeten Zellen könnten selbst schädliche Gene in sich tragen[12]. Das Verdecken von Auswirkungen einer abnormalen Vererbung durch Spenderzellen könnte die Identifizierung eines Nachkommen mit einer derartigen Vererbung in der nächsten Generation unmöglich machen. Wir würden zufällig eben die Bedingungen schaffen, die wir zu vermeiden suchen, nämlich die Häufigkeit unerwünschter Gene in der Bevölkerung zu steigern[13].

Nichtsdestoweniger sind Probleme dieser Art wahrscheinlich zu bewältigen. Unsere Arbeit könnte so die Geburt von Kindern mit genetischen Krankheiten verhindern oder die Auswirkung dieser Gene modifizieren. Solche Vorstellungen stehen im Widerspruch zu gegenwärtigen Methoden, solche Krankheiten erst nach der Geburt behandeln zu wollen: Methoden, die eine steigende Zahl von zu behandelnden Patienten schaffen würden. Es wäre sicherlich viel besser, betroffene Keimblasen auszumerzen (falls die, die Mutanten tragen, identifiziert werden könnten), oder sie zu modifizieren, statt beeinträchtigte Fötusse abzutreiben oder schwer behinderte Nachkommen in ständiger Behandlung zu versorgen und ihnen später zu raten, selbst keine Kinder zu zeugen.

Unsere Arbeit wird uns ziemlich sicher in Konflikt mit etablierten sozialen Haltungen verschiedener Teile der Gesellschaft bringen. Einige Gruppen sind der Ansicht, daß *alle* Stadien des menschlichen Lebens geschützt werden sollten und daß eine befruchtete Eizelle als potentielles menschliches Wesen die gleichen Rechte erhalten solle wie ein Erwachsener. Ich dagegen meine, daß dieses »absolute« Argument nur schwer zu akzeptieren ist. Unbefruchtete Eizellen und Spermatozoen sind auch lebende Organismen und sie können auf verschiedene Art so behandelt werden, daß das Ergebnis eine abnormale fötale Entwicklung ist. Müssen sie notwendigerweise an diesem allgemeinen Schutz teilhaben? Man kann beispielsweise Mauseizellen ohne Befruchtung zu einer Entwicklung zu fortgeschrittenen fötalen Stadien stimulieren[14].

Es ist fast unmöglich, den Augenblick zu definieren, wo »Leben« beginnt; die embryonale Entwicklung ist ein allmählicher Evolutionsprozeß. Unser Arbeitsgebiet ist auch nicht das einzige, auf dem sich dieses Problem ergibt. Die Verwendung von Empfängnisverhütungsmitteln wie der intrauterinen Schleife, die die Keimbläschen wahrscheinlich ausstößt oder zerstört[15], wird akzeptiert, weil man der Ansicht ist, daß die Bedürfnisse des Paars die Rechte der Keimbläschen überwiegen. Ein weiterer Grund für die Hinnahme dieses Mittels ist der, daß der Bevölkerungsdruck dazu zwingt, die Rechte der Keimbläschen dem allgemeinen Wohl der Gesellschaft unterzuordnen. Das Heranwachsen menschlicher Embryos zu Keimbläschen in Zellkulturen fügt einen weiteren Parameter hinzu – wir haben uns ausdrücklich für die Befruchtung eingesetzt. Ansonsten sind die Situationen fast gleichartig.

Meiner Ansicht nach ist es fast unmöglich, eine klare Linie zu ziehen, die die Grenzen der legitimen Einmischung bei Fötussen definiert. Diese Grenzen werden je nach Gesellschaft aufgrund von Bedingungen festgelegt, die dort zu einer bestimmten Zeit vorherrschen. Einige Gemeinschaften entscheiden vielleicht, daß die befruchteten Eizellen zu schützen sind (traf das je für irgendeine Gesellschaft zu?), andere neigten zum anderen Extrem und haben den Kindesmord sanktioniert. Einige Autoritäten nehmen an, daß die Implantation den Beginn des Lebens darstellt, da eine weitere Entwicklung unmöglich ist, falls sich der Embryo nicht fest mit der Mutter verbindet. Ich möchte eine derartige Annahme genau so in Frage stellen wie die, die die Befruchtung betrifft. Meine Ansicht basiert auf einer Kenntnis der Entwicklungsbiologie. Ein Keimbläschen ist eine noch sehr einfache Struktur und kann, wenn auch ein potentielles Wesen, mit einem Fötus im mittleren Stadium verglichen, nur weniger Rechte haben als dieser; und dieser wiederum wenige Rechte als ein vollausgetragener Säugling. Diese Ansicht lag nach der Reform des Abtreibungsgesetzes und der selektiven Abtreibung von Fötussen mit vererbten Abnormitäten nach ihrer Identifizierung durch Amniocentese zugrunde. Kindesmord wird heute nicht mehr gebilligt, wohl aber die Unterbrechung bis zur Hälfte der Schwangerschaft. Man hat, um die Erlaubnis zu erhalten, etwas mit dem Fötus zu unternehmen oder ihn zu vernichten, den Eingriff auf ein früheres Stadium der Schwangerschaft zurückverlegt. Das ist ein weiterer Grund dafür, Merkmale in den Keimbläschen zu identifizieren: die moralischen Probleme werden reduziert, weil sich der Embryo in einem so frühen Entwicklungsstadium befindet. Noch ein Grund ist die erhebliche Vergeudung von menschlichen Reserven und das Elend der Frauen bei Schwangerschaftsunterbrechungen. Eine Schwierigkeit bei der Formulierung von Regeln über die Rechte der Fötusse auf bestimmten Altersstufen liegt darin, daß Einschränkungen bereits überholt sein können, ehe sie Zeit haben, wirksam zu werden. So hat man den Beginn des Lebens früher auf die Zeit festgelegt, in der der Fötus gerade unabhängig von der Mutter existieren kann, aber diese Definition muß aufgrund Verbesserungen in der Frühgeborenenbehandlung dauernd nach rückwärts verlegt werden.

Die Rechte des Fötus sind bereits in vielen Ländern begrenzt worden, und die Ärzte in Großbritannien arbeiten im Rahmen des Abtreibungsgesetzes von 1967[16]. Die Ansichten der Kirche zu dieser Frage sind geteilt. Es ist interessant, hier auf die Diskussion der Kirchenversammlung über die Schwangerschaftsunterbrechung zu verweisen[17], die noch vor Annahme des Gesetzes veröffentlicht wurde. Der Bericht weist die Verantwortung für die Beendigung der Schwangerschaft unter bestimmten Umständen größtenteils dem Arzt zu. Seit der Bericht geschrieben wurde, sind die Methoden zur Identifizierung abnormaler Fötusse und die diagnostischen Möglichkeiten des Arztes stark verbessert worden. Diese und andere Diskussionen enthüllen in der Tat viel über die Haltung der verschiedenen Kirchen hinsichtlich der Rechte des Fötus. Lassen Sie mich einen Absatz dieses Berichts zitieren:

»Dies zur Schwangerschaftsunterbrechung: die primäre und allgemeine Absicht des Gesetzes war es, das Recht des ungeborenen Kindes zu leben, als unverletzbar zu erhalten, und doch sind Zahl und Ausmaß von Ausnahmen und Kompromissen so groß, daß dieses Recht zu leben nicht als absolut und unter allen Umständen un-

verletzlich definiert werden kann. Der Grund der ethischen Haltung der Christian Church wurde vor vielen Jahren gelegt, wobei eine ihrer Regeln die Bedeutung der Taufe vor dem Tod ist.[18]

Zu einem bestimmten Zeitpunkt nahm man an, daß die Gestalt des Erwachsenen bereits in der Keimzelle vorhanden sei, neue Erkenntnisse stellten aber die früheren Auffassungen in Zweifel. Eine Ethik, die auf einer wissenschaftlichen Kenntnis der Evolution[19] basiert, ist meiner Ansicht nach eine viel bessere Grundlage für die Diskussion der Werte des menschlichen Lebens als Diskussionen über die Religionsgeschichte.

Wird uns unsere Arbeit mit anderen Idealen oder Auffassungen der Gesellschaft in Konflikt bringen? Die Kinder, die wir produzieren, werden Wunschkinder sein – oft verzweifelt erwünscht. Merkwürdigerweise werden die Probleme der Unfruchtbarkeit oft gerade dann unbedeutender, wenn gleichzeitig die Vorteile der Elternschaft betont werden. Einige Leute, die die Geburtenregelung befürworten, haben uns wegen der Geburt weiterer Kinder kritisiert, da die Begrenzung der Geburtenzahl doch so überaus wichtig sei. Ich sehe diese Haltung als verblüffend, sinnlos und kurzsichtig an. Unfruchtbare Ehen können nicht kinderreicher Familien wegen bestraft werden; sicherlich sollten wir alles in unserer Macht Stehende tun, kinderlosen Ehepaaren, die sich ihrer Verantwortung bewußt sind, Nachkommen zu ermöglichen.

Unsere Arbeit könnte auch die Verwendung von Methoden der Empfängnisverhütung, wie der Tubenligation bei Frauen, fördern, eine Operation, die schwer wieder rückgängig zu machen ist. Im Augenblick lehnen viele Frauen diese Methode als Maßnahme der Empfängnisverhütung noch ab, weil sie dauernde Unfruchtbarkeit für den Fall einer Wiederverheiratung oder falls sie ihre schon vorhandenen Kinder verlieren, fürchten. Die Übertragung von Embryos würde diese Endgültigkeit verhindern und die Tubenligation wahrscheinlich für viele Frauen attraktiver machen.

Bei der Durchführung unserer Arbeit sind wir auf Schwierigkeiten gestoßen, die denen ähneln, mit denen es die Pioniere auf anderen Gebieten zu tun hatten. Der Arzt, der angesichts repressiver Gesetze eine Schwangerschaftsunterbrechung einleitete, die ersten Vertreter der Family Planning Association, der erste, der eine menschliche Niere verpflanzte, sie alle forderten öffentliche Werte und private Verpflichtungen heraus. In vielen der Fälle wurden die ersten Schritte von Personen unternommen, die von der Richtigkeit ihrer eigenen Haltung überzeugt waren. Beide, Individuen und Gesellschaft, könnten davon Nutzen haben, wenn bei der Erreichung solcher Entscheidungen in kritischen Zeiten Unterstützung und Hilfe von autoritativer Seite gewährt werden könnte. Der Rat müßte aber so liberal und umfassend wie möglich sein.

Wir haben an anderer Stelle[20] darauf hingewiesen, daß ein Bedürfnis nach einer Organisation bestehen könnte, die solche »informierten Meinungen« zur Verfügung stellt und bei dem Treffen von Entscheidungsfindung hilft.

Letzten Endes und gerade heute liegt die Verantwortung für die neue Arbeit beim einzelnen, gestützt auf sein Wissen um diese neuen Möglichkeiten. Er muß dann beweisen, daß seine Entscheidung richtig war. Der intellektuelle und soziale Lohn der Untersuchungen am Menschen ist sehr groß – meiner Meinung nach weit größer als der seiner Laboratoriumsforschungen. Jedes Stadium der klinischen Arbeit muß aber immer wieder in Frage gestellt werden. Außerdem muß sichergestellt sein, daß die Arbeit zu den sozialen Bedürfnissen in Beziehung steht und nicht bloß durch ihren eigenen Impuls angelegt wurde. Die wissenschaftliche und die medizinische Verantwortung sind kein neues Phänomen, obwohl die verschiedenen Disziplinen zu bestimmten Zeiten ihre eigenen Probleme aufwerfen. Ich glaube, daß die Probleme, die sich bei Untersuchungen oder in der Kontrolle der Vermehrung des Menschen ergeben, die größten moralischen und sozialen Fragen aufwerfen, mit denen wir heute konfrontiert sind. Ein Konflikt mit anderen Anschauungen oder die Verantwortung gegenüber Patienten ergibt sich in der Wissenschaft weniger häufig als in der praktischen Medizin. Wenn solche Fragen auftauchen, müssen wir unsere eigene Haltung klarstellen und andere davon überzeugen, daß unsere Entscheidungen richtig sind.

Literaturhinweise

1. Steptoe, P. C., Edwards, R. G. und Purdy, J. M. (1971), *Nature* 229, 132.
2. Edwards, R. G. und Sharpe, D. J. (1970), *Nature.*
3. Gardner, R. L. und Edwards, R. G. (1968), *Nature,* 218, 346.
4. Gardner, R. L. (1970), »Intrinsic and extrinsic factors in early mammalian dewelopment«, In: Raspé (ed.) *Advances in the Biosciences,* 6.
5. Carter, C. O. (1969), *J. biosoc. Sci.* 1. 11; Nance, W. E. (1969), *Nature,* 224, 373.
6. Gardner, R. L. (1968), *Nature* 220, 596.
7. Ein Symposion war kürzlich diesem Thema gewidmet: Conference on Genetic Disease Control, Washington, 2.–4. Dezember 1970. Gefördert durch die US National Cystic Fibrosis Research Foundation und dem US National Institute of General Medical Sciences.
8. Erwards und Sharpe, a.a.O.
9. Henderson, S. A. und Edwards, R. G. (1968), *Nature* 218, 22.
10. German, J. (1968), *Nature* 217, 516.
11. Erwards und Sharpe, a.a.O.
12. Siehe die Arbeit von Mintz, B. 1970, in: *Genetic Concepts in Neoplasia.* Baltimore, Williams & Wilkins, 477. Die Wirkungen von Mutanten in Spender und Wirtsgeweben auf die Eigenschaften chimärischer Mäuse werden in dieser Arbeit beschrieben. Mintz hat auch einen Kommentar zu diesem Thema auf die Arbeit von R. G. Edwards verfaßt, vorgetragen bei dem Harold C. Mack Symposion on the Biology of Fertilization and Implantation. Detroit, Oktober 1970.
13. Siehe den Beitrag von L. S. Penrose (S. 117 ff.) über die Folgen, daß Phenylketonuria-Kranken, eigene Kinder haben. Er schätzt, daß sich eine Steigerung von nur einem Prozent in der Zahl der Phenylketonuriakranken, die pro Jahrhundert geboren werden, ergibt. Dieser Beitrag ist für meinen Artikel über die Heilung genetischer Krankheiten relevant.
14. *Maus-Parthenogene* können sich zu fortgeschrittenen Stadien der fötalen Entwicklung fortbilden. Tarkowski, A. K., Witkowska, A. und Nowicka, J. (1970), *Nature,* 226, 162.
15. Eckstein, P. (1970), *Brit. Med. Bull.* 26, 52.
16. Siehe das Memorandum über das Abtreibungsgesetz von 1967 und die Abtreibungsbestimmungen von 1968, hrsg. von der Medical Defence Union.
17. Discussions by Church Assembly Board for Social Responsibility, hrsg. vomf Church Information Office Church House, Westminster, London, S. W. 1; verschiedene Berichte wurden veröffentlicht, darunter einer mit dem Titel *Abortion, An Ethical Discussion,* erschienen 1965. Neudruck 1968.
18. Ausführlich in dem Buch Williams, D. (1958), *The Sanctity of Life and the Criminal Law.* London. Faber & Faber.

19. Ein relevanter Kommentrar ist in dem Essay von J. Huxley, »The New Devinity«. In: *Essay of an Humanist,* zuerst veröffentlicht von Chatto & Windus, 1964.

20. Edwards und Sharpe, a.a.O.

Diskussion

Silverstone: Jedermann ist natürlich durch die Ethik und den Glauben der Gesellschaft geprägt, in der er lebt. Für viele Frauen ist ein Kind zu haben eher »raison d'être«, was ihnen von der Gesellschaft auferlegt wird, als eine große Biologin zu werden. Ich möchte also gern wissen, ob Sie diese fundamentalen Begriffe diskutieren, wenn Sie diesen Menschen Tatsachen vor Augen halten, um ihre Wahl, »frei von äußerem Druck«, zu treffen.

Edwards: Ich glaube, keine Entscheidung, die wir irgendwo zu irgendeiner Zeit treffen, ist frei von äußerem Druck. Wie können wir beispielsweise Patientinnen verschiedener religiöser Überzeugung gleich beraten, wie können wir möglicherweise wissen, daß sie diese Entscheidung frei von äußerem Druck treffen? Wir können lediglich die Probleme deutlich darlegen, die sich bei einem bestimmten Fötus ergeben würden, ihnen jeden relevanten Ratschlag geben, die Entscheidung aber im wesentlichen ihnen überlassen.

Singer: Wie Professor Fairweather weiß, ist es tatsächlich möglich, eine kleine Menge amniotischer Flüssigkeit zwischen der sechzehnten und zwanzigsten Woche zu entnehmen und eine Geschlechtsbestimmung im Zellkern mit – wenn ich mich recht erinnere – 98 Prozent Genauigkeit in 3000 Fällen vorzunehmen. So wie man aufgrund dieses Tests entscheidet, ob man die Schwangerschaft unterbricht oder nicht, könnte man das Geschlecht der Kinder wählen, die geboren werden.

Edwards: Ich empfinde diese Ansicht als unmöglich. Meine Grundeinstellung zur selektiven Schwangerschaftsunterbrechung ist folgende: Gewisse Fötusse sind so mißgestaltet, daß ich hinsichtlich der selektiven Schwangerschaftsunterbrechung keinerlei Vorbehalt haben würde. Ich kann keinen Grund dafür sehen, sie am Leben zu erhalten, und ich würde wahrscheinlich bei der Geburt die gleiche Haltung einnehmen. Das ist es, was jetzt geschieht, daß die Menschen eine Entscheidung treffen, neues Leben nicht zu erhalten oder zu versuchen, es durchzubringen.

Chater: Was geschieht, wenn Sie von einer Frau, die unbedingt ein Kind will, keine gesunde Eizelle bekommen können? Würden Sie dann versuchen, eine Eizelle von einer anderen Frau zu bekommen, und nach welchen Gesichtspunkten würden Sie die Spenderin wählen?

Edwards: Das wird heikle Fragen aufwerfen; die Eizelle einer anderen Frau zu verwenden, wäre wie eine umgekehrte AID (AID = Artifical Insemination by Donor: künstliche Besamung durch Spender). Sollten wir eine Schwester darum bitten, um die Nachkommenschaft sozusagen »innerhalb der Familie zu erhalten« oder sollten wir eine ganz und gar fremde Person auswählen, um jede psychologische Beziehung zwischen der Spenderin der Eizelle und dem Kind zu vermeiden? Ich weiß es nicht, aber auf einen Punkt möchte ich hinweisen: AID mit einem männlichen Spender wird weithin akzeptiert, wie ich glaube, sogar in einigen Bereichen der Christian Church. Bei einer Eizell-Übertragung würde das Kind eher seinen Eltern gehören als eines, das durch AID empfangen wird, weil die Mutter in gewissem Sinne die natürliche Mutter sein würde, sie wäre die Gebärmutter-Pflegemutter – und der Vater wäre der richtige Vater.

IV. Immunologie und Krebs

10. J. H. Humphrey · Einige Anwendungsmöglichkeiten der modernen Immunologie

Obwohl sich die Immunologie jetzt in viele Richtungen ausgeweitet hat, ist es wichtig, sich an ihren Ursprung als den Teil der Bakteriologie zu erinnern, der sich mit den Untersuchungen befaßt, wie der Mensch und andere Tiere gegen Infektionskrankheiten immun werden. Allgemein gesprochen bedeutet das, wie Tiere ihre Integrität erhielten und sich in einer Umwelt entwickelten, die eine Menge von Mikroorganismen (Bakterien, Viren, Einzeller und so weiter) enthielt, fähig, sich auf ihren Gastgebern anzusiedeln und sie zu zerstören. Das mag als ein begrenztes, wenn auch sehr wichtiges Gebiet erscheinen. Je mehr wir aber über die Immunität und die Immunreaktion gelernt haben, als desto schwieriger, anpassungsfähiger und komplizierter haben sich die daran beteiligten Mechanismen erwiesen. Ich will mich nicht im Detail mit ihnen befassen, sondern ich möchte ganz kurz erörtern, wie die Immunologie und die Molekularbiologie aufeinander eingewirkt haben und etwas zum Verständnis der Immunreaktion sagen. Mit diesem Wissen, so unvollständig es ist, hat sich die Möglichkeit ergeben, die Immunreaktion zu manipulieren und Dinge zu tun, die sozial wichtige Konsequenzen hatten und noch haben können.

Sehr kurz und stark vereinfacht ausgedrückt besteht der Hauptschutz gegen Mikroorganismen, denen es gelungen ist, die sehr wirksamen und sich selbst reparierenden mechanischen Barrieren des Körpers zu überwinden, in zwei Reaktionen: Entweder werden sie sofort durch Substanzen in den Körperflüssigkeiten getötet, oder sie werden – häufiger – durch die überall vorhandenen Reinigungszellen, die Makrophagen und die Mikrophagen, deren Funktionen erstmalig von Metschnikoff vor etwa achtzig Jahren erkannt wurden, aufgenommen und in der Folge verdaut. Mikroorganismen, die nicht getötet werden und sich innerhalb des Körpers vermehren können, verursachen Krankheiten, besonders dann, wenn sie noch dazu wirksame Toxine produzieren.

Die Heilung von Krankheiten, die durch Mikroben verursacht wurden, beinhaltet die endgültige Eliminierung der Mikroben durch im wesentlichen gleiche Mittel, die im Verlauf der Krankheit viel wirksamer geworden sind – was ja auch sein muß, da ja so viel mehr Mikroben zu eliminieren sind. Solche Abwehrmechanismen müssen in der Lage sein, Mikroben und ihre Produkte als »fremd« zu erkennen – das heißt, sie müssen »selbst« und »nicht-selbst« unterscheiden. Da Mikroben des weiteren in vielerlei – jeweils chemisch verschiedenen – Verkleidungen auftreten und es keine für alle Mikroben geltenden Strukturen gibt, mußte der Bereich der »fremden« Moleküle, die erkannt werden konnten, in der Tat sehr groß sein und praktisch jedes große Molekül umfassen, ob es nun mikrobischen Ursprungs ist oder nicht. Wie dieses Erkennen funktioniert, ist die theoretische Hauptfrage in der Immunologie.

Im Prinzip kennen wir die Antwort – der Hauptmechanismus des Erkennens, obwohl es noch andere weniger spezifische und weniger wichtige geben könnte, bedient sich der Antikörper, die im Blut und in anderen Körperflüssigkeiten anwesend sind. Die Antikörper gehören zu einer Familie weithin ähnlicher Proteine, die allgemein als Immunoglobuline bekannt sind. Ihre besondere Eigenschaft ist es, daß sie Bindungsplätze besitzen, die spezifisch mit ganz kleinen Oberflächenkonfigurationen auf fremden Molekülen in Wechselwirkung treten können. Wie bereits erwähnt, müssen diese nicht Mikroorganismen oder deren Produkte sein.

Sie können beispielsweise von Pollen, Schimmel oder Staub kommen, die in den Körper eindringen, nachdem sie durch die Lungen eingeatmet wurden. Oder es kann sich um Material handeln, das durch eine Abschürfung, durch einen Insektenstich, durch eine Nadel oder Spritze eingeführt wurde – die üblichste Quelle sind jedoch eindringende Mikroben. Wenn sich Antikörper mit Toxinen vereinigen, neutralisieren sie deren Gift, und wenn sie sich mit Mikroben vereinigen, überziehen sie diese, um zu verhindern, daß sie sich vervielfältigen. Sie bereiten sie so besser für die Aufnahme und Vernichtung durch die Reinigungszellen vor. Innerhalb der Familie der Immunoglobuline gibt es eine Anzahl verschiedener Hauptklassen, sie enthalten Moleküle, die aufgrund ihrer Größe, Form und chemischen Zusammensetzung leicht voneinander zu unterscheiden sind; innerhalb der Klassen gibt es Unterklassen, die durch feinere Verschiedenheiten differieren. Immunoglobuline, die zu verschiedenen Klassen gehören, haben verschiedene biologische Eigenschaften, obwohl sie auf die gleichen Fremdmoleküle ansprechen. Einige – aber nicht alle – gehen beispielsweise von der Mutter auf ihr Kind über, andere aktivieren wichtige Hilfsmechanismen, die zusammengefaßt als »Komplement« bekannt sind und für viele Erscheinungsformen von Entzündungen verantwortlich sind und ebenfalls Mikroben töten. Eine von ihnen ist vorwiegend in äußerlichen Sekreten konzentriert und ist mit einem »antiseptischen Tarnanstrich« verglichen worden; ein anderes ist für das Auftreten von Allergien wie Heufieber, Urtikaria (Nesselsucht) und einige Formen von Asthma verantwortlich. Ähnliche Klassen findet man bei allen untersuchten höheren Wirbeltieren. Wahrscheinlich haben sie sich entwickelt, weil jedes im Verlauf der Evolution einen Beitrag zum Überleben beigesteuert hat.

Alle Immunoglobuline haben eine ähnliche Grundstruktur. Sie sind aus zwei verschiedenen Arten von Polypeptid-Ketten zusammengesetzt, einer kleineren, die »leicht« (»L«) und einer, die etwa dreimal so groß ist und »schwer« (»S«) genannt wird. Diese sind bei den verschiedenen Klassen des Immunoglobulins auf verschiedene Art miteinander verbunden, so daß Moleküle verschiedener Formen und Größen entstehen, die aber alle das gleiche in Abbildung 1 gezeigte Schema enthalten.

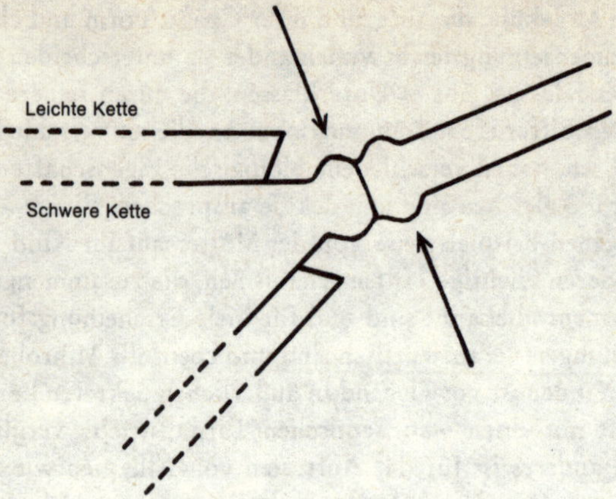

Abbildung 1: Darstellung der Vierketten-Struktur von IgG, bei der die Ketten durch drei Disulfidbrücken miteinander verbunden sind. Die gestrichelten Linien deuten Strecken der Ketten an, in denen innerhalb eines gegebenen Heterogenität auftritt. Diese Strecken beinhalten die Antikörper-Bindungsplätze. Der gewellte Abschnitt der schweren Kette bezeichnet ein für Aufspaltung durch protolytische Enzyme empfindliches Stück (Papain an der durch den oberen Pfeil und Pepsin an der durch den unteren Pfeil bezeichneten Stelle).

Das ist eine Y-Form mit flexiblen Armen, die an ihren Enden die »Bindungsplätze« tragen, deren Struktur zur Verbindung mit einigen Stellen an Oberflächen fremder Moleküle angepaßt ist. Während der letzten zehn Jahre, seit diese Struktur erstmalig von R. R. Porter vorgebracht wurde, haben wir eine Menge über diese sehr bemerkenswerten Moleküle gelernt. Einerseits hat man sie als für die Funktionen, die sie erfüllen, außerordentlich gut geplant erkannt, andererseits aber passen ihr Ursprung und ihre genetische Steuerung nicht leicht in die Schemata, die man auf andere Proteine anwenden konnte. Sie könnten eine Revision oder Ausweitung der gegenwärtigen Vorstellung von der genetischen Steuerung der Protein-Synthese erforderlich machen.

Jede Polypeptid-Kette (sowohl »L« als auch »S«) jedes gegebenen Immunoglobulins besteht aus einem Teil, dessen Aminoräuresequenz von Molekül zu Molekül konstant ist, wie das auch für alle üblichen Proteine zutrifft. Wo es in dem konstanten Teil ererbte Varianten gibt, folgen sie den gewöhnlichen Regeln der Genetik; dieser Teil jeder Kette scheint von einer ganz kleinen Anzahl von Genen, den sogenannten G-Genen, gesteuert zu werden. Diese bestimmen die Eigenschaften der Moleküle, von denen ihre verschiedenen biologischen Funktionen abhängen und von denen einige oben erwähnt wurden. Das Einzigartige an den Immunoglobulinen ist jedoch, daß die Anordnung der Aminosäuren in dem anderen Teil der L- und S-Ketten von Molekül zu Molekül variiert, so daß mit großer Wahrscheinlichkeit an dem sogenannten »variablen« Ende keine zwei Moleküle die gleiche Gestalt haben. Die variablen Teile der L- und S-Kette enthalten Bindungsstellen, die komplementäre Gestalt zu einigen Stückchen fremder Moleküle besitzen (und so in der Lage sind, feste Verbindungen einzugehen) und die einem Immunoglobulinmolekül die Eigenschaft vermitteln, ein spezifischer Antikörper zu sein. Es gibt starke Beweise dafür, daß die variablen Teile jeder Kette von getrennten V-Genen gesteuert werden, obwohl die ganzen Ketten als einzelne Einheiten aufgebaut werden. Die Zahl der verschiedenen Aminosäuresequenzen in der variablen Region der Immunoglobuline, die bei jedem normalen Individuum produziert wird, ist sehr groß, ich würde sie auf mindestens 100 000 schätzen – und das weist auf eine entsprechende Zahl von V-Genen hin. Die Erklärung, wie diese ungeheure Mannigfaltigkeit genetischer Information für die Steuerung eines Teils einer Molekülart zustande kommt, stellt sowohl Immunologen wie Molekularbiologen vor ein großes Problem. Erklärungen in Begriffen gegenwärtiger genetischer Vorstellungen, wie sie Professor Hayes skizziert hat, würden für die V-Gene in den Zellen, die Immunoglobulin herstellen, eine viel höhere Mutationsquote erfordern, als das bei jedem anderen Gen sowohl bei Mikroorganismen wie bei höheren Lebewesen der Fall ist. Man hat verschiedene Hypothesen vorgeschlagen, um zu erklären, wie das zustandekommt, die umfassendste ist Gally und Edelman[2] zu verdanken. Sie deutet an, daß es eine ganz kleine Zahl von Strukturgenen (vielleicht 100–200) gibt, von denen Teile abbrechen und sich anderswo innerhalb des Chromosoms, in dem sie sich befinden, wieder zusammensetzen können; auf diese Weise ändern sie die Anordnung der Nukleotide und infolgedessen die Aminosäurensequenz in den Peptidenketten, die durch sie kodiert werden.

Die Hypothese basiert auf der genau erkannten Tatsache, daß Teile von Bakterien-Chromosomen als getrennte funktionelle Einheiten, die als »Episomen« bekannt sind, abgespalten werden können. Es würde aber die Existenz eines sehr speziellen Mechanismus erforderlich machen, um sicherzustellen, daß eine häufig vorkommende und geordnete Translokation von Teilstücken von Nachbargenen eintritt. Ob es einen derartigen Mechanismus gibt, das müßte erst noch nachgewiesen werden.

Ein Milliliter menschlichen Bluts enthält etwa 2×10^{16} Immunoglobulin-Moleküle, von denen die meisten – wie ich erklärt habe – voneinander verschieden sind. Sie umfassen alle Arten erkennbarer nützlicher spezifischer Antikörper, genauso wie andere, die nützlich sein *könnten*, deren spezifische Eigenart und Funktion aber noch nicht bekannt sind. Wie andere Proteine im Blut werden Antikörper ständig entfernt, zerstört und durch neue Moleküle ersetzt. Etwa die Hälfte verschwinden und werden ungefähr alle drei Wochen erneuert. Um die Immunreaktion zu verstehen, ist es nötig, kurz zu überlegen, von welchen Zellen sie geschaffen und wodurch diese dazu angeregt werden. Die verantwortlichen Zellen sind Lymphozyten (Lymphzellen), von denen der durchschnittliche Erwachsene einige 10^{12} besitzt, deren Funktionen der Immunreaktion aber erst in den letzten zehn Jahren bekannt wurde. Sie sind ziemlich schwer zu beschreibende homogene Zellen, die aus wenig mehr als nur einem Zellkern (der natürlich die gesamte genetische Information enthält, die allen anderen Körperzellen gemeinsam ist) und genügend Cytoplasma besteht, um die Zelle am Leben zu erhalten. Sie sind jedoch, wenn sie in der richtigen Weise stimuliert werden, in der Lage, sich zu vervielfältigen, und einige können sogar sehr aktive Zellen werden, die große Mengen Immunoglobulin herstellen. Sie haben einen komplizierten Lebenszyklus, den wir noch nicht völlig verstehen. Von Geburt an werden Stammzellen, die Vorläufer der Lymphzellen, im Knochenmark gebildet und in die Blutbahn geschickt. Einige gehen sofort in »lymphoides Gewebe«

(Milz, Lymphknoten, Mandeln, Binddarm usw.), worauf sie ein unabhängiges Leben führen; einen Teil ihrer Zeit verbringen sie in diesem Gewebe und einem Teil zirkulieren sie in der Blutbahn. Sie sind einem fortwährenden Sterben und der Ersetzung durch neue Zellen unterworfen, die sich bilden, wenn einige von ihnen zur Teilung angeregt werden – beispielsweise durch Kontakt mit einem spezifischen Antigen, wie unten beschrieben. Es ist aber noch nicht bekannt, wie häufig das der Fall ist. Diese Zellen, die aus dem Knochenmark kommen und sich in lymphoidem Gewebe ansiedeln, sind diejenigen, die sich, wenn sie entsprechend angeregt werden, zu Antikörper ausscheidenden Zellen differenzieren. Andere Stammzellen aus dem Knochenmark wandern in ein spezielles lymphoides Gewebe, die Thymusdrüse. Dort verwandeln sie sich wieder zu Lymphozyten, die sich unaufhörlich teilen. Die meisten davon sterben innerhalb der Thymusdrüse, ein Teil entkommt jedoch und siedelt sich wiederum in anderem lymphoiden Gewebe an, wo sie weiter ein unabhängiges Dasein etwa in der schon beschriebenen Art führen. Sie verwandeln sich jedoch dauernd, und zwar auf verschiedene Arten: Sie besetzen bestimmte Teile des lymphoiden Gewebes; sie leben sehr lange (bis zu mehreren Jahren), wenn sie nicht zur Teilung stimuliert werden; sie scheiden keine Antikörper aus und verwandeln sich nicht in Antikörper ausscheidende Zellen; sie sind aber trotzdem zu einer Wechselwirkung mit Antigenen fähig und können sie, falls diese auf anderen Zellen sitzen, auch töten, nach Wechselwirkung mit Antigenen stimulieren sie Makrophagen dazu, daß sie Mikroben wirksamer aufnehmen und abtöten; auf eine ziemlich komplizierte Art helfen sie Antigenen, andere Lymphzellen zur Aussonderung von Antikörpern anzuregen.

Es gibt zwingende Gründe für die Annahme, daß Lymphzellen Immunoglobulinmoleküle an ihrer Oberfläche tragen, selbst wenn diese Moleküle nicht tatsächlich augeschieden wurden. Des weiteren hat es den Anschein, daß jede Lymphzelle nur eine einzige Art von Immunoglobulin und daß die Mehrheit der Lymphzellen jeweils verschiedene Immunoglobuline trägt. Das unterstellt, daß in der Zeit, in der Lymphzellen in lymphoiden Geweben seßhaft geworden sind, eine Mutation ihrer Immunoglobulin-Gene stattgefunden hat (vielleicht durch eine Art von Mechanismus, wie ihn Gally und

Edelman vorgeschlagen haben) und daß die Gesamtpopulation aus Zellen besteht, von denen jede nur *eine* Art von Immunoglobulin herstellen kann, die aber gemeinsam die riesige Mannigfaltigkeit darstellen, die, wie wir wissen, im Blut vorhanden ist. Es ist eine plausible, aber unbewiesene Hypothese, daß der Erwerb dieser genetischen Verschiedenartigkeit im Verlauf der fortwährenden Zellteilung auftritt, der die Lymphzellen bekanntlich unterworfen sind.

Die Immunoglobuline an der Oberfläche der Lymphzellen dienen als Empfänger (Rezeptoren) für Antigene. Wenn das Antigen fähig ist, durch Zufall mit dem Immunoglobulin eine starke Bindung auf einer bestimmten Lymphzelle einzugehen, kann es diese Lymphzelle auf dreierlei Arten beeinflussen.

1. Es kann sie paradoxerweise inaktivieren oder töten. Die Folge, daß alle Zellen mit einem besonderen Antigen, das außer Kraft gesetzt wurde, reagieren können, ist als immunologische Toleranz oder Paralyse bekannt, da dem Lebewesen jetzt die Möglichkeit fehlt, das Antigen als »fremd« zu erkennen. Es ist sehr wichtig, daß das eines der möglichen Resultate ist, da sonst im Verlauf der Entwicklung Lymphzellen auftreten würden, die mit verhängnisvollen Folgen auf körpereigene Bestandteile reagieren könnten. Wenn der Mechanismus aus verschiedenen Gründen zu einem späteren Zeitpunkt versagt, tritt ein Autoimmunleiden auf. Auf gleiche Weise kann der Mechanismus ausgenützt werden, um beispielsweise ein Individuum für fremde Antigene zum Zweck der Transplantation tolerant zu machen.

2. Es kann die Lymphzellen auch anregen, sich in eine Zelle zu differenzieren, die große Mengen (Tausende von Molekülen pro Sekunde) der gleichen Art von Immunoglobulin aussondert, wie sie an der Oberfläche vorhanden war, d. h. einen beträchtlichen Überschuß des für das stimulierende Antigen spezifischen Antikörpers zu produzieren.

3. Es kann die Lymphzellen anregen, sich zu vervielfältigen und dabei eine große Zahl identischer Tochterzellen zu produzieren, die das gleiche Immunoglobulin tragen und fähig sind, durch das gleiche Antigen stimuliert zu werden wie die elterlichen Lymphzellen. So wird der Anteil solcher Zellen in der Gesamtpopulation gesteigert,

und eine entsprechende größere und schnellere Immunreaktion ist die Folge, wenn das Antigen wieder in den Körper eingeführt wird. Das ist die Ursache für das, was oft als »immunologisches Gedächtnis« bezeichnet wird und erklärt die bleibende Immunität, die auf viele Infektionskrankheiten (zum Beispiel Mumps oder Masern) folgt. Das Verhältnis der Lymphzellen, die durch das Antigen angeregt werden, so oder so zu reagieren, hängt von der Natur des Antigens ab, wieviel davon vorhanden ist und für wie lange, und von Faktoren in den Geweben der unmittelbaren Umgebung, in denen sie aufeinander treffen – die durch Medawar sehr passend die »passenden diplomatischen Kanäle« genannt wurden, obgleich wir nicht allzu viel über sie wissen.

Um es sehr kurz zu rekapitulieren: Ein Lebewesen besitzt eine angeborene Fähigkeit, Antikörper sehr vieler spezifischer Arten herzustellen. Diese Fähigkeit wird durch eine große Zellpopulation repräsentiert, wovon jede Zelle Rezeptoren trägt, korrespondierend der Art von Immunoglobulin, das sie herstellen. Die Rezeptoren treten in Wechselwirkung mit chemisch definierten Strukturen, ohne Rücksicht darauf, ob diese sich auf Mikroorganismen, auf Materie (wie Staub oder Pollen), die durch die Luftwege und durch die Lungen in den Körper eingeführt wurde, oder auf einem Molekül befinden, das durch eine Spritze injiziert wurde. Immunreaktionen sind die Folge solcher Wechselwirkungen und der selektiven Anregung und Verstärkung einer schon vorher existierenden Fähigkeit zuzuschreiben. Ihre Steuerung umfaßt selektiv die Steigerung oder die Abnahme der besonderen Zellpopulation, die diese Fähigkeit repräsentiert, und es geht nicht darum, völlig neue Reaktionen hervorzurufen. Ich möchte die Möglichkeit nicht ausschließen, daß man eine genetische Information künstlich einführt, um eine neue Art von Antikörpern in Lymphzellen, die »in vitro« gezogen wurden, zu erzeugen nicht ausschließen. Im Augenblick ist es aber für praktische Zwecke leichter, aus der riesigen Menge genetischer Information auszuwählen, die bereits in der Lymphzellpopulation eines Individuums zur Verfügung steht.

Da es nicht der Zeck dieses Buches ist, einfach verschiedene Aspekte der modernen Biologie kurz zusammenzufassen, sondern ihre Konsequenzen zu betrachten, ist es an der Zeit, einige der sozialen Konsequenzen zu erörtern, die sich aus unserer Fähigkeit ergeben, Immunaktionen ziemlich wirksam, wenn auch nicht ganz nach Belieben, zu manipulieren. Ich will zuerst Situationen diskutieren, in denen die Immunität gesteigert werden kann; die dabei wichtigste ist die prophylaktische (»künstliche«) Immunisierung.

Prophylaktische Immunisierung

Lebende Mikroben oder ihre verschiedenartigen toxischen Produkte sind gewöhnlich mächtige Antigene; wenn sie im Körper anwesend sind, stimulieren sie rasch die Bildung von Antikörpern gegen sich selbst. Das geschieht sowohl, wenn die Mikroben-Infektion eine voll entfaltete Krankheit verursacht – wobei die Genesung erfordert, daß die Körperabwehr viel rascher mobilisiert wird, als die Mikroben sich vermehren können – als auch wenn die Infektion so leicht ist, daß sie fast nicht in Erscheinung tritt. Viele Individuen besitzen als Folge von nicht in Erscheinung tretenden Infektionen einen Grad von Immunität gegen die potentiell ansteckenden Agenzien, die in ihrer Gemeinschaft verhanden sind, die Immunität bricht jedoch zusammen, wenn die infektiöse Dosis sehr groß ist oder wenn ein nicht bekannter Organismus eingeführt wird (z. B. bei Epidemien von Pest, Pocken oder Grippe). Die große praktische Leistung der Pioniere in der Immunologie zu Ende des letzten Jahrhunderts war die Erkenntnis, daß eine wirksame Immunität durch abgetötete Mikroben oder durch Toxine stimuliert werden kann, deren schädliche Eigenschaften zerstört worden sind, und weiter, daß für eine Immunisierung keine Infektion durch voll virulente Mikroben nötig ist. Diese Leistung erforderte keineswegs unser gegenwärtiges Wissen über Antikörper oder die Zellen, die sie produzieren, obwohl viel Geschicklichkeit und Sorgfalt nötig waren, um die anzuwendenden Materialien auszusuchen. Aber selbst den großen Leistungen Ehrlichs, Kochs, Bordets und Pasteurs gingen Immunisierungskampagnen voran, die in ihren praktischen Auswirkungen die vielleicht wichtigsten von allen waren, und durchgeführt wurden von Menschen, die keinerlei Kenntnis in der Immunologie besaßen. Das war die Tatsache, die Pocken unter Kontrolle zu bekommen, die üblicherweise der Einführung der Impfung durch Jenner zugeschrieben wird.

Sein berühmtes wissenschaftliches Buch wurde 1798 veröffentlicht, aber ein weit gefährlicheres, wenn auch wirksames Verfahren war schon seit den 40er Jahren weithin angewendet worden. Dieses betraf nicht die Verwendung von Kuhpocken, sondern einer schwächeren Form der Pocken selbst, und war als »Inokulation« (heute »Variolation«) bekannt.

Trotz des geringen Risikos, daß die Variolation selbst eine tödliche Infektion verursachen könnte, war die Verbreitung der Pocken und die Furcht davor in England so groß, daß während der Zeit um 1760 viele Massenimpfungen vorgenommen wurden, an denen Hunderttausende von Menschen teilnahmen. Razzell[3] hat überzeugend nachgewiesen, daß die Impfung mehr als irgendein anderer Faktor für den Bevölkerungsanstieg in England verantwortlich war, der so unvermittelt in der zweiten Hälfte des achtzehnten Jahrhunderts einsetzte. Beim Studium von Kirchenbüchern machte er die Beobachtung, daß in vielen Teilen des Landes die Todesfälle durch Pocken bei kleinen Kindern und bei schwangeren Frauen in dieser Periode fast aufhörten, während sich die anderen Todesursachen kaum änderten. Da der Tod durch Pocken ein Viertel aller Todesfälle ausmachte, hätte sein Verschwinden hingereicht, um den starken Bevölkerungsanstieg zu erklären, der durch andere Veränderungen, die den Beginn der industriellen Revolution begleiteten, zwar unterstützt, aber nicht erklärt wurde.

Natürlich war die Jennersche Impfung sicherer; bald ersetzte sie die Variolation. Seit 1800 wurde sie mit wenig Änderungen ausgeübt (das ist ein interessanter Beitrag zu der genetischen Stabilität der Vaccine-Arten, die eingesetzt wurden); verbunden mit den Quarantänevorschriften hat die Impfung die Pocken in den Ländern, wo sie in großem Ausmaß angewendet wird, als gefährliche Krankheit ausgelöscht.

In einigen Entwicklungsländern hat man die Beseitigung der Pocken allerdings erst in den letzten zehn Jahren ernstlich in Angriff genommen. Die Zahl der *gemeldeten* Fälle – und daneben gibt es viele *nichtgemeldete* – schwankt von 1959 bis 1968 alljährlich zwischen 65 000 und 133 000. Erst jetzt sinkt sie allmählich ab. Die

Zahlen sind im Verhältnis zur Gesamtbevölkerung nicht hoch, aber sie sind auch nicht unbedeutend, und letzten Endes stehen sie für den Tod von Menschen, die die besten Jahre ihres Lebens noch vor sich gehabt hätten.

Es wäre interessant, sich zu überlegen, was wohl geschehen würde, wenn man die Pockenimpfung völlig einstellte. Es gibt einen Hinweis aus einem unvorhergesehenem Experiment, das in den Vereinigten Staaten stattfand, als im Zeitraum von 1919–1928 in einigen Staaten die Impfung obligatorisch war und die Zwangsimpfung in einigen anderen Staaten verboten wurde. In den Staaten mit Zwangsimpfung beliefen sich die Pockenfälle auf 6,1 pro 1000, während sie in den letzteren 115 betrug. Die Impfung war also offensichtlich wichtig.

Ich habe mich ausführlich mit Pocken befaßt, die prophylaktische Impfung hat jedoch natürlich noch viele andere Krankheiten praktisch beseitigt, die bis vor kurzer Zeit noch in großem Ausmaß in Europa besonders junge Menschen töteten und zu Krüppeln machten. Diejenigen, die mehr über das Thema lesen wollen, mögen die Hinweise 5, 6, 7 im Literaturverzeichnis heranziehen; ich will hier nur noch einige Fakten geben.

Diphtherie

Die Zahl der Fälle in England und Wales sank von einem Jahresdurchschnitt von etwa 60 000 Fällen vor 1940, als die Impfung eingeführt wurde, auf weniger als 1000 zehn Jahre später; jetzt beträgt sie weniger als 50. Der Anteil der Todesfälle ist jedoch mit 10 Prozent gleichgeblieben. Das bedeutet, daß die Diphtherie nichts von ihrer Virulenz verloren hat und daß sie wieder zum Mörder werden würde, sobald die Impfung wieder leichtfertiger gehandhabt würde.

Tetanus

Die prophylaktische Impfung verhindert den Wundstarrkrampf vollkommen. Wenn Personen in Arbeitsbereichen, wo das Risiko einer Infektion beträchtlich ist – als landwirtschaftliche Arbeiter oder Soldaten im aktiven Einsatz – geimpft wurden, ist Tetanus praktisch unbekannt. Und doch waren 1963 in ländlichen Bezirken Indiens ein Viertel und in einigen Krankenhäusern in Bombay die Hälfte aller Todesfälle dieser so außerordentlich schmerzhaften und schlimmen Krankheit zuzuschreiben. Da Tetanusbazillen überall dort im Boden vorhanden sind, wo es Haus- und Wildtiere gibt, kann die Gefahr einer Infektion nicht eliminiert werden, aber die Prophylaxe ist billig und effektiv. Ganz besonders dringend wird die Organisation, um sie durchzuführen, gebraucht.

Gelbfieber

Das Gelbfieber tötete die meisten Weißen, die nach Tropisch-Afrika und Südamerika kamen, während die einheimische Bevölkerung dagegen relativ immun war. Zinsser[7] schildert beispielsweise, wie Haiti im Jahre 1803 weniger durch die Bemühungen Toussaint Louvertures und seiner Gefolgsleute von der französischen Besetzung befreit wurde als durch das Gelbfieber, das 22 000 von General Leclercs 25 000 Mann starker Armee dahinraffte. Die Gelbfiebervakzine haben jedoch etwa 50 Millionen Menschen, die seit der Entwicklung des Impfstoffs im Jahre 1937 damit geimpft wurden, völligen und dauerhaften Schutz gegeben.

Poliomyelitis (Kinderlähmung)

Zwischen 1946 und 1958 forderte diese Seuche in England und Wales alljährlich zwischen 3000 und 8000 Opfer. Sie wurde durch die Einführung abgetöteter Krankheitserreger eingedämmt und ist seit 1962, dem Jahr, in dem die Schluckimpfung eingeführt wurde, praktisch beseitigt.

Ich habe einige Krankheiten erwähnt, gegen die die Prophylaxe so gut wie totalen Schutz gewährt. Es gibt andere prophylaktische Mittel, die aus verschiedenen Gründen zwar nicht völligen Schutz bieten, aber doch so viel, daß das Auftreten ernster Infektionen auf ein Viertel oder noch weniger herabgedrückt wird. Dazu gehören Keuchhusten, Tuberkulose, Paratyphus, Cholera und Typhus. Es hat keinen Sinn, diese Liste noch zu erweitern, denn man kann ganz allgemein feststellen, daß es möglich ist, wirksame Prophylaxen gegen jede Krankheit zu entwickeln, gegen die eine natürliche Infektion eine langwährende Immunität gewährt. Natürlich gibt es immer technische Schwierigkeiten, die Hauptfragen sind heutzutage jedoch, ob es der Mühe wert ist und wer dafür bezahlt.

Was sind nun die sozialen Konsequenzen? Die offenkundigste ist, daß die Impfung, vergleichbar mit der verbesserten Hygiene und der Einführung von Antibiotika, die Sterblichkeit und die Krankheitsziffern stark verringert hat. Da ich es für richtig halte, daß Personen, die bereits leben, so gesund wie möglich sein sollten, scheint mir das keinerlei ethische Schwierigkeiten zu bieten. Ich will nicht sagen, daß die Geburtenkontrolle nicht das dringendste Problem wäre, mit dem sich die Menschheit konfrontiert sieht – meiner Ansicht nach müssen wir aber damit beginnen, dafür zu sorgen, daß nur erwünschte Kinder geboren werden, und nicht die Lösung darin sehen, daß einfach mehr Kinder sterben.

Wirkliche Probleme ergeben sich bei der Einführung eines neuen Impfstoffs, da er am Menschen ausprobiert werden muß, ehe er als sicher und wirksam erwiesen werden kann. Diese Probleme ähneln den Fragen, denen sich pharmazeutische Fabrikanten gegenübersehen, wie Dr. Habe später erörtern wird. Ich will aber kurz feststellen, daß innerhalb des in diesem Lande vorherrschenden ethischen Rahmens die mit der prophylaktischen Impfung zusammenhängenden Probleme in erster Linie technischer Art sind. Eine andere und sehr schwierige Frage ist die, zu entscheiden, wann und ob eine Impfung nicht mehr so streng vorgenommen werden muß. Um die Zeit, in der eine Infektionskrankheit fast aus einer Gemeinschaft verschwunden ist, wird die Begeisterung, mit der prophylaktischen Impfung fortzufahren, offensichtlich abnehmen. Wenn man aber die Impfung einstellte, würde eine außerordentlich anfällige Bevölkerung heranwachsen, in der sich die Krankheit bei ihrem Wiederauftreten sehr schnell ausbreiten und mehr Schaden anrichten könnte als vor Beginn der prophylaktischen Impfung. Das bedeutet, daß die Prophylaxe fortgesetzt werden – oder unmittelbar zur Verfügung stehen muß, falls die Krankheit nicht entweder völlig ausgelöscht ist (was sehr schwierig mit Sicherheit festzustellen ist) oder durch billige und ausreichend zur Verfügung stehende Antibiotika leicht geheilt werden kann. Ich vermute, daß unsere Kindeskinder eher mehr als weniger einer künstlichen Immunisierung unterworfen sein werden als unsere eigenen Kinder, obwohl Art und Weise, wie das geschehen wird, wahrscheinlich bequemer sein wird als die heutige.

Krebs

Da ich Dr. Watson nicht »die Schau stehlen« will, möchte ich lediglich darauf hinweisen, daß Krebszellen – was immer auch ihre Ursache sein mag – allgemein so verändert werden, daß sie in dem Körper, in dem sie heranwachsen, als »fremd« erscheinen. Sie sollten daher der vorher erläuterten These zufolge eine Immunreaktion hervorrufen. Einige Krebsarten tun das sicherlich; diejenigen jedoch, die weiterwachsen, deuten offensichtlich auf ein Versagen der Immunreaktion des Körpers bei dem Versuch, sie zu eliminieren. Große Anstrengungen werden in der Forschung auf den Versuch gewandt, Wege zu finden, wie man eine wirksamere Reaktion stimulieren könnte, allerdings blieb das beim Menschen bisher ohne überzeugenden Erfolg. Trotzdem bin ich optimistisch, daß die Immuntherapie eine wirksame Ergänzung der Chirurgie, der Medikamente und der Bestrahlung werden wird und daß sie eines Tages vielleicht sogar in der Lage sein wird, gewisse Formen von Krebs zu verhindern. Ein Erfolg auf diesem Sektor würde kaum neue ethische oder moralische Probleme aufwerfen.

Organverpflanzung

Bisher habe ich Fälle erörtert, in denen es erforderlich ist, die Immunreaktion nach Belieben zu steigern; es gibt andere, bei denen gerade das Gegenteil nötig ist, nämlich die Unterdrückung einer besonders unerwünschten oder schädlichen Reaktion, während die nützlichen intakt gehalten werden. Der bestbekannte, wenn auch zahlenmäßig nicht wichtigste Fall, ist die Organverpflanzung. Die Nierenverpflanzung hat bereits eine lange und beachtliche Geschichte. In letzter Zeit wurden – zeitweise erfolgreich – Versuche unternommen, Leber, Herz und Lunge zu verpflanzen; zweifellos werden in nicht allzu ferner Zukunft so wesentliche Organe wie Schilddrüse, Nebenniere und Bauchspeicheldrüse dieser Liste hinzugefügt werden, und wir werden Versuche erleben, normale Stammzellen zu verpflanzen, um Mängel bei Personen auszugleichen, die angeborene defekte rote und weiße Blutkörperchen haben. Ein Hindernis bildet nicht mangelndes chirurgisches Können, sondern die immunologische Abstoßung des übertragenen Gewebes durch den Empfänger. Fast alle Individuen haben Erbunterschiede in der Struktur einiger der Moleküle, die die Oberflächenschicht ihrer Zellen (die Transplantationsantigene) bilden, und ihretwegen reagiert das Transplantat wie ein fremdes Antigen; das wiederum verursacht eine Immunreaktion, die das fremde Antigen schließlich zerstört.

Es gibt drei Methoden, um eine Organabstoßung zu überwinden oder sie zu verhindern. Die eine ist, sicherzustellen, daß sich die Transplantationsantigene des Spenders und des Empfängers so wenig wie möglich unterscheiden, indem man vorher eine Gewebetypenfeststellung vornimmt. Das erfordert eine umfangreiche Organisation, es ist aber schon erfolgreich in internationalem Rahmen vorgenommen worden. Die zweite Methode ist die Verwendung von sogenannten immunsuppressiven Medikamenten. Ihre Hauptfunktion besteht darin, Lymphzellen abzutöten oder sie an der Teilung zu hindern; das kann sicher die Immunreaktion gegen die Übertragung bremsen, dämpft aber auch gleichzeitig die Abwehr gegen gewöhnliche Mikroben und macht den Patienten so zur leichten Beute von Infektionen, die einen Normalmenschen kaum befallen würden. Es werden jedoch neue immunsuppressive Agenzien entwickelt, die diesen Nachteil zu überwinden versprechen. Die dritte Methode besteht – wie ich schon früher erwähnt habe – darin, spezifische Toleranzen der fremden Transplantations-Antigene zu schaffen. Bei Versuchstieren wurde das bereits erreicht und wird wahrscheinlich, wenn es auch noch nicht praktisch durchgeführt wird, auch bei Menschen möglich sein.

Wir können verhältnismäßig sicher sein, daß wir im Prinzip wissen, wie man die immunologischen Barrieren der Transplantation überwindet. Tatsächlich haben selbst bei der Anwendung der heutigen Praktiken, einer Kombination von Methoden, mehr als 80 Prozent aller Nierenübertragungen mindestens zwei Jahre lang Erfolg, und viele Patienten haben noch länger gelebt. Das bedeutet, daß sich die Öffentlichkeit und der ärztliche Beruf mit neuen ethischen Problemen konfrontiert sehen. Sie ergeben sich teilweise aus der Tatsache, daß die für die Transplantation nötigen Gewebe gesund und in gutem Zustand und für den Empfänger geeignet sein müssen. Selbst bei schnellstem Transport und guter Organisation ist es unwahrscheinlich, daß je genug geeignetes Gewebe von freiwilligen Spendern und zur richtigen Zeit und am richtigen Ort zur Verfügung stehen wird. Möglicherweise wird es auf lange Sicht machbar werden, »Banken« mit gefrorenen, nach Arten geordneten und gut erhaltenen Organen einzurichten, die gesunden, bei Unfällen umgekommenen Personen entnommen werden (hier kann uns leider das Auto helfen). Zuerst müssen hier allerdings gewaltige technische Schwierigkeiten überwunden werden. Bis dahin wird es oft um das Problem gehen, Personen, die nie um ihre Einwilligung gebeten wurden, unmittelbar nach ihrem Tod Gewebe zu entfernen. Ich will die Konsequenzen nicht weiter verfolgen, da sie das Thema vieler Diskussionen und auch einer kommenden Gesetzgebung sind.

Die Verhütung der Rhesusimmunisierung

Die einzige »Transplantation von Fremdgewebe«, die ohne Eingreifen eines Chirurgen erfolgreich ist und ohne Zeichen einer Immunreaktion gedeiht, ist der Fötus im Schoß seiner Mutter. Wir nehmen das als gegeben hin, es ist aber sehr bemerkenswert, da das Kind die

Hälfte der Eigenschaften seines Vaters erbt und so unvermeidlicherweise von seiner Mutter verschieden ist. Die Erklärung liegt in einer sehr ausgeklügelten Schutzsperre im Schoß der Mutter, die das Gewebe des Kindes von dem der Mutter abschirmt, obwohl der Durchgang von Nährstoffen, ja sogar von Atigenen nicht behindert wird. Diese Schutzsperre kann jedoch während der Schwangerschaft ein leichtes Leck haben, oft bricht sie während der Geburt so stark zusammen, daß eine beträchtliche Menge Blut des Kindes in den Kreislauf der Mutter eindringt. Wenn das der Fall ist, kann die Mutter gegen die Blutzellen ihres Kindes immunisiert werden und Antikörper gegen sie bilden; wenn diese dann in das Kind oder ein folgendes Kind übergehen, können sie dessen Blutzellen so ausgiebig schädigen, daß eine schwere Gelbsucht oder sogar Tod die Folge ist. Aus komplizierten, aber wohlbekannten Gründen verursachen nur gewisse Unterschiede zwischen den Zellen von Mutter und Kind solche Schwierigkeiten. Am häufigsten treten sie auf, wenn die Zellen des Kindes einen Faktor besitzen, der »Rhesus-Antigen« genannt wird und wenn der Mutter dieser Faktor fehlt. (Der Faktor wurde zuerst bei Rhesusaffen gefunden, daher der Name.)

Vor kurzem hat man entdeckt, daß die Immunisierung einer Mutter durch die roten Blutkörperchen ihres Kindes dadurch verhindert werden kann, daß man ihr kurz nach der Geburt eine Dosis menschlicher Antikörper gegen das Rhesusantigen injiziert, und zwar so viel, daß sie sich mit allen Zellen des Kindes verbinden können, die während der Geburt in sie eingedrungen sind. Diese Art von Behandlung wird schon in kurzer Zeit zur Routine werden, und die Rhesuskrankheit wird dann praktisch eliminiert sein. Man könnte meinen, daß diese Entdeckung nur positive Konsequenzen hat, aber selbst sie wirft interessante ethische Probleme auf.

Das erste ergab sich aus der Tatsache, daß die Zahl von rhesusnegativen Müttern, die rhesus-positiven Kindern das Leben schenkten, ziemlich groß ist (allein in England und Wales sind es alljährlich etwa 80 000), obwohl man natürlich die Tatsache betonen muß, daß weniger als 10 Prozent tatsächlich immunisiert wurden. Man braucht nun menschliche Antikörper, und diese müssen entweder von Frauen kommen, die bereits infolge einer Geburt immunisiert wurden, oder von Freiwilligen, die sich absichtlich immunisieren lassen. Der Vorrat an Antikörpern ist begrenzt, deshalb mußte man herausfinden, wie wenig oder viel davon nötig ist, um wirksam zu sein. Ein sorgfältiger Versuch wurde durchgeführt, bei dem Mütter auf Risiko hin jeweils verschiedene Mengen von Antikörpern erhielten, einschließlich einiger, die so klein waren, daß es vorher ungewiß war, ob die Menge unwirksam sein würde oder (was theoretisch möglich war) dennoch tatsächlich die Möglichkeit einer Immunisierung steigerten. Bei dem Versuch wußten weder der Arzt noch die Frauen vorher, welche Dosis jede der Frauen erhalten würde. Natürlich wurden die Resultate mit den niedrigsten Dosen sofort nach Eintreffen so schnell wie möglich analysiert, damit die Dosis aus der Versuchsreihe gezogen werden konnte, wenn sie offensichtlich schädlich war (obwohl sie sich tatsächlich als fast so positiv erwies wie die größte verwendete Dosis). Als Folge dieses Versuchs wissen wir jetzt, daß ein ausreichender Vorrat von Antikörpern zur Verfügung gestellt werden kann, um alle Frauen in diesem Land, die sie brauchen, damit zu behandeln. Ich halte den Versuch für durchaus gerechtfertigt, er illustriert aber ziemlich genau, welche Probleme sich dabei ergeben können.

Das zweite Problem ist, daß es bei erfolgreicher Behandlung nicht lange dauern wird, bis es keine Frauen mehr gibt, deren Blut auf natürliche Weise gegen den Rhesusfaktor immunisiert ist, so daß man aus ihrem Blut auch nicht mehr die Antikörper für die Behandlung anderer Mütter gewinnen kann. Damit wird also das Risiko keineswegs vermindert werden, auch wenn die Rhesuskrankheit selbst verschwunden ist. Das bedeutet, daß in nicht allzu ferner Zukunft absichtlich immunisierte Freiwillige verwendet werden *müssen* – und in einigen Ländern werden sie tatsächlich bereits eingesetzt. Es werden nicht viele nötig sein, aber eine solche Immunisierung stellt ein gewisses, wenn auch sehr geringes Risko dar, selbst wenn die Freiwilligen Männer sind. Wie sie ausgewählt und wie sie belohnt werden sollten, wirft eine interessante Frage auf, die ich Ihrer Erwägung anheimstellen möchte.

Es gibt noch andere und noch allgemeinere Bedingungen, unter denen sich Reaktionen als alles andere denn positiv und manchmal als ausgesprochen schädlich herausstellen. Auf der einen Seite gibt es

Allergien – Asthma, Heufieber, Ekzeme usw. –, die aus übertriebener Reaktion auf normalerweise harmlose Materie in der Umwelt, wie etwas Pollen oder gewisse Nahrungsmittel, entstehen. Sie sind eine der Strafen dafür, daß man ein immunologisches System besitzt, das darauf abgestimmt ist, »Fremdheit« in jeder Tarnung zu erkennen. Andererseits gibt es die sogenannten Autoimmunleiden, bei denen der Körper aus irgendwelchen Gründen Antikörper produziert, die fähig sind, auf ihre eigenen Bestandteile zu reagieren und die oft aus einer genetischen Veranlagung resultieren, durch die der Mechanismus, der normalerweise die Selbsttoleranz aufrechterhält, versagt.

Ich kann mich bei diesen Krankheiten nicht aufhalten, ich möchte lediglich feststellen, daß ihre Heilung oder Linderung Probleme aufwirft, die im Prinzip denen ähneln, die sich aus der Organverpflanzung ergeben, und daß Erfolge auf dem einen Gebiet zu Erfolgen auf dem andern führen. Da das Gebiet der Verpflanzung aufsehenerregender ist, erhält die Forschung dort leichter Mittel als alle anderen. Wenn man daraus eine Lehre ziehen kann, dann die, daß die Ausstattung der Forschung mit finanziellen Mitteln nicht notwendigerweise in Beziehung zu ihrer Relevanz für die menschlichen Bedürfnisse steht – was aber niemanden überraschen dürfte. Was die Immunologie anlangt, so gilt diese Bemerkung allerdings weniger für die Ausstattung mit Regierungs- als mit privaten Mitteln. Nicht nur bildet dieser Forschungssektor eine Einheit, so daß Fortschritte an der einen Front denen an anderen Fronten zugute kommen, vielmehr liefert die Tatsache, daß pharmazeutische Firmen mehr an Märkten als an Prestige interessiert sind, eine »systemimmanente« korrigierende Tendenz, nützliche Entdeckungen dort anzuwenden, wo sie quantitativ am meisten gebraucht werden.

Wenn ich versucht habe, Sie zu überzeugen, daß die Immunologie ein faszinierender Aspekt der biomedizinischen Wissenschaft ist und daß sich ihre Anwendung im allgemeinen wohltätig auswirkt, dann nicht so sehr, weil ich die Vorzüge des Gebiets vertrete, auf dem ich arbeite, sondern um der Skepsis derer entgegenzuwirken, die heute den Wert der wissenschaftlichen Forschung in Frage stellen. Sie haben in manchen Punkten recht, sollten diese aber nicht zu sehr betonen.

Literaturhinweise

1. Ein guter Bericht ist in ›The Structure of Antibodies‹, *Scientific Amerecan 217*, Nr. 4, 81 (1967) zu finden.

2. Gally, J. A., und Edelman, G. M. (1970), *Nature 227*, 341.

3. Razzell, P. E. (1965), Population Change in Eighteenth century England. A Reinterpretation, *Economic History Review 18*, 312–332.

4. Parish, H. J. (1965), *A History of Immunization.* Edinburgh, Livingstone.

5. – (1968), *Victory with Vacciness. The Story of Immunization.* Edinburgh, Livingstone.

6. Perkins, F. T. (1965), ›The science and practice of immunology‹, *Journal of the Royal Society of Arts 113*, 82–100.

7. Zinsser, H., *Rats, Lice and History.* New York, Bantam Books.

Diskussion

Edwards: Ich habe Leute erzählen hören, daß sie in den frühen Tagen der Rhesus-Immunisierung keine Hilfe von Berufs-Immunologen erhielten.

Humphrey: Im Fall der Verhütung der Rhesuskrankheit gab es Beweise aus Tierversuchen, daß Antikörper gegen die roten Blutkörperchen des Embryos eine Immunisierung verhindern würden. Aber zufällig war es nicht die Rhesusgruppe. Rückblickend kann man natürlich genau erkennen, warum die Rhesus-Immunisierung funktioniert und warum sie weiter funktioniert, und man kann voraussagen, wieviel Antikörper man anwenden muß usw. Aber was Sie sagen, ist richtig.

Hayes: Im Hinblick auf die Diphtherie befinden wir uns in einer Position, wo jedermann immun ist und die Krankheit praktisch nicht mehr existiert. Um aber diesen Stand der Dinge zu erhalten, müssen wir das Impfverfahren beibehalten, andernfalls könnte die Diphtherie in schlimmerer Form zurückkommen. Und doch erklären Sie sehr vorsichtig, daß Sie niemanden zur Impfung zwingen würden.

Humphrey: Sie haben da eine interessante Frage aufgeworfen. Obwohl in einigen Ländern Impfzwang besteht, glaube ich, daß viel dagegen spricht, die Impfung zwangsweise einzuführen – und zwar wegen des geringen, aber doch definitiven Risikos. Der entscheidende Punkt ist der, daß eine Massenimmunität nicht davon abhängt, daß 100 Prozent der Menschen geimpft werden, sondern sie hängt von der Impfung von 80 Prozent ab.

Monod: Das Testen von Vakzinen wie von anderen Medikamenten wird ein soziales und sogar ein politisches Problem, weil entwickelte Länder – beginnend mit den Vereinigten Staaten – immer mehr Beschränkungen für die offizielle Durchführung von Tests im eigenen Land auferlegen. Das geht sogar so weit, daß einige große Arzneimittelfirmen den Versuch aufgegeben haben, die Tests in den Vereinigten Staaten durchzuführen, und die Dienste fremder Regierungen erkaufen, um die Tests bei fremden Bevölkerungen, besonders in unterentwickelten Ländern, durchführen zu lassen.

Humphrey: In diesem Land haben wir ziemlich klar definierte Bedingungen, so daß nach Tierversuchen zunächst alle weiteren Untersuchungen an Freiwilligen vorgenommen werden, z. B. in der Fabrik, die den Impfstoff herstellt. Zweitens wird der Impfstoff an kleinen Gruppen erprobt, die dann erweitert werden. Aber es gibt immer noch Probleme, und vielleicht sollte ich eines illustrieren. Röteln, die Deutschen Masern, sind eine verhältnismäßig leichte Krankheit – außer wenn sie von einer Mutter auf ihren Fötus übertragen werden und angeborene Deformierungen verursachen. Jetzt gibt es einen Impfstoff gegen Röteln, der durch Verdünnung entwickelt wurde und eine ziemlich gute Immunität gewährleistet.

In einigen Teilen Amerikas wurde es bei allen Altersgruppen von Klinikkindern bis zu Heranwachsenden angewandt, möglicherweise ohne ausreichende Überlegung, ob eine andauernde Immunität erreicht wird, wie sie durch die natürliche Infektion erfolgt. Wir wissen auch nicht, ob die Personen, die geimpft wurden, während der Schwangerschaft nicht subklinisch mit den echten Röteln infiziert werden können. Sie könnten sich dann in einer übleren Lage als bei einer normalen Infektion befinden, weil sie nicht merken würden, daß sie die Röteln haben, obwohl diese Auswirkungen auf das Kind haben könnte; sie wären demnach nicht beunruhigt und würden sich keinen Rat wegen einer etwaigen Schwangerschaftsunterbrechung holen. Hier in England wird eine relativ kleine Gruppe von Elf- bis Vierzehnjährigen, die, wie wir hoffen, zu jung sind, um schwanger zu werden, geimpft und weiter beobachtet werden, um sicherzustellen, daß es keine – nicht einmal eine subklinische – Entwicklung von Röteln gibt.

Hale: Ich möchte Ihnen zustimmen, daß wir in diesem Land hinsichtlich der Einführung neuer Therapien eine bessere Situation haben, als sie in den Vereinigten Staaten besteht, und ich spreche hier als Angestellter einer amerikanischen Gesellschaft. Hier in England hat das Kommittee für Drogensicherheit beratende Funktion, und man kann mit den Leuten dort vernünftig reden. In den Vereinigten Staaten hat die Lebensmittel- und Arzneimittel-Verwaltung Aufsichtspflicht, und ihre Tätigkeiten sprengen manchmal den Rahmen der Vernunft. Was Dr. Edwards über den Immunologen sagte (und Dr. Humphrey bestätigte), der gegen die Verwendung von Rh-Antikörpern bei der Rhesusbehandlung eintrat, illustriert die Gefahr obligatorischer Vorschriften, wo es keine Möglichkeit einer wissenschaftlichen Diskussion und einer kooperativen wissenschaftlichen Entscheidung gibt. Wenn dieser Rat in einer Vorschrift übernommen worden wäre, hätte es einige Jahre gedauert, ihn wieder auszuschalten, und wieder einige Jahre, um eine Therapie einzuführen, die sich als sehr wirksam erwiesen hat. Es bestehen also Gefahren in einem Vorschriftenmechanismus, ebenso wie es solche in einer völligen Freiheit von Vorschriften gibt.

Humphrey: Dr. Hale hat seine Sache ausgezeichnet vertreten. Ich glaube aber nicht, die Immunologen hätten je gesagt, daß die Tests nicht vorgenommen werden sollten – sie wurden nicht gefragt; man hat ihnen hinterher von dem Erfolg berichtet, und sie fingen an, sich die Köpfe zu kratzen und zu fragen, warum. Obwohl die Wissenschaftler ganz natürlicherweise nicht bereit sind, glatt mit »Ja« oder »Nein« zu antworten, tendiert ihre Aussage zum Dogmatismus, weil die Personen, die die Fragen stellen, eine klare Antwort erwarten und ein Zögern nicht hinnehmen wollen, weil sie nämlich aufgrund des Ratschlages praktische Maßnahmen einleiten müssen.

11. J. D. Watson · Molekularbiologische Betrachtungsweise des Krebsproblems

Immer wieder höre ich bei einer Party oder in einem Laboratorium jemanden sagen, welche Katasrophe es doch wäre, wenn das Krebsproblem gelöst und keine Mittel mehr vorhanden wären, um unsere wissenschaftliche Arbeit zu betreiben. Oft sind die Leute, die das sagen, nur kleine Esel, manchmal sind sie aber wirklich klug, und wenn ich diese schalen Worte höre, fühle ich mich mehr als nur ein wenig unbehaglich. Die traurige Tatsache aber, daß ich genau weiß, daß ich diese »weise Bemerkung« wieder und wieder hören werde, gibt doch ziemlich gut Aufschluß über die Art der Krebsforschung, wie sie heute in der ganzen Welt betrieben wird.

Wirklich ernsthaftes Nachdenken über den Krebs muß immer mit der unbequemen Tatsache beginnen, daß die meisten Menschen, die intensiv am Krebsproblem gearbeitet haben, meinen, es sei auf kurze Sicht gesehen unlösbar und viel zu schwierig für irgendeinen Sterblichen. Dennoch beruht die finanzielle Unterstützung eines großen Teils der modernen Biologie auf dem dringenden Verlangen der Gesellschaft, das Krebsproblem schnell zu lösen. Gekennzeichnet wird der Wunsch dadurch, daß die Mittel einer Vielzahl von Formen der Krebsforschung zugebilligt und gegeben werden. Die Menschen, die die Krebsmittel verwalten, erkennen jedoch, daß es noch horrende Lücken in unseren Kenntnissen der fundamentalen Biologie gibt, die erst einmal gefüllt werden müssen, ehe man das medizinische Problem wirkungsvoll in Angriff nehmen kann.

So lassen sie einen großen Teil des Geldes, das für die Krebsforschung bestimmt ist, der Unterstützung der reinen Biologie zufließen. Als Folge davon haben die meisten Personen, die durch Krebsgelder unterstützte wissenschaftliche Arbeit leisten, kein direktes Interesse am Krebsproblem selbst. Statt dessen ist ihr primäres Ziel die Lösung biologischer Grundprobleme. Und so sollte es auch sein, denn wenn ihr Engagement mit ihrem unmittelbaren Forschungsgebiet nur indirekt wäre, hätten sie wahrscheinlich keinen Erfolg, und auf lange Sicht würde die Krebsforschung empfindlich zurückgeworfen werden.

Glücklicherweise ist die »weise Lösung«, die reine Biologie massiv zu unterstützen, seit ein paar Jahren leichter zu rechtfertigen. In steigendem Maß laufen die Forschungsprobleme, die für die Wissenschaftler an den biologischen Universitätsinstituten wichtig sind, mit denen konform, die für die Wissenschaftler an den Krebsinstituten entscheidende Bedeutung haben.

Schließlich können wir die Größe der Aufgabe abschätzen, mit der wir konfrontiert sind, indem wir zuerst die grundlegenden chemischen Unterschiede zwischen normalen und mit Krebs befallenen Zellen genau herausarbeiten und, wenn das erreicht ist, dieses Wissen dazu benützen, um die Vermehrung der Krebszellen zu verhindern. Niemand sollte sich jedoch irgendwelchen Illusionen hingeben, daß wir angesichts dessen, was bisher in der modernen Biologie erreicht worden ist, eine rasche Reaktion auf klinischem Gebiet erwarten können. Man kann nicht einfach behaupten, daß dieses Problem relevanter ist als viele andere und daß es daher sofort gelöst werden sollte. Unglücklicherweise scheinen aber viele Leute anzunehmen, daß das der Fall ist, und ich bin sicher, daß einige Leute den Verdacht hegen, die meisten Biologen seien hartherzige Burschen, weil sie nicht all ihre Anstrengungen dem Krebsproblem widmen und sich statt dessen um esoterische Fragenkomplexe Sorgen machen, die keinerlei Zusammenhang mit den wirklichen menschlichen Problemen haben. Ich glaube nicht, daß es hier wirklich eine echte Teilnahmslosigkeit gegeben hat. Viele der Menschen, die am Krebsproblem gearbeitet haben, weil sie etwas für die Gesellschaft tun wollten, waren am Ende schwer enttäuscht, weil sie erkannten, daß sie der Aufgabe nicht gewachsen waren. Übrigens war das ja bisher niemand.

Nichtsdestoweniger kann man heute kaum eine Zeitung aufschlagen, ohne auf etwas zu stoßen, das die Möglichkeit zur Heilung von Krebs zu bieten scheint. Bei jedem Ereignis, das für eine Familie oder ein Individuum so grausam ist wie ein Krebsfall, braucht man eine anhaltende Hoffnung. Erfahrene Zeitungsverleger wissen das auch und drucken regelmäßig Geschichten über neue wissenschaftliche Forschungen, die irgendwie die Entwicklung einer Heilungsmöglichkeit fördern könnten.

Die allgemeine Öffentlichkeit wird so unaufhörlich in dem Glauben bestärkt, daß es nur noch ein paar Jahre dauern wird, bis die langersehnte Zauberwaffe endlich erscheint. Sie ist daher bereit, die Geldspenden für die Krebsforschung nicht nur fortzusetzen, sondern sogar zu steigern. In den Vereinigten Staaten bestehen gute Aussichten dafür, daß sich die Höhe der finanziellen Unterstützung durch den Bund im nächsten Jahrzehnt verdoppeln, wenn nicht sogar verdreifachen könnte, selbst wenn dadurch die Mittel für andere Wissenschaftszweige so stark gekürzt werden müßten, daß bei diesen die Fortdauer erstklassiger Arbeit in Frage gestellt wird. Ich vermute daher, daß noch für viele Jahre überreichlich Geldmittel für eine erstklassige Krebsforschung zur Verfügung stehen werden. Selbst Projekte, die aus wissenschaftlichen Gründen als Randprojekte beurteilt werden müssen, dürften reichlich Unterstützung erhalten, wenn auch nur deshalb, weil ein Krebsforschungszentrum in ihrer Nachbarschaft den Bewohnern das Gefühl gibt, ihre medizinische Behandlung entspräche den neuesten Erkenntnissen in der fundamentalen Krebsforschung.

Wenn wir auf den Anfang dieses Jahrhunderts zurückblicken, so war die erste echte wissenschaftliche Entdeckung mit therapeutischen Folgen die Entdeckung des Radiums und die daraus folgende Beobachtung, daß verschiedene ionisierte Strahlungen verschiedener Art Krebszellen viel schneller töten, als normale Zellen getötet werden. Anfänglich hat man daher gehofft, daß wir den Krebs durch Strahlenbehandlung heilen könnten. Das war aber nur zum Teil richtig; es funktionierte bei einigen Krebsarten, nicht aber bei anderen.

Nicht alle Arten von Krebszellen sind anfälliger gegen Strahlungsschäden als normale Zellen, und – was noch wichtiger ist – die Strahlenbehandlung wirkt im allgemeinen nicht, wenn sich der ursprüngliche Krebs über den ganzen Organismus ausgebreitet hat. Als die Strahlentherapie begann, wußte auf molekularer Ebene niemand etwas darüber, wie die Strahlung Zellen beeinflußt. Selbst heute tappen wir, trotz der stark beschleunigten Programme der biologisch orientierten Strahlungsforschung, zu deren Anstoß die Erfindung der Atomwaffen beigetragen hatte, immer noch im Dunkeln.

In den 20er Jahren machte der bekannte deutsche Biochemiker

Otto Warburg die Beobachtung, daß Turmorzellen dadurch charakterisiert sind, daß sie Milchsäure in sehr großen Mengen produzieren und daß der Ursprung dieses Stoffwechselzwischenprodukts eine übermäßige Fermentierung von Glukose ist. Diese Entdeckung führte zu der Annahme, daß allen Krebszellen möglicherweise etwas biochemisch Uniformes eigentümlich wäre, und so begannen sehr viele Wissenschaftler zu untersuchen, wie Glukose sowohl durch Turmorzellen als auch durch normale Zellen umgesetzt wird. Diese Arbeit dauert noch an. Unglücklicherweise hat sie zu zahllosen Kontroversen geführt, einige Leute sagen, Warburg habe recht, und andere, er habe unrecht. Viele Krebsforschungsinstitute sind voll von Leuten, die diese Experimente durchführen und im Grunde zu keinem Ergebnis kommen.

Alles, was man heute sagen kann, ist, daß aus einem noch sehr unklaren Grund der Regelmechanismus, der für die Glukoseaufnahme einer Zelle verantwortlich ist, durch die Krebstransformation beeinflußt wird. Ob das eine primäre Ursache für den Krebs oder eine sekundäre Folge ist, bleibt unklar. Dennoch lieferte die Kontroverse um die Milchsäure einen starken Anreiz für Fortschritte in der Biochemie. Um die Zeit, zu der Warburg seine Beobachtung machte, war fast nichts darüber bekannt, was heute »intermediärer Stoffwechselvorgang (Metabolismus)« genannt wird, das heißt, wie unsere Nahrung aufgenommen, zu kleineren Molekülen abgebaut und dann wiederum zu größeren aufgebaut wird. Es war der Wunsch, das Krebsproblem zu lösen, der hinter einem großen Teil der steigenden finanziellen Unterstützung steckte, die die Biochemie in den 30er und noch viel stärker in den Nachkriegsjahren erhielt.

Die nächste große Entdeckung – wie man hoffte, direkt für eine Krebstherapie relevant – war, daß man gewisse Chemikalien als krebsauslösende Agenzien erkannte. Solche Moleküle wurden Karzinogene genannt, und man stellte fest, daß Menschen in bestimmten Berufen ihnen in gefährlicher Weise ausgesetzt waren. Die Schornsteinfeger in England stellten hier einen der ersten erkannten Fälle dar – Ruß enthält spezifische Kohlenwasserstoffe, die die Häufigkeit von Haut- und Skrotum-(Hoden)Krebs stark erhöhen. Das sich daraus ergebende Gebiet der Umweltskarzinologie wurde größer, als immer mehr Verbindungen als karzinogene Stoffe erkannt wurden, wobei verschiedene Substanzen spezifische Formen von Krebs verursachen. Unglücklicherweise weiß im großen und ganzen noch immer keiner, warum. Wo diese Moleküle in den Zellen tätig werden, war in den 30er Jahren reine Spekulation – und ist es zum überwiegenden Teil auch heute noch. Wenn unser Wissen ein wenig fundierter geworden ist, dann deshalb, weil uns die moderne Biologie viel über die Rolle der DNS in den Chromosomen gezeigt hat, was manche Leute zu dem Schluß führte, einige Karzinogene arbeiteten direkt auf der Ebene der DNS.

Die Hauptwirkung der Arbeit über chemische Karzinogene war bisher, Leute davor zu warnen, sich potentielle Karzinogenen übermäßig stark auszusetzen. Wir vermuten, daß das Zigarettenrauchen heute die größte Gefahr darstellt, obwohl es noch andere Chemikalien gibt, deren Gefahren noch weithin unterschätzt werden. Eine davon ist Asbest, ein sehr starkes Karzinogen – eine Tatsache, die viele Behörden gerne vergessen, weil Asbest eine sehr wichtige Komponente der Bauindustrie ist. Erst im letzten Jahr begann die Stadt New York zu verhindern, daß Asbest in die Luft gesprüht wird. Ich fürchte jedoch, daß die meisten anderen Großstädte diese irrsinnigen Praktiken weiter hinnehmen. New Yorks uncharakteristische Handlungsweise verdankt einer Artikelserie im Magazin ›The New Yorker‹ sehr viel, die das Asbestproblem auf eine höchst erschreckende Weise dokumentierte. Was allerdings das Hauptziel angeht, nämlich herauszufinden, was Krebs biochemisch gesehen ist und wie man ihn heilen kann, so hat die Arbeit an chemischen Karzinogenen wirklich zu nichts geführt.

Auf den ersten Blick war die Beobachtung, daß häufig spezifische Hormone nicht nur für das Wachstum normaler, sondern auch spezifischer Turmorzellen nötig sind, ein weitaus vielversprechenderer Ansatz für therapeutische Angriffe auf den Krebs. Intensive Arbeit in dieser Richtung setzte in den 40er Jahren ein, unmittelbar nachdem man die chemischen Strukturen vieler steroider Hormone erkannt hatte. Als ihre chemischen Strukturen entdeckt worden waren und diese Hormone in reichlichen Mengen zur Verfügung standen, stieg die Hoffnung, daß das Turmorwachstum durch Umstoßen des normalen Hormongleichgewichts bei einem Krebskranken verzögert, vielleicht sogar völlig aufgehalten werden könnte. In der Tat erzielte Charles Huggins von der Universität Chicago, der weibliche Sexualhormone verwandte, um das Wachstum einiger Prostatakrebsarten aufzuhalten, beträchtliche Erfolge. Unglücklicherweise reagierten jedoch die meisten Krebsarten nicht ausreichend auf eine Hormontherapie, und in Anbetracht unseres sehr begrenzten Wissens auf der Ebene von Molekülen, nämlich wie Hormone funktionieren, scheint wenig Grund für größere Erfolge in dieser Richtung in absehbarer Zeit vorzuliegen.

Das nächste wichtige Stadium in der Krebsforschung begann Ende der 40er Jahre. Damals wurden die ersten Medikamente entdeckt, durch die Krebszellen häufiger getötet werden als die meisten normalen Zellen. Diese Medikamente waren Entsprechungen der Vitamin-Folsäure, das erfolgreichste davon wird ›Aminopterin‹ genannt. Es wurde zuerst durch Sidney Farber im Kinderkrankenhaus von Boston eingesetzt, der sehr auffälliges Nachlassen, das lang anhielt, gewisser Leukämien im Kindesstadium beobachtete. Unglücklicherweise hört die Wirkung des Aminopterins nach einer gewissen Zeit auf, wenn resistente Zellen auftauchen. Es kommt fast nie zur vollständigen Heilung. Eine darauf folgende Untersuchung erwies, daß das Aminopterin wirkt, indem es die Synthese des DNS-Vorläufers, der Thymidinsäure, blockiert. In den nächsten zehn Jahren wurden viele Verbindungen entdeckt, die auf die normale DNS-Synthese einwirken und vorübergehendes Nachlassen bei verschiedenen Formen von Krebs verursachen. Allmählich wurde die Krebstherapie von der allgemeinen Ansicht beherrscht, man müsse Medikamente finden, die selektiv die Synthese der Nukleinsäure in Tumorquellen unterbinden, während sie gleichzeitig die Synthese von Nukleinsäure in *normalen* Zellen nicht hemmen. Das hat sich als eine gewaltige Aufgabe erwiesen, und im großen und ganzen hat man keinen Erfolg gehabt. Alle Zellen müssen DNS und RNS produzieren. Wenn man die Krebszelle bei der Vermehrung blockiert, blockiert man für gewöhnlich auch die Vermehrung der normalen Zelle. So sind alle in dieser Art wirkenden Medikamente selbst sehr toxisch, und wenn sie in zu großen Dosen gegeben werden, können die Nebenwirkungen schlimmer sein als die Krankheit selbst.

Die Hoffnung, daß eines Tages doch ein vollkommenes Mittel gefunden wird, läßt weiterhin ausgedehnte finanzielle Unterstützung für Testprogramme fließen, die jährlich Tausende von chemischen Verbindungen auf ihre krebsfeindliche Wirkung hin testen. Hinter diesen Untersuchungen stehen viele Faktoren; an erster Stelle vielleicht die Tatsache, daß diese Art des Angriffs bei vielen bakteriellen Erkrankungen Erfolg gehabt hat, die heute routinemäßig durch eine Vielzahl von Antibiotika unter Kontrolle gebracht werden. Der Gedanke, daß diese Methode einmal so gut gegen Bakterien funktioniert hat, hat viel mehr Gewicht als die ebenso überzeugende Tatsache, daß gegen Virusinfektionen noch kein wirklich effektives Antibiotikum gefunden wurde, und das trotz der sehr intensiven Testarbeit in der pharmazeutischen Industrie. Da ist weiter die Tatsache, daß zwei seltene Krebsformen, des Choriokarzinom und das Burkitt Lymphosarkom, häufig durch spezifische Mittel geheilt werden können. So besteht also wirklich kein Grund, warum nicht eines Tages ein vollkommenes Mittel – etwa gegen Brustkrebs anwendbar – auftauchen könnte. Da wäre auch die Erwägung, daß, da heute in den Krankenhäusern überall in der ganzen Welt so viele Formen der Chemotherapie angewendet werden, eine Neigung zu der Annahme besteht, daß diese viel effektiver sind, als das tatsächlich der Fall ist – ein Standpunkt, der zu der Erwartung führt, daß nur noch ganz kleine Verbesserungen nötig sind, bis die Mittel, die wir jetzt anwenden, wirklich effektiv sein werden. Und schließlich: Die laufenden Testprogramme, die hauptsächlich in den Vereinigten Staaten durchgeführt werden, kosten jährlich nur ungefähr £ 30 000 000. In gewissem Sinne ist diese Summe ziemlich groß, etwa im Vergleich zu der für reine Forschung an tierischen Viren ausgegebenen. Und doch ist sie unbedeutend im Hinblick auf die Summe, die zur Produktion von Waffensystemen ausgegeben wird, die niemals praktisch eingesetzt werden.

Obwohl also die meisten Menschen, die lange mit Antikrebstestprogrammen befaßt waren, sehr entmutigt sind und viele der kompetentesten Leute diese Tests einstellen wollen, werden wir wohl weiterhin eine große Menge neuer Chemikalien überprüfen, die jedes Jahr neu zur Verfügung stehen. Natürlich kann man das fast als abergläubische Reaktion ansehen. Aber da unsere fundamentalen wissenschaftlichen Kenntnisse so ungenügend sind, können viele Leute die Voraussagen von »Experten« nur schwer akzeptieren, besonders wenn sie jemanden kennen, der im Sterben liegt und verzweifelt auf ein Heilmittel hofft.

Eine ganz andere Methode beruht auf Untersuchungen von Viren, die bei sehr vielen Tieren Krebs verursachen können. Obwohl der erste Krebsvirus – der Rous Sakom-Virus – bei Hühnern schon 1912 entdeckt wurde, ist dieses Gebiet erst im letzten Jahrzehnt ein Hauptpunkt der Krebsforschung geworden. Für diese Vernachlässigung gab es viele Gründe. Erstens einmal gibt es eine Überfülle von Beweisen dafür, daß Krebs normalerweise keine ansteckende Krankheit ist. Zweitens sieht man, wenn man Krebszellen durch das Elektromikroskop untersucht, nur selten Partikel, die Viruspartikel sein könnten. Vielleicht am wichtigsten ist jedoch, daß man bei keiner Krebsart beim Menschen definitiv nachweisen konnte, daß sie durch einen spezifischen Virus verursacht worden war. Jetzt aber ändert sich die Lage sehr schnell, zum großen Teil wegen der wachsenden Zahl der Beweise, daß virus-induzierte Krebsarten bei Tieren, wie z. B. Mäusen, nicht die Ausnahme, sondern tatsächlich die Regel sein können. Da beispielsweise Leukämie bei immer mehr Tieren als Viruskrankheit nachgewiesen wird, ist die Annahme, daß auch die Leukämie beim Menschen durch Viren verursacht wird, immer schwerer zu widerlegen.

Das Wissen, daß sich die Arbeit der Krebsvirologie im Moment hauptsächlich auf Tumore konzentriert, die bei Tieren in Laboratoriumsversuchen erzeugt werden, beunruhigt jedoch die Leute, die durch diese Forschungen nur dann erregt würden, wenn bekannt würde, daß die untersuchten Viren auch beim Menschen Krebs verursachen. Meiner Ansicht nach ist jedoch die vernünftigste, im Moment zur Verfügung stehende Methode diejenige, sich auf die *einfachsten Systeme* zu konzentrieren, wo die Veränderung vom Normalen zum Bösartigen biochemisch analysiert werden kann. Erst wenn solche Systeme fundamentale Einsichten erbringen, kann man hoffen, daß auch das Problem des Krebses beim Menschen rational in Angriff genommen werden kann. Wenn wir nun allerdings im Gegensatz dazu den größten Teil unserer Bemühungen zu Gewaltangriffen einsetzen, um zu beweisen, daß viele Krebsarten beim

Menschen durch Viren verursacht werden, werden wir wahrscheinlich in völliger Verwirrung enden.

Die biochemische Arbeit mit durch Viren induzierten Krebsarten bei Tieren ruht durch zwei wichtige technische Fortschritte im letzten Jahrzehnt auf einer festen experimentellen Grundlage. Der eine ist die Leichtfertigkeit, mit der eine Vielzahl tierischer Zellen außerhalb von lebenden Tieren gezüchtet werden können, eine Technik, die man Gewebekultur nennt. Zellen in Gewebekulturen können als Einzelzellen wie Bakterien wachsen; sie bieten dabei Gelegenheit zu wohkontrollierten Untersuchungen ihrer Biochemie. Der zweite große Fortschritt ist die Feststellung, daß die durch Viren induzierten Karzinome *routinemäßig* in solchen in Kultur gezogenen Zellen induziert werden können. In nur vierundzwanzig Stunden nach der Zugabe eines Rous-Sarkom-Virus zu einer in der Kultur gewachsenen Hühnerzelle verändert sich die äußere Gestalt der Zelle von normal zu bösartig. Im Gegensatz dazu mußten noch vor fünfzehn Jahren alle biochemischen Untersuchungen an Tumoren vorgenommen werden, die bei lebenden Tieren wuchsen. Unter diesen Umständen war es unmöglich zu entscheiden, ob eine für eine gegebene Krebszelle spezifische biochemische Veränderung wirklich zu der krebsigen Transformation gehörte oder ob sie eine irrelevante Veränderung war, die sich viel später ergab, als der Tumor im Tier heranwuchs.

Die Verwendung von viralen Modellsystemen bietet einen weiteren entscheidenden Vorteil: Wenn man die komplizierte Struktur der menschlichen Zelle betrachtet und fragt, wieviel verschiedene Gene in einer gegebenen Zelle vorhanden sind, erhält man eine erschreckende Antwort: Die Zahl der Gene kann größer als 10 000 sein, sie kann sogar eine Million betragen. Unsere Kenntnisse beschränken sich auf ganz wenige aus dieser Riesenzahl. Wenn eine Veränderung aufgrund einer Mutation in nur einem dieser Gene für einen spezifischen Krebs verantwortlich wäre, wäre es wie die Suche nach einer Nadel in einem Heuhaufen – wo sollte man mit dem Suchen anfangen? Man könnte im gegenwärtigen Tempo noch hundert Jahre lang weiterarbeiten, ohne der Antwort auch nur näherzukommen, selbst wenn man denkbar intelligent und vernünftig arbeiten würde.

Die jüngsten Arbeiten über virale Karzinogenese haben diese erschreckende Möglichkeit viel weniger wahrscheinlich gemacht. In den letzten paar Jahren ist es sehr deutlich geworden, daß Viren Krebs auf eine sehr *direkte* Art verursachen. Das Chromosom des Virus dringt in die Zelle ein und pflanzt sich durch einen Prozeß der genetischen Rekombination in ein Chromosom der Wirtszelle ein. Dort funktionieren seine Gene weiter, wobei *eines* von ihnen die *unmittelbare* Ursache für die krebsige Veränderung bildet. Ehe diese Feststellung gemacht worden war, gab es Befürchtungen, daß Krebsviren vielleicht auf eine zufällige Art agieren. Nach dieser Hypothese geriete der Virus in eine Zelle, beschädigte sie irgendwie, verursachte die krebsige Transformation und verschwände anschließend wieder. Wäre diese letztere Hypothese – daß nämlich Krebsviren, wie z. B. Strahlung, den Schaden *zufällig* verursachen – richtig gewesen, wären wir übel dran gewesen. Die Viren wären dann eben ein weiteres karzinogenes Agens gewesen, bei dem wir nicht gewußt hätten, wie wir es von der biochemischen Seite her hätten angreifen sollen.

Und was noch interessanter ist: Man kann Krebs durch Viren induzieren, welche zu den kleinsten gehören, die uns bekannt sind. Die am weitesten erforschten Krebsviren – einer davon ist ein Mäusevirus, der Polyom genannt wird, und ein anderer, ein mit SV 40 bezeichneter Affenvirus – enthalten nur ungefähr fünf bis zehn Gene. Eines dieser Gene verursacht den Krebs, wenn es zu einem Chromosom gelangt. Statt also die funktionelle Aufgabe aller 100 000 oder mehr menschlicher Gene ausrechnen zu müssen, um das für den Krebs verantwortliche Gen zu finden, könnten wir in der Lage sein, unsere Aufmerksamkeit auf die viel kleinere Gruppe viraler Gene zu beschränken. Indem wir den viralen Vermehrungszyklus vollständig definieren und dabei die exakte Funktion jedes einzelnen Gens identifizieren, müßten wir den exakten biochemischen Prozeß an der Wurzel der Veränderung zu einer Krebszelle genau festlegen können. So hat die Verwendung von Virussystemen unsere Aussichten über die Schwierigkeiten des Krebsproblems um viele Größenordnungen verändert.

Die Komplikation, daß Krebsviren entweder DNS oder RNS als ihr genetisches Material enthalten können, ist nicht so ernst, wie man zuerst dachte. Bei den Viren, die DNS enthalten (der Polyomvirus gehört dazu), kann man sich sehr leicht vorstellen, wie die genetische Rekombination ein Viruschromosom einem Chromosom der Wirtszelle einfügt. Viele Jahre lang bestand jedoch das Dilemma, wie man mit Tumorviren verfahren sollte, die RNS als genetisches Material verwenden. Zu diesen RNS-Tumorviren, die oberflächlich wie Grippeviren aussehen, gehören die, die Leukämie bei zahlreichen Tierarten verursachen, genau so wie Brustkrebs bei Mäusen. Wenn ihre genetische Komponente immer RNS war, war es für sie offenbar nicht einfach, das Teil eines Wirtschromosoms zu werden, dessen wesentliche Komponente immer DNS ist. Vor etwa fünf Jahren stellte dann Howard Temin von der Universität Wisconsin die These auf, der erste Schritt bei der von RNS-Viren induzierten Umwandlung einer normalen Zelle in eine Krebszelle sei der, daß virale RNS als Matrize diene, um einen DNS-Strang komplementärer Nukleotidsequenz zu produzieren. Diese DNS würde sich dann in ein Wirtschromosom integrieren.

Obwohl Temins Vorstellungen ernsthaft geprüft wurden, hielt man sie zuerst für unrealistisch. Niemandem gefiel die Vorstellung, daß die DNS → RNS-Geschichte umgedreht würde, besonders da Temins Hauptexperimentalbeweise immer Grenzfälle waren. Da entdeckte er vor etwa sechs Monaten – und unabhängig von ihm David Baltimore, der am MIT arbeitet –, daß es innerhalb der Tumorviren-Partikel selbst ein Enzym gibt, durch das RNS in DNS transkribiert wird. Die Existenz dieses Enzyms, das jetzt manchmal »reverse transeriptase« genannt wird, kann nur bedeuten, daß Temins Vorstellungen im wesentlichen richtig sind. Deshalb nehmen wir an, obwohl diese Enzymexperimente noch keineswegs abgeschlossen sind, daß wir jetzt den richtigen theoretischen Rahmen für die Bestimmung haben, wie diese RNS-Tumorviren zu den Wirtschromosomen kommen. In den nächsten Jahren wird sich unser Hauptaugenmerk wahrscheinlich auf die Unternehmung richten, wie diese viralen Gene funktionieren, wenn sie auf den Wirtschromosomen wohnen.

Und was besonders wichtig ist: Die beiden Hauptcharakteristika von Krebszellen können nach diesen Ergebnissen nicht so leicht in Beziehung zu einander gesetzt werden. Das eine besteht darin, daß sie sich teilen, wenn sie das eigentlich nicht dürften. Im übertragenen Sinn kann man sagen, daß sie DNS erzeugen, wenn andere Zellen das nicht tun. Es scheint also ein Versagen der normalen Steuerung der DNS-Synthese aufzutreten. Das zweite Hauptcharakteristikum von Tumorzellen besteht darin, daß ihre Oberfläche so modifiziert ist, daß sie die Fähigkeit verloren haben, sich an die richtigen Zellen anzuheften. Irgendwie besitzt ihre Oberfläche nicht die richtige Affinität, und sie bewegen sich in Regionen, wo ihre normalen Gegenstücke nicht am Leben bleiben können. Das ergibt das Dilemma, wie eine Veränderung in einem einzelnen viralen Gen zu zwei so offensichtlich nicht zueinander in Beziehung stehenden Folgen führen kann: zu einem Versagen der gesteuerten DNS-Synthese und zu einer Veränderung in der Oberfläche, die damit veränderte Zellaffinitäten verursacht.

Ein entscheidendes Hindernis für die erfolgreiche Inangriffnahme dieses Problems ist die Tatsache, daß die molukularen Strukturen der Oberflächenmembran normaler Zellen noch völlig ungeklärt sind. Ebenso wie es nicht möglich gewesen wäre, Molekulargenetik ohne die Kenntnis der DNS-Struktur zu betreiben, ist es unmöglich, die wesentlichen Unterschiede zwischen normalen und bösartigen Zellen präzise zu erkennen, ehe nicht eine immense Zahl chemischer Versuche gemacht worden sind, um die genaue Struktur der verschiedenen chemischen Gruppen an der Oberfläche von Zellen zu klären. Wenn man fragt, warum die Forscher dieses Ziel noch nicht erreicht haben, ist die Antwort ganz klar: Das Problem war viel zu schwierig für einen einzelnen Forscher oder eine einzelne Forschergruppe in einem einzigen Laboratorium. Da jedoch jetzt fast jeder zweite Biochemiker davon spricht, er werde seine Forschung auf Zellmembrane konzentrieren, werden im nächsten Jahrzehnt hoffentlich genügend Forscher den Mut haben, ihr Wort zu halten. Weil die Aufgabe aber so heikel ist, werden wohl die meisten, die es versuchen, bei ihrer Arbeit scheitern. Und wenn die Möglichkeit zu scheitern allzu wahrscheinlich ist, werden sich intelligente Wissenschaftler von der Sache fernhalten. Die einzigen, die »dran bleiben« werden, sind dann die, die nicht Bescheid wissen und die wenig Ahnung haben. Wir können also nur hoffen, daß jemand, der wirklich befähigt ist, dabei bleibt.

Glücklicherweise gibt es einige empirische Beobachtungen hinsichtlich der Zell-Membran, die bereits größte Folgen haben können. Sie ergaben sich aus einer zufälligen Beobachtung des Pathologen Joe Aub, der bei der Arbeit am Massachusetts General Hospital nach einem Enzym forschte, das selektiv Krebszellen töten könnte. Dabei fügte er ein Extrakt von Planzengewebe (Weizenkeime) hinzu, das ein – Lipase genanntes – Enzym enthielt und stellte fest, daß es Krebszellen selektiv agglutinierte. Später stellte sich heraus, daß es nicht das Enzym war, das die Zellen agglutinierte, sondern eine Unreinheit, die Max Burger in Princeton als Pflanzenglykoproteid nachwies und das selektive Affinität zur Oberfläche von Krebszellen besitzt. Dieses Weizenglykoproteid und auch das Bohnenprotein Konkonavalin A besitzen beide zwei identische Verbindungsgruppen, die in spezifischer Weise fähig sind, sich an die Oberfläche einer Krebszelle zu binden. Wenn sie also zu Krebszellen zugegeben werden, kann jedes Molekül zwei Krebszellen verbinden, und das Resultat ist eine Agglutination. Wenn man Konkonavalin A aber vorsichtig mit dem Enzym Trypsin behandelt, wird es fähig, nur an einer Krebszelle zu haften. Und was noch wichtiger ist: Wenn so modifiziertes Konkonavalin A wieder Krebszellen zugefügt wird, die in Gewebekulturen wachsen, fangen die Krebszellen an, sich wie normale Zellen zu verhalten.

Um seine Entdeckungen zu erklären, postulierte Burger, die Veränderung einer normalen Zelle in eine Krebszelle beinhalte auch die Freilegung chemischer Gruppen, die normalerweise verdeckt sind. Das heißt, ein Teil der äußeren Hülle der Zelle werde effektiv entfernt, wenn die krebsige Transformation eintritt. Dieser Vorgang legt eine chemische Gruppe an der inneren Oberfläche frei, die sich spezifisch mit dem Pflanzen-Glykoproteid verbindet, indem man einen Überschuß des Glykoproteids hinzufügt, ist die innere Oberfläche wieder zugedeckt, wodurch sie oberflächlich einer normalen Zelle ähnelt, besonders in der Wiedereinsetzung des normalen Regelungsmechanismus für die DNS-Synthese.

Diese höchst erregenden Entdeckungen werfen sofort die Frage auf: Können wir Krebs nicht dadurch heilen, daß wir die Glykoseproteide hinzufügen, die sich spezifisch an die Oberfläche von Krebszellen anhaften und ein Signal erzeugen, daß die DNS-Replikation anhät? Unglücklicherweise muß man jedoch annehmen, daß diese Methode nicht ohne Umwege funktionieren wird.

Nach Injektion großer Mengen von Glykoproteid in einen krebsbefallenen Organismus würde eine immunologische Reaktion auf das Glykoproteid seine Wirkung höchstwahrscheinlich annullieren. Vielleicht sind wir aber eines Tages in der Lage, Zusammensetzungen zu finden, die keine immunologische Reaktion hervorrufen und doch den entscheidenden Teil der Krebszellenoberfläche spezifisch zudecken. Meiner Ansicht nach besteht kein Zweifel, daß man sich der Arbeit Burgers in der ganzen Welt anschließen wird.

Um zusammenzufassen: Meiner Meinung nach haben viele Menschen das Gefühl, das nächste Jahrzehnt werde möglicherweise die Enthüllung der fundamentalen chemischen Vorgänge bringen, die einen gegebenen Typ einer normalen Zelle in eine Krebszelle verwandeln. Der Erfolg wird sicherlich viel Glück und sehr viel Hartnäckigkeit erfordern. Wir können nur hoffen, daß, sobald er eintritt, rasch klinische Konsequenzen folgen. Sich aber schon jetzt Sorgen zu machen, *ob* das passieren wird, ist sinnlos – und wenn aus keinem anderen Grund als dem, daß es uns von den unmittelbaren Herausforderungen ablenken würde, die wir irgendwie überwinden müssen.

Allgemeine Literaturhinweise

Burnet, F. M. (1957), ›Cancer: biological approach I. Processes of control‹, *Brit. med. J.*, *i*, 779. Ein sehr guter Artikel, mit der Schlußfolgerung, daß die Kontrolle von Krebsarten, die sich aus somatischen Mutationen ergeben, sehr schwierig sein wird. Obwohl heute schon ziemlich veraltet, bildet der Artikel immer noch eine sehr lesenswerte Lektüre.

Warburg, Otto (1956), ›On the origin of cancer cells‹, *Science 123*, 309. Der Stand der Milchsäure-Forschung, gesehen mit den Augen ihres Entdeckers. Sehr einseitig und überholt, man sollte jedoch nicht versuchen, die verschiedenen Kontroversen zu verstehen, ohne mit Warburgs eigenem Ausdruck, wie es um die Krebsforschung steht, zu beginnen.

Huggins, Charles (1967), ›Endocrine-induced regression of cancers‹, *Science 156*, 1050. Eine Zusammenfassung der phantasievollen Arbeit des Autors über die Verwendung spezifischer Hormone zur Verhinderung des Tumorwachstums.

Glemser, Bernard (1969), *Man against Cancer.* New York, Funk & Wagnalls. Ein ausgezeichnetes Buch für den Laien mit einem guten Bericht über den Stand der chemotherapeutischen Testprogramme.
Andrews, Christopher (1970), *Viruses tnd Cancer.* London, Weidenfeld & Nicolson. Ein allgemein verständlicher Bericht über die gegenwärtige Arbeit mit Tumorviren.
Watson, J. D. (1970), *Molecular Biology of the Gene.* 2. Aufl. New York, W. A. Benjamin. Das letzte Kapitel erörtert die neuesten Experimente, die erklären sollen, wie Tumorviren auf molekularer Ebene agieren.
Burger, Max und Noonan, D. K. (1970), ›Restoration of normal growth by coverin of agglutin in sites on tumour cell surfaces, *Nature 228,* 512. Die neueste Arbeit über die erstaunliche Spezifizität von pflanzlichen Glykoproteinen für Krebszellen-Oberflächen.

Diskussion

Adinolfi: Glauben Sie, daß die Untersuchungen der Mechanismen, die induzieren, daß die Synthese foetaler Antigene angeschaltet wird*, dazu beitragen könnten, die Entstehung von Krebszellen und ihre abnormale Wucherung zu erklären?
Watson: Die Frage bezieht sich auf die Tatsache, daß man, wenn man Krebs mit Hilfe immunologischer Techniken betrachtet, oft eine Ähnlichkeit zu Proteinen entdeckt, die in dem frühen embryonalen Entwicklungsstadium vorkamen. In jüngster Zeit hat man behauptet (es ist noch zu früh zu wissen, wie fundiert diese Behauptung ist), daß die immunologischen Oberflächen, die man untersucht, tatsächlich durch einen der Leukämie-Viren kodiert sind, die man in festen Tumoren entdecken kann. So könnten Viren, die später im Leben Krebs verursachen, in der embryologischen Entwicklung eine andere Funktion besitzen, und das könnte der Ursprung der Antigene sein.
Deway: Die äußerst klare Darlegung des Krebsproblems hat mich sehr interessiert. Aber als jemand, der selbst mit Krebsforschung beschäftigt ist, kann ich einen Schritt weiter gehen und sagen, das eigentliche Problem ist, daß die Krebszellen ihren Regulationsmechanismus verloren haben. Vielleicht fügt der Virus kein Gen, sondern

* Siehe *Nature* (1970), *228,* 609.

eine Suppressor-Substanz hinzu. Mir scheint, wir sollten jetzt diese Regulationsmechanismen auf Zellteilung oder Zelldifferenzierung untersuchen, und das ist ein sehr schwieriges Problem. Es ist möglich, daß viele untereinander in Kontakt stehende Zellen sich diese Regelsubstanzen gegenseitig injizieren und daß daher eine Veränderung in der Zelloberfläche die Injizierung sehr wohl abstoppen könnte. Man kann das mechanisch zeigen, indem man etwas Kunststoff in ein Gewebe einfügt. Man erreicht dann, daß Krebszellen an den Kunststoff anwachsen. Diese Zellen wurden mechanisch von den Regelsubstanzen entfernt. Und wenn ich es auch für äußerst notwendig halte, diese Zellenoberflächen zu untersuchen, könnte diese Richtung doch sehr wohl ein völlig irrelevanter Teil des tatsächlichen Krebsproblems selbst sein, das ein Fehlen des Regelmechanismus ist.

Watson: Ich glaube, daß Sie sich irren. Wenn man Burgers Beobachtungen für begründet hält, ist das primäre Ereignis eine Veränderung in der Zelloberfläche, die zu einem Verlust der DNS-Synthese führt. Das heißt, die Oberfläche wird zuerst verändert. Die andere Möglichkeit war, daß man zuerst den Regelmechanismus verändert, was dann zu Veränderungen an der Oberfläche führt. Bis jetzt hat es praktisch keinen Grund gegeben, eine Vorstellung der anderen vorzuziehen. Die Arbeit des letzten Jahres aber überzeugt mich, daß man sich zuerst auf die Oberfläche konzentrieren sollte.

Channon: Ich frage mich, ob Professor Watson seine Bemerkungen über die Verwendung des Geldes näher erläutern möchte, weil mir scheint, daß er davon absieht, die Leute auszubilden, die das Geld geben. Besteht eine Hoffnung, daß die wissenschaftliche Forschung in Zukunft von Wissenschaftlern geleitet wird?

Watson: Die amerikanische Gesellschaft in ihrer Gesamtheit wird so lange entscheiden, wie ihr Geld ausgegeben wird, wie die Vereinigten Staaten eine Demokratie bleiben. Wenn wir die Gründe für die Krebsforschung erwägen, ist es besser, die Sache positiv zu sehen und zu sagen, es gibt etwas, das getan werden muß und für das wir Geld zu bekommen versuchen, statt *die* Experimente zu stoppen, die uns, wie unsere Intuition sagt, nicht weiterbringen.

Wenn ich von einer guten klinischen Forschungsstelle auf dem

Krebssektor wüßte, die aus Geldmangel nicht unterstützt wird, würde ich natürlich sehr laut schreien. Unglücklicherweise sind gute Vorstellungen, wie ich oben angedeutet habe, jedoch sehr selten. Wenn man daher im amerikanischen Kongreß eine Milliarde Dollar für die Krebsforschung bewilligt und wenn nur 10 Prozent dieses Betrags überlegt verwendet werden würden, wäre der Gesamtbetrag immer noch vernünftiger angelegt als die meisten Gelder, die in den Vereinigten Staaten ausgegeben werden, und ich glaube, wir sollten dafür ganz dankbar sein.

Sussman: Ich muß der »Heilung« von Krebs als dem Kriegsschrei der Wissenschaftler nach Geld aus mehreren Gründen widersprechen. Erstens widersetze ich mich der heuchlerischen und zynischen Haltung von Wissenschaftlern, die der Öffentlichkeit helfen wollen, die aber ihre Verachtung für die gleiche Öffentlichkeit verraten, wenn sie sagen, daß die Öffentlichkeit getäuscht werden muß, damit sie ihnen Geld für gute Forschung gibt. Zweitens veranlaßt die Betonung der utilitaristischen Rolle der Wissenschaft die Wissenschaftler dazu, sich falsch zu verhalten. Ihre Pläne werden zurechtgebastelt, um sie »relevant« zu machen, und unter den Wissenschaftlern entwickeln sich politische Spielarten wegen der Verteilung des verfügbaren Geldes. Diese Haltung ist korrupt und korrumpierend. Drittens kann es sich als selbstzerstörerisch erweisen, wenn man die Unterstützung der Wissenschaft auf die Erreichung spezifischer Ziele gründet, wie sich das beim Mondprogramm gezeigt hat.

Ich glaube, die Unterstützung der Wissenschaft kann am ehrlichsten auf den Vorschlag gegründet werden, daß die Naturwissenschaften wie die Kunst und die Geisteswissenschaften ein primärer Aspekt unserer Kultur sind, die gelegentlich einen handfesten Nutzen bewirken können. Das mag nicht sehr praktisch sein, ich glaube jedoch, daß die utilitaristische Methode noch weniger praktikabel ist.

V. Landwirtschaftsbotanik und Umwelt

12. Arthur W. Galston · Molekularbiologie und Landwirtschaftsbotanik

Die botanische Wissenschaft ist von den bemerkenswerten jüngsten Fortschritten in der Molekularbiologie relativ unberührt geblieben. Das ist, wenigstens zum Teil, dem traditionellen Konservativismus der Botaniker zuzuschreiben, in einem gewissen Maß aber auch der Widerspenstigkeit von Pflanzenzellen gegenüber vielen Arten von Experimenten, wie sie in der Molekularbiologie durchgeführt werden. Die Pflanzenzelle lebt innerhalb einer »hölzernen Kiste«, der Zellwand, die Pektine, Lignine und andere noch nicht definierte Polymere enthält. Diese starre Wand erschwert die Extraktion von Material aus dem Zellinnern, die Einführung von Material in die Zelle sowie Experimente, die die Zellfusion betreffen, ganz außerordentlich. Das Cytoplasma ist auf eine schmale Schicht zwischen dieser starren Wand und der großen inneren Vakuole beschränkt, was die Lokalisierung und strahlungsphotographische Experimente schwierig macht. Die Vakuole, die 90 Prozent oder mehr des Zellvolumens einnimmt, enthält häufig schädliche Stoffe, wie Tannine, Säuren und Phenole, die Proteine denaturieren und die Zellteilchen schädigen, die man extrahieren will. Der Pflanzenkörper ist ebenfalls biochemisch relativ undifferenziert; in jeder einzelnen Zelle haben zahlreiche Funktionen ihren Sitz. Das kompliziert die Isolierung getrennter biochemischer Wege und Systeme außerordentlich. Trotz dieser Schwierigkeiten hat man jedoch in letzter Zeit bemerkenswerte Fortschritte gemacht; einige von ihnen können in naher Zukunft sehr wohl zu dramatischen Neuerungen in der Landwirtschaftsbotanik führen[1].

Da die Weltbevölkerung gegenwärtig $3{,}5 \times H10^9$ beträgt und um eine jährliche Quote von etwa 1,8 Prozent zunimmt, sind in diesem Jahr 60 Millionen neu zu fütternde Esser hinzugekommen. Die besten Ländereien der Welt sind aber bereits kultiviert; für jeden Erdenbewohner stehen weniger als ein Acre (4047 m^2) Acker- und ein Acre Weide- oder Wiesenland zur Verfügung. Eine Verbesserung unserer Kenntnisse der Faktoren, die die Getreideproduktion kontrollieren, ist absolut notwendig, wenn wir die Katastrophe ausgedehnter Hungersnöte vermeiden wollen. Man braucht nicht eigens zu erwähnen, daß die Steigerung der Nahrungsmittelproduktion allein dieses Problem nicht lösen kann, das letzten Endes mit einer Stabilisierung der Weltbevölkerung durch ein kooperatives Handeln *aller* Regierungen verbunden werden muß. Der moderne Intensivackerbau bringt viele technologische Probleme mit sich. Die Genotypen mit den höchsten Erträgen erfordern die massive Anwendung von Kunstdüngern, besonders von jenen, die Stickstoff und Phosphor enthalten. Ineffiziente Nutzung dieser Pflanzennährstoffe führt zum Abfluß beträchtlicher Mengen von Nitraten und Phosphaten in die Wassersysteme. Eine Eutrophikation (Nährstoffanreicherung) von Seen und der Aufbau toxischer Mengen solcher Derivatprodukte wie Nitrit können die Folge sein. Wenn es beispielsweise möglich wäre, die biologische Stickstoff-Verdichtung zu verbessern, könnte ein Teil dieser Schwierigkeiten verhütet werden. Saftige, sehr ertragreiche Sorten von Getreidepflanzen bilden verlockende Angriffsziele für Raubinsekten, Pilze (Fungi) und Bakterien und regen das Wachstum von Unkraut an. Der Mensch bekämpft diese Plagen durch die massive Anwendung toxischer Zusammensetzungen in der Form von Insektiziden, Fungiziden und Herbiziden. Allein in den USA geben wir alljährlich $ 2 Milliarden für solche chemischen Pestizide aus, von denen viele, wie das DDT, umweltbeständig sind und auf verschiedene Aspekte des Ökosystems zerstörend wirken. Sind wir für immer zu dieser Praxis verdammt, unsere Umwelt mit schädlichen organischen Pestiziden zu verunreinigen, um einen angemessenen Ernteertrag sicherzustellen? Meiner Ansicht nach haben wir den natürlichen Verteidigungsmechanismus von Pflanzen gegen ihre Feinde nur ungenügend beachtet; ich glaube, daß die wissenschaftliche Forschung der Krankheitsresistenz neue Wege weisen kann, die nicht von der Anwendung von Chemikalien abhängig sind. Ich hoffe, einige der Möglichkeiten in meinem Papier kurz beschreiben zu können.

Ein Gebiet, auf dem die botanische Forschung schnelle Fortschritte gemacht hat, ist die Kultur von Einzelzellen und die Kenntnis der exakten Ernährungsvoraussetzungen für deren potentiell unbegrenztes Wachstum und kontrollierte Differenzierung in chemisch definierten Medien. Es ist schon lange bekannt, daß die höherentwickelte Grünpflanze ein vollkommener Autotroph (eine sich selbst ernährende Pflanze) ist und daß sie, wenn sie ausreichend mit Kohlendioxyd, Strahlungsenergie, Wasser und Mineralien versorgt wird, ihren Lebenszyklus vollenden kann. Keine exogenen Vitamine, Aminosäuren, Hormone oder organischen Moleküle irgendwelcher Art sind erforderlich. Verschiedene Teile der Pflanzen sind jedoch für einen oder mehrere Wachstumsfaktoren heterotroph.

So gedeihen etwa abgeschnittene Wurzeln in Reinkultur nur, wenn sie mit Thiamin versorgt werden; einige brauchen auch Nikotinsäure und Pyridoxin. Zellen des Stengelgewebes brauchen keine Vitamine, wohl aber eine von außen kommende Zufuhr von zwei Hormonen, Auxin und Cytokinin, die in den Stengel- und Wurzelspitzen produziert werden. Auxine sind allgemein gesprochen Derivate der 3-indolylazetischen Säure (IAS) oder der freien IAS selbst; Cytokinine andererseits sind hauptsächlich N-6 isopentylierte Derivate von Adenin oder verwandten Purinen. Die entsprechende Konzentration von Auxin und Cytokinin bestimmt das morphogenetische Schicksal von Zellen in der Kultur. So führen ungefähr äquimolares Auxin und Cytokinin zu einer schnellen Zellteilung und der Bildung von indifferenziertem Kallus (Zellwucherung), während ein molarer Überschuß von Cytokinin die Knospenbildung und ein Übermaß von Auxin die Wurzelbildung einleitet.

Die einfache Kontrolle der hormonalen Komponenten des Nährmediums gestattet so dem Experimentator, ganz normale Pflanzen aus einer einzelnen, normalerweise sich nicht teilenden Zelle wieder aufzubauen, und zwar aus einer Zelle, die man fast überall aus der Pflanze entnehmen kann. Dieses Experiment ist eine der überzeugendsten Demonstrationen der Tatsache, daß die Totipotenz des Genoms in den differenzierten Zellen des Organismus intakt bleibt.

Unsere Fähigkeit, ganze Pflanzen durch die Kultur herausgenommener vegetativer Zellen fortzupflanzen, liefert uns ein mächtiges Instrument zur Erhaltung gewünschter Genotypen, die andernfalls durch ein Versagen des normalen geschlechtlichen Reproduktionsmechanismus, der zur Samenbildung führt, verloren gehen könnte.

Cytokinine, Proteinsynthese und das Altern

Die Cytokinine besitzen eine gewisse Relevanz für die Phänomene des Alterns bei Pflanzen. Das Gelbwerden alternder Blätter an einer Pflanze kann durch die Anwendung von Cytokinin verzögert werden, deren Wirkung mit einer Zunahme von RNS und gesteigerter Proteinsynthese und mit der Zuführung beweglicher Nährstoffe an die Stelle der Hormonanwendung in Beziehung zu stehen scheint. Diese Wirkungen erklären auch das früher so geheimnisvolle Absinken in den Quoten der RNS und der Proteinsynthese bei Blättern, die von der Pflanze getrennt wurden. Da auch diese Phänomene durch die Anwendung von Cytokininen verlangsamt werden, kann das »Altern« von Blättern vernünftigerweise in erster Linie dem Absinken des Cytokinintiters zugeschrieben werden.

Die Cytokinine sind nicht auf höhere Pflanzen beschränkt; mehrere von ihnen finden sich auch in Hefen und Bakterien, besonders in der Transfer-RNS für eine Gruppe von Aminosäuren einschließlich Serin, Phenylalanin, Tryptophan, Tyrosin und Leucin, die U als ersten Buchstaben des Triplettcodons haben. Die folgerichtige Analyse derartiger t-RN-Säuren (Transfer-Ribonukleinsäuren) enthüllt, daß das Cytokinin dem Antikodon-Triplett anliegt; man hat logisch gefolgert, daß dies eine gewisse Bedeutung für die Anordnung von Transfer-RNS und Messenger-RNS habe. Wenn das der Fall ist, ist es wahrscheinlich die bisher einleuchtendste Darstellung der genauen Rolle eines Hormons in der Kontrolle der Synthese von Proteinen. Ebenso wurde nachgewiesen, daß Cytokinine sich auch den Ribosomen höherer Pflanzen anhängen[2].

Ich sollte hinzufügen, daß es Argumente gegen die Interpretation gibt, Cytokinine funktionierten kraft ihrer Inkorporation in t-

RNS. Erstens einmal scheint es kein Codon für die N-6-isopentenylierten Adenine zu geben und tatsächlich deuten Experimente mit solchen doppelt bezeichneten Molekülen an, daß der Cytokininkern und die Seitenkette getrennt in die t-RNS eingeführt werden. Gekennzeichnetes Mevalonat und andere isoprenoide Vorläufer weichen Isopentenyl-Seitenketten, um sich an die 6-Amino-Gruppe des Adenin zu binden, die bereits in die t-RNS inkorporiert ist, ein Prozeß, der der wohlbekannten Methylierung von Basen in gebildeter RNS analog ist. Es hat auch den Anschein, daß Cytokinine aktiv sein können, ohne in Materie mit hohem Molekulargewicht inkorporiert zu sein, da strahlenphotographische Beweise andeuten, daß das Kennzeichnungsmittel einige Zeit nach der Anwendung ohne Verlust der morphogenetischen Aktion weggespült werden kann. Was der Aktionsmodus der Cytokinine auch sein mag, die Kenntnis von ihrer chemischen Wirkung hat dem Botaniker effektive Mittel für das Studium der Protein- und RNS-Synthese, des Alterns und für die Kontrolle von Wachstum und Morphogenese in die Hand gegeben. Die praktischen Folgen der gesteigerten Langlebigkeit von geernteten Pflanzenteilen ist offenkundig. Spinatblätter, Broccoli-Kohl, Spargel, Kohlköpfe und Karottenwurzeln könnten zum Beispiel auf eine Cytokinin-Anwendung hin nach der Ernte beträchtliche Zeit länger erhalten werden.

Haploide Pflanzen (Pflanzen mit einfacher Chromosomenzahl)

Der Pflanzengenetiker beginnt seine Arbeit damit, daß er einen erwünschten Progenitor für eine hinreichende Zahl von Generationen züchtet, um eine relative Homozygotie (Erbgleichheit) sicherzustellen. Das ist ein langsamer und mühseliger Prozeß, der durch die künstlich stimulierte Entwicklung einer haploiden Keimzelle in einer Pflanze und eine darauf folgende Verdoppelung der Chromosomenzahl durch Colchizin oder ein ähnliches mitotisches Agens umgangen werden kann. Diese Möglichkeit haben van Oberbeek und seine Mitarbeiter 1941 vorausgesehen, die die unbefruchteten Eier von *Datura* auf künstlichen Medien mittels Aspiration zu behandeln und zu kultivieren versuchten. Aber das war noch in den »präcytokininschen« Tagen, und die angewandten Nährmedien waren für die Aufgabe nicht ausreichend. Selbst Kokosmilch – für Pflanzen das Nährmedium par excellence –, von der man jetzt weiß, daß sie Cytokinine und andere Wachstumsfaktoren enthält, genügte nicht für die Aufgabe. Das Problem ist immer noch ein Unternehmen, das ungeteilte Aufmerksamkeit verdient.

In jüngster Zeit wurde der Erfolg in der Kultivierung haploider Pflanzen auf einem anderen Weg erreicht. Nitsch und seine Kollegen in Frankreich haben aufgezeigt, daß durch die Immersion in eine Nährlösung, die einen üppigen Vorrat der natürlichen, das Wachstum regulierenden Hormone und anderer Substanzen enthält, junge Anthere (Staubbeutel), die unreife Pollenkörner enthalten, dazu veranlaßt werden können, haploide Pflanzen auszubilden. Die folgenden Zellteilungen produzieren Kallusgewebe, das dazu induziert werden kann, eine normale Pflanze zu bilden. Diese Praxis verspricht in Zukunft eine starke Beschleunigung von Pflanzenzuchtprogrammen. Dieses Ergebnis wäre ohne präzise Kenntnisse der molekularen Vorbedingungen für Wachstum und Differenzierung unmöglich gewesen.

Protoplaste und somatische Genetik

Man hat jetzt überzeugend demonstriert, daß tierische Zellen von weit divergierenden Genomen veranlaßt werden können, sich somatisch zu fusionieren, und daß genetisches Material von beiden Elternzellen wenigstens für eine gewisse Zeit in dem Fusionsprodukt weiterbestehen kann. Ähnliche Arbeiten mit Pflanzenzellen wurden durch die Zellwände behindert. Jetzt stehen jedoch Techniken zur Entfernung von Zellwänden, zur anschließenden Fusion sowie dann zur Regeneration neuer Zellwände auf dem Weg über isolierte Protoplasten und ihre Fusionsprodukte zur Verfügung. Vielzellige Pflanzenmassen können zuerst durch die Verwendung von pectolytischen Enzymen, die das interzelluläre Bindemittel auflösen, in Einzelzellen getrennt werden. Danach kann man Zellulase oder Beta-D-Glukanasen anwenden, die die äußere Zellwand wegverdauen. Wenn die Zellulase rein, besonders wenn sie nicht durch Nuklease verunreinigt ist, wenn sie den Enzymen nur kurze Zeit ausgesetzt ist und wenn das dann entstehende zellwandfreie Protoplast in hypertonischer Sucrose, Mannitol oder in Salzen osmotisch stabilisiert ist, kann man brauchbare Produkte erhalten. In mehreren Laboratorien hat man beobachtet, daß solche Protoplaste fließen, auf Hormone reagieren, Zellwände regenerieren, Viren kopieren und fusionieren[3]. Bisher wurden Fusionsprodukte nicht bis zur Regeneration von Gewebemassen oder neuen Organismen weitergeführt, aber die Forschung steckt hier erst in den Anfängen, und man darf in den kommenden Jahren schnelle Fortschritte erwarten.

Welche Hoffnung bietet uns diese neue somatische Genetik höherer Pflanzen? Man könnte von vielen aufregenden Möglichkeiten träumen. Beispielsweise denke man an eine erfolgreiche somatische Fusion zwischen einer Blattzelle und einer Getreidepflanze wie Reis, Weizen oder Mais und einer Zelle einer Knollengemüsewurzel, die mit Stickstoff-fixierenden Bakterien infiziert wurde. Wenn man eine derartige Getreidepflanze mit Stickstoff-fixierenden Fähigkeiten regenerieren könnte, würden ihre Erträge in der ganzen Welt ohne die belastende und kostspielige Notwendigkeit starker Stickstoffdüngung verbessert. Man denke auch an die Auswirkung der Introduktion von Genen für eine Resistenz gegen Pilze und andere Krankheiten, die normalerweise wegen der Polleninkompatibilität oder zufälliger Charakteristika des Reproduktionsmechanismus nicht eingeführt werden können.

Künstliche Introduktion von Informations-RNS

Was wir von der Proteinsynthese bei Pflanzen wissen, zeigt uns, daß die Grundmechanismen, die für Mikroorganismen dargestellt wurden, auch in diesen eucaryotischen Zellen funktionieren. Es ist daher nur logisch, daß die Introduktion von informationeller RNS von außerhalb einer Zelle als Mittel dienen könnte, die Synthese gewünschter Proteine, die durch die Genome der beteiligten Zelle nicht normal codiert ist, zu kontrollieren. Wir haben Grund zur Annahme, daß uns das in einem unserer Laboratorien in Yale gelungen ist.

Tabakmarkzellen *in situ* (in der lebenden Pflanze) enthalten einen niedrigen Spiegel von Peroxidasen. Wenn ein Stück Markgewebe aseptisch in einer geeigneten Umgebung angepflanzt wird, bildet es schnell neue Enzyme einschließlich Peroxidase. Elektrophorese auf Stärke-Gel macht deutlich, daß die neu gebildeten Peroxidasen – während die elterliche Peroxidase als zwei anodische Isozyme existiert – alle kathodisch sind. Es hat den Anschein, daß die Fähigkeit, kathodische Enzyme zu bilden, *in situ* unterdrückt und aus irgendeinem Grund nach einiger Zeit *in vitro* während des Versuchs unter künstlichen Bedingungen wieder freigemacht wird.

Bei der Untersuchung der möglichen Basis für eine derartige Kontrolle kamen wir zu dem Schluß, daß ein *in situ* gebildetes Repressorprotein für das Fehlen der Bildung von kathodischen Isoperoxidasen verantwortlich sein könnte.

Zur Unterstützung dieser Annahme haben wir festgestellt, daß aus frischem Markgewebe extrahierte und in ein solches Gewebe, das *in vitro* kultiviert wurde, infiltrierte RNS die Bildung neuer Isozyme verhindert. Diese Tätigkeit wird durch Hydrolyse mit KOH und teilweise durch eine Behandlung mit kristalliner Ribonuklease zerstört. RNS, die zuvor vierundzwanzig Stunden *in vitro* kultiviert wurde, zeigte viel weniger Repressor-Tätigkeit, und Mark, das achtundvierzig Stunden *in vitro* kultiviert wurde, fehlte diese Hemmer-Aktivität völlig. So hat es den Anschein, daß die Anwesenheit von RNS in frischem Mark die Bildung der kathodischen Isoperoxidasen verhindert und daß der hohe Titer dieser Zusammensetzung in dem Gewebe absinkt, wenn das Gewebe von der Pflanze entfernt wird.

Eine Aufspaltung der effektiven RNS enthüllt, daß die Ribosomen ohne jede Aktivität sind und daß die lösbare Materie, wenn sie auf MAK-Säulen getrennt und in typischen pulsaufzeichnenden Experimenten analysiert wird, viele Charakteristika der Messenger-RNS aufweist. Wir kamen zu dem vorläufigen Schluß, daß es uns gelungen ist, einen Boten zu extrahieren und ihn in funktionierenden Pflanzenzellen einzuführen.

Die mögliche Bedeutung einer solchen Entdeckung ist gewaltig. In Hinsicht auf die Peroxidase gibt es beispielsweise in vielen Pflanzengeweben eine umgekehrte Beziehung zwischen der Wachstumsrate und der Peroxidase-Aktivität. Wenn diese Korrelation einen Sinn hat, könnte es möglich sein, das Wachstum der Zellen durch die Introduktion von Informations-RNS zu kontrollieren, was entweder zu einer Induktion oder einer Hemmung spezifischer Peroxidase führt. Da man hohe Peroxidasetiter auch schon in Korrelation gesetzt hat zu der Krankheitsresistenz bei Pflanzen, könnte eine derartige Informations-RNS verwendet werden, um die Krankheitsresistenz bei landwirtschaftlich wichtigen Pflanzen zu steigern. Andere Enzyme mit anderen praktischen Bedeutungen könnten durch ähnliche Mittel kontrolliert werden.

Wenn Krankheitsresistenz auf diese Weise introduziert werden könnte, könnte die Verwendung chemischer Pestizide entsprechend verringert werden – mit der Folge, daß die Verschmutzung im Ökosystem abnimmt.

Mögliche Verwandlung in eine höhere Pflanze mit Hilfe von extrahierter DNS

Ein eindeutiger Weg, den Genotyp schnell zu ändern, ist der, effektive DNS von außerhalb der Zelle einzuführen. Hess[4] hat kürzlich über einige Experimente mit *Petunia* berichtet, die die erfolgreiche Übertragung von für Anthocyaninbildung kodierender DNS via Extrakt beweisen. Wenn weißblühende Mutanten mit DNS behandelt werden, die aus ihrem eigenen Genotyp extrahiert wurde, wiesen etwa 5 Prozent der Empfänger eine geringe Anthocyaninproduktion auf; 95 Prozent jedoch blieben weiß. Diese geringfügige Tendenz zur Anthocyaninbildung war jedoch sowohl bei geschlechtlichen Kreuzungen wie bei vegetativ fortgepflanzten Nachkommen instabil. Wenn das Anthocyanin jedoch aus rotblühenden Pfanzen extrahiert wurde, entwickelten 18 bis 23 Prozent der Empfänger Anthocyanin; der Prozentsatz schwankte je nach der Dauer ihrer Behandlung. Eine derartige Anthocyanin-Produktion schien stabil zu sein, sowohl während der vegetativen Fortpflanzung wie nach der Selbstbefruchtung.

Die Wirksamkeit des Extrakts wurde durch eine Behandlung mit DN-Säuren, aber nicht mit RN-Säuren, gesenkt; das bedeutet, daß das wirksamste Material tatsächlich die DNS der Spenderpflanze war. Gel-Filtrierungsexperimente wiesen auf ein winziges Molekulargewicht von 200 000 für das wirksame Molekül, das auf der Basis einer starken hyperchromischen Wirkung vorwiegend endogen u sein schien.

Wenn dieses einfache Experiment wiederholt und noch ausgeweitet werden kann, dann könnte die regelmäßige Umwandlung von Pfanzenzellen möglich werden. Gezüchtete Einzelzellen oder Protoplaste würden sich wohl erfolgreicher verwandeln als organisierte ganzrandige Empfängerpflanzen; und wenn solche behandelten Zellen oder Protoplaste erfolgreich dazu programmiert werden können, sich zu vollständigen, ausgewachsenen Organismen zu entwickeln, könnten viele erwünschte genetische Eigenschaften in ihr Entwicklungsschema einverleibt werden. Getreidepflanzen z. B. könnten auf jede nur gewünschte Art durch diese Technik, die offensichtlich erst am Beginn ihrer Entwicklung steht, beeinflußt werden.

Photorespiration und gesteigerte Erträge

In jüngster Zeit ist klar geworden, daß der Gesamtertrag landwirtschaftlicher Ernten das Ergebnis nicht nur ihrer Photosynthese-Werte, sondern auch der Quote ist, in der Photosynthate während der Atmung vergeudet werden. Es scheint, daß viele tropische Pflanzen, wie etwa Zuckerrohr, das Kohle wirksamer als alle anderen Pflanzen in Photosynthate fixieren kann, sich darin von Pflanzen in gemäßigten Zonen unterscheiden, daß sie ein verhältnismäßig niedriges Atemtempo haben, das durch den Anstieg der Temperatur oder durch starke Bestrahlung mit sichtbarem Licht nicht sonderlich beeinflußt wird. Der Extraausstoß von CO_2-Produktion im Licht, der Photorespiration genannt wird, soll, wie man annimmt, Glykolat als Substrat und ein Flavinenzym einbeziehen, das seine Oxydierung katalysiert. In letzter Zeit entwickelte Techniken für die Massenisolierung von Zellteilchen haben den Beweis geliefert, daß ein alleinstehendes neues Organell, das Glyoxysom, reich an Glykolat und seiner Flavinoxydase, der Sitz dieser Photorespiration sein könnte.

Wenn photorespirierende Pflanzen wie Tabak mit Alpha-OH-Sulfonaten behandelt werden, die selektiv die Glykolat-Oxydation behindern, nimmt die Photorespiration stark ab[5]. Offensichtlich könnte das infolge einer Behinderung der photorespiratorischen Vergeudung des Substrats starke Ertragssteigerung ergeben; ein unerwarteter Nutzen der Anwendung solcher Reagenzien ist es auch, daß sie eine teilweise oder völlige Schließung der Stomata herbeiführen und so ein Mittel bieten, den Wasserverlust durch die Poren zu verzögern. In trockenen Zonen könnte das für eine heranwachsende Pflanze den Unterschied zwischen Leben und Tod bedeuten. So kann die Untersuchung der Photorespiration dem Menschen Nutzen in Form von Ertragssteigerungen bei Getreidepflanzen der gemäßigten Zone bringen.

Phytochrom und die Kontrolle des Pflanzenverhaltens

Viele Pflanzenreaktionen von der Keimung der Samen bis zur Blüteninitiatio einschließlich des Wachstums von Stengel und Blättern sind vom Licht abhängig und werden durch ein Pythochrom genanntes Pigment kontrolliert, das in den meisten Pflanzenzellen in winzigen Mengen vorhanden ist. Dieses Chromprotein mit einem Molekulargewicht von etwa 120 000 und einem offenkettigen Tetrapyrrol-Chromophoren (Atomgruppe die im Molekül die Farbe bestimmt) kann in zwei wechselseitig photoreversiblen Formen, P_r und P_{fr}, existieren, die bei 700 nm (rot) und 730 nm (feuerrot) absorbieren. Jede Form kann durch die Absorption eines Quantums in ihrer Gipfelabsorptionsregion in die andere umgewandelt werden. Normalerweise verwandelt Licht P_r in P_{fr}, in der Dunkelheit erfolgt eine spontane Rückkehr von P_{fr} zu dem stabileren P_r. Diese zyklische Umformung während des Tages und der Nacht ist mit spezifischem photoperiodischen Bedingungen des Blühens durch eine Interaktion mit endogenen Rhythmen verknüpft.

Offensichtlich könnte man, wenn es gelingt, Polychrome in, sagen wir, der P_{fr}-Form zu stabilisieren, zahlreiche Vorgänge in der Pflanze beliebig kontrollieren und die Pflanze von der Abhängigkeit von besonderen klimatischen Bedingungen, wie etwa langen

Tagen für die Blütenentwicklung, befreien. In letzter Zeit hat sich gezeigt, daß die P_r-Form gegen Attacken von Aldehyden empfindlicher ist als P_{fr}. Wenn die P_r-Form Aldehyden ausgesetzt wird, verliert sie ihre Photoversibilität, was mit der P_{fr}-Form nicht geschieht. Der Unterschied ist offenbar zwei Extrarückständen Lysin zuzuschreiben, die während der P_{fr}-P_r-Photoisomerisierung exponiert werden. Intensive Kenntnis dieses Phänomens wird eventuell zu der Fähigkeit führen, bei Pflanzen viele vom Licht vermittelte Vorgänge nach Belieben zu kontrollieren, die wir im Augenblick noch in keiner Weise beeinflussen können.

Neuere Pflanzenhormone

Zusätzlich zu den Cytokininen und Auxinen hat der Pflanzenphysiologe in letzter Zeit die Existenz mehrerer anderer Arbeiten von Pflanzenhormonen entdeckt, die den Bereich seines Verständnisses und seine Kontrolle über die Pflanzen stark erweitern. Gibberelline, die die Samenkeimung, das Längenwachstum der Stengel und die Blüteninduktion in Langtagpflanzen kontrollieren, arbeiten augenscheinlich über einen genetischen Derepressionsmechanismus, der zu einer gesteigerten Enzymsynthese führt. Äthylen, das neben anderen Vorgängen das Reifen der Frucht und das Abfallen der Blätter kontrolliert, induziert auch eine Enzymsynthese möglicherweise über Wirkungen auf die Membrane abgeteilter Systeme. Schließlich arbeitet die isoprenoide Substanz Abszisik-Säure, die wahrscheinlich den Beginn der Winterruhe bei Holzgewächsen und Samen veranlaßt, um die Derepression von Agenzien wie Gibberellin zu verhindern. Sie unterbricht also erfolgreich Stoffwechsel-Systeme. Jede dieser Substanzen hat bereits eine kommerzielle Nutzung gefunden, ihr Einfluß auf die Landwirtschaft kann in Zukunft nur noch wachsen.

Während die Nahrungskrise, mit der sich der Mensch konfrontiert sieht, ernst ist und noch weiter wächst, könnte unsere wachsende Kenntnis von der wundervollen »Maschine«, der Grünpflanze, dem Menschen noch etwas Zeitgewinn in seinem Kampf gegen Hunger, Umweltverschmutzung und Vergeudung verschaffen.

Literaturhinweise

1. Ein allgemeiner Hinweis für fast alle in dem Essay diskutierten Themen ist Galston, A. W., und Davies, P. J. (1970), *Control Mechanisms in Plant Development.* Englewood Cliffs, New Jersey, Prentice Hall.

2. Berridge, M. V., Ralph, R. K., und Letharn, D. S. (1970), ›The binding of kinetin to plant ribosomes‹, *Biochem. J. 119*, 75–84.

3. Cocking, E. C. (1970), ›Virus uptake, cell wall regeneration and virus multiplication in isolated plant protoplasts‹, *Intl. Rev. Cytol. 28*, 89–124.

4. Hess, D. (1969), ›Versuche zur Transformation an höheren Pflanzen: Wiederholung der Anthocyn-Indikation bei Petunia und erste Charakterisierung des transformierenden Prinzips‹, *Ztschr. für Pflanzenphysiol. 61*, 286–298.

5. Zelitch, I. (1966), Increased rate of net photosynthetic carbon dioxide uptake caused by the inhibition of glycolate oxidase‹, *Pl. Physiol. 41*, 1623–31.

Diskussion

Giles: Obwohl die Quantität der Proteine für Pflanzensamen hoch sein kann, ist die Qualität mangelhaft, weil einige der Aminosäuren, die wir brauchen, in unserem Körper aber nicht synthetisieren können, entweder völlig fehlen oder nur in sehr geringen Mengen vorhanden sind. Glaubt Professor Galston, daß es eine Chance gibt, neue Samen-Proteinzistrone in diese Pflanzen einzuführen, um ihnen eine verbesserte Aminosäuren-Zusammensetzung zu geben; vielleicht sogar eine, die noch besser ist als die, die wir im Augenblick in tierischen Proteinen erhalten.

Galston: Meine Antwort muß notwendigerweise eine Vermutung sein. Ich glaube, daß wir in der Frage der Transformation und der Transduktion von Pflanzenzellen erst am Anfang stehen. Die Möglichkeiten, die Sie erwähnen, könnten tatsächlich zur praktischen Ausführung gelangen. Die neuen Zistrone könnten von den Genomen anderer Organismen stammen, sie könnten aber auch spezifisch für diesen Zweck synthetisiert werden.

Corbet: Sie sind sehr entschieden gegen Pestizide aufgetreten; so weit ich aber sehen konnte, boten Sie keine Alternativen, die sofort auf die Probleme anwendbar sind, für die Pestizide verwendet werden. Ich frage mich, ob Sie das tun und uns einen genauen Zeitplan für die Entwicklung solcher Alternativen nennen können.

Galston: Wenn Sie sagen, daß ich gegen Pestizide bin, verstehen Sie meinen Standpunkt falsch. Ich erkenne an, daß wir gegenwärtig in einem gewissen Sinn absolut von den Pestiziden abhängig sind. Wir sitzen insofern in einer Falle, als wir große Mengen dieser Substanzen anwenden *müssen*. Manchmal glaube ich, daß wir zuviel Pestizide verwenden. Ich kenne eine große Zahl Farmer, die mit geradezu religiösem Eifer nach einem Fahrplan sprühen, den ihnen die chemische Firma, die die Pestizide verkauft, vorschreibt – und zwar nach dem Rezept, daß man nicht warten soll, bis das erste Insekt oder der erste Pilz zu sehen ist. Ich glaube, daß wir unsere Pestizide rationeller verwenden und eine starke Reduzierung des chemischen Eingriffs in unser Ökosystem einfach durch diese geänderte Praxis erreichen könnten. Ich glaube, wir sind hier in der Klemme. Wir sind wegen unserer intensiven Landwirtschaft gezwungen, Pestizide zu verwenden.

Was meine Hoffnungen auf neue Techniken in der Bekämpfung der Pflanzenschädlinge anlangt, so beginnen wir gerade erst, etwas über die Verteidigungsmechanismen zu erfahren, die Pflanzen gegen einfallende Mikroorganismen besitzen. Es ist schon völlig klar, daß in einigen Fällen gewissen Phenolzusammensetzungen, die in der Pflanze erzeugt werden, in Beziehung zu der Krankheitsresistenz stehen. Wenn ihr Spiegel genetisch oder physiologisch hoch gehalten wird, könnte die Anwendung von Pestiziden verringert werden. Es gibt auch eine neue Gruppe von, Phytoalexin genannten, Zusammensetzungen, die offenbar als Ergebnis einer Invasion durch einen bestimmten Mikroorganismus induziert worden sind. Diese Zusammensetzungen haben in einem gewissen Maß das zur Folge, was Immunität genannt werden könnte, obwohl das nicht einen Immun-Protein-Mechanismus in dem Sinn bedeutet, den Dr. Humphrey diskutiert hat. Zudem lernen wir allmählich, daß einige Enzyme, wie die Peroxidasen, mit der Verhinderung der Invasion von Pflanzenzellen durch Myzele (Pilzgeflechte) gewisser phytopathogener Fungi in Verbindung stehen. Mit diesem erweiterten Wissen und mit der Fähigkeit, Enzyme oder biosynthetische Vorgänge durch die Einführung von Informations-Nukleinsäuren von außen zu kontrollieren, wird man die Fähigkeit gewinnen, Pflanzen ohne massive Anwendung von Pestiziden in eine verhältnismäßig widerstandsfähige Form zu bringen.

Wenn Sie nach einem realistischen Zeitplan fragen, kann ich lediglich sagen, daß es von der Unterstützung der Forschung auf diesem Sektor der Wissenschaft abhängt. Wenn der gegenwärtige Trend in den Vereinigten Staaten anhält und wenn das wissenschaftliche Establishment sich weiter zersplittert, könnte es mehrere Jahrtausende dauern, ehe wir diesen glücklichen Zustand erreichen. Falls wir aber tatsächlich angemessene, ausreichende Mittel zugewiesen erhalten, kann ich es innerhalb einer Generation voraussehen.

Corbett: Wenn Sie andeuten, daß Sie eine Art genetischer Manipulation anwenden müssen, besteht Ihr Problem, Pflanzen zu produzieren, die gegen Krankheiten, Insekten oder was auch immer resistent sind, darin, daß die Pflanzen genetisch schnell genug auf Veränderungen in den Genomen der Plagen reagieren können.

Gorinsky: Als Botaniker möchte ich den Punkt der Spezifizierung aufgreifen. Im Augenblick haben wir es mit dem Nahrungsproblem zu tun, und wir hängen hinsichtlich der Ernährung völlig von den Pflanzen ab. Wir sind außerdem mit einer Krise durch den Verlust der Artenbildung konfrontiert, einem Verlust der Mannigfaltigkeit; wir erleben gegenwärtig die Vernichtung von etwa 800 Spezies*. Ich habe das Gefühl, daß das soziale und ethische Problem hier nicht in Begriffen der Grünen Revolution zu sehen ist, die 25prozentige Ertragssteigerung einer Getreideart zu erzielen, sondern in der Notwendigkeit, die Sicherheit dadurch zu gewährleisten, daß wir eine Mannigfaltigkeit von Lebensformen – und das besonders bei Pflanzen – erhalten.

Galston: Selbstverständlich teile ich Ihre Ansicht, daß wir im Sinne der verfügbaren Pflanzenpools, aus denen wir neue Pflanzen ziehen können, in eine sehr schwere Gefahr geraten, in dem Fall nämlich, wenn unsere gegenwärtigen Hauptgetreidesorten ernsthaft durch eine Plage befallen werden, die bisher noch nicht aufgetreten ist. Ich glaube, daß wir Pflanzen zur Verfügung halten müssen, die

* Internationale Union für die Erhaltung der Natur, *Red Data Book*.

bisher noch nicht als Nahrungsquellen verwendet wurden, und daß wir auch die Forschung hinsichtlich ihrer Domestizierung steigern sollten. Ich meine, daß wir nicht völlig von einigen wenigen Hauptgetreidesorten abhängig sein dürften, weil sich in dieser Richtung für den Fall einer Epidemie eine totale Katastrophe ergeben könnte.

Gorinsky: Mir scheint, daß wir uns besonders über den Vorschlag von Wissenschaftlern des Hudson-Instituts Sorgen machen sollten, den Amazonas zu stauen, und zwar in dem Gebiet mit der vielleicht größten botanischen Artenvielfalt auf der ganzen Erde*. Das Amazonasbecken oder das tropische Ostindien sind genetisch gesehen und für die Molekularbiologie von allergrößtem Interesse; man hätte erwarten können, daß ein wildes Protestgeschrei ertönt, es herrscht jedoch allgemeines eisernes Schweigen.

* ›A dam across the Amazon‹, *Science Journal* (September 1969), *5 A*, Nr. 3, 56–60.

13. Joseph G. Hancock · Umweltprobleme und die Wiedervereinigung der Gemeinschaft der Wissenschaftler

Die Wissenschaft kann auf vielerlei Weise mißbraucht werden; am erregendsten und tragischsten geschieht das jedoch für militärische Zwecke. In den entwickelten technologischen Nationen erstrecken sich intensive wissenschaftliche Bemühungen auf die Entwicklung und die Förderung wichtiger materieller Güter; engstirnige nationale und industrielle Forschungsprioritäten gehen über weltweite dringende Bedürfnisse einfach hinweg (Farbfernsehen, Weltraumprogramm). Schließlich haben die von der Technologie angewandten wissenschaftlichen Entdeckungen dazu beigetragen, eine massive weltweite Umweltkrise zu schaffen.

Die Umweltfrage hat in den vergangenen Jahren Beunruhigung in internationalem Ausmaß verursacht – zahlreiche Probleme sind bereits identifiziert worden. Was kann die Wissenschaft zum Verständnis und der Lösung der Probleme beitragen, die zu schaffen sie geholfen hat – und weit wichtiger: wie kann sie aufhören, neue Probleme zu schaffen?

Die Bildung einer wissenschaftlichen Gemeinschaft

Ich glaube, daß viele Probleme des Mißbrauchs der Wissenschaft vermieden werden könnten, wenn die Frage der Werte in der Wissenschaft an den Universitäten, wo Wissenschaftler ausgebildet werden, eine angemessene Berücksichtigung erfahren würde. In den USA führt der Mangel an sozialem Interesse, gepaart mit einer intellektuellen Isolierung bei vielen älteren Wissenschaftlern, zu Selbstgefälligkeit und mangelndem Interesse an den sozialen Implikationen der wissenschaftlichen Forschung. Man hat ganz wenige Versuche unternommen, den Studenten die Macht der Wissenschaft und die Tatsache bewußt zu machen, daß »unpersönliche« Entdeckungen der Wissenschaft Bedingungen schaffen, die das persönliche Leben von Millionen umgestalten können. Deshalb sind auch nur sehr wenige Leute der Ansicht, daß Wissenschaftler aufgeschlossen gegenüber gesellschaftlichen Erwägungen und sensibel gegenüber möglichem Mißbrauch der Wissenschaft sein müßten. Nur ein wirkliches Verständnis dieser Macht auf seiten derer, die sie ausüben, würde dazu beitragen, ein Gefühl der Verantwortung zu schaffen. Bisher haben die meisten unserer wissenschaftlichen Bildungsinstitutionen nicht einmal erkannt, daß dieses Bedürfnis besteht. An einigen amerikanischen Universitäten geht allmählich ein vielversprechender Wandel vor sich, aber nicht schnell genug wird etwas unternommen. (Technologische Veränderungen gehen zu rasch vor sich, als daß die Wissenschaft sofort darauf reagieren könnte!)

Die Art, wie amerikanische Wissenschaftler die Forschung für die biologische und chemische Kriegsfürhung (CBW) ansehen, ist ein Beispiel für die geradezu unglaubliche Naivität, die sie hinsichtlich der Beziehung zwischen *ihrer* Wissenschaft und *ihrer* sozialen Verantwortung zeigen. Wenn man die CBW-Forschung studiert, ist es wichtig, sich klarzumachen, daß ein großer Teil davon bereits im Frieden, noch vor einem starken amerikanischen Engagement in Vietnam, durchgeführt wurde. Wie es üblicherweise der Fall ist, war ein großer Teil der Forschung, die an den Universitäten vom Verteidigungsministerium unterstützt wurde, von fragwürdigem direktem militärischem Wert und auch nicht geheim. Es ist sogar möglich, daß sie damals ein eher nützliches als schädliches Potential besaß. Unter diesen Umständen waren die Wissenschaftler leicht von ihren eigenen guten Absichten zu überzeugen; sie schauten einfach nicht hin, wenn Änderungen der Militärpolitik die Anwendung von Mitteln der biologischen und chemischen Kriegführung erleichterten, erklärten rational, daß ihre Forschung im nationalen Interesse liege: alle Mittel der chemischen und biologischen Kriegführung würden ja nur zur Verteidigung oder zur Vergeltung eingesetzt werden. Noch während Angehörige des Militärs die Entwicklung des CBW in Frage stellten, diskutierten Wissenschaftler in jämmerlicher Weise ihre Komplizenschaft unter den Tisch. Die tragischen Folgen eines Teils der CBW-Forschung sind hinreichend bekannt – Herbizide und Tränengas beispielsweise sind in Vietnam angewandt worden (und in einer Art höherer, ironischer Gerechtigkeit wurden große Mengen von Tränengas auch auf dem Gelände amerikanischer Universitäten eingesetzt).

Die Probleme, die durch die Verteidigungsfundierung geschaffen wurden, wurden von den amerikanischen Wissenschaftlern auf nationaler Ebene erst nach 1966 sorgfältig untersucht. Selbst heute noch ist eine Wirkung der Debatten über die militärische Forschung an amerikanischen Universitäten zweifelhaft. Obwohl viele Universitätswissenschaftler die finanzielle Unterstützung durch das US-Verteidigungsministerium *jetzt* mit gemischten Gefühlen betrachten, wird die Arbeit an quasi-militärischen Projekten auf vielen Gebieten fortgesetzt.

Während die Debatte über die Verwendung der Wissenschaft auf militärischem Bereich andauert, ist es interessant, die Unterschiede in der Reaktion der Wissenschaftler auf den verschiedenen Gebieten zu beobachten. Diese Unterschiede scheinen mit dem Professionalismus zusammenzuhängen, wobei viele fest in beruflich bestimmten Gesellschaften organisierte wissenschaftliche Disziplinen im wesentlichen zu »geschlossenen« Systemen werden. Weil diese Gruppen beruflich zu großer Selbständigkeit fähig sind, entwickelt sich häufig eine isolationistische Mentalität. Weitreichendes wissenschaftliches Interesse ist häufig gar nicht vorhanden, und die Werte sind zweideutig. Eine wichtige Auswirkung dieses wissenschaftlichen Isolationismus besteht darin, daß er dazu dient, die Bildung einer funktionellen, verantwortungsbewußten allgemeinen wissenschaftlichen Gemeinschaft zu verhindern.

Ein aufsehenerregendes Beispiel dafür, wie dieser Professionalismus funktioniert (oder besser gesagt, nicht funktioniert), ereignete sich während eines Symposions in der Zentrale für biologische Kriegführung (United States Army Biological Research Centre) in Fort Detrick, Frederick, Maryland. Das Symposion, das 1968 stattfand, wurde zu Ehren des fünfundzwanzigsten Jahrestages von Fort Detrick abgehalten. Man konzentrierte sich auf zwei Themen: »Entlaubung« und »Eintritt und Kontrolle fremder Nukleinsäuren«. Wie in ›Science‹[1] berichtet, stellte sich heraus, daß viele der Nukleinsäure-Biochemiker das Treffen boykottierten und allgemein gegen die Jubiläumsfeier von Fort Detrick protestierten. Die Pflanzenphysiologen führten ihr Symposion über »Entlaubung« jedoch offensichtlich ungerührt und ohne Erwähnung der Tatsache durch, daß das Entlaubungsprogramm in Vietnam auf nationaler

Ebene heftig debattiert wurde. Ganz offensichtlich wird in der Ansicht der Wissenschaftler von ihrer sozialen Verantwortung kein entscheidender Wandel eintreten, ehe nicht die selbstauferlegte Isolation verschiedener wissenschaftlicher Gruppen durchbrochen ist.

Wie man den wissenschaftlichen Isolationismus in unifunktionellen Regierungs- und Industrielaboratorien bekämpft, wirft eine andere Frage auf. Die sendungsorientierten Regierungs- und industriellen Forschungslaboratorien wenden beide grundlegende wissenschaftliche Entdeckungen an. Die Wissenschaftler, die diese grundlegenden Entdeckungen gemacht haben, besitzen keinerlei Kontrolle darüber, wie ihre Arbeit angewandt wird. Wo die Forschung an den Universitäten als Gegenleistung für finanzielle Unterstützung durch Regierung und Industrie durchgeführt wird, sollte durch internationale wie durch nationale wissenschaftliche Gemeinschaften eine Form von Selbstregelung, die auf wissenschaftlicher sozialer Verantwortung basiert, vorgeschrieben werden. Wie ich die Sache aber sehe, besteht gegenwärtig keine funktionelle wissenschaftliche Gemeinschaft, und es ist unsere Aufgabe, ihre Entwicklung auf jede nur mögliche Art zu unterstützen.

Damit sich eine Gemeinschaft bilden kann, wird man viele Schranken beseitigen müssen und nicht zuletzt solche psychologischer Art. Die akademische Ausbildung wird modifiziert werden müssen, um die interdisziplinäre Entwicklung in den Fakultäten zu unterstützen, so daß jüngere Wissenschaftler ein stärkeres Gefühl für die Ganzheit der Wissenschaft bekommen.

»Die Umweltfrage« liefert eine breite erzieherische Basis zwischen den Fakultäten und stellt ein vielversprechendes Vehikel für die Aufgabe der Wiedervereinigung der Wissenschaft dar. Wissenschaftler an amerikanischen Universitäten, die sich mit Umweltproblemen befassen, organisieren neue Kurse und Lehrprogramme mit ausgeprägt multidisziplinären Methoden. In der Universität von Kalifornien in Berkeley hat die Durchführung dieser Veränderungen eine Zusammenarbeit zwischen den verschiedenen Sektoren der Universität erzwungen und durch verbesserte Kommunikation ein neues Bewußtsein für die soziale Verantwortung der Wissenschaft bei der Verbesserung der Qualität unserer Umwelt geschaffen. Ob neue parallele Ansätze auch in der Forschung in Erscheinung treten werden, ist noch nicht klar. Wenn das der Fall sein sollte, wird es Veränderungen in der gegenwärtigen Organisation der amerikanischen Universitäten und wissenschaftlichen Organisationen fördern. Durchlässige, kooperativ-beratende multidisziplinäre Ansätze zur wissenschaftlichen Forschung können schon bei dieser einzelnen umfassenden Frage dazu führen, daß sich in den Ansichten der Wissenschaftler selbst ein bedeutungsvoller Wandel vollzieht. Auch wenn nur eine Minderheit der Wissenschaftler beteiligt ist, werden sich Kanäle für erweiterte Kommunikation öffnen, und Vorstellungen über wissenschaftliche Werte werden sich mit mehr Wirkungen der Gemeinschaft der Wissenschaftler verbreiten können. Als Folge davon werden die Wissenschaftler vielleicht größeres Interesse an der Auswirkung der Wissenschaft auf die Gesellschaft zeigen. Auf lange Sicht wäre deshalb vielleicht eine der wichtigsten Folgen der »ökologischen Revolution« die Wiedervereinigung der wissenschaftlichen Gemeinschaft.

Forschung über Umweltprobleme

Molekularbiologie und Genetik haben eine vielfältige Auswirkung auf Umweltuntersuchungen. Da in diesem Programm nur einige wenige behandelt werden können, habe ich zwei Themen ausgewählt, an denen ich persönlich interessiert bin: biologische Kontrolle über und biologischer Abbau von Zellulosestoffen.

Das Interesse an der biologischen Kontrolle hat sich in den letzten Jahren sehr verstärkt. Bei diesen Untersuchungen hofft man besonders darauf, daß Insektenkrankheiten und Unkrautseuchen an die Stelle von chemischen Pestiziden gesetzt werden können; dadurch würde der Zwang, gefährliche Chemikalien in der Landwirtschaft anzuwenden, dort verringert, wo Landarbeiter diesen Giftstoffen ausgesetzt sind und die Umwelt stark geschädigt wird. Die Mikroben- und die Molekulargenetik könnten effektiv in der Forschung auf diesem Gebiet eingesetzt werden, indem man die Anstekkungskaft krankheitserzeugender Mikroorganismen manipuliert. Absehbar ist jedoch, daß die Grundentdeckungen und die Verfahren, die während der Entwicklung der sogenannten »Superpathogene« ausgebaut werden, zu militärischen Zwecken im CBW ausgebeutet werden könnten. Das ist ein Beispiel dafür, warum es so wesentlich ist, daß die CBW-Forschung gestoppt wird.

Der biologische Abbau von Abfallprodukten wird zu einem sehr aktiven Forschungsgebiet, und zwar einem, wo noch Grundlagenforschung nötig ist. Ich werde die Biodegeneration von Zellulosestoffen genauer behandeln, weil diese Substanzen in einigen Staaten einen großen Teil des Abfalls darstellen.

Zellulosen, große polymere Körper von Glukoseresten mit Beta-1,4-Verbindungen, sind in Pflanzenzellwänden als im wesentlichen parallele Aggregate vorhanden, die semikristalline Fäden oder Fibrillen (kleine Fäserchen) bilden. Die Fibrillen besitzen eine unglaubliche Dehnbarkeit und bilden ein Geflecht, in dem amorph verkrustende Materialien abgelagert werden. Die Kraft der Zellwände hängt zum großen Teil von der Anordnung der Zellulose-Fibrillen ab. Die Fibrillen, die zur Produktion von Textilien und Papier verwendet werden, sind tatsächlich die Zellwände spezialisierter Zellen von gewissen Pflanzen.

Pathogene Pflanzen-Fungi und Bakterien verursachen oft die Zerstörung der Zellwände am Ort der Infektion. Tatsächlich kann die Fähigkeit, erfolgreich Parasitenbeziehungen zu bilden, bei einigen Krankheiten in einem gewissen Grad von der Möglichkeit abhängen, eine Degeneration der Zellwände zu bewirken. Obwohl die Beziehung zwischen Pathogenizität und der Fähigkeit einiger Mikroorganismen, Zellwände degenerieren zu können, eine komplizierte Frage ist, sind nur die Auswirkungen der Zellwandzusammenbrüche während der Krankheit klar. Allgemein gesprochen dienen die Zellwände den Pflanzen strukturell als Stützelemente, und die Integrität infizierter Gewebe kann verlorengehen, wenn die Wände teilweise degeneriert werden. Die Aufspaltung von Zellulose wird oft mit diesen Vorgängen assoziiert. Wenn das Kernholz eines Balkens von Holzfäule-Fungi attackiert wird, hat das Holz für technische Zwecke keinen Wert mehr.

Zwar sind auf dem Gebiet der Pflanzenpathologie schon etliche Forschungen hinsichtlich des Mechanismus des Zelluloseabbaus durchgeführt worden, aber nicht annähernd so viele wie in den Bereichen, die sich mit Baumwolle- und Holztechnologie befassen.

Ziel dieser Forschungen ist es natürlich, Methoden zu entwickeln, um Angriffe von Mikroben auf Zellulose zu verhindern, wie man sie bei jeder Art von Verschlechterung von Bauholz, Textilien, Papier usw vorfindet. Der größte Teil unseres Wissens über die Zellulose-Aufspaltung stammt aus diesen Forschungen.

Meine Hauptsorge gilt jedoch den Anhäufungen von Abfall-Zellulosestoffen. Die Beseitigung von Abfällen ist eines der wichtigsten Umweltprobleme der modernen Gesellschaft. Die Zellulose in pflanzlicher Materie und in verarbeiteten Pflanzenprodukten umfaßt einen beträchtlichen Teil des trockenen Abfallmaterials. In den Vereinigten Staaten bestehen über 50 Prozent des Abfalls aus Papier[3]. Wegen der Resistenz natürlicher Zellulose gegen eine Biodegeneration ist die Quote der Mülldekomposition ernstlich begrenzt.

Vielfältige Ansatzmöglichkeiten zur Beseitigung von Zellulosematerial sind wegen seiner Verschiedenartigkeit unbedingt nötig. Hier sind Untersuchungen, ob Wiederverwertungsverfahren großen Maßstabs gangbar sind, durchzuführen. Die Wiedergewinnung von Papier geschieht jedoch z. B. in Kalifornien noch auf freiwilliger Basis. Publicity-Kampagnen lenken zwar erfolgreich die Aufmerksamkeit auf dieses Problem, werden ihm aber so wenig gerecht wie die angebotenen Lösungen selbst.

Eine der Forschungsmethoden, die ernsthaft in Betracht gezogen wird, betrifft eine beschleunigte Biodegeneration. In gewissem Sinne ist das eine Umkehrung der Ziele, die die Wissenschaftler in der Industrie verfolgen, die sich mit der Herstellung von Zelluloseprodukten befassen. Damit wurde einem bestehenden Forschungsprogramm ein »neues« soziales Bedürfnis übergeordnet. Glücklicherweise können die grundlegenden Forschungen über die Natur der Zellulose und der Zellulose-Aufspaltung zugunsten unserer neuen Ziele angewendet werden. Obwohl diese Ziele eine Neuüberlegung und Umorientierung eines alten Problems bedeuten, kann man doch schon einige Interessenkonflikte, besonders wirtschaftlicher Art, voraussehen. Die finanzielle Unterstützung für diese Forschung sollte von der Industrie kommen, da sie für die Produktion der Stoffe verantwortlich ist, die ihrerseits das Problem verursachen.

Wie Stutzenberger und seine Kollegen[4] berichten, wird Papier nach der Kompostierung um 60 Prozent reduziert. Ein anonymer

Brief in ›Nature‹[5] bemerkte, daß eine umfassendere Vorbehandlung einen weiteren Zerfall der Zellulose beschleunigen könnte. Es wurde die Weiterverwendung des kompostierten Rückstands in der Pilzzucht vorgeschlagen; teilweise kompostierte Produkte werden heute bereits als Bodenverbesserer, Pflanzendecken und Pflanzenwachstumsmedia kommerziell genutzt.

Das Schicksal der verschiedenen Papiersorten sollte bereits während der Herstellung durchdacht werden. Papierarten, die aller Voraussicht nach in großen Mengen beseitigt werden müssen (Zeitungen), müßtem für eine schnelle mikrobische Zersetzung aufbereitet werden. Zu den technischen Untersuchungen über die Eigenschaften von Papier müßten Forschungen über Anfälligkeit gegenüber Mikroben gehören. Die verschiedenen Papiersorten könnten teilweise aufgrund dieser Eigenschaft für ihre Verwendung bestimmt und ausgewählt werden.

Wenn man mehr über die Zelluloseaufspaltung erfährt, können auch mehr positive Manipulationen der Molekularstruktur von Holzfasern bei der Papierherstellung angewandt werden, so daß die Qualität erhalten bleibt, nicht aber der Abfall.

Nach der Beseitigung könnte die Versetzung mit spezifischen zellulolytischen Mikroorganismen die Zersetzung des Papiers beschleunigen. Unsere Kenntnisse aus der Mikroben- und der Molekulargenetik müßten für diese Probleme eingesetzt werden. Die vielversprechendsten Gattungen thermophiler zellulosezersetzender Fungi und Bakterien könnten ausgewählt und den Kompostbedingungen, wenn möglich, so angepaßt werden, daß sie den Zellulosezerfall begünstigen. Man sollte auch die Möglichkeit erkunden, Papier mit kleinen Dosen von Materialien zu behandeln, die die Produktion des Zellulose-Enzymsystems stimulieren (über dessen Regulierung man allerdings noch kaum etwas weiß).

Zusätzlich zur Lösung der Frage der Zersetzung von Müll aus Pflanzenprodukten würden die Ergebnisse dieser Arbeit zu entsprechenden Untersuchungen der Zellulose-Erhaltung und der Aufspaltung von pflanzlichen Zellwänden bei Krankheiten beitragen. Auch wenn schließlich andere, nicht biologische Methoden zur Beseitigung von Papier- und Holzabfall entwickelt werden, wird diese Information noch immer von Wert sein.

Zum Abschluß möchte ich noch einmal wiederholen, daß eine Wiedervereinigung der Wissenschaft auf breiter Grundlage für die »wissenschaftliche Verantwortung« nötig ist. In der harten Wirklichkeit hat der einzelne Wissenschaftler, der seinem »persönlichen Gewissen« Ausdruck verleiht, nur wenig Chancen, sich den heutigen Regierungs- und Universitätsverwaltungen zu widersetzen. Wir müssen die natürlichen Prozesse unterstützen, die der Wiedervereinigung dienen, wie eben z. B. der Umweltbewegung. Es ist aber auch wichtig zu erkennen, daß Bewegungen kommen und gehen und daß wir, um einen anhaltenden Wandel zu erreichen, gewillt sein müssen, unsere Universitäten und wissenschaftlichen Institutionen zu reorganisieren, indem wir die Ganzheit der Wissenschaft von neuem bestätigen und schärfere Kontrollen bei der Anwendung unserer Forschungen fordern.

Literaturhinweise

1. Anonymous (1968), *Science 160*, 285–7.
2. Wilson, C. L. (1969), *Ann. Rev. Phytopathology* 7, 411–34.
3. *Municipal Refuse disposal* (1961), (prepared by Committee on Refuse Disposal, American Public Works Assoc. Interstate Printers and Publishers Inc., Danville, Illinois), 45.
4. Stutzenberger, F. J., Kaufman, A. J., und Lossin, R. D., (1970) *Canad. J. Microbiol. 16*, 553–60.
5. Anonymous (1950), *Nature 228*, 115.
6. Block, S. S. (1965), *Appl. Microbiol. 13*, 5–9.

Diskussion

Pirani: Fast jeder Redner hat bisher über bourgeoise Probleme in einer bourgeoisen Gesellschaft gesprochen. Was ich mich in den letzten sechsunddreißig Stunden gefragt habe, ist, wann wohl jemand etwa sagen wird: »Die Vereinigten Staaten sind eine spätkapitalistische Gesellschaft, und die Verzerrungen und Widersprüche der Wissenschaft, die daraus resultieren, können nicht dadurch richtiggestellt werden, daß man allein die Struktur der Wissenschaft ändert und die Gesellschaft in Ruhe läßt.

Hancock: Genau das ist einer der Gründe, warum ich den größten Teil meiner Freizeit mit den politischen Fragen der Universität Berkeley zubringe. Ich bin sehr deprimiert über die Art, wie sich Wissenschaftler an die Veränderung der Gesellschaft machen. Selbst an der Universität Berkeley habe ich nicht viel ernsthafte politische Aktivität von seiten der Wissenschaftler gesehen, obwohl sie manchmal in Zeiten einer Krise in Erscheinung treten. Was aber wirklich langfristige Planung betrifft, die tatsächliche Beschäftigung mit der Sache sowie die Arbeit an der Basis, so sind diese einfach nicht vorhanden. Ich glaube jedoch nicht, daß nur das kapitalistische System mit Fehlern behaftet ist, obwohl ich das kapitalistische System in der Vergangenheit immer wieder angegriffen habe. Ich glaube, daß die sozialistischen Systeme auf die gleiche Weise versagt haben. Tatsache ist, daß man, solange man wirtschaftliches Wachstum hat und solange man das wirtschaftliche Wachstum für den wichtigsten Teil der Gesellschaft hält, auch Umweltprobleme haben wird. Das ist eine Tatsache, und wir werden lernen müssen, irgendwie mit ihr fertig zu werden. Ich sage damit nicht, daß wir das wirtschaftliche Wachstum aufhalten sollten, ich glaube aber, daß wir es angreifen müssen; vielleicht müssen wir auch lernen, uns einer Gleichgewichtsgesellschaft anzupassen.

VI. *Wissenschaft in der Gesellschaft*

14. A. J. Hale · Die Rolle der Industrie für die angewandten Wissenschaften

Ich spreche vom Standpunkt eines Biologen aus, der sich mit Therapeutika für Menschen und Tiere befaßt, die soziale Auswirkungen haben; ich spreche also als jemand, der dem Problem ausgesetzt war, wissenschaftliche Neuerungen verantwortungsbewußt anzuwenden. Unsere Gesellschaft war beispielsweise die erste, die 1960 ein orales Empfängnisverhütungsmittel einführte, und die öffentliche Diskussion, die um dieses Thema entfacht wurde, würde wahrscheinlich eine eigene Tagung rechtfertigen. Die pharmazeutische Industrie ist, von der Luftfahrt- und Weltraum-Industrie abgesehen, seit etwa vierzig Jahren am stärksten wissenschaftlich ausgerichtet. Die Liste ihrer Leistungen ist beträchtlich, genau so aber die der Kritik an ihren Haltungen und Verhaltensweisen. Ihr Erfahrungsschatz in der Anwendung der Wissenschaft steht hinter keinem anderen Zweig zurück und sollte Richtlinien für die Entwicklung verantwortungsbewußter Aktionen in der Anwendung der Wissenschaft liefern.

Ehe ich in die Industrie eintrat, habe ich in der akademischen Forschung gearbeitet. Ich fühle mich daher wenigstens zum Teil dazu qualifiziert, einige Bemerkungen zu Haltung, Verantwortlichkeiten und Zielen der Biologen zu machen. Mir scheint, daß das, was wir bei dieser Tagung suchen, in Wirklichkeit ein Kommunikationsmechanismus ist: ein Mechanismus, der nicht nur die Öffentlichkeit über die Arbeit des Wissenschaftlers informiert, sondern der auch die Implikationen seiner Arbeit erkundet, die Meinungen über diese Arbeit sammelt und der Fachwelt zum Kommentar vorlegt. Das kann vielleicht einmal zur Bildung von Mechanismen führen, die sich sofort mit den Problemen befassen, sobald sie sich ergeben. Ich glaube allerdings, es wäre zu viel erhofft, wenn wir auch nur die Art der Probleme, die sich ergeben, voraussagen und auch nur *einen* Mechanismus formulieren könnten, der sich mit ihnen allen befassen kann. Der Mechanismus muß so flexibel sein wie die Vorstellungen der Wissenschaftler, mit denen er arbeiten soll.

Man macht sich Gedanken über die Richtung, in die uns die Wissenschaft führt. Die Hauptfrage lautet natürlich, wohin sie uns führt; wichtige Sekundärfragen sind jedoch, wer uns führt und wer sich Gedanken macht. Wenn wir diese beiden Gruppen nicht identifizieren, können wir zwischen den beiden keine Verbindung herstellen, um wissenschaftliche Ziele zu beeinflussen. Es gibt gewisse negative Antworten, die wir geben können. Wir wissen, daß wir bei der Formulierung dessen, was wissenschaftlich und gesellschaftlich akzeptabel ist, nicht von der Regierung, der Royal Society (der englischen »Königlichen Gesellschaft der Wissenschaften«), einem der gelehrten Kollegen oder wissenschaftlichen Gesellschaften geleitet werden. Wie aber wird diese Kontrolle dann im Augenblick ausgeübt? Wer hat Angst? In der Praxis ist die Öffentlichkeit der Gewinner oder der Verlierer, im allgemeinen jedoch kümmert sie sich nicht um die Anwendung der Wissenschaft, ehe nicht ihre unmittelbare Umwelt betroffen ist. Sollten wir wirklich die ›Concorde‹ wegen der wenigen aufgeben, die den Überschallkrach aushalten müssen? Wollen Sie eine Klinik für Drogensüchtige gleich nebenan, die Jugendliche retten könnte?

Der Theorie nach sollten die Politiker, gleichgültig ob auf Kommunal- oder Regionalebene, die Bevölkerung schützen, aber wieder einmal ist es so, daß Kritik nur dann vorgebracht wird, wenn eine lokale oder eine nationale Krise entsteht. Rat wird von Wissenschaftlern nur selten erbeten, obwohl er häufig, wenn auch recht selbstgefällig, gegeben wird.

Es hat einen gewissen Aussagewert, die Verantwortung in industriellen mit der in anderen wissenschaftlichen Gruppen zu vergleichen, da es die Industrie ist, die die Wissenschaft anwendet.

Tabelle I

	Kontrollorgane					
	Öffentlichkeit	Studenten	Andere Wissenschaftler	Direktorium	Andere Stiftungskörperschaft	Ausführungskörperschaften
Universitäten	o	++	+++	+	++	o
Regierungs- u. Stiftungsinstitutionen	+	o	++	++	o	o
Industrie	++	o	++	++	o	o

\+ gleicher Einflußgrad

Tabelle II

	Kontrollorgane					
	Öffentlichkeit	Studenten	Andere Wissenschaftler	Direktorien	Andere Stiftungskörperschaft	Ausführungskörperschaften
Universitäten	o	o	+++	o	++	o
Regierungs- u. Stiftungsinstitutionen	o	o	++	++	o	o
Industrie	++	o	++	+++	o	+++

\+ gleiche Wirksamkeit des Einflußmechanismus

Die Hauptgruppen von Wissenschaftlern, die die Anwendung der Wissenschaft beeinflussen könnten, sind:

1. die höchsten Stellen des akademischen Bereichs,
2. die Forschungsinstitute der Regierung und von Stiftungen,
3. industrielle Forschungslaboratorien.

Es ist nützlich, den Mechanismus zu untersuchen, durch den die in diesen Gruppen arbeitenden Wissenschaftler kontrolliert werden. Ziel des Wissenschaftlers ist es, zu forschen und die Beweise für die Schlußfolgerungen seiner Forschung zu liefern. Dazu braucht er Unterstützung und eine Möglichkeit, seine Entdeckungen bekannt zu machen. Tabelle I führt die »Verwalter« (Kontrollorgane) auf, die die Unterstützung der Wissenschaftler in diesen Gruppen beeinflussen. Man kann erkennen, daß der Grad des durch die verschiedenen Kontrollorgane ausgeübten Einflusses innerhalb der Gruppen variiert. Abgesehen vom Grad des Einflusses gibt es einen weiteren Faktor, der diesen Grad stark moduliert, den Mechanismus. Tabelle II zeigt meine Einschätzung der Wirksamkeit der vorhandenen Einflußmechanismen. Zusammengenommen zeigen sie, daß es wohl unter den Wissenschaftlern einen starken meinungsbildenden Mechanismus über ihre Arbeit, und zwar nicht nur über den Inhalt, sondern auch deren Implikationen gibt, daß aber, abgesehen von der Industrie, die »Kontrollorgane« nur sehr wenig Einfluß auf sie ausüben. Die Wissenschaftler in der Industrie wissen genau, daß ihre Ziele sehr stark durch die Öffentlichkeit, repräsentiert durch die Aktionäre und die öffentliche Haltung gegenüber der Gesellschaft, durch das Direktorium, die Regierung, durch unabhängige und industrielle Aufsichtsorgane und durch ihre Wissenschaftlerkollegen beeinflußt werden. Es ist eine sehr schwierige Aufgabe, Ziele unter dem Druck dieser verschiedenen Interessengruppen zu erreichen; ich glaube daher, daß es die Mühe lohnt, die Probleme aufzuführen, die die praktische Anwendung einer wissenschaftlichen Entdeckung erschweren. Diese Liste kann abschreckend wirken, ich hoffe aber, daß sie eine Herausforderung an die Wissenschaftler darstellen möge, die das Gefühl haben, daß die Wissenschaft bei der Verbesserung des sozialen Wohlstands eine praktische Rolle zu spielen hat.

Die Probleme, die ich aufführe, sind die, die ich aus dem Versuch, therapeutische Produkte einzuführen, kenne. Sie variieren bei jedem Produkt innerhalb dieser Kategorie; ich bin daher sicher, daß sie sich auch dort ändern werden, wo andere biologische Verfahren in Betracht kommen. Das Lösungsschema wird aber dem ähnlich bleiben, das durch unsere Industrie entwickelt worden ist.

Die Leitung eines Programms für Anwendung und Entwicklung gleicht den Rennwetten. Man hat das Geld der Gesellschaft als Einsatz und muß sich entscheiden, das Geld wegen eines großen Gewinns auf einen krassen Außenseiter zu setzen, sich aber gleichzeitig durch eine entsprechende Summe auf den großen Favoriten abzusichern. Wenn man erfolgreich ist und genug Geld hat, kann man sogar nur auf den Favoriten setzen und immer noch gewinnen. So werden die eigenen Entscheidungen (in der aufregenden Grundlagenarbeit nur in geringem Maß) durch das mögliche Marktpotential des Produkts beeinflußt. Selbstverständlich kann man sich nach beiden Richtungen hin schrecklich irren. Vor dreißig Jahren hat man z. B. in pharmazeutischen Kreisen gesagt, daß niemand je mit Steroiden Geld verdienen würde. Ich bin ehrlich froh, daß diese Voraussage falsch war.

Es ist interessant, wie der wissenschaftliche Wert einer Arbeit festgelegt wird. Ich habe herausgefunden, daß dieses Thema durch die Interaktion folgender Gruppen gelöst wird:

Industriewissenschaftler ⇄ Klinischer Forscher in der Industrie

⇅ ⇅

Akademischer Wissenschaftler   Akademischer klinischer Forscher

Diese Interaktion ist bei uns ganz üblich und zeigt, daß wir einen Mechanismus entwickelt haben, um die Schranken zu überwinden, die noch in vielen Ländern zwischen dem akademischen Wissenschaftler und seinem klinischen Gegenstück bestehen.

Es wird dann so lange gearbeitet, bis die Wirksamkeit des Materials sichergestellt ist, ehe die Frage der kommerziellen Ziele überhaupt diskutiert wird. Zu diesem Zeitpunkt geht folgende Interaktion vor sich:

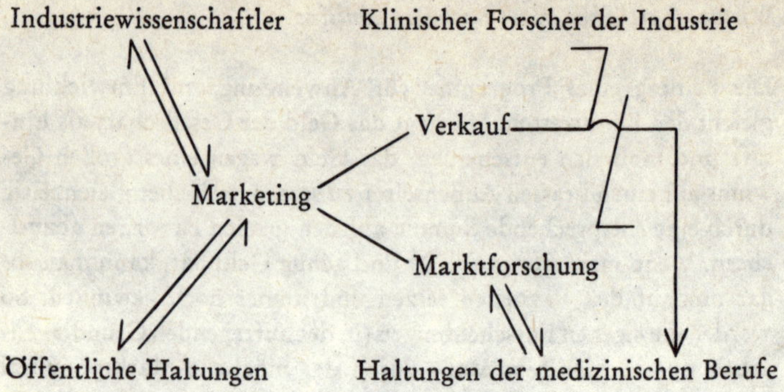

Die Fragen, die sich zu dieser Zeit ergeben, lauten:

1. Können wir das Produkt konsistent, von guter Qualität und wirtschaftlich herstellen?
2. Erfüllt es ein bestehendes Bedürfnis?
3. Schafft es eine neue Nachfrage?
4. Ist es für die Berufe, die es verwenden werden, wissenschaftlich akzeptabel?

Es ist erstaunlich, wie schwer einige dieser Fragen zu beantworten sind. Zum Beispiel wissen die meisten Ärzte, welche Heilmittel zur Verfügung stehen, sind sich aber über die Grenzen dieser Heilmittel nicht allzu klar. Was ist ihr Motiv, ein billigeres Produkt zu verschreiben, wenn sie der Patient dann doppelt so oft aufsuchen muß? Erkennen sie, daß ein neues Produkt dem Patienten und ihnen selbst Zeit und dem Staat Geld sparen könnte? Wird ein Aufsichtsorgan den Wert eines neuen, teureren und nicht zu andersartigen Produkts zum persönlichen Nutzen von Arzt und Patient erkennen? Sind Mediziner und Laien bereit und fähig, das eingeführte Produkt zu akzeptieren?

In einer pharmazeutischen Gesellschaft nehmen Diskussionen über den wissenschaftlichen Wert und die Rentabilität einen Großteil der Zeit vieler Personen in Anspruch und hören dazu auch die Meinungen einer Menge führender außenstehender Wissenschaftler. Solange man den rigorosen Prozeß, durch den eine Entscheidung über die kostspielige Entwicklung eines wissenschaftlichen Projekts gefällt wurde, nicht einmal miterlebt hat, kann man nicht den Schluß ziehen, daß dieser Prozeß wirkungslos ist. Die Entscheidung ist oft für einige Leute nicht akzeptabel, aber der Mechanismus, der angewandt wurde, um sie zu erzielen, ist gut entwickelt und berücksichtigt die Aspekte, die ich hier jetzt vortrage. Entscheidungen dieser Art können es niemals allen recht machen. Was wir in einer Demokratie erreichen müssen, ist jedoch eine Entscheidung, die der Mehrheit nützt.

Ethische Grundsätze

Wir nennen uns eine pharmazeutische Gesellschaft mit ethischen Prinzipien, weil unsere Produkte nur auf Rezept von Ärzten mit hohen ethischen und moralischen Maßstäben verkauft werden. Wir sind der Ansicht, daß unsere Maßstäbe genau so hoch sind wie die der Ärzte; dann und wann ergibt sich aber ein Dilemma, das nur schwierig zu lösen ist. Man erkennt nicht überall, daß alle pharmazeutischen Produkte gewisse Risiken in sich bergen. Wenn eine Droge eine Wirkung hat, die die normalen oder abnormalen Körperfunktionen beeinflußt, kann sie bei bestimmter Dosierung oder unter besonderen funktionellen Umständen unerwünschte Nebenwirkungen herbeiführen. Das Problem besteht darin, Drogen zu finden, die einen starken Unterschied zwischen der therapeutischen und der toxischen Dosisebene haben. Jedermann, der Alkohol zu sich genommen hat, weiß, daß das therapeutisch-toxische Verhältnis abhängt von

1. der Dosis,
2. der Zusammensetzung,
3. dem Zustand des Individuums,
4. den sonst angewandten Therapien.

Wie oft wird das bei der Anwendung anderer Drogen gewürdigt?

Gefährliche Drogen werden oft zu lebensrettenden Maßnahmen verwendet. Bei der Einführung eines neuen Heilmittels, von dem man sich eine Wirkung bei einer schweren Krankheit erhofft, akzeptiert man Risiken und geht sie ein. An welchem Punkt entscheidet man jedoch, daß das Risiko den etwaigen Nutzen nicht wert ist? Wessen Entscheidung ist das? Kann der Wissenschaftler eine Entscheidung treffen, ehe das Mittel ausprobiert wurde? Entscheidet der Arzt oder die Aufsichtsbehörde? Bekommt der Patient je die Gelegenheit zu entscheiden? Man frage einen Patienten mit einer chronischen Nierendialyse, ob er eine Nierentransplantation möchte. Er wird schnell und eindeutig antworten. Die Probleme ergeben sich in der Tat erst, wenn das Maß der toxischen Wirkung sehr schwierig festzustellen ist. Kann man das leichte Thromboserisiko der Pille hinnehmen? Ist die Sterblichkeitsrate, die dem Zigarettenverbrauch zugeschrieben wird, akzeptabel? Wer entscheidet das? Kann man die Auslieferung dieser Produkte verhindern? Kann man Gesetze zu ihrem Verbot durchsetzen? Sollte man solche Produkte überhaupt nicht erst entwickeln?

Während der Entwicklung eines Produkts tauchen viele, wenn auch nicht alle diese Fragen auf. Man trifft die Entscheidung, einige der bekannten Risiken zu akzeptieren, und versucht sich gegen das Auftauchen neuer Risiken zu schützen. Ich glaube, daß die Industrie in dieser Hinsicht einen hohen moralischen Maßstab anlegt und daß das eine Spiegelung der engen Wechselwirkung zwischen Wissenschaftlern, Ärzten und Geschäftsleuten ist. Keine dieser Gruppen könnte von sich aus zu ethisch fundierten Entscheidungen gelangen. Jede dieser Gruppen hat ihre Vorliebe und Vorurteile, und nur eine enge Zusammenarbeit kann diese beseitigen.

Kontrollmechanismen

Diese Kontrollen werden auf drei Ebenen durchgeführt:
1. Firmeninterne Kontrollmechanismen,
2. Kontrollmechanismen des Dachverbandes der Industrie,
2. Kontrollmechanismen der Regierung (Aufsichts- oder beratende Funktion).

1. Firmeninterne Mechanismen

Wenn eine Gesellschaft durch Tierversuche positive Beweise für den potentiellen therapeutischen Nutzen eines neuen Produkts erhalten hat, führt sie sofort akute und subakute Toxizitätstests durch, um die Sicherheit des Materials festzustellen. Gleichzeitig stellt sie strenge Vorschriften für die Herstellung und die Qualitätskontrolle der aktiven Ingredienzien und aller Zusammensetzungen auf, die für klinische Testzwecke verwendet werden könnten. Wenn das wissenschaftliche und kommerzielle Interesse an dem potentiellen Produkt groß genug ist, werden auch ausgedehnte therapeutische und Langfrist-Toxizitätstests an einer Vielzahl von Tierarten durchgeführt. Diese Arbeiten können fünf Jahre intensivster Anstrengungen beanspruchen und umfassen

1. die natürliche Extraktion,
2. die chemische Synthese,
3. die industrielle Adaptation des synthetischen Wegs,
4. die wirtschaftliche Bewertung des Verfahrens,
5. die Entwicklung von Methoden zur Verfahrenskontrolle,
6. die Entwicklung von Methoden der Qualitätskontrolle,
7. die pharmazeutische Rezeptierung,
8. die Drogenabsorption,
9. den Drogenmetabolismus,
10. die therapeutische Aktivität,
11. die akute Toxizität,
12. die Langfrist-Toxizität,
13. die Drogenstabilität.

} mit chemischer, pathologischer und histopathologischer, Bewertung.

Erst, wenn all das geschehen ist, wird die Gesellschaft erwägen, das Material klinisch testen zu lassen. Während dieser Zeit erfolgt eine dauernde Überwachung und klinische Überprüfung durch die Verantwortlichen der Gesellschaft. Dieser Selbstkontrollmechanismus, der von vielen Gesellschaften entwickelt wurde, wurde jetzt von den Regierungsbehörden für ihre Kontrollzwecke adaptiert.

2. Mechanismen des Dachverbandes der Industrie

Es gibt eine industrielle Vereinigung, die innerhalb der Industrie die Maßstäbe für kommerzielles Verhalten setzt. Sie hat nur beratende Vollmachten – besitzt die Achtung der Industrie, des ärztlichen und tierärztlichen Berufsstands und der Kontrollorgane der Regierung.

Diese Maßstäbe sind an den Prinzipien orientiert, die von den großen Gesellschaften aufgestellt wurden, die die größte Erfahrung mit den Schwierigkeiten bei der Entwicklung neuer Medikamente besitzen. Firmen können die Empfehlungen des Dachverbandes zwar ignorieren, das ist aber in der Praxis kaum der Fall.

3. Mechanismen der Regierung

Wir haben in England einen beratenden Ausschuß, der bei Entscheidungen, was für die Firma, die Mediziner, die Regierung und die Öffentlichkeit im Hinblick auf die Verwendung therapeutischer Mittel akzeptabel ist, eng mit der Industrie zusammenarbeitet.

Wenn eine Gesellschaft all ihre eigenen Kontrollvorschriften erfüllt und die Arbeiten durchgeführt hat, die ihrer Erfahrung nach das Regierungskontrollorgan hinsichtlich der Wirksamkeit und der Toxizität eines potentiellen Produkts für nötig hält, stellt sie die gesamten Daten für einen Antrag zur Bewilligung eines klinischen Versuchs zusammen. Wenn der Antrag gebilligt wird, wird die Versuchsreihe von namentlich benannten akademisch-klinischen Forschern in einem nationalen Krankenhaus durchgeführt.

Dieser Mechanismus ist in den USA, in Großbritannien und vielen anderen Ländern gut entwickelt. Aber auch er birgt gewisse Schwierigkeiten. Falls die therapeutische Methode noch ganz neu ist, könnte es für das Kontrollorgan schwierig sein, sich eine angemessene unabhängige wissenschaftliche Meinung zu bilden, um ein begründetes Urteil über die Daten zu fällen. Die Gefahr, die sich in einer derartigen Situation ergeben könnte, besteht darin, daß aus mangelndem Urteilsvermögen die Entscheidung mit beträchtlichem Schaden für die Firma, die Ärzteschaft und die Öffentlichkeit verzögert werden könnte.

Soll sie effektiv sein, muß die Zusammenarbeit zwischen einem Kontrollorgan und der Industrie auf der gegenseitigen Anerkennung der wissenschaftlichen Qualifikation der beteiligten Persönlichkeiten beruhen. Die Veränderungen in der Wissenschaft vollziehen sich heute so schnell, daß es sich kein Wissenschaftler der Industrie leisten kann, abzuwarten, bis die grundlegenden Möglichkeiten für den wissenschaftlichen Fortschritt durch seine akademischen Kollegen bestimmt worden sind. Wenn er es tut, wird er so lange brauchen, um den Fortschritt der Wissenschaft einzuholen, daß er im Vergleich mit seiner Konkurrenz zu spät kommt, ihn zu einem praktischen Resultat anzuwenden. Das schafft Schwierigkeiten für ein Aufsichtsorgan. Wenn ein Wissenschaftler der Industrie eine anerkannte Kapazität in seiner Wissenschaftsdisziplin ist, an wen soll sich dann das Aufsichtsorgan um ein Gutachten wenden? Zudem kann die Industrie bereits Akademiker von Rang zu der Sache konsultiert haben, so daß deren Meinung auch nicht mehr vorurteilsfrei ist. Die Situation kann wahrscheinlich gelöst werden, wenn ein solches Organ lediglich eine empfehlende und beratende Funktion ausübt; wenn seine Funktion jedoch so weit geht, daß von ihm die endgültige Entscheidung abhängt, taucht die Schwierigkeit auf, dafür ein unabhängiges und endgültiges Gutachten zu bekommen.

Eine Anordnung kann sich als gefährliche Waffe erweisen. Die vorschnelle Verurteilung einer wissenschaftlichen Neuerung aus Mangel an Information kann genauso gefährlich werden wie die voreilige Annahme. Ist beispielsweise die Pille in irgendeinem wissenschaftlichen, medizinischen, religiösen oder wirtschaftlichen Sinn tadelnswerter als das (englische) Abtreibungsreformgesetz? Ein wissenschaftlicher Vergleich wurde hier nie gezogen. Wer soll entscheiden, was annehmbar ist?

Kommerzieller gegen gesellschaftlichen Druck

Die Öffentlichkeit kauft keine Aktien pharmazeutischer Gesellschaften, um lediglich der Menschheit zu nützen; sie kauft und behält sie, weil sie weiß, daß sie eine gute Kapitalanlage einer Industrie sind, die sich als modern, energisch und verantwortungsbewußt erwiesen hat. Kritiker haben geäußert, es sei unmoralisch, vom Verkauf von Arzneimitteln zu profitieren. Ist das weniger akzeptabel, als für die wichtigsten Dinge des Lebens, wie Nahrungsmittel, Bequemlichkeiten oder Erziehung Geld zu verlangen und wäre es ähnlich unmoralisch, von anderen wissenschaftlichen Fortschritten zu profitieren, die sozialen Nutzen bringen?

Das Finanzgebaren der Industrie ist eine komplizierte Sache. In letzter Zeit haben sich Happold[1], Sainbury[2], Cooper[3] und Merrett

Lyriax[4] ausführlich damit befaßt. Es gibt Faktoren, die die mit der Entwicklung von Produkten zusammenhängende finanzielle Entscheidungen stark beeinflussen. Einige davon sind:

1. Die lange Dauer der Entwicklung eines Produkts. Es dauert mindestens sieben Jahre, um ein potentielles Produkt von seiner Entdeckung bis zur klinischen Erprobung zu bringen. Viele Produkte werden während dieser Entwicklung verworfen. Es geht also nicht allein darum, was die Entwicklung der wissenschaftlich erfolgreichen Produkte kostet, auch die Kosten für Fehlschläge müssen mit einbezogen werden. Ja, selbst nach der klinischen Erprobung ist es keineswegs sicher, daß das Produkt ein kommerzieller Erfolg wird.

2. Die Preise für Medikamente steigen nur selten. Sie bleiben gewöhnlich konstant und sinken demnach infolge der Inflation relativ im Wert.

3. Der Konsum äußert sich nicht über die Preise, genausowenig wie der Arzt, der das Medikament verschreibt. Die Kommentare stammen gewöhnlich von Regierungsbeamten, die das Haushaltsbudget wirtschaftlich gestalten sollen. (Der Autor bezieht sich auf die Verhältnisse in Großbritannien. Die Verstaatlichung des Gesundheitswesesn macht die Preisgestaltung für das Staatsbudget relevant. A. d. Ü.). Das hat seine Auswirkungen auf den vierten Faktor.

4. Das Bewußtsein internationaler Zusammenhänge bewirkt, daß die Preise in anderen Ländern dazu tendieren, sich an die Höhe der Preise im Ursprungsland zu halten, ungeachtet der relativen Kosten in den verschiedenen Ländern.

5. Das hohe Risiko eines potentiellen Versagens des Produkts. In der angewandten Wissenschaft eine führende Stellung einzunehmen, ist in der Tat eine kostspielige Angelegenheit. Es kostet jährlich rund £ 20 000, das Laboratorium und den Stab eines einzigen Wissenschaftlers bei einem Forschungsprogramm zu unterhalten. Kein Produkt hat eine Chance, den Markt zu erreichen, ehe nicht mindestens £ 1 000 000 ausgegeben worden sind.

Wann entscheidet man, daß man sich die Entwicklung eines Produkts nicht leisten kann, dessen Markt die Ausgaben nicht rechtfertigt? Die Entscheidung muß gefällt werden, ehe die Entwicklungsdaten für die Vorlage bei der Aufsichtsbehörde vorbereitet werden. Das ist eine Entscheidung, die eine ernste Verpflichtung in sich birgt, und sie kann nutzlos sein, wenn man die endgültige Reaktion des Aufsichtsorgans nicht richtig eingeschätzt hat. Wer wird die Kosten der Entwicklung einer Therapie für eine ungewöhnliche Krankheit tragen? Ein Mittel zur Behandlung für eine ungewöhnliche Krankheit ist manchmal leichter zu finden als die für eine gewöhnliche. Wer aber wird dafür bezahlen? Wer wird die Entscheidung treffen, wo der soziale Nutzen in einem persönlich-moralischen Sinn den kommerziellen Ertrag überwiegt?

Patente

Patente wurden eingeführt, um einem Erfinder für eine gewisse Zeit das Monopol einzuräumen, seine Erfindung auszubeuten und so Nutzen aus ihr zu ziehen. In nackten kommerziellen Begriffen ausgedrückt, heißt das, daß eine starke Patentposition einen Erfinder ermutigen wird, die Auswertung seiner Erfindung zu finanzieren, da er bis zum Erlöschen eines Patents vor der Konkurrenz sicher ist. Er müßte so in der Lage sein, seine Ausgaben wieder hereinzuholen und einen Gewinn zu erzielen. In England haben Patente eine Laufzeit von siebzehn Jahren; bei einer Produktionsentwicklung von sieben Jahren bleiben also noch zehn Jahre, um die Erfindung auszuwerten. Eine weitverbreitete Fehlauffassung bei Wissenschaftlern hinsichtlich der Patente ist, zu meinen, daß Patente andere Wissenschaftler daran hindern, das Material oder das Verfahren zu verwenden. Das ist nicht der Fall – Patente verhindern lediglich die kommerzielle Auswertung durch Nicht-Patent- oder Lizenzträger. Die meisten Gesellschaften werden ohne ein Patent nicht mit der Entwicklung eines Produkts weitermachen, weil sie gegen einen Raub ihrer Produkte nicht gesichert sind. Der sicherste Weg für einen Wissenschaftler, die Anwendung seiner Erfindung zu sperren, ist der, sie nicht patentieren zu lassen. Wenn er das Gefühl hat, daß er durch eine Patentierung die Gemeinschaft ausbeutet, ist er recht naiv, was die kommerziellen Fakten des Lebens angeht.

Starke Patente bedeuten gute, neue Produkte, die Eroberung des internationalen Markts und wissenschaftliches Prestige. Länder, die Patente verweigern, stehen in bezug auf wissenschaftliche Neuerungen in einem erbärmlichen Ruf; sie sind buchstäblich gezwungen, die Produkte anderer zu rauben.

Das sind die Probleme, auf die man bei dem Versuch, klassische pharmazeutische Therapien zu entwickeln, gestoßen ist. Die Molekularbiologie hat unseren Wissensfundus auf dem Gebiet des Organischen gewaltig erweitert, und es ist sicher, daß in Zukunft die Anwendung ihrer Entdeckungen auf den Menschen und seine Umwelt erfolgen wird. Meiner persönlichen Auffassung nach könnte sich die Anwendung auf folgende Gebiete erstrecken.

Organverpflanzung

In Großbritannien gibt es bereits vierzehn anerkannte Zentren für Organverpflanzungen, sowie mehrere andere, die genau so fähig sind, aber ohne offizielle Anerkennung arbeiten. Das illustriert die Tatsache, daß man nicht regulieren kann, was die Öffentlichkeit will und was Einzelne an lebensrettenden Verfahren anbieten werden.

Die Organverpflanzungen in Großbritannien werden bald auf durchschnittlich 600 im Jahr ansteigen, und neue Therapieformen zur Verhütung der Organabstoßung werden eingeführt werden. Die Substanzen, die zur Induzierung dieser Toleranz verwendet werden, wird man aus menschlichen Zellen entnehmen. Sie fallen in eine Kategorie therapeutischer Agenzien, die ich »Parabiotika« nenne, da sie aus einer menschlichen Zelle gewonnen und in eine andere eingeführt werden, in der Hoffnung, daß sie beim Empfänger eine Art Parabiose auslöst.

Kontrolle von Viruskrankheiten

Viren werden durch Antibiotika nicht beeinflußt, da Antibiotika die Zellen töten und so auch den Patienten, wenn sie in so hohen Dosen angewendet werden, daß sie den Virus vernichten. Man hat

Vorschläge gemacht, wirksame antivirale Therapien einzuführen, die auf der Extraktion von Interferon aus menschlichen Zellen (einem anderen Parabiotikum) basieren. Ähnlich modifizierte Viren mit verminderter Replikationsfähigkeit wurden von Spiegelman als kurzfristige Prophylaxe oder als Behandlung für spezifische Virusinfektionen vorgeschlagen. Mindestens einige dieser Behandlungsmethoden werden in den nächsten Jahren zur Anwendung gelangen.

Korrekturen bei Erbkrankheiten

Millionen von Menschen leiden an genetisch bestimmten Anämien (Thalassämie, Mediterrane Anämie, Cooleys Anämie, Sichelzellen-Anämie oder welch anderen Namen man immer für die Krankheitsgruppe anwenden will). Als Ergebnis hervorragender Arbeiten, die durch akademische Wissenschaftler in England und anderswo geleistet wurden, kennen wir jetzt die Struktur des Hämoglobinmoleküls und seiner abweichenden Formen, wie sie von an ererbter Anämie leidenden Patienten produziert werden. Es ist möglich, die Hämoglobin-produzierenden Zellen aus dem Rückenmark eines Patienten durch Aspiration zu behandeln und die Zellen unter den Bedingungen einer künstlichen Kultur am Leben zu erhalten. Wenn diese Zellen auf die Produktion normalen Hämoglobins umgestellt werden könnten, indem man das korrekte genetische Kodematerial hinzufügt und sie dann wieder in das Knochenmark des Patienten zurückverpflanzt, könnte es möglich sein, daß der Patient einen Klon von Zellen entwickelt, die normales Hämoglobin produzieren. Die größten Probleme bestehen hier darin, die korrekte Sequenz von Codonen zu produzieren und sie (als ein weiteres Parabiotikum) in die Empfängerzelle einzufügen. Die chemische Synthese der polynukleotiden Sequenzen macht dank der brillanten Arbeit von Khorana schnelle Fortschritte. Es könnte also möglich sein, daß in nicht allzu ferner Zukunft an diese Möglichkeit zu denken wäre. Die Sequenz-Ausstoßung (Abwehrreaktion des Körpers), ist allerdings eine andere Sache, und wir haben nicht die Zeit, uns im Augenblick damit zu befassen.

Krebs

Krebs ist die Krankheit, deretwegen die meisten Menschen Fragen stellen. Wir sind dabei, eine Menge darüber zu erfahren und finden langsam Mittel, um bestimmte Krebsarten zu kontrollieren. In naher Zukunft ist allerdings die Entwicklung einer vernünftigen Krebsbehandlung nicht vorauszusehen. Ich denke aber, daß durch die Ausweitung der genetischen Analyse, beispielsweise der Analyse der einzelnen Zellgewebsarten, die entwickelt wurde, um genetische Inkompatibilität zwischen Organspendern und Empfängern im klinischen Routinetest festzustellen und durch die Entwicklung von routinemäßigen immunologischen Abschirmungstests für Krebsantigene Krebs zu einem viel früheren Zeitpunkt erkennen zu können. Das könnte selbst ohne die Einführung neuer Therapien zu dramatischen Resultaten in der Behandlung von Krebspatienten führen. Eine andere entfernte therapeutische Möglichkeit ist jedoch mit der Transplantationstherapie verwandt. Wenn spezifische Krebsantigene existieren, könnte es gelingen, sie immunogen zu machen. Diese Immunogene (wieder ein Parabiotikum) könnten dann dazu verwendet werden, die Immunresistenz des Patienten gegen Krebszellen zu verstärken.

Degenerative Arterienerkrankungen

Lange Jahre, bevor die Arterien sich verhärten, werden sie weich. Sie werden von Lipoiden und lipoiden Degenerationsprodukten infiltriert, und es ist wahrscheinlich, daß die Verhärtung durch Fibrosis und Verkalkung ein auf die Infiltration folgender Zerstörungsprozeß ist. Es ist bekannt, daß die Infiltration durch einschneidende Ernährungsveränderungen rückgängig gemacht werden kann. In einer Wohlstandsgesellschaft ist es jedoch unmöglich, die Gesellschaft in bezug auf ihre Eßgewohnheiten zu erziehen. Die Aufbauphase in einer Gesellschaft ist meist erfreulicher als das Resultat. Sollte man eine Therapie ausprobieren, die die Infiltration trotz der Ernährungsexzesse blockiert? Man gibt sehr viel Geld für derartige Programme aus. Wenn degenerative Arterienerkrankungen so kontrolliert werden können, sind viele degenerative Erscheinungen, die einer arteriellen Veränderung folgen, aufzuschieben oder zu vermeiden. Diese Erkrankungen treten sehr häufig bei Männern mittleren Alters auf, die große Verantwortung tragen und eine produktive Gruppe innerhalb der Gesellschaft repräsentieren.

Im Augenblick gibt es keinen Hinweis darauf, daß eine nützliche Prophylaxe gefunden werden wird. Meiner Meinung nach müßte man sich allerdings intensiver auf das Problem selbst konzentrieren, für das es meiner Ansicht nach eine Lösung gibt, statt auf die Erklärung, daß eine Lösung schon irgendwann einmal gefunden werden wird.

Industrielle biologische Verfahren

Industrielle chemische Verfahren sind allgemein etabliert und ihre Begrenzungen genau abgesteckt. Biologische Verfahren wie Bierbrauen sind ebenfalls etabliert. In jüngster Zeit sind aber weit kompliziertere biologische Systeme aufgetaucht, so z. B. die Antibiotika-Industrie, die als segensreich akzeptiert wird. Die Produktion von Nahrungsmitteln durch biologische Umwandlung von mineralischen Produkten ist in vollem Gang. Die biologische Synthese eines Süßstoffagens ist in den Laboratorien unserer Gesellschaft bereits sehr weit fortgeschritten.

Es ist wahrscheinlich, daß man in Zukunft komplizierte polynukleotide oder polypeptide Produkte in einem industriellen biologischen Verfahren herstellen wird. Diese können dann als Ausgangsmaterial für andere Verfahren oder als eigene Produkte, z. B. als polypeptide Hormone verwendet werden.

Therapeutika für den Menschen hatten während der vergangenen dreißig Jahre einen profunden Einfluß auf die soziale Struktur und das soziale Verhalten. Die Antibiotika haben Kindbettfieber, Lungenentzündung und eine ganze Reihe anderer Krankheiten überwunden. Die Chemotherapie hat zur Schließung der meisten Tuberkulosesanatorien geführt. Durch Sedativa wurde die Zahl der Patienten in Nervenkliniken spürbar reduziert. Die Pille hat geholfen das Bevölkerungswachstum einzuschränken. Wegen des Nutzens, den sie bringen, haben wir diese Neuerungen mehr oder weniger akzeptiert, aber wir erkennen, daß sie auch Probleme mit sich bringen. Sind wir darauf vorbereitet, den Nutzen der Organtransplantation, die Behandlung der Viruskrankheiten oder der frühen Krebserkennung hinzunehmen, ohne die Probleme zu kennen, die sie für die Allgemeinheit bringen werden? In England haben wir durch das ›Committee on safety of Drugs‹ im Augenblick und wahrscheinlich durch die ›Medicines Commission‹ auch in Zukunft ein Instrument, um mit diesen wissenschaftlichen Problemen fertig zu werden. Damit besteht ein Forum – und sollte auch in Zukunft bestehen –, das bestimmt, was wissenschaftlich akzeptabel ist. Wir wissen jedoch aus den Versuchen von Fernsehen und Presse, daß man im Hinblick auf einige dieser wissenschaftlichen Entscheidungen bei gewissen Teilen der Öffentlichkeit entweder auf soziale Ignoranz oder sozial begründete Ablehnung stößt. Was sind beispielsweise die Übel von Haschisch und anderen »weichen Drogen«? Wir akzeptieren Zigaretten, die nach allen bisher vorliegenden Beweisen tödlich wirken können, und doch verdammen wir Hasch, ohne hier die Fakten zu kennen. Sollte das nicht z. B. ein Problem für den Ausschuß für Sicherheit der Drogen sein? Wenn nicht, wer ist dann für eine derartige Entscheidung verantwortlich? Das Parlament, das Royal College of Physicians (das Königliche Ärztekolleg)? Dieses Dilemma illustriert unsere gegenwärtigen Zielsetzungen. Wer soll die vor uns liegenden Probleme bedenken, präsentieren, illustrieren, ja für sie »werben«, damit die Öffentlichkeit wenigstens einige der Fakten kennt, noch ehe die Entscheidungen getroffen werden? Solche Entscheidungen müssen unpolitisch sein. Kehren wir zu dem quasi-politischen Entscheidungsprozeß in einer Königlichen Kommission zurück, oder brauchen wir einen anderen Mechanismus? Ich glaube, daß eine Königliche Kommission in ihrer Behandlung des Problems nicht öffentlich genug ist, und so für ihre Entscheidung nur einen geringen Grad von Annehmbarkeit besitzt. Wir brauchen einen anderen Mechanismus. Vielleicht muß es unsere erste Aufgabe sein, diese Frage nach dem Mechanismus zu beantworten.

Literaturhinweise

1. Happold, F. H. (1964), *Medicine at Risk,* London, Queen Anne Press.
2. Sainsbury (Lord) 1965–7), *Report of the Comittee of Enquiry into the Relationship of the Pharmaceutical Industry and the National Health Service,* London, H.M.S.O.
3. Cooper, M. H. (1960), *Prices and Profits in the Pharmaceutical Industry,* Oxford, Pergamon Press.
4. Cyriac Merrett (1968), *Profitability in the Pharmaceutical Industry,* London, Merrett Cyriax Assoc.

Diskussion

Simon: Sie haben die Kosten der großen Zahl von Forschungsteams, die bei verschiedenen pharmazeutischen Firmen parallel an ähnlichen Projekten arbeiten, für die Allgemeinheit sowie die generellen Kosten für die Allgemeinheit nicht in Betracht gezogen, die bei der Lieferung der sehr kostspieligen therapeutischen Mittel entstehen, obwohl sie sich – volkswirtschaftlich gesehen – durch gesteigerte Produktion für Leute, die damit behandelt werden, von selbst bezahlt machen.

Hale: Vergeudung infolge von Konkurrenz ist ein Thema für sich, genau so wie der Preis der Medikamente. Ich glaube nicht, daß diese Dinge nach marxistischen Prinzipien gelöst werden können, und ich glaube in der Tat, daß man vieles, was über die Gewinne der pharmazeutischen Industrie gesagt wurde, erklären kann; ich sage ausdrücklich nicht »entschuldigt« – ich glaube nicht, daß eine Entschuldigung nötig ist.

Masters: Es gibt eine weitverbreitete Ansicht, die durch eine Dokumentation in spezifischen Fällen gestützt wird*, daß ein großer Teil der Bemühungen der industriellen Forschung auf die Herstellung neuer, gut verkäuflicher Produkte gerichtet ist, die nicht unbedingt neue medizinische Verbesserungen bringen, und daß einige Arzneimittelfirmen weiterhin Medikamente verkaufen, die einträglich sind, aber unerwünschte Reaktionen hervorrufen.

* Siehe Consumers Union of United States Inc., 1970, Consumer Reports 35, 616.

Hale: »Ich würde sagen, daß wir – und ich spreche für große Firmen mit großer Verantwortung – uns die größte Mühe geben, Informationen über ungünstige Reaktionen zu sammeln, über die wir wirklich mehr Daten haben als die Aufsichtsorgane. Aufsichtsbehörden tendieren dazu, auf einer nationalen Ebene zu reagieren, wir handeln auf internationaler Ebene; tatsächlich tragen wir internationale Daten zusammen, um sie einer nationalen Körperschaft zu übermitteln.

Rosenhead: Unser einziger Redner aus der Industrie hat über die Rolle der Industrie in der angewandten Wissenschaft gesprochen, allerdings nicht zu der Frage, die in der provisorischen Programmvorschau angekündigt war: »Handelt die Industrie wissenschaftlich verantwortungslos?«, noch wurde zu der Frage, die wir vielleicht erwartet haben könnten – »Handelt die Industrie *sozial* verantwortungslos?« – Stellung genommen. Die Industrie übt eine gewaltige Wirkung auf die Gesellschaft aus. Durch ihre selektive Anwendung finanzieller Mittel für besondere Zwecke hat sie einen direkten Einfluß auf die Wissenschaft; alles, was Dr. Hale darüber gesagt hat, ist lediglich, daß die Industrie die Freiheit der Akademiker vermehrt, indem sie ihnen alternative Geldquellen zur Verfügung stellt.

Hale: Ich sagte, daß der Akademiker eine alternative Geldquelle hat, die ihm die Unabhängigkeit innerhalb der Organisation gibt, seine Ideen frei auszuführen.

Rosenhead: Genau *das* ist das einzige, was Dr. Hale über die Wirkung der industriellen Gelder auf die Ausrichtung der Wissenschaft gesagt hat. Er hat überhaupt nichts darüber gesagt, wie die Auftragsforschung finanziert wird, wodurch besonderen Gebieten Mittel zugewiesen werden, und zwar mehr wegen ihrer industriellen Anwendbarkeit als wegen ihres sozialen Werts. Er hat nichts gesagt über die Verteilung der Prioritäten innerhalb der Forschungsinstitute der Industrie noch über die Sensibilität der Industrie gegenüber sozialen Belangen, noch über die Probleme, die die Industrie sowohl durch die Auswirkung auf die Umwelt wie durch die Konzentration politischer Macht für die Gesellschaft schafft. Er hat so gut wie nichts gesagt über die mögliche soziale Verantwortungslosigkeit pharmazeutischer Gesellschaften, außer daß er erklärte, er widersetze sich einem bindenden Aufsichtssystem. All diese Fragen von Industrie und Gesellschaft sind viel komplizierter als die Fragen, über die er heute gesprochen hat – die sich mit – hauptsächlich internen – Mechanismen von Industriefirmen befaßten. Wir müßten noch reichlich Gelegenheit erhalten – am besten in Anwesenheit von Dr. Hale – diese Fragen zu diskutieren.

Hale: Ich glaube, ich spreche für die Industrie als Gesamtheit, wenn ich sage, daß wir diese Schwierigkeiten erkannt und daß wir an ihrer Lösung beteiligt sein möchten und, wovon ich überzeugt bin, beteiligt sein werden.

Watson: Meine Reaktion auf Dr. Hales Darlegungen ist leider, daß ich sie zum großen Teil für irrelevant halte, da sie fast völlig der Frage ausgewichen sind, wie man die Öffentlichkeit am besten mit Medikamenten versorgt. Das Hauptproblem, mit dem wir konfrontiert sind, ist jetzt nicht, wie man neue Medikamente auf den Markt bringt, sondern die korrekte Art, sicherzustellen, daß die Allgemeinheit die beste medikamentöse Behandlung erhält, die mit den begrenzten Mitteln, die die Gesellschaft zur Verfügung stellt, zu erreichen ist.

Hale: Wenn ich eine verallgemeinernde Feststellung über Forschungsinstitute oder Universitäten treffe und sie alle um einer einzelnen oder um einiger weniger willen, die eine besondere Haltung einnehmen, verdamme, so ist das unfair – äußerst unfair. Genau so unfair ist es, wenn Sie einen großen Industriezweig kritisieren, und zwar allein wegen der Tätigkeit einiger weniger seiner Mitglieder.

Monod: Diese ganze Sache mit der Arzneimittelindustrie ist – und sollte das auch sein – ein außerordentlich heikles Problem. Es wäre meiner Meinung nach völlig ungerecht, dieses ganze komplizierte Problem auf Dr. Hales Schultern abzuladen. Er hat uns ein durchaus vernünftiges und befriedigendes Bild davon gegeben, wie er an seine Arbeit geht. Ich verstehe etwas von der Arzneimittelindustrie, weil ich als Mitglied des Pasteur-Indstituts und als Mitglied des Aufsichtsrats sozusagen selbst drinstecke! Das Pasteuer-Institut ist, wenn Sie so wollen, eine Arzneimittelfirma mit dem einen Unterschied: All seine Gewinne – und es erzielt sehr hübsche Gewinne – werden ausschließlich in die Forschung gesteckt, einschließlich der

Forschung, die nicht weisungsgebunden und in ihrem Charakter völlig akademisch ist. Das ist eine sehr glückliche Situation, und ich kann mich des Gefühls nicht erwehren, daß man das in einer vernünftig organisierten Gesellschaft allmählich ebenfalls erreichen sollte.

Perutz: Gilt das nicht auch für den Welcome Trust?

Monod: Ja.

Beckwith: Ich stimme mit den meisten Kommentaren, die Dr. Hale gegenüber gemacht wurden, überein. Ich frage mich aber, warum man anderen Rednern gegenüber, die hinsichtlich der sozialen Konsequenzen ihrer Arbeit genau so unverantwortlich waren, so höflich gewesen ist. Dr. Hale steht als Vertreter der Industrie bei dieser Tagung so ziemlich allein, und wir haben bei Tagungen dieser Art nur äußerst selten Kontakt mit Persönlichkeiten aus der Industrie, die wir im wesentlichen geächtet haben. Ich glaube, eines der wichtigsten Bedürfnisse ist es, die Verbindungen zwischen akademischen und industriellen Wissenschaftlern aufzubauen.

Dauman: Ich frage mich, wieviele von Dr. Hales Kritikern je in der Industrie waren, die Industrie gesehen haben oder woher sie ihre Informationen bekommen. Sicherlich sprechen wir nicht über die verantwortungslose Industrie oder die verantwortungslose Wissenschaft, sondern über verantwortungslose Menschen, und es gibt, wie Dr. Beckwith sagte, bei den akademischen Wissenschaftlern genau so viel Verantwortungslosigkeit. Diese Verantwortungslosigkeit scheint dort allerdings nie mit der gleichen Art emotioneller Betonung kritisiert zu werden wie sie in der Kritik an Dr. Hale oder der pharmazeutischen Industrie festzustellen war.

15. Martin M. Kaplan · Wissenschaft und gesellschaftliche Werte*

Ich will hier gewisse Aspekte der Anwendung der Systemanalyse auf Probleme der Gesellschaft untersuchen. In den letzten Jahren hat man die Beschäftigung mit den Systemen für ein mögliches Planungsinstrument angesehen, um wissenschaftlicher mit dem verwikkelten Gewebe sozialer und wissenschaftlicher Probleme fertigzuwerden, die unserer Welt zu schaffen machen. Da die wissenschaftliche Methode ihrer Natur nach Objektivität erfordert, können wir ihre wachsende Integrierung in die Analyse und die Lösung dieser Fragen nur willkommen heißen.

Dieser Weg zu sozialen Problemen weist jedoch ungeheure Schwierigkeiten, und zwar nicht nur technische, auf. Der ideologische Aspekt ist unendlich viel komplizierter und hat mit der Definition und Bewertung der unzähligen hierher gehörenden sozialen Faktoren und ihrer Einordnung auf einer Prioritätenskala zu tun. Das ist die wesentliche und grundlegende Arbeit, aufgrund derer Lösungen konstruiert werden können.

Es erhebt sich die Frage, wer für die Aufstellung sozialer Werte und Ziele verantwortlich sein soll. Mir scheint es einleuchtend und notwendig, daß dieser Prozeß alle Teile der Gesellschaft einbeziehen sollte, daß diese Fragen auf breiter Basis von der Öffentlichkeit »durchgekaut« werden sollten. Trotz der Schwierigkeiten, die sich bei der Verfolgung eines solchen Wegs ergeben, müssen wir unbedingt so handeln.

Ich beanspruche nicht, Experte in der allgemeinen Systemtheorie oder in der Systemanalyse zu sein, wie sie in den letzten dreißig Jahren entwickelt wurde. Einige meiner Qualifizierungen teile ich mit anderen Nicht-Spezialisten, einschließlich Monsieur Jourdains in Molières »Der Bürger als Edelmann«, der feststellte, daß er sein ganzes Leben lang Prosa benützt hatte, ohne sich dessen bewußt zu werden, andere teile ich mit einigen meiner Kollegen, die bisher –

* Die in diesem Artikel ausgesprochenen Ansichten sind die persönliche Meinung des Autors.

ohne großen Erfolg – darum gekämpft haben, derartige Techniken auf medizinische Probleme und solche der öffentlichen Gesundheit anzuwenden.

Die Systemanalyse ist ein Weg, ein definiertes Ziel dadurch zu erreichen, daß man Alternativmöglichkeiten überlegt und dann diejenigen auswählt und zusammenstellt, die in einem höchst komplizierten Netz von Interaktionen die optimale Wirksamkeit versprechen. Sie verwendet sowohl mathematische wie verbale Modelle, um ihre Elemente und Ziele zu definieren, und erfordert die Einbeziehung vieler Disziplinen ebenso wie die Anwendung von Computern, um die große Masse des entsprechenden Materials zu verarbeiten. Diese Methode, manchmal auch Kybernetik oder operational research genannt, hat dazu beigetragen, mit gewissen ziemlich komplizierten Fragen fertigzuwerden. Der durchschlagende Erfolg, den eine Gruppe von britischen Wissenschaftlern während des Zweiten Weltkriegs mit operational research hatte, und die schnelle Entwicklung der Computer nach dem Krieg führten zu vermehrter Forschung und Anwendung dieser und verwandter Techniken auf militärischem und industriellem Gebiet – Techniken, die heute auf Hauptgebieten der Wissenschaft, der Technologie und der Gesellschaft eingesetzt werden. Die Probleme allerdings, um die es auf den Gebieten der Industrie und des Militärs geht, sind noch verhältnismäßig einfach, wenn man sie mit sozialen Fragen vergleicht.

Nimmt die Kompliziertheit eines Problems zu, steigern sich auch die Schwierigkeiten für die Anwendung der Systemanalyse um ein Vielfaches. Trotzdem wird die Methode jetzt auf Gebieten wie der Stadtplanung und anderen Aspekten der Urbanisierung der Umwelt und ihrer psychosozialen und ökologischen Auswirkungen angewandt. Das Tempo der Anwendung auf alle Arten von Problemen ist groß und die Entscheidungen werden schnell getroffen.

Man darf aber nicht vergessen, daß einige dieser Entscheidungen falsch oder sogar gefährlich sein können, wenn die, die Entscheidungen treffen, durch das »Nummernspiel« getäuscht werden. Schlesinger[1] bemerkt beispielsweise, daß die systematische Anwendung der quantitativen Analyse gewisse Kosten-Nutzenprobleme bei den Streitkräften der Vereinigten Staaten gelöst hat. Er zeigt jedoch auch auf, daß manchmal schwere Fehler gemacht wurden, indem man wirtschaftlichen oder anderen nicht so wesentlichen Faktoren mehr Gewicht einräumte als politischen, sozialen oder anderen »weichen« und nicht greifbaren Faktoren. Er zitiert Beispiele aus der höheren Strategie der NATO und im Krieg in Vietnam, bei denen bürokratische Trägheit und fehlerhafte Einschätzung der Reaktion des Gegners eine bedeutsame Rolle gespielt haben. Dieses letztere Element stellt seiner Ansicht nach die größte Gefahr für das Fällen realistischer Entscheidungen dar, beispielsweise in Voraussagen der russischen Reaktion auf die ABM und die Reaktion Nordvietnams auf seine wirtschaftlichen und personellen Verluste. Schlesinger fährt fort und sagt: »Die Systemanalyse hat so etwas wie eine Fassade reiner Objektivität für die politische Debatte geliefert. Während die Eingeweihten besser Bescheid wissen, wird die Systemanalyse der Öffentlichkeit als ein Instrument präsentiert, das ›irgendwie‹ die Probleme ›löst‹.« Das Fazit war, daß die unvermeidliche Rolle der politischen Imponderabilien bei der Entscheidungsfindung verdunkelt und die Analytiker davon abgebracht wurden, sich ausführlich mit diesen Imponderabilien zu befassen.

Wie behandelt man dann aber diese und andere Imponderabilien in einen »System-Ansatz«? Zuerst einmal werden diese Komponenten als verbale Modelle aufgestellt. Der Systemanalytiker versucht dann, sie, wo immer möglich, quantitativ zur Verwendung in Computern auszudrücken. Im allgemeinen ist es dabei vorzuziehen, ein verbales statt eines übervereinfachten mathematischen Modells anzuwenden. Selbst wenn es quantitativ nicht formuliert werden kann, hat ein Modell in normaler Sprache einen hinweisenden Wert und ist zudem flexibler. Solch ein Systemzugang zu sozialen Problemen sollte eine flexible Basis haben, die für die Neudefinierung von Werten und Prioritäten sorgt. So würde den Zukunftsplanern die größtmögliche Freiheit gewahrt bleiben.

Ein anderer Systemspezialist, Ozbekhan[2], stellt fest, daß eine langfristige Planung sozialer Probleme höchst kompliziert und voll von Widersprüchen und Paradoxen ist. Er bemerkt beispielsweise, daß solche Systeme für Arbeitszwecke besser zerlegt werden, als daß man ganze Systeme untersucht. Zudem können für die Gegenwart richtige Entscheidungen sich als schlecht für die Zukunft erweisen; er weist jedoch darauf hin, daß die negativen Auswirkungen jeder Entscheidung verringert werden können, indem man sie durch andere Komponenten modifiziert. Er geht noch weiter und sagt, daß bei Fehlen einer integrativen Generaltheorie eine quantitative Analyse und exakte Voraussage bei langfristiger Planung nicht möglich sind. Positiv bewertet Ozbekhan folgendes:

In der Systemanalyse, wie sie bei der sozialen Planung angewandt wird, wird ein frühzeitiges Festsetzen klar formulierter Ziele einen großen Einfluß auf die Synthese und die Vollendung des Plans ausüben. Er bezeichnet das mit »gewollter« Zukunft.

Der Begriff einer »gewollten Zukunft« hat historische Vorläufer. Die Verkündung der Magna Charta, nationale Verfassungen, Menschenrechtserklärungen und Rechtsinstitutionen begannen alle damit, daß sie ihre Ziele so klar wie möglich definierten. Indem sie das taten, schufen sie in einem gewissen Grad die Bedingungen, die sie suchten. Das neue Element in der Systemanalyse besteht darin, daß sie für die Erlangung erwünschter sozialer Ziele die stärkste Annäherung an eine wissenschaftliche Methode bietet.

Wir wollen uns jetzt einer Gruppe von Problemen zuwenden, die einige der oben erwähnten Überlegungen illustrieren: die Planung für die Lieferung von Gesundheitsdiensten. Was zum Beispiel sind die Kriterien, die angewendet werden sollten, um begrenzte medizinische Hilfe auf Individuen und Gruppen in einer gegebenen Bevölkerung zu verteilen? Soll man mehr Gewicht auf Geburtenkontrolle als auf die Rettung von Menschenleben legen, mehr Gewicht auf die Bereitstellung von Krankenhäusern und Kliniken für die gegenwärtige Bevölkerung als auf die gesteigerte Ausbildung medizinischen Personals, um die zukünftigen Bedürfnisse zu befriedigen? Soll die Bekämpfung der Unterernährung bei Jugendlichen Priorität vor der bei älteren arbeitenden Gruppen erhalten, soll man die Probleme von Krebs und von Erkrankungen der Herzkranzgefäße an die erste Stelle setzen oder verbesserte Wasserversorgung oder ganz allgemein die Präventiv- oder die heilende Medizin? Die Zuteilung eines großen Teils des Gesundheitsbudgets für die Ausrottung der Malaria bedeutet beispielsweise für ein Entwicklungsland mit kärglichem Einkommen, daß viele andere Gesundheitsprobleme unbeachtet bleiben müssen. Der Bau kostspieliger Krankenhäuser kann die Vernachlässigung von Sektoren der

Präventivmedizin bedeuten, die einer größeren Zahl von Menschen von Nutzen wäre.

Die Antworten auf solche Fragen hängen unvermeidbar von den relativen Werten ab, die von denen, die hier entscheiden, den verschiedenen Wahlmöglichkeiten zugesprochen werden. Während solche Entscheidungen auf dem Gebiet des Gesundheitswesens jetzt unter einer gewissen Beachtung ihrer Wechselwirkungen getroffen werden, werden individuelle Probleme isoliert ohne Beziehung zu anderen Gebieten sozialer und wirtschaftlicher Entwicklung behandelt. Ein Systemansatz, der versuchen würde, all diese Faktoren zu identifizieren und miteinander zu verbinden, wäre offensichtlich den gegenwärtigen Praktiken weit überlegen. Das würde die häufige Anwendung von verbalen Modellen in der ersten Instanz erforderlich machen, der dann bei der Konstruktion der Prioritätenskala die Verteilung der Werte auf verschiedene Alternativen folgen würde. Ein derartiges Verfahren hat wenigstens den Vorzug, daß es vernachlässigte Komponenten des Problems bloßlegt und Ideen in einem sonst unbestimmten Konzeptionsrahmen herauskristallisiert.

Auf dem Gebiet des Gesundheitswesens haben wir zudem herausgefunden, daß ernsthafte Unausgewogenheiten und Fehler die Folge sind, wenn man Probleme angeht, ohne ihren Zusammenhang mit anderen zu berücksichtigen, z. B. auf einzelnen Sektoren wie ansteckenden, Geistes- oder Degenerationskrankheiten.

Solche Fehler können überwunden werden, indem man zuerst den Gesundheitsbereich im ganzen und andere soziale und wirtschaftliche Ziele genau umreißt und sich dann durch ein Systemnetzwerk zu den individuellen Komponenten hinunterarbeitet. Solche Versuche stehen erst an ihrem Anfang; bis heute können wir uns nur geringer Erfolge rühmen – und diese wenigen sind auf das enge Gebiet der Durchführung beschränkt.

Die Hauptbedürfnisse in Entwicklungsländern – Lebensmittel, medizinische Versorgung, Ausbildung – sind unmittelbar und dringend, und man kann nicht erwarten, daß sich die Führer in diesen Ländern mit weitreichenden und langfristigen Überlegungen befassen. Trotzdem glaube ich, daß die Planer in diesen Ländern, wenn sie nur einen Begriff von den hier angewandten Prinzipien gewännen – die Kenntnis von Vorteil und Beschränkungen der Systemmethode –, wahrscheinlich keine schweren Fehler mehr machen würden.

Trotz der Schwierigkeiten und des bisherigen bemerkenswerten Mangels an Erfolg bei der Anwendung der Systemanalyse auf soziale Probleme, wäre es meiner Meinung nach kurzsichtig und verantwortungslos, dieses Feld der Bemühungen gering zu schätzen oder zu vernachlässigen. Es ist richtig, daß man von vielen Ländern im Augenblick sagen kann, daß sie »geplante Gesellschaften« besitzen und daß einige von ihnen in beschränktem Umfang schon Systemtechniken anwenden. Und doch sehen wir uns mit Krieg, Armut, wachsender Unordnung, sozialer Entfremdung, verzerrten Prioritäten, schwindender Freiheit und individueller Machtlosigkeit konfrontiert. Das sind Produkte nicht des im Menschen innewohnenden Bösen, sondern des unerbittlichen Mahlens der nationalen Maschinen mit ihren Forderungen nach Wachstum, Profit und Glorie.

Die Crux der Angelegenheit ist daher die Notwendigkeit zu bestimmen, welches unsere nationalen und sozialen Werte sind oder sein sollten. Wenn es keine Universalziele sind, kann man sie dann mit den sozialen Zielen anderer Gruppen in Übereinstimmung bringen, damit ernste Konflikte vermieden werden können. Ist es letztlich überhaupt möglich, soziale Werte zu definieren, sie abzuwägen und unter ihnen zu wählen, die in so strittigen Begriffen wie Demokratie, Sozialismus, Kapitalismus, nationale Souveränität, Freiheit, Fortschritt usw. enthalten sind? Allzu augenfällig sind die Schwierigkeiten, bei solchen Fragen zu einer Übereinstimmung zu gelangen und die Imponderabilien der Politik, der individuellen und der Gruppenreaktion zu messen. Mehr noch, es wäre einfach naiv zu erwarten, daß sich ein soziales Handeln eng an einen Entwurf hält.

Das sind ernste und vielleicht unüberwindliche Hindernisse für die Anwendung der Systemanalyse auf weitreichende soziale Fragen. Aber es gibt anscheinend keine Alternative. Es ist nicht möglich, sich mit einer Flickwerkmethode hinsichtlich des Friedens, der weitverbreiteten Armut und anderer großer Probleme zufriedenzugeben. Selbst Teilsiege sind in diesen gefährlichen Zeiten nicht zu verachten und die Systemanalyse bietet – richtig angewandt –, meines Erachtens, den vernünftigsten zur Verfügung stehenden Weg, gewisse begrenzte soziale Ziele zu erreichen, ohne die Ziele einer »gewollten« Zukunft ernstlich zu gefährden.

Wie schon früher festgestellt wurde, ist die Mitwirkung der gesamten Bevölkerung bei der Formulierung der Werte und ihrer Auswahl entscheidend. Hier steht der Wissenschaftler mit den anderen Bürgern auf einer Ebene. Andererseits spielen jedoch Wissenschaftler in der Systemanalyse eine besondere Rolle, und das überträgt ihnen wiederum auch eine spezielle Verantwortung.

Demgemäß möchte ich vorschlagen, daß wir als Wissenschaftler aktiver an derartigen Bemühungen teilnehmen und, spezifischer gesagt, Werte und Ziele so weit wie möglich in Funktionsbegriffen spezifizieren. Bei unserer Suche nach Antworten auf Probleme sollten wir auch ihre langfristigen Apsekte und Interaktionen gebührend beachten und sie in einer Skala von Wertprioritäten identifizieren.

Die Anwendung der Systemanalyse ist ein mit Ungewißheiten gespickter Weg. Wenn sie zu eng begriffen angewandt wird, könnte sie sogar zu einem Frankensteinschen Ungeheuer werden. Wenn uns darüber hinaus, wie Bertalanffy[3] andeutet, eine von der Wissenschaft bestimmte Welt vor die Wahl zwischen Aldous Huxleys »Brave New World« im besten, und George Orwells »1984« im schlimmsten Fall stellt, ist das sicherlich keine allzu glückliche Aussicht.

Als Wissenschaftler aber, die den Glauben daran teilen, daß rationales Denken auf eine in Unordnung geratene Welt angewandt werden muß, müssen wir, was immer wir an synthetischen und analytischen Werkzeugen haben, ausnützen und versuchen, sie zu vervollkommnen. Was auch die Grenzen der Systemanalyse sind, sie kann nicht ignoriert werden und wird zweifellos weiter entwickelt und in immer größerem Ausmaß angewandt werden. Ob das zum Guten oder zum Bösen geschieht, wird in erster Linie von uns selbst abhängen.

Literaturhinweise

1. Schlesinger, James R. (1968), *Bull. Atomic Scientisms,* November 1968, 12.
2. Ozbekhan Hasan (1968) in *Perspectives of Planning,* Paris, Organization for Economic Co-operation and Development.
3. Von Bertalanffy, Ludwig (1968), *General System Theory,* New York, Brazillier.

Diskussion

Solet: Die Systemanalyse birgt eine Anzahl von Gefahren in sich. Besonders die Wissenschaftler sollten erkennen, daß sie eine kaufmännisch-geschäftliche Methode ist, – im wesentlichen durch Wirtschaftswissenschaftler entwickelt wurde –, bei der man verschiedene Handlungsweisen verschieden bewertet. Sie ist eine wirtschaftliche Denkweise, selbst wenn es hier nicht um Dollars geht. Die Gefahr bei der Systemanalyse liegt darin, daß sie dazu tendiert, die Ziele zu begünstigen, die am leichtesten zu definieren, die am stärksten aufgabenorientiert und voraussichtlich am erfolgreichsten sind und zwar auf Kosten von Projekten, die viel weniger offensichtliche und sofortige Resultate bieten. Die Art Forschung, die Dr. Watson erwähnt hat, die Art, die wegen ihrer geringen Aussichten auf Erfolg nur wenige in Angriff nehmen würden, wird in der Systemanalyse zu einer sehr risikoreichen Angelegenheit.

Die Methode der Systemanalyse ist ebenfalls eine Drohung für die Demokratie, weil sie lediglich den Experten glorifiziert. Da sie immer komplizierter wird, rückt die Möglichkeit, daß Laien zu Entscheidungen beitragen, die den Gang der Analyse beeinflussen, in immer weitere Ferne.

Kaplan: Ich denke an soziale Werte nicht in Begriffen von Dollars und Pfunden; ich denke an sie in Begriffen dessen, was die Gesellschaft selbst für wichtig hält, und derartige Entscheidungen liegen nicht in den Händen der Elite. Was ich hauptsächlich betonen wollte, ist, daß die Verantwortung bei der Öffentlichkeit liegt und daß sich der Wissenschaftler dabei in keiner besseren Position befindet, eine Gewichtung dieser sozialen Werte vorzunehmen als irgendein anderer Bürger.

16. Robert M. Young · Evolutionäre Biologie und Ideologie – einst und heute*

Diese Arbeit befaßt sich mit dem »Versuch, einen angemesseneren intellektuellen Rahmen« für das Verständnis der »allgemeinen Prinzipien, die an der Beziehung zwischen Wissenschaft und Gesellschaft beteiligt sind«, zu entwickeln[1]. Insbesondere will ich die Beziehung zwischen der Wissenschaft auf der einen und den philosophischen, sozialen und politischen Problemen auf der anderen Seite betrachten. Ich hoffe einige Vorschläge machen zu können, die uns helfen werden, die grundlegende Rolle der Wertbegriffe in der Biologie zu erkennen und Werte und Politik an sich zu diskutieren, und zwar nicht in die trügerische Objektivität der ideologisch neutralen positiven Wissenschaft gehüllt. Ich werde beginnen, indem ich diesen Standpunkt mit der, wie ich es nenne, üblichen »stückweisen« Methode in den Wissenschafts- und Gesellschaftsstudien kontrastiere. Dann stelle ich die These auf, daß der philosophische Status gewisser Schlüsselbegriffe in der Biologie sie zu den humanen und sozialen Wissenschaften ebenso eng in Beziehung bringt wie zu den physikalisch-chemischen. Dieser Standpunkt macht die Einführung des Begriffs »Ideologie« in die Biologie weit weniger strittig, als das auf den ersten Blick erscheinen könnte. Aus Gründen, die ich noch umreißen werde, wird sich die Diskussion dann für den größten Teil von der Molekulargenetik entfernen und sich auf die allgemeine Theorie konzentrieren, auf der die gesamte moderne Biologie basiert. Die Beispiele, die ich diskutieren werde, stammen aus der Evolutionsdebatte des neunzehnten Jahrhunderts, dem Lyssenkoimus und den laufenden sozialen und politischen Extrapolationen, die sich auf die Evolutionsbiologie gründen. Ich hoffe beweisen zu können, daß diese Extrapolationen Teil einer kontinuierlichen Tradition sind, in der es unmöglich ist, die eigentlich »harte« Wissenschaft von ihrem wirtschaftlichen und politischen Kontext und von den Verallgemeinerungen zu trennen –, die oft auch als Motive für

* Eine ausführlich kommentierte Version dieser Arbeit erschien in *Science Studies* (1971) Bd. I. Nr. 3. Sie enthält Hinweise auf viele verwandte Fragen, Veröffentlichungen und Beweise, die die hier vorgelegten Argumente stützen.

die Forschung dienen –, die wieder in die soziale und politische Debatte eingebracht werden. Die Schlußfolgerung, die ich, wie ich hoffe, untermauern kann, ist die, daß wir lernen müssen, in neuen Wegen zu denken, wenn wir es wirklich ernst damit meinen, soziale Verantwortung *in* der Wissenschaft auszuüben[1].

Ich hoffe, daß ich nicht mißverstanden werde, wenn ich gleich zu Beginn sage, daß es für mich den Anschein hat, daß die meisten Diskussionen über soziale Verantwortung den »Weg des Fabius« zu dem Grundproblem spiegeln, das heißt, daß sie eine allmähliche Stück-für-Stück-Strategie bevorzugen, statt den Feind frontal anzugreifen. Ich sollte Sie vielleicht daran erinnern, daß der Begriff des »Fabianismus« zweischneidig ist: diese Taktik – angewandt von Fabius Maximus (mit dem Beinamen Cunctator, der »Zauderer«) erschöpfte die Kräfte Hannibals, während sie gleichzeitig auf der Tatsache beruhte, daß Fabius die militärischen Mittel fehlten, um Hannibal in offener Schlacht zu stellen. Es ist klar, daß uns die intellektuellen und moralischen Mittel fehlen, um auf allen Fronten angreifen zu können; es lohnt aber sicherlich die Mühe, nach der Ausrüstung zu forschen, die wir auf jeden Fall dazu brauchen würden.

Das Resultat unserer Stück-für-Stück-Strategie ist, daß wir unsere Probleme dauernd in Begriffen der Wissenschaft einerseits und in Wertbegriffen andererseits formulieren, obwohl es doch schon probeweise Versuche gibt, ihre Beziehung zueinander zu definieren. Wenn man die Arbeiten ansieht, die auf dieser Konferenz präsentiert wurden, stellt man fest, daß sie Aspekte der Technologie, der Industrie, Medizin, die sehr gemischten Früchte der angewandten Wissenschaft in Form von genetischer Manipulation, Immunologie, Agrikultur und Umweltfragen erwägen. Schließlich wurde uns auch über die Zersplitterung und über die direkte politische Rolle der Wissenschaft berichtet. Wenn wir zu diesen die Krise in der finanziellen Ausstattung der Wissenschaft hinzufügen, die dramatischen Folgen der Verbindung von Immunologie und Chirurgie, die Nebenwirkungen der Chemotherapie und die sehr direkten Auswirkungen der Entlaubungsmittel – denen in einigen Kontexten andere Arten sehr grotesker Zersplitterung folgen –, erhält man schließlich das Bild von dem Schiff der wissenschaftlichen Objektivität, das von den Stürmen des Komplexes Militär-Industrie, der Technologie, der Medizin usw. hin- und hergeschleudert wird. Wie können wir, die wir moralisch verpflichtete, verantwortungsbewußte Menschen sind, auf einem so vom Sturm getriebenen Schiff unser Gefühl der moralischen Verpflichtung begreifen und in die Tat umsetzen? Alles, was wir unter diesen Umständen tun können, ist, unsere Klagen hinauszustammeln: »Wir haben dich erwischt«, »Das kannst Du mir (oder meinen Entdeckungen) nicht antun«, »Das werde ich nicht tun«, »Das macht mir Sorgen«. Einige gehen weiter und fragen: »Was sollen wir deswegen unternehmen?« und rufen »Hört damit auf!« oder »Macht damit weiter!«, während einige andere ihre angestammte Rollen aufgeben, um etwas zu tun, was sie für moralisch befriedigender und sozial relevanter halten. Diese letzte Gruppe ist einer wachsenden (und mehr oder weniger zusammenhängenden) Kritik an der wissenschaftlichen Sicht der Welt und ihren Beziehungen zum Ethos der fortgeschrittenen technokratischen Gesellschaft verwandt[2]. Ein großer Teil der Stärke der Gegenkultur und des Appeals der Pop-Pseudobiologie erklärt sich aus dem Versagen der professionellen Wissenschaftler, gewisse Fragen auf relevante Art zu stellen.

An diesem Punkt stoßen wir auf die Grundannahmen der modernen Wissenschaft und stellen fest, daß wir die Opfer unserer eigenen Mythen geworden sind. Das Zentralproblem liegt genau in der Ansicht, die wir von der Wissenschaft haben und propagieren. Wir kämpfen darum, Wissenschaft und Werte zu integrieren, während wir gleichzeitig durch die meisten unserer Grundannahmen daran gehindert werden. Es wäre lächerlich, in Kürze zu versuchen, die metaphysischen Grundlagen der modernen Wissenschaft zu diskutieren, vielleicht ist es aber nützlich, uns an gewisse Schlüsselfragen zu erinnern und einige Begriffe zu erwähnen, die eine direkte Beziehung zur wissenschaftlichen Erklärung in der Biologie haben.

Im 17. Jahrhundert stand die Entwicklung der Methodologie und des quantitativen Umgangs mit Daten in Beziehung zu einem fundamentalen metaphysischen Wandel in der Definition einer wissenschaftlichen Erklärung. Die Begriffe von Zweck und Wert – die »letzten Ursachen« und teleologischen Erklärungen – die für die aristotelische Naturanschauung zentral gewesen waren, werden aus den Erklärungen der Wissenschaft (wenn auch nicht aus denen der Naturphilosophie) entfernt.

Die Fragen, die man über die Natur stellte, konnten so bewertend oder so qualitativ sein, wie man eben wollte, die Antworten mußten jedoch in Begriffen der Materie, der Bewegung und der Zahl gegeben werden. In den physikalisch-chemischen Wissenschaften wurde diese Liste der sogenannten »Primäreigenschaften« modifiziert, um einige wenige nicht so präzise Begriffe wie »Kraft«, »Energie« und »Feld« aufzunehmen, das fundamentale Paradigma der Erklärung jedoch – das Ziel aller Wissenschaft – mußte alle Phänomene auf physikalisch-chemische Begriffe reduzieren oder sie darin erklären. Die Geschichte der Wissenschaft wird normalerweise als eine progressive Annäherung an dieses Ziel geschildert. Das ist die metaphysische und methodologische Erklärung der Tatsache, daß die Molekularbiologie die Königin der biologischen Wissenschaften und die Basis ist, auf der andere biologische (einschließlich der humanen) Wissenschaften letzten Endes ihre Argumente gründen wollen. Ich brauche kaum zu sagen, daß das für einen großen Teil der Biologie ein verlorenes Ziel, die Quelle von vielen Wortspielereien und reinem Bluff war.

Die Aufgabe, die Rolle der Ideologie in den meisten nahezu physikalisch-chemischen Aspekten der Biologie zu demonstrieren, ist im Prinzip die gleiche wie die, eine ideologische Kritik des fundamentalen Paradigmas der gesamten Wissenschaft nach dem 17. Jahrhundert zu liefern. Diese Aufgabe übernahm Whitehead, Mannheim, Burtt und andere, und eine Bewertung ihrer Arbeiten kann hier nicht vorgenommen werden. Indem wir diese Fragen jedoch beiseite lassen, sollten wir trotz der unzweifelhaften Erfolge der Molekularbiologie nicht die Tatsache vergessen, daß der größte Teil der Biologie weit davon entfernt ist, sich für die schwierigere Aufgabe zu qualifizieren, eine metaphysische Kritik zu fordern. Zum größten Teil liegen die biologischen Wissenschaften auf halber Strecke auf einem Kontinuum, das sich von der rein mathematischen und den physikalisch-chemischen Wissenschaften an einem Ende und den denkbar verschwommenen der Human- und Sozialwissenschaften am anderen Ende erstreckt. Die besonderen Folgen dieser ungünstigen Zwischenposition liegen darin, daß die Biologie ebensoviel an den philosophischen und methodologischen Problemen der sozialen und politischen Wissenschaften teilhat wie an denen der physikalisch-chemischen. Man kann dieses Argument stützen, wenn man darauf hinweist, daß es in der modernen Wissenschaft eine Hierarchie von Begriffen gibt, die sich von der rein physikalisch-chemischen zu der rein bewertenden erstreckt, und daß die Biologie eine Anzahl der bezeichnendsten Begriffe mit den »weichsten« Wissenschaften teilt.

Auf der untersten Ebene findet man die obenerwähnten *primären Eigenschaften* (qualities), und diese werden angewandt, um die objektiven oder *sekundären Eigenschaften* von Farbe, Geruch, Geschmack, Temperatur usw. zu erklären. In der Biologie sind diese Eigenschaften die Begriffe, in denen wir biologische Eigenschaften (properties) wie »Reizbarkeit«, »Zusammenziehbarkeit« und so weiter analysieren. (Der Begriff der *»biologischen Eigenschaft«* war eine bewußte Abweichung von dem offiziellen Paradigma der Erklärung und leistete uns weiterhin gute Dienste.) Eigenschaften (properties) sind die Begriffe, in denen wir *Strukturen* und *Funktionen* analysieren und, indem wir das tun, wenden wir (zusammen mit den Human- und den Sozialwissenschaften, die sich hartnäckig an organische Analogien klammern) die Begriffe der *Anpassung* und der *Nützlichkeit* an. Strukturen und Funktionen sind die Begriffe, in denen wir die nächste Erklärungsebene, den *Organismus* analysieren. Auf der Basis der Theorie von der organischen Entwicklung argumentieren die Biologen natürlich, daß *Personen* Organismen sind, der Begriff der Person aber bewahrt eine weitergehende Analyse nach einer älteren metaphysischen Tradition und ist weiterhin der dualistischen Teilung in »geistig« und »körperlich« unterworfen[3].

Wegen dieses Arguments möchte ich zu den Begriffen von Struktur und Funktion zurückkehren und einigen verwandten Begriffen auf einem anderen Weg nachspüren. Man braucht nur einen Augenblick nachzudenken, um zu sehen, daß die verwandten Begriffe von Anpassung und ungenügender Anpassung, von normal und pathologisch, von Gesundheit und Krankheit, Schmutz und Sauberkeit[4], Angleichung und Abweichung[5] in der Tat sehr relativ sind und daß ihre Anwendung selten von deutlich ausgesprochener oder stillschweigend hingenommener moralischer (und oft auch politischer) Wertung weit entfernt ist. Es ist heute ein Gemeinplatz der Wissenschaftsphilosophie, daß alle Fakten theoriebeladen sind[6]. In der Biologie aber werden viele Tatsachen mit Begriffen in Beziehung gesetzt, die unausweichlich wertbeladen sind, und die gleichen Begriffe werden – manchmal direkt, manchmal analog – in den Sozial- und politischen Wissenschaften angewandt.

An dieser Stelle dürfte man es für keinen allzu großen Gedankensprung halten, nun den Begriff der *Ideologie* einzuführen. Der Begriff Ideologie hatte traditionsgemäß herabsetzende und politische Nebenbedeutungen, die mit ihrer Popularisierung durch Marx in Zusammenhang stehen. Marx gebrauchte ihn nur als Schmähwort für Ideen, die als Waffen für soziale Interessen dienen. Die Marxisten waren aber bald ihrer eigenen Kritik unterworfen, und das führte zu einer allgemeinen Definition der Ideologie: »Wenn eine besondere Definition der Realität mit einem konkreten Machtinteresse verknüpft wird, kann sie Ideologie genannt werden.« Vor Marx jedoch hatten sich diejenigen, die den Begriff geprägt und sich »Idéologues« genannt hatten, für aufrichtige Wissenschaftler gehalten, die argumentierten, daß »wir die Ideen der Wissenschaft der Wissenschaft der Ideen unterwerfen müssen«. Ihre Bemühungen in Epistemologie, Psychologie und Physiologie halfen die Grundlagen für die moderne Experimentalmedizin in Frankreich zu schaffen. Napoleon stellte jedoch fest, daß sich die »Idéologues« seinen Herrschaftsambitionen widersetzten und seine Kritik und seine Unterdrückungsmaßnahmen gaben dem Ausdruck eine herabsetzende Nebenbedeutung. In neuerer Zeit haben Autoren versucht, die Wertneutralität des Begriffs in der Disziplin der Soziologie des Wissens wieder herzustellen.

Die Verbindung zwischen dem, was ich über die Position und die Begriffe der Biologie entlang eines Kontinuums gesagt habe, und über die Ideologie, müßte klar werden, wenn wir den Standpunkt der Soziologie des Wissens annehmen, der behauptet hat, daß von der Situation unabhängiges Wissen ein Sonderfall und durch die Situation bedingtes Wissen die Norm ist. Wissen ist sowohl ein Produkt des sozialen Wandels, als auch ein Faktor im sozialen Wandel und/oder steht dem sozialen Wandel entgegen. Das ist ein Gemeinplatz, aber seine systematische Anwendung hat radikale Folgen für die Idee der »objektiven« Wissenschaft. Die Grundbehauptung lautet, daß unsere Auffassung von der Realität selbst sozial fundiert ist. Man wird die wesentliche Einsicht in Marx' oft zitierter Behauptung erkennen: »Es ist nicht das Bewußtsein in den Menschen, das ihr Sein bestimmt, sondern ihr Sein, das ihr Bewußtsein bestimmt.« In neuester Zeit hat man behauptet, daß keine Form menschlichen Denkens mit Ausnahme der Mathematik und Teilen der Naturwissenschaften, gegen den ideologisierenden Einfluß seines sozialen Kontexts immun sei. Genau in diesem Sinn bietet sich die Soziologie des Wissens geradezu als Werkzeug für die Analyse der »sozialen Konstruktion der Realität« an.

Wenn wir diesen Standpunkt übernehmen, können wir uns dem Problem der Beziehungen zwischen Wissenschaft und Gesellschaft von einer neuen Perspektive her nähern. Obwohl die Soziologie des Wissens als Ergebnis von Problemen in den Sozialwissenschaften entwickelt wurde, kann man behaupten, daß unsere eigenen Probleme uns dazu führen sollten, sie auf ähnliche Fragen in den Naturwissenschaften und besonders in der Biologie anzuwenden. Ebenso wie der Begriff einer harten, für sich alleinstehenden Tatsache in der Wissenschaftsphilosophie aufgegeben werden mußte und ebenso die reine Empfindung in der Psychologie, muß der wissenschaftliche Begriff, der von diesen abhing – der der »Objektivität« –, sicherlich genau überprüft werden. Wenn man noch weiter geht, muß die privilegierte Stellung der Wissenschaft in Gesellschaft und Kultur, die ihre wesentlichen Aussagen scharf von Werten, Politik und Ideologie trennt, sehr genau untersucht werden.

Ich gebe zu, daß der Standpunkt, den ich vertrete, in sich selbst ideologisch ist – aber er ist das nicht vollständig. Gleichzeitig trete ich dafür ein, daß wir nach diesen Faktoren suchen sollten, nicht – wie ich mich hinzuzufügen beeile – um sie auszuradieren, sondern um soziale und politische Fragen als solche zu diskutieren; gleicherweise möchte ich behaupten, daß das Hauptargument für die Rolle solcher Faktoren davon abhängt, daß man Beweise vorlegt, die einen moralisch engagierten und kritisch denkenden Menschen überzeugen. Es geht darum, daß man der politischen Debatte nicht entgehen kann, einer Debatte, die sich auf die Definition der Ideologie aber auch auf die Wissenschaft und ihre grundsätzlichen Annahmen erstreckt.

In seinen frühen Manifestationen vermittelte der Begriff der Ideologie ein Gefühl einer mehr oder weniger bewußten Verzerrung, die an absichtliche Lügen grenzte. Ich habe nicht die Absicht, das zu unterstellen. Wie die Begriffe der Entfremdung und der Ausbeutung hängt die Ideologie nicht von den bewußten Absichten oder dem Bewußtsein der Menschen ab. Auch nette Menschen beuten aus, und zufriedene Männer werden entfremdet – genauso wie ehrliche Menschen ein falsches Bewußtsein haben können. Das zu leugnen hieße eine beabsichtigte Irreführung begehen – ein polemisches Mittel, das heutzutage weit genug verbreitet ist. Ich kenne einen Makler, der ausgedehnte Grundstücke verwaltet und der hartnäckig behauptet, seine Arbeit hätte nichts mit Politik zu tun, während andererseits Angela Davis und die amerikanischen Black Panthers erklären, daß alle Schwarzen im Gefängnis politische Gefangene seien. Auf ähnliche Weise proklamierte Daniel Bell vor genau zehn Jahren ›Das Ende der Ideologie‹. Unglücklicherweise enthält sein Buch, in dem er das tat, einen ausführlichen Dank an Organisationen, Veröffentlichungen und Einzelpersonen, die, wie seither nachgewiesen wurde, enge finanzielle und politische Bindungen zum amerikanischen CIA hatten[7]. So illustriert der Versuch, den ideologischen Standpunkt in die positive Wissenschaft zu absorbieren, nur die Allgegenwärtigkeit der Ideologie im intellektuellen Leben.

Nachdem ich den größten Teil der mir zur Verfügung stehenden Zeit zu einer Schilderung der philosophischen Fragen verwendet habe, die das Bemühen betreffen, die Biologie zu Werten in Beziehung zu setzen, kann ich nur einige der Beweise skizzieren, die, wie ich glaube, die Verwendung ideologischer Analysen bei biologischen Problemen rechtfertigen. Ich werde drei Studien erwähnen, weil sie die Frage deutlich machen und genügend im Detail untersucht wurden, sodaß wir uns gesichert auf die Sekundärliteratur beziehen können: die Evolutionsdebatte des neunzehnten Jahrhunderts, den Lyssenkoismus und den gegenwärtigen Trend, spekulativ Politisches in Form von Pseudo-Biologie zu schreiben.

Der größte Teil der historischen Forschung über die Entwicklung der organischen Evolution hat eines von zwei Themen betont: 1) die wissenschaftliche Geschichte, die auf Geologie, Paläontologie, Zoogeographie, Embryologie und der Domestizierung basiert, zusammen mit der nachdarwinschen Debatte über die Gültigkeit des Mechanismus der natürlichen Auslese, die schließlich zu der neodarwinschen Theorie mit ihrer Basis in der Genetik und der Molekularbiologie führte[8]; 2) die andere Perspektive ist die viktorianische Debatte über den Konflikt zwischen Wissenschaft und Theologie, die sich schließlich auf die Evolution konzentrierte[9]. Aber es gibt in der ganzen Sache noch ein drittes und gleich wichtiges Thema, ein Thema, das zu den wissenschaftlichen und theologischen Fragen beitrug und sich von ihnen ableitet. Ich will diesen Aspekt der Debatte als Basis für die Analogien verwenden, die ich für die jüngste Vergangenheit und die Gegenwart ziehen will.

Wenn man die eigenen Perspektive auf die Evolutionsdebatte des neunzehnten Jahrhunderts erweitert und verengt, ergibt sich, daß soziale und ideologische Faktoren den Kontext der Debatte zur gleichen Zeit bestimmten, wie sie Schlüsselfragen über das engste wissenschaftliche Problem deutlich machten: den präzisen Mechanismus der evolutionären Veränderung.

Dieser Kontext schloß eine Anzahl kompliziert aufeinander bezogener Fragen ein, die hier nicht erörtert werden können: Naturtheologie, Utilitarismus, Phrenologie, Historiographie, Fortschrittsglaube, Positivismus und so weiter. Wenn wir dem Faden der wissenschaftlichen Debatte folgen, führt er uns von den ökonomischen Schriften Adam Smiths und T. R. Malthus' zu dem theologischen und ethischen Werk Paleys, der theologischen Geologie William Bucklands und Adam Sedgwicks, zu den gleichermaßen theologischen aber antibuchstabengläubigen und antirevolutionären Schriften von Charles Lyell und weiter zu Darwin, Spencer und Wallace. Diese Debatte war eng verflochten und führte direkt zu Kontroversen in Psychologie, Physiologie, Medizin, Soziologie, Anthropologie und Genetik, die sämtlich durch Debatten über den »Sozial-Darwinismus« und den Imperialismus heraufbeschworen wurden. An keinem Punkt gibt es eine klare Grenzlinie zwischen reiner Wissenschaft, Verallgemeinerungen, die auf ihr gründen, und den damit verwandten theologischen, sozialen, politischen und ideologischen Fragen.

Wenn man jedoch gezwungen wäre, eine Frage herauszugreifen, die der ganzen Debatte näher lag als alles andere, wäre es die Rolle des *Kampfs* bei der Definition der Beziehungen zwischen den Menschen und zwischen dem Menschen und seiner Umwelt gewesen.

War der Kampf ums Dasein unvermeidlich, unausweichlich, sogar von Gott bestimmt, und brachte er moralischen und sozialen Fortschritt oder nicht? Die Malthusische Bevölkerungstheologie lieferte Darwin den Schlüssel zu der zentralen Analogie zwischen Veränderungen, die durch die Selektionsversuche von Haustierzüchtern bewirkt werden, und dem Prozeß der natürlichen Auslese. Obwohl viele Kontroversen über die Bedeutung von Darwins Theorie für den Menschen und die Gesellschaft in seinem Namen geführt wurden, lehnte Darwin selbst es resolut ab, sich daran zu beteiligen. Eine Analyse der Rolle der Ideologie in seinem Werk müßte sich daher mit dem Kontext der Entwicklungsgeschichte und der Debatte, die anhand seiner Ideen entstand, beschäftigen. Aber selbst Darwin wies darauf hin, daß jede Tatsache für oder gegen eine Theorie steht. Er hätte hinzufügen können, daß praktisch für jedermann sonst, Fakten und Theorien äußerst relevant für soziale, politische und ideologische Positionen in der viktorianischen Debatte waren.

Alfred Russel Wallace, der die Theorie der Evolution durch natürliche Auslese mit konzipierte, war ebenfalls Malthus für den Einblick in die Zusammenhänge der Evolution verpflichtet. Er erkannte jedoch sehr bald, daß die Basis des Systems der Malthusianischen Theorie in direkten Konflikt sowohl mit seinem Sozialismus wie seiner Naturphilosophie geriet. Infolgedessen gab er die natürliche Auslese – als auf kritische Fragen der physischen, geistigen und sozialen Entwicklung des Menschen nicht anwendbar – auf und stützte sich dabei ausdrücklich auf antimalthusianische Sozialtheorien. Er schloß (mit Recht), daß der Malthusianismus von konservativen und liberalen Denkern als Ausrede dafür benützt wurde, der Natur die Schuld an der Unmenschlichkeit des Menschen gegen den Menschen zuzuschreiben und eine fatalistische Haltung einzunehmen, was die Möglichkeiten anging, die Gesellschaft von Grund auf zu rekonstruieren.

Herbert Spencer andererseits suchte aktiv ein System, das sozialen Fortschritt garantieren würde, und er sah ein, daß die Malthusische Analogie hier versagte. Wir neigen dazu, Spencer für einen viktorianischen Pedanten und für einen der Verliererseite zu halten – der Lamarckschen Theorie von der Vererbung erworbener Eigenschaften nämlich. Wenn wir das tun, vergessen wir zwei wichtige historische Tatsachen. Erstens einmal war die Frage des Mechanismus der evolutionären Veränderung während des neunzehnten Jahrhunderts weithin ungelöst (selbst Darwin wurde in seinem Denken zunehmend ein Anhänger von Lamarck) und wurde erst spät im 20. Jahrhundert zugunsten des Neodarwinismus entschieden. Zweitens hat Spencer auf die Biologie des neunzehnten Jahrhunderts großen Einfluß ausgeübt, und seine Sozialtheorien waren viel einflußreicher als die von Darwin und Genossen; der sogenannte »Sozial-Darwinismus« ist eine Fehlbezeichnung[10]. Spencer sagt seine Meinung über die Rolle der Ideologie im Evolutionsmechanismus sehr deutlich. Er hatte sich der Biologie zugewandt, um Unterstützung für eine extreme Version der individualistischen Laissez-faire-Sozialtheorie (von der man sogar noch in dieser Konferenz Spuren entdecken konnte) zu finden und glaubte, sie im Lamarckianismus aufgespürt zu haben. Gegen Ende seines Lebens setzte er seiner x-ten Verteidigung der Vererbung erworbener Eigenschaften (in einer Debatte mit Weismann) die folgenden Bemerkungen als Vorrede voran. »Eine richtige Beantwortung der Frage, ob erworbene Eigenschaften vererbbar sind oder nicht, ist die Grundlage für richtige Annahmen nicht nur in Biologie und Psychologie, sondern auch in Erziehung, Ethik und Politik.«

Die entscheidende Reaktion auf Spencers Hoffnung, die vollkommene Gesellschaft entwickeln zu können, wenn die Menschen nur aufhören würden, den unvermeidbaren Fortschritt aufhalten zu wollen durch schlecht durchdachte Maßnahmen wie öffentliche Gesundheitsfürsorge, staatliche Schulen, ein Postsystem usw., stammte von T. H. Huxley. Zwischen 1860, als Huxley Bischof Wilberforces theologische Anwürfe gegen Darwins Theorie bekämpft hatte, und 1893, als er (wieder in Oxford) seine warnende Vorlesung ›Evolution und Ethik‹ hielt, war seine Verteidigung der Biologie von der Verwerfung einer stark vereinfachenden theologischen Ansicht vom Leben bis zu dem Standpunkt weiterentwickelt, die Menschen seien dabei zu erkennen, daß Wissenschaft und Evolutionstheorie keine Garantie für den Fortschritt oder einen Ersatz für moralische oder politische Gespräche bieten können. In der Zwischenzeit war die Evolutionstheorie als Stütze für alle Arten politischer und ideologischer Positionen von den reaktionärsten bis zu den progressivsten, vom totalen Laissez-faire bis zum revolutionären Marxismus angerufen worden. Huxley bekämpfte den naturalistischen Trugschluß. Wenn wir auch zustimmen, daß wir die menschliche Moral, geschweige denn den unausweichlichen sozialen Fortschritt, nicht von der Wissenschaft herleiten können, sollten wir die ergänzende Tatsache nicht übersehen, daß moralische und politische Ansichten bereits tief *in* die Wissenschaft des Tages eingebettet waren.

Ich hoffe, die These plausibel gemacht zu haben, daß die Debatte des neunzehnten Jahrhunderts auf allen Ebenen keineswegs frei von Ideologie war. Das Bindeglied zwischen dieser Debatte und dem berüchtigten Fall des Lyssenkoismus war einer der »Möchtegern-Teilnehmer« an der Evolutionsdebatte. Karl Marx wollte die englische Ausgabe von ›Das Kapital‹ Darwin widmen, der jedoch höflich ablehnte und einem Freund schrieb: »Was für eine törichte Idee scheint in Deutschland über die Verbindung zwischen Sozialismus und Evolution durch natürliche Auslese vorzuherrschen?« Marx schrieb an Engels, daß er in Darwins Theorie« die Basis für unseren Standpunkt in der Naturgeschichte sehe«. Marx und Engels hatten jedoch Mühe, die Evolution von ihrer Malthusischen Basis zu trennen. Wie Wallace (auf der Linken) sahen sie, daß die Malthusisch-Darwinische Ansicht von der natürlichen Auslese als Basis für eine reaktionär-fatalistische Ansicht von der Position des Menschen und dem sozialen Wandel genützt werden konnte, und wie Spencer (auf der Rechten) sahen sie, daß diese Ansicht keine Garantie für einen sozialen Fortschritt in Richtung auf Utopia hin bot. Marx und Engels verwarfen also die natürliche Auslese und tendierten zum Lamarckianismus, der ihrer Anschauung von Natur, Geschichte und sozialem Wandel mehr entsprach. Wieder einmal sollte man sich ins Gedächtnis rufen, daß der experimentelle Beweis für eine Anzahl theoretischer Auslegungen noch ausstand.

Es gibt Wissenschaftler, die behaupten, seit etwa 1900 habe ein entscheidender Wandel in der Evolutionsbiologie stattgefunden und die laufenden Entdeckungen von genetischen und molekularen Mechanismen hätten Hauptaspekte ihrer Grundlagenforschung in so engen Kontakt mit der reinen physikalisch-chemischen Wissenschaft gebracht, daß die Rolle der sozialen, politischen und ideologischen Annahmen schnell verschwindend klein werde. In jeder Periode seit der Renaissance jedoch hat man behauptet, daß in der Biologie endlich die Ebene der positiven Wissenschaft erreicht worden sei. Man dachte, daß das Paradigma der modernen Biologie inmitten der Debatte des neunzehnten Jahrhunderts fest etabliert worden sei und man denkt das auch heute wieder. Der springende Punkt jedoch ist, daß es *damals* unmöglich war, die Faktoren klar zu trennen. Wir leben jetzt in einer analogen Periode, in der man die soziale Bedeutung der Biologie erörtert; ehe ich jedoch Aspekte der gegenwärtigen Debatte erwähne, möchte ich das Thema des Lyssenkoismus berühren.

Es hat wenig Sinn, daß ich die Kontroverse noch einmal wiedergebe, es gibt darüber ein ausgezeichnetes Buch und einige andere gute Studien[11].

Ich möchte aber Anregungen geben, wie wir uns der Literatur über den Lyssenkoismus nähern können. Der Ausdruck schon beschwört in uns die Schrecken der Unterdrückung einer wissenschaftlichen Tradition, der Zensur, der rein ideologischen Schmähungen auf Kosten der wissenschaftlichen Objektivität und auf Kosten der landwirtschaftlichen Erträge in einem schwer bedrängten Land herauf. Er beschwört aber auch die schrecklichen Folgen des Persönlichkeitskults, der noch durch den westlichen antikommunistischen Druck von der Revolution bis hin zum »Kalten Krieg« verstärkt wurde. Man sollte sich daran erinnern, daß die direkte Unterstützung Lyssenkos durch Stalin entscheidend war. Das dauerte unter Chruschtschow an, und die Katastrophe in der Landwirtschaft, die teilweise dem Lyssenkoismus zuzuschreiben war, spielte eine Rolle bei Chruschtschows Sturz. Die Wissenschaftler im Westen betrachten die Lyssenko-Episode als nackten Mißbrauch der Wissenschaft und sie dient ihnen zur Stützung des Antikommunismus, der jedoch auf andere Einflüsse zurückzuführen ist.

Aber feinere Zusammenhänge der Kontroverse sind sehr aufschlußreich, *gerade weil* wir hier so selbstgefällig sind. Ich schlage vor, daß wir den Versuch machen, sie in einem anderen Licht zu untersuchen, nicht als reine Verzerrung oder »Pornographie«, sondern als Teil der pathologischen Übertreibung, die in der biologischen Forschung so nützlich ist, wenn man die Norm beleuchten will. Wie Professor Gombrich aufgezeigt hat, kann ja die Karikatur durch das Mittel der grotesken Übertreibung wichtige Einzelzüge enthüllen.

Zwei kontrastierende Punkte werden zeigen, was ich meine. Erstens einmal ist die Kontroverse vom Standpunkt einer wenigstens quasi-objektiven Wissenschaft insofern beruhigend, als die Menschen, die sich gegen all die Härten dieser Periode stellten, etwas hatten, woran sie sich klammern konnten – die Methoden und Entdeckungen der internationalen Genetik und Landwirtschaftsbotanik. Die langen Strecken, die die Lyssenkoisten zurückgehen mußten, um alle Spuren der Chromosomenbiologie auszuradieren, bilden eine Umkehrung – einen Umkehrspiegel – der rationalen Struktur der biologischen Wissenschaft; hier zeigt sich, wie sie als Netzwerk von Beweisen und Folgerungen zusammenhängt. Sie mußten Lehrbücher auf jedem Gebiet der Biologie, Medizin, Psychologie, Pädagogik usw. neu schreiben und bei jedem Stadium der Veröffentlichung eine Zensur einsetzen. Das Paradoxon besteht darin, daß der Lyssenkoismus einen vollkommenen Sinn ergibt, wenn wir ihn im Licht der fortdauernden Kontroversen sehen, die von der Debatte des neunzehnten Jahrhunderts aus weiterführt. Wie einer der begeisterten Anhänger Lyssenkos schrieb, »dient der »Weismanismus-Morganismus« heute im Arsenal zeitgenössischer imperialistischer Instrumente als Mittel, um der reaktionären Politik eine ›wissenschaftliche Basis‹ zu liefern«. Ein anderer sagte: »Er entwaffnet die Praxis und treibt den Menschen in Resignation gegenüber den angeblich ewigen Naturgesetzen, in Passivität, in die ziellose Suche nach verborgenen Schätzen und der Erwartung glücklicher Zufälle«. Ein typischer Artikel der Periode führte den Titel »Die mendelistisch-morganistische Genetik zur Verteidigung des Malthusianismus«. In der gleichen Periode schrieb J. D. Bernal eine vernichtende Kritik über eine Anzahl neomalthusischer sozialpessimistischer Werke hervorragender britischer Wissenschaftler – einschließlich einer Präsidentenrede vor der British Association –, die alle auf gerade den Analogien gegründet waren, die die russischen Schriftsteller erwähnen[12].

Es ist selten der Fall, daß die Wissenschaftsgeschichte ein so klar umrissenes Beispiel für Versuche der Ideologie liefert, die wohlfundierten Entdeckungen einer sich schnell entwickelnden Forschungstradition zu entwurzeln – gipfelnd in einer schlüssigen physikalisch-chemischen Erklärung der Grundmechanismen, um die es geht. Mir scheint, daß diese Episode einen sehr vielversprechenden Ausgangspunkt für das Studium der ideologischen Grenzen der Biologie liefert. Zwei Schlußfolgerungen sind bereits klar: Es ist selten der Fall, daß man es nur mit Wissenschaft oder nur mit Ideologie zu tun hat. Multiple Ursachen sind die Regel. Zweitens lernte eine ganze Generation von Biologen in Rußland, die Natur in lyssenkoistischen Begriffen zu sehen und ihre wissenschaftliche Arbeit in gutem Glauben innerhalb dieses Rahmens zu leisten. Ich habe vor einer ganzen Weile gesagt, daß die Begriffe Gesundheit und Krankheit, Angleichung und Abweichung in der Tat sehr relativ sind. Es ist in diesem Zusammenhang der Erwähnung wert, daß Medwedjew für eine ganze Zeit in einer Nervenklinik festgehalten wurde, weil er gestattet hatte, daß sein Buch über die Lyssenko-Affäre im Westen veröffentlicht wurde. In gewissem Sinn war er tatsächlich verrückt, weil er das erlaubt hatte, – energische Proteste führten jedoch zu seiner Freilassung, allerdings ohne daß die, die protestiert hatten, selbst in eine Anstalt eingewiesen wurden.

Das bringt mich zu der gegenwärtigen Debatte. Professor Bettelheim sagt uns, daß radikale Studenten an Neurosen leiden (viele, so versichert er uns, können durch psychoanalytische Psychotherapie geheilt werden)[13]. Professor Lorenz erklärt die menschliche Aggression und die studentischen Proteste in ethologischen Begriffen (noch weniger Aussicht auf Hoffnung hier) während uns Herbert Marcuse mitteilt, daß sowohl die Position der jungen Radikalen wie die der alten Reaktionäre biologisch bestimmt sei[14]. Die Liste der Autoren, die in letzter Zeit – ideologisch gesehen – »Vorschriften machende« Werke in der Tarnung beschreibender und verallgemeinernder Berichte veröffentlicht haben, die auf Genetik, Ethologie, Archäologie, Anthropologie und allgemeiner Biologie basieren, ist den meisten von uns bekannt: Morris, Ardrey, Comfort, Towers,

Lewis und Koestler. Sie wächst mit jedem Tag. Vom Standpunkt des Berufswissenschaftlers aus kann man sich in sicherer Distanz zu dieser Pseudobiologie fühlen. Wir nehmen es nicht ernst, wenn Lyssenko Pseudobeweise gegen die intraspezifische Konkurrenz zitiert oder wenn Robert Ardrey behauptet, daß Unmengen von wissenschaftlichen Daten den Beweis für die Unvermeidbarkeit eines solchen Konkurrenzkampfs stützen. Wir können sogar das Gefühl haben, es berühre uns wenig, wenn Professor Darlington – wobei F. R. S (Fellow of the Royal Society – Mitglied der Königlichen Gesellschaft) auf dem Buchumschlag prangt – eine Menge wissenschaftlicher und historischer Beweise anführt, die er witzelnd zur Unterstützung reaktionärer sozialer Doktrinen, einschließlich der Apartheid, auslegt[15]. Aber genau so wie die Lyssenkoisten argumentierten, daß die moderne Genetik die westlichen bourgeoisen Reaktionäre stütze, ist es klar, daß Professor Darlingtons Pseudowissenschaft den Südafrikanern Trost einflößt. Als beispielsweise im ›New Statesman‹ eine sehr kritische Besprechung unter meinem Namen erschien, erhielt ich einen Brief von einem südafrikanischen Akademiker, der mir geduldig erklärte, meine Besprechung des Buchs sei ein Ergebnis meiner ideologischen Voreingenommenheit. Ich muß dazu sagen, daß er natürlich, was mich angeht, vollkommen recht hatte – genau so wie ich hinsichtlich Professor Darlingtons Buch.

Immer mehr Menschen versuchen, Verallgemeinerungen über den Menschen, die Gesellschaft, die Kultur und die Politik auf die biologischen Wissenschaften zu gründen. Sie haben das schon immer getan und werden es auch weiterhin tun. Viele von ihnen bieten relativ leichte Angriffsziele, der wesentliche Punkt ist jedoch, daß niemand mit gutem Gewissen die Grenze zwischen Tatsache, Interpretation, Hypothese und Spekulation (die an sich ganz fruchtbar sein kann) ziehen kann. Meiner Ansicht nach ist es die soziale Verantwortung der Wissenschaft, sich eindeutig in diese Debatte einzuschalten und auf solche Werke direkt in der Nicht-Fachpresse zu erwidern. Paradoxerweise müssen wir die Autorität der Wissenschaft etwas lockern und sie in ideologischer Perspektive sehen, um etwas näher an die Objektivität heranzukommen.

Wir haben einen Pyrrhus-Sieg errungen, als wir die Teilrealität und den Teilmythos von der Autonomie und der Objektivität der Wissenschaft etablierten, und die Existenz dieser Gesellschaft (BSRS) und ihre sich bekämpfenden Ziele spiegeln unsere unsichere Position. Einerseits sollte sich die Wissenschaft stark genug fühlen, um die »durchgehenden Pferde aufzuhalten«. Andererseits müssen wir – zu unserem eigenen moralischen Nutzen – ernsthaft über die Metaphysik der Wissenschaft nachdenken, die Naturphilosophie, den Menschen, die Gesellschaft und besonders über die ideologischen Annahmen, die der Wissenschaft zugrundeliegen, sie beschränken und von ihr gespeist werden. Seitdem wir bei den Wissenschaftlern diese Tradition systematisch ausgerottet haben – eine Tradition, die bis in die 20er Jahre florierte –, brauchen wir Hilfe von anderen Disziplinen, um die nötige Perspektive zu gewinnen, und wir könnten uns nun sehr wohl den kontinuierlichen Forschungstraditionen in den Sozial- und den Politischen Wissenschaften zuwenden, die aus den innerstaatlichen und internationalen Konflikten der fortgeschrittenen technologischen Gesellschaften Impulse erhalten haben.

Wenn wir zögern, Wertbegriffe als zur Biologie gehörig zu betrachten, können wir ruhig den Unterschied zwischen Wissenschaft und Werten beibehalten. Obwohl ich glaube, daß die Aufrechterhaltung dieser Unterscheidung philosophisch nicht zu verteidigen ist, ist das Programm für das weitere Studium der sozialen Verantwortung in der Wissenschaft rein arbeitstechnisch nicht von dem zu unterscheiden, das sich aus meiner These ergibt: »Man untersuche Arbeiten über Ideologie und Sozialwissenschaften und wende ihre Analyse auf unsere Arbeit an, um die Grenzen der reinen Wissenschaft zu testen. Ich habe den Verdacht, daß dabei nur sehr wenig unverletzt bleiben wird, aber ganz gleich, ob ich hier recht habe oder nicht, wir werden dann eine Perspektive erhalten, die die bewertende und politische Betrachtung wissenschaftlicher Begriffe ermutigt, und wir werden Extrapolationen unserer Arbeit viel besser kontrollieren können und viel wachsamer gegenüber der trügerischen Aura der wissenschaftlichen Objektivität sein, in die sie gehüllt sind. Ich empfehle keineswegs antirationales, geschweige denn irrationales Handeln. Ziel ist es, mehr Aspekte der Wissenschaft und ihres Kontexts für die öffentliche Debatte zugänglich zu machen, so daß widersprüchliche Werte *als solche* diskutiert werden können. Die Wissenschaft ist weder ein Ersatz für Moral oder Politik, noch ist sie auf irgendeiner Ebene von diesen unabhängig. Wir müssen erkennen, daß Ideologie eine vermeidliche Ebene des Gesprächs ist, und wir müssen (in erster Instanz) sich widersprechende ideologische Positionen diskutieren und uns (in letzter Instanz) den tatsächlichen Konflikten zwischen den Bedürfnissen und Zielen der Menschen stellen und sie auf eine angemessene Art lösen.

Literaturhinweise

1. Für Leser, die eine kurze Liste der Bücher über diese Fragen wünschen, werden die folgenden empfohlen: A. N. Whitehead, *Science and the modern World* (Cambridge 1925); E. A. Burtt, *The Metaphysical Foundations of Modern Physical Science,* 2. Aufl. London; Routledge 1932; K. Mannheim: Ideologie und Utopie; P. L. Berger und T. L. Luckmann, *The Social Construction of Anality – A Treatise in the Sociology of Knowledge, NY.* Doubleday and Doran, 1966; C. W. Mills: *The Sociological Imagination,* NY. Oxford, 1959.

2. Z. B. Roszak, T. (1970), *The Making of a Counter-Culture, Reflection on the Technocratic Society and its Youthful Opposition,* London, Faber.

3. Z. B. Strawson, P. F. (1959), *Individuals, An Essay in Descriptive Metaphysics,* London, Methuen, Teil I.

4. Douglas, M. (1966), *Purity and Danger, An Analysis of Concepts of Pollution and Taboo,* London, Routledge.

5. Z. B. Ingleby, D. (1970), *Ideology and the human sciences,* Human Context 2, 425, 54.

6. Feyerabend, P. K. (1962), *Explanation, reduction and empiricism,* Feigl, H. und Maxwell, G. (Hrsg.) *Minnesota Studies in the Philosophy of Science,* Bd. III, Scientific Explanation Space and Time, Minneapolis, Minnesota S. 28–97, Scheffler I (1967), *Science and Subjectivity* NY Bobbs-Berrill.

7. Bell, D. (1962), *The End of Ideology. On the Exhaustion of Political Ideas in the Fifties,* rev. ed., London, Collier-Macmillan.

8. Siehe Wilkie, J. S. (1959), *Buffon, Lamarck and Darwin: the Originality of Darwin's Theory of Evolution* in Bell P-R. (ed.), *Darwins Biological Work. Some Aspects Reconsidered.* Cambridge; Eisely, L. (1959), *Darwin's Century, Evolution and the Men, who discovered it.* London, Gollancz.

9. Z. B. Green, J. C. (1959), *The Death of Adam, Evolution and its Impact of Western Thought,* Ames. Iowa.

10. Z. B. Hofstadter, R. (1955), *Social Darwinism in American Thoughts,* rev. ed. Boston, Beacon.

11. Medwedew, Z. A. (1969), *The Rise and Fall of T. D. Lyssenko,* NY and London, Columbia; Mikulak, M. W. (1970) *Darwinism, Soviet Genetics and Marxism-Leninism,* Journal of History of Ideas, 31, 359–76.

12. Bernal, J. D. (1952–3), *The abdication of science,* Modern Quarterly 8, 44–50.

13. Bettelheim, B. (1969), *Obsolete youth, Towards a psychology of adolescent rebellion.* Encounter 33 (September) 29–42.

14. Marcuse, H. (1955), *Eros and Civilization. A Philosophical Inquiry into Freud,* Boston, Beacon and NY Vintage, Paperback; London Allan Lane (1969).

15. Darlington, C. D. (1969), *The Evolution of Man and Society.* London, Allan & Unwin.

Diskussion

Edge: Der Wissenschaftler braucht tatsächlich sehr viel Selbstkritik von der Art, wie sie Bob Young eben aufgezeigt hat; und historische Analysen wie diese sind ein charakteristisches Merkmal der Wissenschafts-Studienkurse, die wir in Edinburgh den Studenten bieten.

Aber es gibt noch andere relevante Perspektiven. Eine, die meiner Ansicht nach entscheidend zur Selbstkritik der Wissenschaftler beiträgt und zum Ziel hat, sie rationaler, deutlicher, autonomer und wirksamer zu machen (was, so meine ich, die Funktion der Debatte sein soll, an der wir hier teilnahmen), ist die Perspektive, die uns durch die Sozialanthropologie vermittelt wird.

Young: Eins der Dinge, die ich vermitteln wollte, ist, daß wir uns in einer Position befinden, wo wir wirklich bewußt eine ziemlich merkwürdige Sicht annehmen müssen, und ich halte die anthropologische in der Tat für sehr nützlich. Ich fürchtete, es könnte sehr schwierig sein, das einem Zuhörerkreis dieser Art schmackhaft zu machen; ich bin aber sehr froh, daß Sie es zur Sprache brachten, weil es mir der nächste Schritt bei dem Versuch zu sein scheint, etwas Klarheit über sich zu gewinnen.

Bohm: Sie haben darauf hingewiesen, daß die Ideologie in alle

Arten von Fragen eingedrungen ist, die sehr tief mit der Wissenschaft vermischt sind, mit der Art, wie Wissenschaft betrieben wird, und daß das zu vielen Vorurteilen hätte führen können wie beispielsweise während der Lyssenkoaffäre.

Ihrer Ansicht nach scheint es aber stillschweigend festzustehen, daß Sie, obwohl Sie zugeben, eine Ideologie zu haben, selbst diese Ideologie reichlich unvoreingenommen betrachten können. Wenn es Voreingenommenheit gibt, so besagt das, daß in dem, was wir sagen, etwas unrichtig, etwas falsch ist. Sehen Sie, Voreingenommenheit bedeutet, daß Sie etwas Falsches akzeptieren, um eine Position zu stützen, die Ihnen teuer ist. Vielleicht könnten wir sagen, daß es neben den sozialen Quellen der Voreingenommenheit auch solche individueller Natur gibt, die jedem Individuum eigen sind, mit anderen Worten: die letzte Ideologie ist das Individuum selbst. Ich glaube also, daß das eine noch tiefer reichende Frage aufwirft, die, wie ich meine, nicht in Betracht gezogen wurde – nämlich, daß Voreingenommenheit die reale Wahrnehmung verzerrt und daher zerstörend wirken muß. Die Frage ist, was sollen wir gegen solche Voreingenommenheit unternehmen, wenn wir sagen, daß wir uns ihrer bewußt sind?

Young: Wenn ich Sie richtig verstanden habe, stimmen wir nicht überein. Und einer der Punkte, in dem wir nicht übereinstimmen, ist die Beziehung zwischen Voreingenommenheit und Objektivität. Sie glauben, daß Menschen zu einer Übereinstimmung gelangen können. Ich glaube, daß wir in einer Welt leben, in der die Ziele der Menschen so dramatisch zusammenprallen, daß eine Übereinstimmung noch sehr, sehr fern ist. Und solange wir in einer derartigen Welt leben, wird die Frage der Voreingenommenheit, die natürlich eine methodologisch wichtige Frage ist, meiner Meinung nach völlig von allen möglichen Dingen überflutet, die mit Unterdrückung, Elend und Völkermord zu tun haben.

17. Steven Rose/Hilary Rose · Der Mythos von den neutralen Wissenschaften *

»Neutrale Wissenschaft« – die Geschichte einer Debatte

Eine Analyse jüngeren Datums über die soziale Verantwortung der Wissenschaftler von Nobelpreisträger Ernst Chain unterstrich die Feststellung, daß »Wissenschaft, so lang sie sich auf das beschreibende Studium der Naturgesetze beschränkt, keine moralische oder ethische Qualität besitzt und daß das sowohl für die Physik als auch für die Biologie gilt.«[1] Dieser Komplex von Meinungen und Ideen, die Neutralität der Wissenschaft betreffend, scheint sich allmählich zu einem Mythos zu entwickeln. Dieses Thema, das im Augenblick in sozialistischen und kapitalistischen, in industrialisierten und in nicht industrialisierten Ländern überall diskutiert wird, ist jedoch verhältnismäßig jungen Ursprungs. Unsere Absicht ist es hier, diesem Mythos entgegenzutreten, denn wir behaupten, daß er in hohem Maße sowohl für die inhumane Anwendung der Wissenschaft wie für ihre gegenwärtige innere Krise verantwortlich ist.

Die Konflikte des neunzehnten Jahrhunderts über die Rolle und die Beziehungen der Wissenschaft und die Beschränkung des Begriffs der reinen Wissenschaft und der Gesellschaft sind von Bob Young diskutiert wordem. Wir wollen hier zeigen, daß diese Konflikte auch im 20. Jahrhundert noch vorhanden sind. Obwohl man der Ansicht sein könnte, daß Engels in seiner »Dialektik der Natur« diese Analyse größtenteils vorausgesehen hat, wurde erst zehn Jahre nach der Revolution ersichtlich, daß in der Sowjetunion ein spezifischer Versuch gemacht wurde, mit dem Begriff der reinen Wissenschaft zurecht zu kommen. Diese Periode wurde durch Versuche gekennzeichnet, eine »sozialistische Physik«, eine »sozialistische Biologie« und so weiter zu definieren. Was diese sozialistische Wissenschaft ausmachen sollte, war unklar und stand zur Debatte. Klar war lediglich, daß sie sich von der »kapitalistischen Wissenschaft«

* Eine erweiterte Version dieses Papiers erschien in *Impact of Science on Society*, Vol. 21, No. 2, 1971.

unterscheiden sollte und daß es in diesem Gesamtplan keinen Platz für die »reine Wissenschaft« gab.

Die »reine Wissenschaft« stand gleichzeitig unter ideologischem Beschuß, nicht nur von der Linken, sondern auch von rechts, denn der kommende Nationalsozialismus in Deutschland begann damit, von »arischer« und »nichtarischer« (d. h. jüdischer) Wissenschaft zu sprechen. Einige Zweige der Physik, besonders Einsteins Relativitäts- und Quantentheorie, wurden wegen ihrer nichtarischen Eigenschaft angegriffen und es gab Fälle, in denen der gleiche Typ von Physik sowohl wegen seiner nichtarischen wie seiner nichtsozialistischen »idealistischen« Natur angegriffen wurde.

Die Reaktion der Mehrheit der Wissenschaftler auf ihre selbst empfundene Integrität war vorauszusehen. In Deutschland und in der Sowjetunion war diese Reaktion der Art, die Haberer[2] als die Politik der Hinnahme aus Vernunftgründen charakterisiert hat. Diese Hinnahme führte in Deutschland zu der Entlassung jüdischer Wissenschaftler an den Universitäten und der offiziellen Hinnahme einer offen rassistischen Biologie, die die organisierten ungeheuerlichen Massaker in den Konzentrationslagern rechtfertigte. In der Sowjetunion führte sie zur systematischen Vernichtung eines besonderen wissenschaftlichen Zweigs, der Genetik, deren Vertreter verbannt oder zum Schweigen gebracht wurden.

In Großbritannien nahm die Debatte vor dem Krieg eine andere Wendung an. Der traditionelle Empirismus engte die Diskussion, ob die interne Logik der Wissenschaft ideologisch bestimmt sei, auf die Frage ein, inwieweit die Wissenschaft für das menschliche Wohlergehen von Bedeutung ist. Reformistische und marxistische Wissenschaftler erzeugten eine Welle des Optimismus über die Aussichten und die Bedeutung der Wissenschaft als Faktor in der Befreiung der Menschheit. Um diese Wirkung zu erreichen, mußte die Wissenschaft rationell geplant und organisiert werden. In einer entsprechenden Gesellschaftsstruktur würde die Wissenschaft sich unvermeidlich so weiter entwickeln, daß das menschliche Wohlergehen zum Haupttenor wurde. Aber selbst diese Vorstellung hatte zum Resultat, daß ein großer Teil der Akademiker ihre an sich selbst interessierte Reinheit angegriffen fühlte und diese mit jungfräulicher Überempfindlichkeit proklamierte.

Der Krieg und die Mobilisierung der Wissenschaft für Zwecke des Kriegs machte die Debatte bedeutungslos. Selbst die zurückhaltendsten deutschen Wissenschaftler fanden sich in die Kriegsanstrengungen hineingezogen, sogar einigen jüdischen Wissenschaftlern gelang es, den Krieg in ihren Laboratorien zu überleben. In Großbritannien wurden die ›reinsten‹ Akademiker registriert und für die Kriegsforschung eingesetzt. Und in den USA fand die größte wissenschaftliche Mobilmachung statt, die die Welt je erlebt hatte, das Manhattan-Projekt. Die ›Republik der Wissenschaft‹ wurde zu einem Traum vom Frieden, den die Wissenschaft, selbst als der Friede endlich kam, niemals wiedergewinnen sollte.

Die Ära der ›Big Science‹ wurde durch die Explosionen von Hiroshima und Nagasaki eingeleitet und die Debatten der 30er Jahre schienen mit einem Mal seltsam irrelevant. Die Wissenschaft wurde von der Regierung bezahlt; der größte Teil dieser Zahlungen wurde für die Kriegs-(Verteidigungs-)Wissenschaft geleistet; aber Forschungskontrakte der Regierung und der Industrie durchdrangen auch die Universitäten, was besonders in den USA der Fall war.

Überraschenderweise ist der Mythos der Neutralität nicht verwelkt, als die Zeit der ›Big Science‹ kam. Die Gründe dafür scheinen sich zum Teil auf die Debatte der 30er und 40er Jahre zurückzubeziehen, die für viele Wissenschaftler effektiv durch die Lyssenko-Episode beendet wurde. Die Enthüllung der Verzerrungen, die durch die Auferlegung des ›Lyssenkoismus‹ in der sowjetischen Biologie eingeführt wurde, versetzte die westlichen marxistischen Wissenschaftler in einen Zustand der intellektuellen Unordnung. Einige, wie Haldane, traten aus der Kommunistischen Partei aus. Die meisten zogen sich von einer ausgesprochenen Verteidigung der Aussichten einer sozialistischen Wissenschaft in eine neutralistischere Position zurück.

Ein zweiter und vielleicht noch wichtigerer Faktor beim Abklingen der Neutralitätsdebatte war das Dilemma, mit dem sich viele Wissenschaftler konfrontiert sahen, die – viele mit den edelsten Absichten – am Manhattan-Projekt – teilgenommen hatten in der Annahme, daß Hitler Bomben entwickelte und daß Hitler aufgehalten und der Faschismus vernichtet werden müsse. Welche andere Wahl blieb ihnen, als zu versuchen, den Alliierten eine Bombe zu liefern?

Die Tatsache, daß Hitler *nicht* auf dem Weg war, die Bombe zu bekommen, und daß die einzige Bombe, die die Physiker geschaffen hatten, gegen Hiroshima und Nagasaki eingesetzt wurde, schuf eine Gewissenskrise. Wenn ihr Beruf und vor allem ihr Gewissen gerettet werden sollten, mußten sie zwischen den *Wirkungen* dieser Anwendung ihrer Physik und der Physik selbst unterscheiden. Die Physik mußte neutral sein; nur ihr Anwendungszweck durfte verdammt werden. Und als es immer offenkundiger wurde, daß die Wissenschaft im Westen zu bösen Zielen eingesetzt wurde, wurde der Zwang, zwischen dem Forschungsobjekt und dessen Anwendung zu unterscheiden, immer stärker. Denn ausgerechnet für die, die in der Vergangenheit argumentiert hatten, daß die Verbindung zwischen der Wissenschaft und dem menschlichen Fortschritt unvermeidlich sei, wurde der Rückzug in das Laboratorium und seiner Neutralität zu einer Notwendigkeit, *wenn sie die wissenschaftliche Arbeit nicht vollkommen einstellen wollten.*

Eine interessante parallele Entwicklung scheint in der Sowjetunion stattgefunden zu haben. Wiederum mag sie mit dem Versagen des Lyssenkoismus und dem Erfolg der Bombe verwandt sein. Das wird am Beispiel der sich wandelnden sowjetischen Ansicht über die Nuklearwaffen deutlich. Zu Anfang der 50er Jahre war in offiziellen Verlautbarungen die Ansicht festzustellen, daß die Technologie für die Ziele des Menschen nutzbar gemacht werden könne. In der Bombe sah man eine Unterstützung, nicht aber eine ›Transformation‹ des Klassenkampfs, der seiner Bestimmung nach siegreich sein mußte. Die Sprache des nuklearen Feuersturms, die Vernichtungsmaschine des Jüngsten Tags, und der Jargon der US-Rüstungskontroll-Experten wurde als abstoßend empfunden. 1970 galt diese Auffassung in der Sowjetunion jedoch nicht mehr. Man sah in der Bombe eine Verwandlung des Kriegs[3]. Der Jargon der zwei Supermächte ist gemeinsam geworden, die Sprache der SALT-Gespräche. Man sieht die Technologie bei den Sowjets in der gleichen »süßen« Unvermeidlichkeit, wie es bei Oppenheimer der Fall war, als er über die US-Wasserstoffbombe verhört wurde. Und die logische Folge der technologischen Unvermeidlichkeit ist die Neutralität. »Die Wissenschaft«, so versicherte ein hervorragender sowjetischer Physiker einem von uns vor kurzer Zeit, »ist neutral. Die Art, wie man sie verwendet, ist es, die ihr gutes oder ihr böses Potential bestimmt.«

Erst in den letzten paar Jahren ist die allseitige Hinnahme einer Wissenschaft, wie sie sich gleichzeitig in der bürokratischen, militärischen und industriellen Maschinerie der zeitgenössischen Gesellschaft artikulierte, und so von der Verantwortung befreit, wirklich herausgefordert worden, obwohl diese Herausforderung dazu tendiert, die Form einer Ablehnung der *gesamten* Wissenschaft als unwiderruflich mit den Instrumenten der staatlichen Unterdrückung verkettet, anzunehmen. Die Beziehung, die Marcuse zwischen den Produkten der zeitgenössischen Physik und den Bedürfnissen von IBM und der US-Atom-Energiekommission wahrgenommen hat, hat, wie wir argumentiert haben[4], eine spezifische Ablehnung nicht nur der Wissenschaften des Establishments, sondern des ganzen methodologischen Apparats der Wissenschaft und der Rationalität der Wissenschaft selbst zur Folge. Diese Ablehnung ist es, die den Konflikt direkt ins Innerste der Wissenschaft trägt.

Die philosophischen Fragen

Ein Weg, die nicht-neutrale Natur der Wissenschaft zu illustrieren, ist es, die Beschränkungen zu untersuchen, die im gegenwärtigen System der Wissenschaft auferlegt sind. So ist die Debatte, wenn wir erkennen, daß die Big Science vom Staat finanziert wird, und daß es immer mehr mögliche als tatsächliche Wissenschaft, mehr Ideen darüber, was man tun könnte, als es Menschen und Geld gibt, es zu tun, in einem gewissen Sinn kurzgeschlossen. Wissenschaftspolitik bedeutet, Veränderungen zu bewirken in bezug auf das, was die Wissenschaft sein soll. Es steht nicht zur Diskussion, daß die Wissenschaft einfach unvermeidlich ist und nicht aufgehalten werden kann – die Wissenschaft wird immer wieder angehalten und neu in Gang gebracht – und zwar durch Streichung oder Bewilligung finanzieller Mittel. Wer immer die Wahl trifft, was finanziert werden soll – diese Entscheidungen kann der Definition nach nicht ideologie- oder wertfrei sein; sie beinhalten die Annahme gewisser Weisungen für die Wissenschaft und nichts anderes; das Öffnen gewisser Wege bedeutet die Schließung anderer. Wenn man einen Mann auf den Mond schickt, bedeutet das, daß man andere Dinge nicht tun kann. Solche Entscheidungen sind jedem System inhärent. Und da es ganz offensichtlich keine neutralen Entscheidungen sind, kann die wissenschaftliche Arbeit, die sie dadurch schaffen, nicht neutral sein.

Wenn wir also von diesen taktischen Möglichkeiten der sozialen Kontrolle über die Wissenschaft ausgehen, wird deutlich, daß das Moralisieren über die soziale Verantwortung der Biologen, wie es manchmal in dramatischer Übertreibung von einigen Wissenschafts-Journalisten praktiziert wird, entweder überflüssig ist, auf jeden Fall aber von Unkenntnis zeugt. Sollen wir Menschen vegetativ hervorbringen oder Reagenzglas-Babys züchten? Was ist mit der Geschlechterbestimmung oder der genetischen Konstruktion? Sollte der akademische Wissenschaftler die Verantwortung für all diese Fragen tragen, als humanitärer Halbgott im weißen Laborkittel? In Wahrheit sind das verblendete Fragen, rhetorische Nicht-Fragen, die die Aufmerksamkeit von den wirklichen Problemen ablenken, mit denen wir konfrontiert sind. Denn all diese Entwicklungen werden, falls sie kommen sollten, nicht vom Wunschdenken der Männer in den Laboratorien, sondern von der Tatsache bestimmt, daß es teure Forschungsprogramme sind und daß diese von der einen oder der anderen Behörde auf der Basis besonderer Kriterien finanziert werden müssen. Wenn die Mittel fließen, wird kein noch so großes moralisches Dilemma *einige* Wissenschaftler daran hindern, die Arbeit zu tun, selbst wenn einzelne ausscheiden würden. Man wähle als Beispiel die chemisch-biologische Kriegführung. Monod mag recht haben; 90 Prozent der Wissenschaftler mögen sich weigern, in der Kriegsforschung zu arbeiten. Zehn Prozent der Wissenschaftler können aber mehr als genug sein.

Die Debatte muß demnach über die *Macht* geführt werden; über die soziale Kontrolle über die Wissenschaft. Die Probleme der Wissenschaft beziehen sich teilweise auf die Tatsache, daß diese Macht nicht geteilt wird; die Entscheidungen fallen privat und nicht in der Öffentlichkeit – die Verantwortung des Wissenschaftlers sollte sicherstellen, daß die Macht mit den Menschen insgesamt geteilt wird, statt daß man sie unter einer selbstgeschaffenen moralischen

Last dahintaumeln sieht, die verdächtig nach einem Bündel Federn aussieht.

Diese Feststellungen stehen ganz klar zu den objektiven Beschränkungen der heutigen Wissenschaft in Beziehung. Die Beschränkungen, die wir bisher definiert haben, sind äußerlicher Natur. Sie sind für unsere Zwecke nicht ganz angemessen, denn sie nähern sich noch nicht dem Kern der Neutralitätsfrage. So haben wir behauptet, daß die soziale Umwelt in sich selbst genügt, um die Richtung der Forschung zu spezifizieren und daß keine Forschung von dieser Umwelt getrennt werden kann. Aber es bleibt das Problem der gegenwärtigen Verantwortung zeitgenössischer Forscher für zukünftige Entwicklungen, die sie vielleicht gar nicht voraussagen können. Man bedenke beispielsweise die folgenden Fälle.

Als eine amerikanische Wissenschaftlerin die höchste Zivilauszeichnung der amerikanischen Armee für die Entwicklung eines wirksameren Pilzes, der den Reiskeim angreift, erhielt, der besonders für südostasiatische Verhältnisse geeignet war, wurde diese Auszeichnung sicherlich nicht für eine neutrale wissenschaftliche Leistung verliehen. Aber was ist mit der Grundlagenforschung, die zu dieser Arbeit führte und die vielleicht nicht vom Militär unterstützt oder im Auftrag der Verteidigung ausgeführt wurde? Man denke an die Entwicklung des Tränengases CS, das jetzt in Vietnam ausschließlich verwendet wird. Das Gas wurde Mitte der 50er Jahre im Auftrag des britischen Verteidigungsministeriums in Porton Down aufgrund der Erkenntnis entwickelt, wie unzureichend das damals verwendete Tränengas CN in einer Anzahl technischer Kriterien war. Die Forscher in Porton begannen mit ihrer Suche nach einem neuen Agens als Resultat einer ganz spezifischen Weisung des britischen Verteidigungsministeriums. Im Verlauf der Ausscheidung verschiedener Agenzien stießen sie schließlich auf CS. Die Massenproduktion folgte.

Diese Arbeit wurde im Hinblick auf ein besonderes Ziel geleistet, sie war absolut nicht wertfrei und der Bestimmung nach auch nicht neutral. Die Arbeit in Porton war ganz offensichtlich auftragsgebunden. Da ein Auftrag nicht neutral sein kann, ist es die Wissenschaft, die diesen Auftrag ausführt, ebenfalls nicht. Aber was ist mit der Arbeit, aus der die Porton-Studien abgeleitet wurden?

Sollen wir Corson und Stoughton in den 20er Jahren wegen ihrer ursprünglichen Beobachtung anklagen, daß *Ortho-Chlorobenzylidenemalonnitrit* ein Augenreizstoff ist, nur weil Porton die Sache dreißig Jahre später wieder aufnahm und sie zu einem neuen Zweck verwendete? Falls wir das tun, sollten wir auch die Hunderte und Tausende anderer akademischer Forscher erfassen, die in den 20er Jahren ihre Arbeit in den Laboratorien taten, alljährlich drei Papiere über die besonderen Eigenschaften von Chemikalien veröffentlichten und über das Verhalten von Modellsystemen berichteten, einfach deshalb, weil sie im Bannkreis einer Gesellschaft arbeiteten, deren Struktur eine Konsequenz auferlegte, die nicht im Einklang mit der menschlichen Wohlfahrt stand. Wir würden nicht nur Rutherford und Einstein wegen der Atombombe anklagen müssen, sondern praktisch alle Chemiker, Physiker, Mathematiker und Biologen, die in unserem Jahrhundert Forschungsarbeiten veröffentlicht haben. Ganz offensichtlich ist das ein *reductio ad absurdum.*

Man könnte auch argumentieren, daß man über Neutralität nur bis zu einem gewissen Punkt sprechen kann. Nicht auftragsorientierte Forschung und Grundlagenforschung, deren unmittelbare Anwendung noch nicht abzusehen ist, brauchte dann nicht diskutiert werden. Pragmatisch gesehen, könnte eine solche Auffassung akzeptabel erscheinen, vorausgesetzt, daß die Forschung nicht durch eine Behörde oder eine Organisation, wie dem Verteidigungsministerium oder der Industrie in Auftrag gegeben wird, und nur die Grundlagenforschung zum Selbstzweck erhoben wird. Die Teilchenphysik und die Molekularbiologie könnten in diese Kategorie fallen.

Wenn auch ein derartiger Standpunkt als Daumenregel für praktische Alltagszwecke tief genug erscheinen könnte, weicht er jedoch der Betrachtung der möglichen Verbindungen zwischen der Wissenschaft als kognitivem System und dem sozialen System aus. Es wird also angenommen – was immer auch das Ziel der Geldgeber sein mag –, daß innerhalb dieser finanziellen Zwänge das tatsächliche Wesen der geleisteten wissenschaftlichen Arbeit von der objektiven Zusammenfügung von Daten, Fakten und Theorien abhängt. Er umschließt so eine rein »internalistische« Sicht von der Natur der wissenschaftlichen Erkenntnisse, vergleichbar einer Treppe, auf der man sich Stufe für Stufe der absoluten Wahrheit über das Universum nähert. Diese Anschauung von der Wissenschaft ist jedoch in jüngster Zeit von den Philosophen der Wissenschaft ernstlich in Frage gestellt worden. So kann die Aktivität der Wissenschaftler dank der erleuchtenden Einsicht Kuhns in ›normale‹ Wissenschaft und ›revolutionäre‹ Wissenschaft eingeteilt werden[5]. Normale Wissenschaft ist das, was die meisten Wissenschaftler fortwährend – und alle Wissenschaftler den größten Teil ihrer Zeit tun; sie ist die Lösung des Puzzlespiels über die Natur der Welt. Die Rätsel sind in Form eines Paradigmas bestimmt und werden so auch gelöst, in einer Art gestaltpsychologischer Weltanschauung, die einen Rahmen für die normale Wissenschaft liefert. In gewissen Perioden der Wissenschaft und aus einer Vielzahl von nur teilweise verständlichen Gründen, so argumentiert Kuhn, erfolgt ein Paradigmenwechsel, ein Wechsel in der Gestaltanschauung der Welt bei den arbeitenden Wissenschaftlern, die die ›Puzzlespiele‹ verändert, die sie sich selbst stellen. Dieser Paradigmenwechsel ist das, was Kuhn »revolutionäre« Wissenschaft nennt: das Lösen von Problemen an Stelle des Lösens von ›Puzzles‹.

Die von Corson und Stoughton erwähnte Arbeit ist ein Beispiel für das ›Puzzle-Spiel‹. Unserer Meinung nach ist es unmöglich, alle Einzelschritte einer derartigen Grundlagenforschung so zu bewerten, daß sie ein Element der Nichtneutralität beinhalten, möglich ist es aber, dem Paradigma, in dem sie betrieben werden, einen derartigen Wertmaßstab anzulegen. Die ›Puzzlespiel‹-Wissenschaft in sich selbst kann, anders als die auftragsgebundene Wissenschaft – weder die ihr zugeschriebene Neutralität oder Nichtneutralität besitzen; die Begriffe sind hier irrelevant. Relevant sind sie nur für das Paradigma, das niemals wertfrei und niemals neutral ist. Daher müssen wir die Neutralität oder die fehlende moralische Verantwortung nicht in der Arbeit des Wissenschaftlers suchen, sondern innerhalb des Paradigmas, in dem er arbeitet.

Young hat einige Beispiele dieser Art aus der Biologie des neunzehnten Jahrhunderts geliefert. Aber die Beispiele des 20. Jahrhunderts von der Zellbiologie und der Biochemie sind nicht nur andersartig, sondern mindestens ebenso interessant. Jeder, der mit der

Biochemie aufgewachsen ist, wie sie sich von den 30er Jahren an entwickelte, wird sich erinnern, daß das Zentralthema von Lehre und Forschung das der »Energie« war. Der Schlüssel zum Funktionieren der Zelle – man sprach in diesem Zusammenhang von *Zellökonomie* – war der Strom der Energie innerhalb der Zelle, und der Hinweis auf diesen Energie*strom* wurde durch eine Substanz geliefert, die als ATP bekannt war. Es war Lipman, der Anfang der 40er Jahre das Schlüsselwort für die Aktivität von ATP lieferte, es war der *Energieumlauf* in der Zelle. Die Oxydation von Glukose resultierte in der Synthese von ATP – sie speicherte es in einer »Energiebank«. Eine mit ATP verwandte Zusammensetzung, Creatinphosphat oder CP wird synthesiert, wenn es einen Überschuß von ATP gibt. Man bezeichnet dies als ein Energie-Depositenkonto – wie man vergleichsweise auch von einem »Girokonto« der ATP sprach. Energie, Ökonomie, Banken, Giro- und Depositenkonto sind mehr als Wortspielereien, sie widerspiegeln dabei nicht nur die Ansicht, die der Biologe von seinen Entdeckungen hat, sondern sie helfen auch, seine Gedanken zu neuen Experimenten zu leiten. Vieles in der Biochemie der 30er und 40er Jahre bis zur Mitte der 50er Jahre wurde in dieser Art von Sprache mit diesen prä-keynesianischen Untertönen geführt.

Von der Mitte der fünfziger Jahre an begann sich die Ausdrucksweise zu ändern. Das Hauptschlagwort wurde geändert, das Paradigma gewechselt. Viele von denen, die zu diesem Paradigmawechsel beigetragen haben, sind bei dieser Tagung anwesend; selten hat sich eine derartige Galaxie von Metaphernmachern an einem einzigen Ort versammelt. Was sind die zentralen Schlagworte von heute? Wir haben sie bereits in den letzten zwei Tagen oft gehört. Heute spricht man von »Kontrolle«, »Gemeinschaft« der »Kommunikation«, feedback, Interaktion, Repression und Regulierung, Ein- und Abschalten. Es sind die Metaphern der Kybernetik, des Ingenieurwesens, mehr noch, sie sind die Metaphern des modernen, nach-keynesianischen Manager-Kapitalismus oder des bürokratischen Sozialismus. Sie bilden das Gerüst für die heutige ›Puzzle-lösende‹ Forschung in der Biologie. Und diese wiederum dient dazu, die Struktur der Gesellschaft zu stützen, indem sie sie – kraft eines Maßes von entschlossener Extrapolation – auch mit einer biologischen Grundlage versorgen. Die Rolle solcher Metaphern kann nicht einfach als Wortspielereien zusammengefaßt werden, sie engen auch den Rahmen der Denkvorgänge der Forscher ein.

Die Metapher, das Paradigma bestimmt die Fragen, die wir unserem Subjekt stellen und folglich auch die Antwort, die wir in unserem Material suchen. Wenn ein Genetiker, der sich mit dem Verhalten beschäftigt, die Frage stellt »Wie stark bestimmt die Vererbung die Intelligenz?«, hat er die Antwort auf seine Frage bereits eingeengt, noch ehe er mit der Forschung begann, das heißt: er hat seine Antwort in einem besonderen Paradigma gestellt. Es ist die Frage und der Rahmen, in dem sie gestellt wird und nicht so sehr die Antwort, die nicht neutral sind. Historisch zurück verfolgen kann man dies bis zur Eugenik, zurück bis zu Galton und über ihn hinaus. Und wir sollten nicht überrascht sein, wenn wir feststellen, daß diese Art von Forschung gewisse Antworten liefert, die dann deutlich mit gewissen, sozialen und politischen Zwecken in enger Verbindung stehen – wie es beispielsweise mit der Arbeit Jensens in den USA der Fall gewesen ist. Es ist nicht so, daß die Frage nicht gestellt werden sollte, sondern daß wir uns hinsichtlich der Natur des Paradigmas sehr klar sein müssen, das sie fördert und das innerhalb der Grenzen der Daten die Antwort spezifiziert, wie sie das für alle ›Puzzle‹-lösende Forschung tun muß. Für einen großen Bereich der Wissenschaft ist die Analyse möglicher nichtneutraler Komponenten in spezifischen wissenschaftlichen Paradigmen sehr schwierig. Es kann sehr wohl sein, daß wir nur in Perioden der sozialen und intellektuellen Krise flüchtig die Querverbindungen zwischen Wissenschaft und Gesellschaftssystem erblicken.

Nichtneutralität der Wissenschaft zu erklären, heißt, darüber sind wir uns klar, daß Verblassen eines Mythos zu erkennen, der die akademische Wissenschaft und ihre beträchtlichen Leistungen seit mehr als einem Jahrhundert genährt hat. Wenn wir das tun, greifen wir weder die Objektivität der wissenschaftlichen Leistungen, die im Rahmen dieses Paradigmas erbracht wurden an, noch setzen wir die Gültigkeit der inneren Logik der Wissenschaft herab. Die Fortschritte der Wissenschaft präsentieren trotz der sich wandelnden Perspektive ihrer Paradigmen sukzessiv mehr genaue Annäherungen an eine umfassende Aussage über die Natur des Universums.

Die Art, wie die Menschen die Welt sehen, mag mit ihren Ansichten variieren. Diese Änderung wird sich aber innerhalb der entscheidenden Enschränkung vollziehen, daß für uns alle unser Standpunkt menschlich ist: es gibt eine endliche Spezifizierung für die Art, wie unsere Gehirne arbeiten und für die Beziehung dieses Funktionierens zur Umwelt.

Insoweit die Objektivität einen öffentlichen Standpunkt spezifiziert, der allen Menschen gemeinsam ist, gibt es von hier aus eine objektive innere Logik für die Wissenschaft, die neue Techniken, Experimente und Paradigmen verfeinern helfen. Das Universum könnte (kann?), wenn genügend Zeit vorhanden ist, in diesem Sinn gelöst werden – und ein Paradigma, das die Katastrophe nicht beschleunigt.

Aber die Sprache, in der die Lösung gefaßt sein wird, wird von dem Paradigma abhängen; von der Unendlichkeit der Fragen, die wir über das Universum stellen können, werden wir einige auswählen, jedoch keine aus dem ideologischen Rahmen, der durch das Paradigma abgesteckt wurde.

Wenn die Frage des menschlichen Überlebens, wie das jetzt der Fall ist, auf der Tagesordnung steht, bedeutet das, daß die Zeit gekommen ist, in der man als notwendigen Gegenmythos behaupten kann, daß es möglich ist, die Techniken und Methoden der Wissenschaft für Zwecke zu verwenden, die den Menschen nützen, und nicht für solche, die ihn vernichten; daß wir eine menschliche Relevanz in die Paradigmen der Wissenschaft selbst einbauen müssen.

Literaturhinweise

1. Chain, E. B. (1970), *The Responsibility of the scientist New Scientist*, Oktober.

2. Haberer, J. (1969), *Politics and the Community of Science*, New York, Van Nostrand-Reinhold.

3. Moss, N. (1970), *Men, who play God*, London, Penguin.

4. Ross, H., Ross, S. (1969), *Science and Society*, London, Allen Lane, The Penguin Press.

5. Kuhn, T. S. (1970), *The Structure of Scientific Revolution*, Chicago University Press.

Sussman: Ich glaube nicht an die Objektivität der Wissenschaft, deshalb würde ich bestreiten, daß man die wissenschaftliche Arbeit mit sozialen Wertmaßstäben messen kann. Sie schlugen eine Regel vor, die auf Kuhns Werk basiert, wo der soziale Wert sich nur auf das Paradigma bezieht und nicht auf die Aktivität des ›Puzzlespiels‹. Ich will versuchen, das in einen realistischen Rahmen zu stellen. Wenn zwei Menschen Gene aus E.coli entnehmen – wobei der eine das Lac-Gen herausnimmt, um die Regulierung der Laktose-Transformation zu studieren, und der andere ein Gen herausnimmt, um eine sehr toxische Bakterie wie E.coli wachsen zu lassen – so glaube ich, daß sie beide in dem gleichen wissenschaftlichen Paradigma arbeiten – und doch ist ihr ›Puzzle‹-lösen ganz verschiedener Natur. Mit anderen Worten, es kommt mehr darauf an, was sie mit ihrer Wissenschaft tun wollen, was ihr den ›Wert‹ gibt, als das wissenschaftliche Paradigma, nämlich in der Lage zu sein, genetisches Material aus einer Bakterie zu holen und in eine andere einzuführen, was in beiden Fällen das gleiche ist.
H. Rose: Ich sehe nicht ein, daß das ein großes Problem aufwirft, weil mir scheint, was Sie selbst angedeutet haben, daß Sie auf etwas ganz anderes hinauswollen, nämlich auf das Gute oder Böse im Menschen. Sie meinen, daß eine gewisse Teillösung eines Problems von einem ›schlechten‹ und einem ›guten‹ Mann benützt werden könnte und daß das verschiedene Auswirkungen haben kann. Was ich sagen will, ist, daß die Werte selbst in die Paradigmen eingebaut sind. Ich glaube, daß man das im Fall der Biologie des neunzehnten Jahrhunderts sehr klar sehen kann.

18. Jon Beckwith · Der amerikanische Wissenschaftler in der Opposition

Ich möchte über Probleme sprechen, mit denen sich viele junge Wissenschaftler in den Vereinigten Staaten konfrontiert sehen. Die Ursachen, die Sorgen, sind auch in anderen Ländern zu erkennen. Sie werden jedoch in den Vereinigten Staaten stärker empfunden und zwar wegen des wachsenden Bewußtseins von der Rolle unseres Landes als einer Hauptmacht der Unterdrückung und der Ausbeutung in der Welt und des Bewußtseins von der Rolle, die die Wissenschaft dabei spielt. Diese Ebene der Besorgnis in den Vereinigten Staaten ist keineswegs ein neues Phänomen; die Atomphysiker standen vor vielen Jahren vor den gleichen Problemen und sahen sich mit den gleichen Krisen konfrontiert. Unglücklicherweise müssen wir infolge unserer Ausbildung und der Art, wie die Wissenschaft in den Vereinigten Staaten gelehrt wird, die gleichen Lektionen immer wieder von neuem lernen. Ich hoffe, daß diese Lektionen gelernt werden und daß wir, was wichtiger ist, in der Art, wie wir uns der sozialen Auswirkung unserer Arbeit stellen, über die Taktik der Atomwissenschaftler hinausgehen werden.

Zunächst möchte ich über die Erfahrungen einer Gruppe von uns sprechen, die im letzten Jahr bei der Gelegenheit der *Purifikation* eines Bakteriengens versuchten, eine politische Aussage zu machen. Obwohl das, was ich diskutieren will, nur die Meinung einiger weniger widerspiegelt, glaube ich, daß sich die Motivation für unseren Schritt aus den gleichen Widersprüchen ableitet, mit denen so viele andere Wissenschaftler konfrontiert sind.

Unsere Gruppe, die an dieser Aktion beteiligt war, hatte eine harte Ablehnung hinsichtlich der Nutzbarmachung der Wissenschaft in den Vereinigten Staaten entwickelt. Wir hatten erlebt, wie Forschungsarbeiten, die sich manchmal von der grundlegenden Bakteriengenetik ableiteten, benützt wurden, um Waffen für die biologische Kriegführung zu schaffen. Wir hatten gesehen, wie Arzneimittelfirmen die Antibiotika-Forschung ausnützten, um einige wenige reich zu machen und die vielen auszubeuten. Wir hatten eine Fehlleitung der Gesundheitsprioritäten erlebt, wo eine Superforschung an Herztransplantation und an Krebs durchgeführt und den wichtigen Gesundheitsproblemen wie Unterernährung, Bleivergiftung, Kindersterblichkeit und der Gesundheitsfürsorge im allgemeinen nur wenig Beachtung geschenkt wurde. Natürlich hat die Verwendung einer überwältigenden Technologie zur Vernichtung der Menschen und des Landes in Vietnam eine Rolle in unserer wachsenden Sorge gespielt. Wir haben versucht, einige der Widersprüche aufzuzeigen, mit denen Wissenschaftler konfrontiert werden, die in den Vereinigten Staaten unter diesen Bedingungen arbeiten. Um ein Beispiel zu nennen: Der Fortschritt in der Molekularbiologie (für die unsere Arbeit eine graphische Illustration war) führte viele ganz klar in eine Forschung der genetischen Steuerung. Von der beträchtlichen Zahl der Wissenschaftler geben viele die Arbeit mit Bakterien auf, die sich im ersten Experimentierstadium befindet. Wir können nicht voraussagen, wann die ersten derartigen Experimente erfolgreich sein werden oder wann die Techniken angewandt werden können. Wir können uns jedoch nicht in den Glauben hineinversetzen, daß die Anwendungen noch so weit in der Zukunft liegen, daß wir keine Verantwortung für das tragen werden, was sie einmal bedeuten können. Eine Gruppe prominenter Wissenschaftler hat in Verbindung mit einer privaten Stiftung ein Schnellprogramm der Regierung vorgeschlagen, Mittel für ein »genetisches Krankheitsmanagement« zur Verfügung zu stellen. Einer der Gründer dieser Gruppe hat mir angedeutet, daß das Programm analog dem Manhattan-Projekt sein solle!

Ich will die Gefahren der genetischen Steuerung nicht überbetonen. Sicherlich sind viele andere Gefahren in bezug auf ihre Anwendbarkeit bereits vorhanden oder der Verwirklichung näher. Es ist aber sicherlich eine Frage, die die Molekulargenetiker diskutieren sollten.

Des weiteren glaube ich, daß die Weisungen und die Nutzbarmachung dieser Arbeit weder von einer Gruppe »prominenter Wissenschaftler« noch von einer Gruppe von Politikern entschieden werden sollten. Es geht hier um politische Fragen, die eine Erweiterung des Kreises der Entscheidungsbefugten erfordern, die unser gegenwärtiges System nicht erlaubt. Wir kamen zu dem Ergebnis, daß immer die Gefahr und die Wahrscheinlichkeit einer Anwendung der Wissenschaft für Unterdrückung und Ausbeutung bestehen wird, wenn man das gegenwärtige System in den Vereinigten Staaten nicht ändert. Wir denken dabei keineswegs, daß dieses Problem nur in den Vereinigten Staaten oder in den kapitalistischen Ländern existiert; aber eine Vorbedingung für die Veränderung in einer Gesellschaft, wo eine stärkere Teilnahme am Treffen von Entscheidungen möglich ist, ist zumindest die Beseitigung eines Systems, das auf der Ausbeutung des Menschen durch den Menschen gegründet ist.

Wir hatten das Gefühl, daß Wissenschaftler eine große Verantwortung dafür tragen, die Menschen auf diese Gefahren aufmerksam zu machen und die Kontrolle über die Anwendung der Wissenschaft zu sichern.

Die Reaktionen auf unsere Erklärung waren von einigen Seiten schwer und erbittert. Viele Wissenschaftler schrien förmlich auf, daß wir negative Aspekte unserer Arbeit veröffentlichten. Sie waren der Ansicht, daß die Probleme und die Kontrolle der Wissenschaft besser im stillen von den Führern der wissenschaftlichen Gemeinde gehandhabt werden sollten. Diese Standpunkte wurden in Kommentaren der Herausgeber von *Nature* widergespiegelt. »Welche Rechtfertigung kann es für die Annahme geben ..., daß eine unbekannte Technik in den Händen eines medizinischen Berufsstands pervertiert wird, der trotz all seiner Fehler, beständig segensreich gewirkt hat ... Durch eine ausnehmende Furcht vor den Folgen kann der Fortschritt der Wissenschaft unterbrochen, ja völlig aufgehalten werden.«

Ich muß darauf erwidern, daß – falls das Tempo, in dem die Wissenschaft fortschreitet – verlangsamt werden muß, um den Segen der Wissenschaft unter allen Menschen zu verbreiten, das eben geschehen muß.

Das ist jedoch keine notwendige Folge einer Neuüberprüfung der Wissenschaft. Wenn die Wissenschaft ungünstig durch die Befürchtungen der Öffentlichkeit beeinflußt wird, glaube ich, daß die Untätigkeit der Wissenschaftler selbst zum großen Teil für dieses negative Resultat verantwortlich sein wird. So viele sind Wissenschaftler geworden, weil sie das Gefühl hatten, daß sie zu einer Verbesserung für die Menschheit beitragen könnten, und so wenige haben etwas getan, um sicherzustellen, daß die Wissenschaft tatsächlich so angewendet wird.

Menschen, die mit uns von den Gefahren der unkontrollierten Wissenschaft sprachen, wurden »Weltuntergangsmann« oder »Jeremiahs« genannt. Einem Vietnamesen oder einem Contergankind braucht man den Untergang nicht voraussagen. Wir erkannten unsere eigene Komplicenschaft in einem Vernichtungssystem.

Das also waren unsere Sorgen und die Reaktion einer furchtsamen wissenschaftlichen Elite. Die Debatte über diese Fragen erhöhte bei uns die Widersprüche, denen wir als in den Vereinigten Staaten arbeitende Biologen gegenüberstanden. Wie rechtfertigen wir es dann, daß wir in dieser Forschertätigkeit fortfahren oder entscheiden wir uns, das zu ändern? Diese gleiche Frage stellen sich viele junge Wissenschaftler. Welche Wege stehen Studenten offen, die eine wissenschaftliche Laufbahn begonnen haben?

Vor allem einmal sind da diejenigen, die das Gefühl haben, sie sollten zu einem Gebiet der Wissenschaft oder der Medizin überwechseln, wo sie direkt für das Wohl der Menschheit arbeiten können. Man sollte aber daran erinnern, daß ein großer Teil der Forschung, die dem Menschen direkt nützt, auch schädliche Ergebnisse haben kann. *Für den Wissenschaftler gibt es kein Entkommen von dieser Bürde*. Die Wissenschaftler haben immer noch keine Kontrolle darüber, wie ihre Entdeckungen von der Regierung oder der Industrie verwendet werden. Der medizinische Forscher kann nicht sicherstellen, daß ein neues Heilmittel, das er gefunden oder eine neue Technik, die er entwickelt hat, fair und ohne Rücksicht auf das Einkommen verteilt werden oder daß eine pharmazeutische Firma sie nicht ausbeuten wird, um ihren Profit zu steigern. Sicherlich kann er eine segensreiche Forschung betreiben, aber wem wird sie nützen? Einige idealistische Medizinstudenten sind hinsichtlich der Möglichkeit, daß sie etwas zur Besserung der Gesellschaft beitragen können, desillusioniert worden. Einige gehen aus den obenerwähnten Gründen und andere sogar deshalb, weil sie, wenn sie ihre ärztliche Tätigkeit in Gebieten verrichten, wo die Menschen am ärmsten sind, nur dazu dienen, ein Problem zu flicken, das letzten Endes eine politische Lösung erfordern würde.

Dann gibt es auch die, die von der negativen Anwendung der

Wissenschaft angewidert sind, die keinen positiven Weg sehen, als Wissenschaftler etwas beizutragen und die deshalb die Wissenschaft völlig aufgeben. Ich halte es jedoch für eine Illusion zu glauben, daß es eine große Möglichkeit gibt, in unserer Gesellschaft eine andere Rolle zu finden, die nicht auf die eine oder die andere Art dazu beiträgt, den Zielen der Wenigen zu dienen, die unsere Regierung und ihre Institutionen leiten. *Man kann nicht entkommen, indem man die Wissenschaft aufgibt.* Wenn man seinen Lebensunterhalt in den Vereinigten Staaten verdient, ist es schwierig, nicht zum Mitschuldigen und Unterstützer des Systems zu werden. Beispielsweise haben viele Studenten der Naturwissenschaften auf die Sozialwissenschaften umgesattelt. Und doch dürfte ein Beispiel genügen, um zu beweisen, daß man auf diesem Gebiet mit den gleichen Problemen konfrontiert wird wie wir. Eine der größten Investierungen des Bundes in die Sozialwissenschaften war das 58 Millionen »Cambridge-Projekt«, ein gemeinsames Programm von Harvard und MIT, das vom US-Verteidigungsministerium finanziert wurde. Zweck dieses Projektes ist es, die ausgedehnte Verwendung von Computern in den Sozialwissenschaften zu stimulieren. Der Plan für dieses Projekt – das öffentlich ist – sieht auch eine Abteilung für den potentiellen weiten Bereich von Anwendungsmöglichkeiten innerhalb des Militärs vor. Dieser Bereich umfaßt Datenbanken und Analysen radikaler Bewegungen in den USA und der Möglichkeiten, wie man am besten eine ländliche Bevölkerung erreichen kann, um sie patriotischer zu machen usw.[3]

Ich kann nicht leugnen, daß es für uns einige Rollen in unserer Gesellschaft geben könnte, in denen es möglich wäre, mehr als der Wissenschaftler zu Bewegungen beizutragen, die die Gesellschaft ändern werden. Die Wahlmöglichkeiten sind jedoch offensichtlich durch die Talente und die Interessen des Individuums begrenzt. Es wäre wahrscheinlich schwierig, aus jedem Wissenschaftler mit radikalen politischen Ansichten einen radikalen Historiker zu machen. Was sollten dann die Aufgaben des radikalen Wissenschaftlers sein, der einsieht, daß er durch seine Wissenschaft nicht wesentlich zu einer radikalen Änderung beitragen kann? Es ist unwahrscheinlich, daß er den Widersprüchen entkommt, indem er die Wissenschaft aufgibt. Ich glaube aber, daß es einige sehr wichtige Aufgaben gibt.

1. Auf die gleiche Art, wie radikale Historiker oder Wirtschaftswissenschaftler die Art bloßstellen, wie der größte Teil der Geschichte und der Wirtschaftswissenschaften von einem politischen Standpunkt aus gelehrt wird, der das System unterstützt, muß der radikale Wissenschaftler die Art bloßstellen, wie die Wissenschaft in den USA politisch organisiert und dirigiert wird. Wir sind zu dem Glauben erzogen, daß der Fortschritt der Wissenschaft einer der wichtigsten Faktoren zur Verbesserung des Wohls der Menschheit ist. Wir müssen erwidern, daß die Wissenschaft gleichermaßen dazu verwendet werden kann und verwendet worden ist, den Fortschritt des Menschen in Richtung auf eine bessere Gesellschaft zu verzögern. Dazu kommt, was Seikevitz sagte: »Mir scheint es katastrophal, zu glauben, daß eine weiter verfeinerte Technologie, so dirigiert sie sein mag, technologische Fehler der Vergangenheit kurieren wird ... Die Technologie ist den politischen und sozialen Möglichkeiten, die Probleme zu handhaben, die sie schafft, hoffnungslos weit davongelaufen.«[4]

Die Betrachtung der Wissenschaft als rein progressiver Kraft, die Verlockung der Preise und viele andere Faktoren rechtfertigen die korruptesten Ebenen der Konkurrenz, beispielsweise in den begünstigteren Gebieten der Biologie. Die Organisation der Laboratorien zum Zweck der größten Wirksamkeit führt zu entwürdigenden Herren-Sklaven-Beziehungen zwischen Leiter, Student und Techniker. Was nützt dem Menschen eine Kur gegen Krebs, wenn er bei dem Vorgang seine Menschlichkeit verliert?

All diese Einzelheiten müssen als Teil einer radikalen Analyse der amerikanischen Wissenschaft bloßgestellt werden.

2. Für den radikalen Wissenschaftler gibt es nur eine sehr begrenzte Möglichkeit, seine wissenschaftlichen Kenntnisse den Gruppen vermitteln zu können, die für eine radikale Änderung arbeiten. So stellen beispielsweise Ärzte, Krankenschwestern und Techniker ihre Kenntnisse freien Gesundheitskliniken zur Verfügung, wie sie überall in den USA von Gruppen wie den Black Panthers oder den Young Lords eingerichtet werden. Diese Kliniken werden als Modelle für die Art eingerichtet, wie die Gesundheitsfürsorge in einer geänderten Gesellschaft erfolgen wird. Elektroingenieure stellen ihr Wissen zur Verfügung, um die Black Panthers mit einer elektroni-

schen Schutzausrüstung zu versorgen, Organisationen wie das Medical Committee for Human Rights and Science arbeiten nach diesen Prinzipien für die Menschen. Mir scheint jedoch, daß nur sehr wenige wissenschaftliche Disziplinen so nützliche Talente beisteuern können. Der Wissenschaftler, der diesem Weg folgt, kann sich oft großen Risiken für seine berufliche Laufbahn gegenübersehen; Gruppen wie die Panther stehen aber vor weit größeren Gefahren.

3. Der Wissenschaftler muß seine Verantwortung für die Kontrolle über die Anwendung der wissenschaftlichen Forschung erkennen. Diese Kontrolle kann jedoch nicht von Wissenschaftlern allein ausgeübt werden und sollte das auch nicht. Erstens haben Wissenschaftler, die als Gruppe arbeiten, nicht die Macht, einer Regierung oder Institution eine Änderung aufzuzwingen, die sie als gegen ihre eigenen Interessen gerichtet ansehen. Wissenschaftler müssen zuerst Verbindung zu den übrigen Menschen aufbauen, die für eine wesentliche Änderung notwendig sind. Des weiteren bietet das Treffen der Entscheidungen durch eine wissenschaftliche Elite anstelle einer politischen keine Garantie für das Wohl der Menschheit. Ein notwendiger Schritt für die Wissenschaftler ist es dann, die Wissenschaft zum Volk zu tragen. Die Presse wird immer die Tendenz haben, die Bedeutung wissenschaftlicher Entdeckungen bis zu dem Zeitpunkt zu übertreiben, an dem diese wissenschaftliche Entdekkung nicht mehr ungewöhnlich, sondern ein Teil des Alltagslebens geworden ist. Der Wissenschaftler kann es sich nicht mehr leisten, für die breite Masse und ihre Möglichkeiten zu verstehen, Verachtung zu empfinden. Früher oder später wird er nämlich den Preis für diese Vernachlässigung bezahlen müssen. Die Wissenschaftler müssen einen Teil ihrer Energien der Erziehung der Öffentlichkeit und zwar auf eine Art widmen, die *alle* Menschen erreicht.

Eine zusätzliche Komponente zu dieser Erzieherrolle ist die Verpflichtung der wissenschaftlichen Gemeinde, auf die verzerrte Anwendung wissenschaftlicher Methoden zur Unterstützung des Rassismus und der Diskriminierung der Frau zu reagieren.

4. Möglicherweise am wichtigsten wird es sein, daß der radikale Wissenschaftler an seinem Arbeitsplatz nach den gleichen Prinzipien operiert, die er verwendet, wenn er zur Außenwelt spricht. Wenn es wichtig ist, die Kommunikationsebene mit den Menschen

außerhalb der Laboratorien anzuheben, ist es sicher genau so wichtig, eine größere Einheit zwischen allen im Laboratorium Tätigen aufzubauen. Das kann geschehen, indem man darauf hinarbeitet, die hierarchische Struktur der Laboratorien aufzuheben und zu versuchen, die Rolle der eigenen Institution in der Außenwelt zu beeinflussen. Man kann hoffen, daß sich, wenn man in einem so kleinen Maßstab beginnt, größere Veränderungen in der Gesellschaft ergeben werden.

Zusammenfassend möchte ich einige Punkte betonen. Erstens einmal lassen die Ideen, die ich vorgetragen habe, viele verwirrende Probleme ungelöst. Die Frage, welche Forschung ein Biologe betreiben sollte, der von diesen Fragen sehr stark berührt ist, bleibt offen. Das sind Widersprüche, die mir nicht so leicht lösbar erscheinen.

Zweitens werden die Schwierigkeiten, die ich diskutiert habe, für Biologen in der nahen Zukunft fast sicher zunehmen. Der Fortschritt in der Molekularbiologie und in den anderen Bereichen der Biologie war in den letzten Jahren so spektakulär, daß es gefährlich wäre, sich nicht dessen bewußt zu sein, daß diese Forschungen in der Zukunft in großem Maß nutzbar gemacht werden. Dabei kann nicht nur die Möglichkeit des Mißbrauchs ausgeschlossen werden, sondern es besteht auch die Wahrscheinlichkeit einer stärkeren Bindung von Biologen an die pharmazeutische Industrie, die schnell das Potential der Forschung in der Bekämpfung des Krebses, der Molekulargenetik, der Immunologie usw. erkennen werden.

Schließlich habe ich auf meine Einwände gegen den Begriff einer wissenschaftlichen Elite hingedeutet, die sich selbst für am besten für die Kontrolle über die Wissenschaft ausgerüstet hält. Ich glaube, die Natur dieser Tagung spiegelt diese elitäre Auffassung wider. Die Teilnehmer wurden größtenteils wegen ihrer Beglaubigungen ausgewählt – durch FRS, Nobelpreis usw. Ich wurde wegen der Publicity ausgesucht, die wir erhielten, trotz der Tatsache, daß jedermann erkennt, daß unsere Isolierung eines Gens keineswegs von der Bedeutung war, die ihr die Presse zuschrieb. Es hat Diskussionen mit einem größeren Kontakt mit der Öffentlichkeit gegeben – wo ist die Öffentlichkeit hier – warum haben wir nicht damit begonnen? Wo sind unter den Rednern die jungen Leute, die nicht die Beglaubigung durch wissenschaftliche Leistungen, aber ganz sicherlich die Beglaubigungen für die weit größere Sorge besitzen, die sie wegen der sozialen Auswirkung der Biologie empfinden als viele der Redner in diesem Saal? Warum gibt es auf dem Programm nur eine einzige Rednerin? Ich hoffe, daß derartige Tagungen in der Zukunft mehr zusammenführen als lediglich die Elite einer bestimmten wissenschaftlichen Disziplin.

Literaturhinweise

1. Leitartikel: On which side are the angels?, *Nature* 242, 1241–3.
2. Ebd.
3. In einer Broschüre mit dem Titel *Relevance to Sponsor* (des Cambridge-Projekts) verteilt von der Harvard-Universität an die Fakultät.
4. Seikevitz, P. (1970), Scientific responsibility, *Nature*, 227, 1301–3.

Diskussion

Sheridan: Ich möchte dem Redner für den von meinem Standpunkt als gewöhnliche Person ersten klar verständlichen Beitrag danken. Ich habe gefühlt, daß ich die gewöhnliche Person bin, die nicht konsultiert wird, außer zur Wahlzeit, wenn ich ein Kreuz machen darf. Das bedeutet mir nicht sehr viel, weil die Politiker nicht meine Sprache sprechen und zu der arbeitenden Klasse nichts von Bedeutung sagen. Ich weiß nicht, ob die Anwesenden das Fernsehprogramm gesehen haben, in dem eine Frau sagte, der Vorsitzende des Wohnungsausschusses habe sie als »Abschaum« bezeichnet – und persönlich bezeichne ich mich auch als Abschaum der Arbeiterklasse, weil ich keine echten demokratischen Rechte besitze. Man hat mich nicht gefragt, ob die Pille oder ein Asthma-, oder ein Krebs-, oder irgendein anderes Heilmittel entwickelt werden soll.

Die Fragen, die ich beantwortet haben möchte, sind: Warum kann ich kein Heim haben, warum sollte ich, als ich drei Monate schwanger war, von meinem Mann getrennt werden, weil ich nicht die Anzahlung für ein Haus aufbringen konnte, warum sollte ich, der »Abschaum der Arbeiterklasse«, von meinem Kind getrennt werden, als ich in einem Institut für heimatlose Mütter war.

Beckwith: Als die Dame davon sprach, daß sie nicht an Entscheidungen über diese Dinge beteiligt war, dachte ich, ich könnte die Reaktion wenigstens einiger der Anwesenden fühlen (und ich habe sicherlich viel derartige Meinungen gelesen) wir könnten nicht Menschen in diesen Fragen zur Entscheidung heranziehen, weil sie nicht darauf vorbereitet seien und nicht genug wüßten. Das ist ein Problem, dem wir uns augenblicklich stellen müssen, und wir müssen daran beteiligt sein, diese Probleme sofort vor die Öffentlichkeit zu bringen.
Curwen: Ich habe das Gefühl, daß »gewöhnliche« Leute viel erwachsener und fähiger sind, richtige Entscheidungen zu treffen, als das nach der Apathie erscheinen könnte, die sie bei großen Fragen gewöhnlich zeigen. Das ist zum Teil deshalb so, weil sie sich sehr hilflos fühlen, aber hauptsächlich deshalb, weil sie die Wahrheit nicht kennen. Als beispielsweise einmal bewiesen wurde, daß die Atombombentests die Gesundheit und auch die der kommenden Generationen beeinträchtigen könnten, erfolgte dagegen eine weltweite Opposition, die zum teilweisen Teststop führte. Unglücklicherweise waren die Wissenschaftler mit der Warnung vor den Gefahren des fortdauernden Wettrüstens nicht so aktiv, und als Folge davon wurde dann das Verbot nicht umfassend genug gestaltet. Vielleicht ist es die Verantwortung der Wissenschaftler, uns die Wahrheit zu sagen, und zwar nicht im technischen Jargon, sondern, bitte, in schlichten Worten.
Anon: Dr. Beckwith, ich habe hier einen Entwurf des Gelübdes der Wissenschaftler, das durch eine kleine Gruppe militanter Wissenschaftler verteilt wurde. Punkt Nummer 2 besagt: »Es ist die Pflicht des sozial verantwortlichen Wissenschaftlers, vor der Öffentlichkeit keine Information über die allgemeine Natur seiner Forschung und über die gefährlichen Möglichkeiten, zu denen sie verwendet werden könnte, zurückzuhalten.«

Würden Sie zustimmen, daß das eine der Pflichten des sozial verantwortlichen Wissenschaftlers ist?
Beckwith: Ja.
Anon: Wenn das so ist, was ist dann mit all den Wissenschaftlern, die sich weigern, dieses Prinzip anzunehmen und die unter verschiedenen amtlichen Geheimhaltungsvorschriften arbeiten, die ihnen

verbieten, ihre Forschungsergebnisse zu veröffentlichen oder die allgemeine Öffentlichkeit über die Natur ihrer Forschung zu unterrichten? Würden Sie zustimmen, daß sie sich auf sozial unverantwortliche Weise benehmen?

Beckwith: Ja, aber ich glaube, ich würde auch sagen, daß viele von uns, die *nicht*-geheime Forschungsarbeit leisten, die veröffentlicht wird und doch nie die Öffentlickeit erreicht, auch unverantwortlich sind, weil sie die möglichen Folgen unserer Arbeit nicht diskutieren. Ich glaube, daß es hier noch mehr Probleme gibt, ich möchte aber nicht die Gruppe von Wissenschaftlern davon ausnehmen, die geheime Forschungsarbeit leistet.

19. J. Bronowski · Die Loslösung der Wissenschaft vom Staat

Am 2. Februar 1939 schrieb mein verstorbener Freund und Kollege, Leo Szilard, einen Brief an Professor J. F. Joliot-Curie in Frankreich, in dem er vorschlug, die Atomphysiker sollten freiwillig ein Abkommen schließen, keinerlei neue Feststellungen über die Uranspaltung zu veröffentlichen. Es war ein kritischer Zeitpunkt in der Geschichte. Das Datum lag kurz nach München, Hitler saß fest im Sattel und war ganz offensichtlich zum Krieg entschlossen. Und gerade in diesem drohenden Augenblick wurden Ergebnisse veröffentlicht, die keinen Zweifel darüber ließen, daß das Uraniumatom gespalten werden könnte. Szilard zog den Schluß, daß eine Kettenreaktion hervorgerufen werden könnte und warnte Joliot-Curie. »Unter gewissen Umständen könnten Bomben konstruiert werden, die schon ganz allgemein und besonders in den Händen gewisser Regierungen äußerst gefährlich wären.«

So weitsichtig Szilard war, wäre es doch kaum möglich gewesen, daß die von ihm befürchteten Ereignisse hätten aufgehalten werden können, selbst wenn andere Wissenschaftler seine Einladung zum Schweigen akzeptiert hätten. Das Embargo auf Veröffentlichungen, das er zu improvisieren versuchte, war zu unausgegoren, um realistisch zu sein, und das auf einem Gebiet, auf dem die Entdeckungen so schnell gemacht wurden und ihre möglichen Konsequenzen so klar und so ernst waren.

Bestenfalls hätte Szilards Plan ein Notbehelf sein können, mit dem er vielleicht auf etwas Zeitgewinn hoffen konnte. Und doch ist es wichtig, daß ein Wissenschaftler vom Ansehen Leo Szilards den Wunschtraum des bestürzten Bürgers in Worte faßte; ein Moratorium für die Wissenschaft auszurufen. Es erinnert daran, daß sich auch Wissenschaftler im Sturm der Ereignisse hilflos fühlen, die anscheinend von unsichtbaren Händen beständig auf immer massivere und unerfreulichere Formen des Todes hindirigiert werden. Wir alle wollen Zeit erkaufen, Zeit zum Nachdenken, in der das Waffenprogramm des nächsten Jahres noch nicht hinter unserem Rücken grinst.

Ein Vorschlag, ein Moratorium für die Wissenschaft auszurufen, und zwar in einem strengen und buchstäblichen Sinn, wäre heute genau so unrealistisch, wie es das vor dreißig Jahren war. Es könnte Wissenschaftlern (die ihren Lebensunterhalt verdienen und Karriere machen müssen) nur auferlegt werden, indem man ihnen die Regierungsmittel wegnimmt. Und keine Regierung würde dem mitten in einem Wettrüsten zustimmen, wenn sie bei Verhandlungen auf eine Position der Stärke festgelegt ist – was bedeutet, durch Drohung und Gegendrohung. Wie hübsch und wie idyllisch wäre es, wenn die Regierungen übereinkommen könnten, die Waffenforschung und Gegenforschung, die Entwicklungen und Gegenentwicklungen zu suspendieren: wenn nämlich die Bedingungen für ein derartiges Abkommen existieren würden, wären Friede und das glückliche Zeitalter bereits hier.

Tatsächlich würde kein Wissenschaftler, und wie ich hoffe, auch niemand sonst, dem am Wachstum des Wissens liegt, ein Moratorium akzeptieren, selbst wenn es durchführbar wäre.

Die Tradition der freien Forschung und Veröffentlichung war wesentlich für die Festsetzung des Maßstabs der Wahrheit in der Wissenschaft: sie wird bereits durch die Geheimhaltung in Regierung und Industrie ausgehöhlt, und wir müssen uns jeder Ausweitung dieser Geheimhaltung widersetzen. Aus diesem Grund ist sicherlich jede Vorstellung von einem Stillstand der Wissenschaft verschroben, und ich brauche sie nicht ernst zu nehmen.

Es wäre jedoch oberflächlich, in dem populären Traum von einem Moratorium nicht mehr als die eigentliche Vorstellung zu finden. Etwas daran reicht doch viel tiefer und das ist die Idee von *einem freiwilligen Abkommen unter den Wissenschaftlern selbst.* Der Laie ist sich darüber im klaren, daß er dem Mißbrauch niemals dadurch ein Ende setzen wird, daß er den Wissenschaftlern sagt, was sie tun sollen: das führt nur zur Ausbeutung der Wissenschaft durch jene, die wissen, wie man mit der Macht umgeht. Er wünscht sich ein Moratorium, weil er die Wissenschaft für gute Zwecke genutzt sehen möchte, und er ist der Überzeugung, daß das allein durch Aktionen der Wissenschaftler selbst erfolgen kann.

Wenn die Wissenschaft Ausdruck eines Gewissens sein kann, kann es nur spontan durch die Wissenschaftler selbst ausgedrückt werden. Diese Hoffnung wirft natürlich die entscheidende Frage auf, wo der springende Punkt ist. Ist die Wissenschaft als Disziplin fähig, in denen, die sie ausüben, ein Gefühl einer gemeinsamen Verantwortung zu inspirieren? Können Wissenschaftler in ihrer Gesamtheit dazu bewegt werden, die moralischen Entscheidungen zu akzeptieren, die ihnen ihre Position in dieser Zivilisation zugeschoben hat?

Diese Fragen reichen tief, und ich glaube nicht, daß irgendein Wissenschaftler jetzt ruhig schlafen kann, indem er sie einfach aus seinem Denken verdrängt. Hier liegen zwei verschiedene Arten von Fragen vor, die verschiedene Teile seiner Tätigkeit und seiner Persönlichkeit beanspruchen. Beide sind Fragen des moralischen Gewissens; die erste Art betrifft Fragen der *Humanität*, die zweite Fragen der *Integrität*.

Die Fragen der Humanität betreffen den Standpunkt, den ein Mensch im ewigen Kampf jeder Nation einnehmen sollte, eine andere zu überlisten, und zwar hauptsächlich in der Fähigkeit, Krieg zu führen. Obwohl der Wissenschaftler (als Techniker) hier öfter hineingezogen wird als seine Mitbürger, ist sein moralisches Dilemma genau das gleiche wie ihres: er muß seinen Patriotismus gegen sein Gefühl einer universellen Humanität abwägen. Wenn etwas Besonderes daran ist, daß er Wissenschaftler ist, kann es nur darin liegen, daß er sich vielleicht mehr als andere bewußt ist, ein Mitglied einer internationalen Gemeinde zu sein.

Die zweite Art von moralischen Fragen, die der Integrität, leiten sich von den Arbeitsbedingungen ab, die die Wissenschaft denen auferlegt, die sie betreiben. Die Wissenschaft ist eine endlose Suche nach der Wahrheit und die, die ihr ihr Leben widmen, müssen eine einschneidende Disziplin akzeptieren. Sie dürfen beispielsweise nicht daran beteiligt sein, die Wahrheit zu verbergen, und zwar zu keinem noch so beliebigen Zweck. Für sie gibt es keine Unterscheidung zwischen den Mitteln und den Zielen. Die Wissenschaft läßt kein anderes Ziel als die Wahrheit zu und verwirft alle jene Instrumente der Zweckdienlichkeit durch die Männer, die die Macht suchen, ihre Verwendung böser Mittel für das entschuldigen, was sie »gute Zwecke« nennen.

Ich beginne mit den Fragen der Humanität. Da so viel wissenschaftliches und technisches Talent in Beratung und Forschung Kriegszwecken dient, ist es natürlich, daß das moralische Problem, das in unserem Denken am stärksten in Erscheinung tritt (wie bei Szilard), immer noch die Ächtung des Krieges ist. Ich werde später darauf kommen, daß das keinesfalls ausreicht; und doch ist es sicherlich die erste Frage, die vor uns liegt, und sie war mit vollem Recht Anlaß für die Verletzung des allgemeinen Gefühls des Anstands in den letzten fünfundzwanzig Jahren.

Kein Mensch, der sich mit den anderen eins fühlt, kann es billigen, mit Atombomben, mit Napalm und Weltraumraketen Krieg gegen Zivilisten zu führen. Und doch weiß er auch, daß jede Regierung, die die Entwicklung eben dieser Waffe irgendwo in der Welt befohlen hat, das als Pflicht gegenüber ihrer eigenen Nation tat.

Das ist der Grund, warum der Mann auf der Straße wünscht, die Wissenschaftler sollten diese schrecklichen Geheimnisse für sich behalten, wenn sie sie entdecken. Er weiß, daß den Staatsoberhäuptern keine andere Wahl bleibt; jeder von ihnen wurde gewählt, um die Interessen seiner eigenen Nation zu schützen und gegenüber den Interessen der Menschheit im allgemeinen taub und gefühllos zu sein. In einer Welt, in der die Diplomatie immer noch aus nationalem Geschacher besteht, hat kein Staatsmann ein Mandat für die Menschheit und deshalb wendet sich der Mann auf der Straße in der verzweifelten Hoffnung an die Wissenschaftler, daß sie als Hüter des internationalen Gewissens handeln.

Einige Wissenschaftler antworten immer noch, daß sie auch eine nationale Pflicht haben, die darin besteht, das, was sie wissen, ihrem Staatsoberhaupt zu enthüllen, der dazu gewählt wurde, davon den Gebrauch zu machen, den er für den besten hält. In der Zeit eines Weltkriegs, in der das Überleben der eigenen Nation auf dem Spiel steht, werden die meisten Wissenschaftler so handeln – und sie werden dabei auch ein besseres Gewissen haben als ein Klaus-Fuchs, der sich für berechtigt hielt, mit wissenschaftlichen Geheimnissen zu tun, was ihm paßte. Selbst in Zeiten des Friedens wird es Wissenschaftler geben, die die nationale Loyalität an die erste Stelle setzen. Ich glaube, daß das eine Frage des privaten Gewissens ist und daß Wissenschaftler, die das Gefühl haben, ihre letztliche Treue gelte ihrer Nation, ihrem Gewissen *folgen sollten, indem sie direkt für die Regierung arbeiten.*

Was aber, wie ich glaube, in Zeiten wie den unseren *nicht* mehr tragbar ist, ist die Haltung, die Robert Oppenheimer einzunehmen ersuchte: nämlich einerseits technischer Berater für Rüstungsfragen und andererseits das internationale Gewissen zu sein. Die Rivalität zwischen den Nationen ist zu erbittert geworden, und die Wahlmöglichkeiten, die das dem Wissenschaftler auferlegt, sind zu erschreckend, als daß es möglich ist, sich mit Waffen und Kriegspolitik zu befassen und doch noch das Recht des persönlichen Urteils zu beanspruchen. Und das ist nicht bloß eine Frage der persönlichen Unabhängigkeit, es rührt aus einem tieferen Konflikt mit der Moral des Nationalismus, der Regierung und der Diplomatie.

Der Nationalismus hat die Verwendung der Wissenschaft jetzt so verdreht, daß er mit dem daraus gewonnenen Nutzen Freveltaten begeht. Überall in der Welt, vom Jordan bis nach Vietnam und von Nigeria bis Südamerika, halten Männer die präzisesten und teuersten Produkte der Technologie in Händen: automatische Gewehre, Radar, infrarote Gläser, selbstgesteuerte Raketen und die ganze verfeinerte Maschinerie des Kriegs und des Terrors. Und doch hat sie der Vietkongschütze oder der nigerianische Infanterist, die mit diesen Gaben überhäuft wurden, nur, um zu töten. Man hat ihnen nichts gegeben, was ihr Leben daheim besser gestalten könnte: Er hat dort keine Toilette und kein Bad, kein anständiges Möbelstück und kein Werkzeug, keine Arzneimittel und keine Schule, die der Rede wert wären. Es ist schlimm genug, daß die Welt voll von Menschen ist, die in einem solchen Elend leben und es ist ein Affront für die ganze Menschheit, daß ihnen als ein Segen der technischen Zivilisation diese wunderschönen Mordinstrumente aufgedrängt werden.

Es scheint daher klar zu sein, daß ein Wissenschaftler, falls er es nicht für eine Gewissensfrage hält, die er seiner Nation schuldet, direkt an der Kriegsforschung zu arbeiten, keinen indirekten Teil daran haben sollte. Wenn er die Kriegsforschung wählt, sollte er in einer Regierungsdienststelle oder einem Establishment arbeiten. Wenn er aber vor den Folgen des nationalen Kriegs zurückschreckt, sollte er alle finanziellen Mittel und jedes Projekt ablehnen, die ihm in irgendeinem Land von einer militärischen Institution zufließen. Dieser Rat ist nicht leicht in jenen Ländern, wo (hauptsächlich in den Vereinigten Staaten und in der Sowjetunion) der größte Teil der physikalischen Wissenschaften und auch viele andere von Abteilungen der Streitkräfte finanziert werden. Denn das gilt nicht nur für die Arbeit an den Waffen und der Strategie; durch historische Triebkraft erstreckt es sich auch auf ein großes Gebiet der theoretischen und der Grundlagenforschung.

Die Unterstützung der Wissenschaft aus militärischen Mitteln entstand ziemlich zufällig. In der Hauptsache wuchs sie nach 1945 aus den Schnellmethoden, die während des Kriegs zur Finanzierung der Forschung improvisiert worden waren. Damals ging das Geld in den meisten Ländern durch die Hände der Streitkräfte, so daß sie die Forschung auch weiterhin mit Mitteln versorgten. Da es ihnen nicht an Geld fehlte, gewährten sie die Mittel oft auch Theoretikern der Wissenschaft, die auf grundlegenden Gebieten arbeiteten (wie Mathematik und Psychologie), die nicht unbedingt auf eine praktische Verwendung durch die Streitkräfte schließen ließen. Dieses Schema der quasimilitärischen Unterstützung besteht immer noch, sowohl in allgemeinen Bewilligungen wie in spezifischen Projektkosten, beispielsweise für einen großen Teil der Arbeit, die in der Physik und der Chemie geleistet wird. Ein ähnliches Schema findet sich in der Weltraumforschung, die in den Vereinigten Staaten finanziert wird. Wieder findet sich der theoretische Wissenschaftler am Ende einer langen Pipeline, die zwar nicht strikt militärisch ist, deren Gebot über Geldmittel jedoch aus dem Glauben der Regierung stammt, daß die Abteilung ein nützlicher Vorposten des Nationalismus ist.

Dieses Arrangements wegen ist es für einen in der Physik Tätigen zweckdienlich, das Geld für seine Forschung, was sie auch sein mag, aus einer dieser quasimilitärischen Pipelines zu holen. Und da seine Universität gewöhnlich nicht für seine Forschung bezahlt und er oft beispielsweise in den Vereinigten Staaten nicht ohne Unterstützung überleben kann, ist er gezwungen, sich um Hilfe dahin zu wenden, wo das Geld ist. So kommt es, daß Physiker in den verschiedenen Ländern, die nicht freiwillig in der Kriegsforschung arbeiten würden, ihre Mittel durch Regierungsstellen bekommen, deren Hauptaufgabe in Beziehung zum Krieg steht.

Es scheint an der Zeit, dieses Verfahren insofern zu revidieren, daß die finanzielle Unterstützung für nichtmilitärische Forschung nicht mehr aus quasimilitärischen Quellen kommt. Ein Wissenschaftler, der Geld aus einer solchen Quelle annimmt, kann nicht für die subtile Konformität blind sein, die sie seinem eigenen Verhalten und denen, die mit ihm arbeiten, einschließlich seiner Studenten, auferlegt. Die Verpflichtungen, die er stillschweigend auf sich lädt, schlummern zwar, aber sie sind da, und er würde immer in ein ernstes Dilemma geraten, wenn eine in Schwierigkeiten geratene Regierung ihn auffordert, seinen Verpflichtungen nachzukommen.

Ich habe bereits gesagt, daß die meisten Physiker, die Geld von Regierungsstellen annehmen, keine Möglichkeit besitzen, anderswohin zu gehen. Falls sie daher diese Geldmittel ausschlagen sollten, wären sie gezwungen, ihre Forschung aufzugeben. Das wäre zwar hart; würde aber nicht von langer Dauer sein. Denn die technische Gesellschaft, in der wir leben, kann es sich einfach nicht leisten, die Forschung stocken zu lassen; sie wird dazu gezwungen sein, neue Kanäle für die Unterstützung zu öffnen, wenn die alten durch die Empfänger selbst verstopft werden.

Ich werde später zu dem Problem zurückkehren, eine neue Organisation zur Unterstützung der nichtmilitärischen Forschung zu schaffen. Das Problem gilt nämlich, weit über die Physik hinaus, für alle Wissenschaften, und ehe ich es diskutiere, muß ich triftigere Gründe vortragen, wie man sich von den Regierungsstellen lösen kann. Um das zu tun, muß ich von der Unmenschlichkeit des Kriegs zu dem Rang des Regierungseinflusses im allgemeinen weitergehen.

Die traditionelle Gewissensfrage für Wissenschaftler war die Anwendung ihrer Arbeit, um den Krieg noch schrecklicher zu machen. Das Problem, dem wir uns jetzt gegenübersehen, ist aber viel fundamentaler. Es ist allumfassend. Die Wissenschaftler können ihre Gewissen nicht länger auf die Anwendung oder den Mißbrauch ihrer Erfindungen beschränken, zu der Entwicklung von Waffen oder sogar zu den noch größeren Konsequenzen einer irrationalen Technologie, die unsere Zivilisation verzerrt. Statt dessen stehen sie von Angesicht zu Angesicht vor einer zweifachen Moral: der Moral des

Gewissens und der Moral der nationalen und der Regierungsmacht.

Es ist meine Ansicht, daß diese zwei Arten von Moral nicht miteinander vereinbar sind. In internationalen Angelegenheiten war die Wissenschaft immer ein Unternehmen ohne Grenzen, und die Wissenschaftler in ihrer Gesamtheit bilden immer die internationalste Gemeinde auf der Welt. Ich habe in meiner früheren Analyse bereits gezeigt, daß die Öffentlichkeit in einer Welt der Un-Vereinten Nationen immer nach jemand sucht, der für die menschliche Rasse als Ganzes handelt und hofft, daß die Wissenschaftler das tun werden. In den inneren Angelegenheiten wurde die Moral der Macht vor Jahrhunderten von Macchiaveli für *Il Principe* niedergelegt, und sie ist mit der Integrität der Wissenschaft inkompatibel. Das ist eine subtilere Frage jüngeren Datums, die mit der Ausweitung der Gönnerschaft der Regierung auf alle Zweige der Wissenschaft herangewachsen ist.

Die Maschinerie der modernen Regierungen wird durch eine allseitige moralische Verwirrung, auch eine Bereitschaft, jedes Mittel bis zum letzten auszunützen, nachteilig beeinflußt. Ein Wissenschaftler, der einem Ausschuß beitritt, wird ein Gefangener der Prozeduren, durch die den Regierungen überall gesagt wird, was sie hören wollen und die der Öffentlichkeit nur sagen, was sie glauben soll. Die ›Maschine‹ ist in Geheimnisse eingehüllt, die »Sicherheit« genannt werden, und sie wird frei dazu verwendet, der Nation, wie um sie zu schätzen, die Augen zu verbinden. Man konstruiert einen großen Apparat der Ausflüchte, eine Art künstliche Sprache ohne Inhalt, die unter dem Euphemismus einer »Bresche für Rühmlichkeit« läuft.

Der Wissenschaftler, der sich – überall in der Welt – in den Dschungel der Regierungen des 20. Jahrhunderts begibt, zieht sich einen doppelten Nachteil zu. Erstens einmal macht er die Politik nicht – er hilft noch nicht einmal dabei, sie zu machen, und den größten Teil der Zeit hat er keine Ahnung davon, welchen Wandlungen der Politik sein Rat dienen wird. Und zweitens, was für ihn von größerer Bedeutung ist, besitzt er keinerlei Kontrollmöglichkeit darüber, wie das, was er im Rat sagt, der Öffentlichkeit dargeboten werden wird. Ich halte das für ihn für bedeutsamer, weil die *öffent-*

liche Achtung für die Wissenschaft auf ihrer intellektuellen Integrität aufgebaut ist und die Erklärungen aus zweiter Hand und die verstümmelten Auszüge, die ihm zugeschrieben werden, diese Integrität in Verruf bringen. Die Regierung ist ein Apparat, der Macht ausübt und darauf aus ist, diese Macht zu behalten – und im 20. Jahrhundert verwendet sie ihre Zeit mehr als je zuvor darauf, sich zu verewigen, indem sie sich rechtfertigt. Diese Geistesart und Methode steht entschieden im Widerspruch zu der Integrität der Wissenschaft, die aus zwei Teilen besteht. Der eine ist die freie und totale Verbreitung des Wissens: aber da Wissen zur Macht führt, ist keine Regierung damit glücklich. Der andere ist, daß die Wissenschaft keine Unterschiede zwischen Mitteln und Zielen macht: da aber alle Regierungen glauben, daß die Macht an sich gut ist, werden sie alle Mittel zu diesem Zweck anwenden.

Ein Beispiel aus Rußland zeigt, wie schädlich die Abhängigkeit von der Gunst der Regierung für die Integrität der Wissenschaft ist. Dort wurde die Wissenschaft der Biologie im allgemeinen und die der Genetik im besonderen dreißig Jahre lang von einem zweitklassigen Wissenschaftler und Scharlatan, T. D. Lyssenko, beherrscht, dessen einziges Geschick darin bestand, die Gunst zweier aufeinander folgender Staatsoberhäupter auszunützen. So war er in der Lage, die Biologie in großem Maßstab zu fälschen, seine Studenten in Unwissenheit und Täuschung zu erziehen und nebenbei der russischen Landwirtschaft bleibenden Schaden zuzufügen. Das sind die Folgen der Manipulation der Wissenschaft um der politischen Konformität und der Macht willen. Und doch hat Lysenko meiner Meinung nach noch mehr Schaden angerichtet: indem er in der Lage war, diejenigen zum Schweigen zu bringen, die ihm widersprachen, zerstörte er den Glauben anderer Intellektueller an ihre Wissenschaft. Wir leben in einer Zivilisation, in der die Wissenschaft nicht mehr ein Beruf wie jeder andere ist. Denn jetzt ist Wissen die verborgene Quelle der Macht und mehr als das, die Macht über unsere Umwelt erwächst aus diesem Wissen. Deshalb nehmen diejenigen, deren Beruf Wissen und Entdeckung ist, einen Platz ein, der in unseren Gesellschaften entscheidend ist: entscheidend in der Bedeutung und daher auch in der Verantwortung. Das gilt für jeden, der einen intellektuellen Beruf ausübt; in dem Sinn, den ich eben beschrieben habe, haben wir eine intellektuelle Zivilisation und die Verantwortung des Wissenschaftlers ist ein besonderer Fall der moralischen Verantwortung, die jeder Intellektuelle akzeptieren muß.

Trotzdem ist es durchaus fair, die Verantwortung gerade den Wissenschaftlern anzulasten, weil ihre Arbeiten seit einiger Zeit den größten Einfluß auf unser Leben ausgeübt haben und sie aus diesem Grund zu den Lieblingskindern im Register der gesellschaftlichen Bedeutung gemacht worden sind, man könnte vielleicht sagen – verzogene Kinder. So haben andere Intellektuelle das Recht, von ihnen zu fordern, daß sie, als die Lieblingskinder, die moralische Führung übernehmen, die ihr einzigartiger Status verlangt. Das ruft nach sensibler Humanität und selbstloser Integrität, und diese möchte ich jetzt betonen.

Das russische Beispiel ist eine Warnung, daß Wissenschaftler die kriechende Gönnerschaft von Regierungen zurückweisen müssen, wenn sie die Integrität des Wissens als Mittel und Zweck erhalten wollen, die denkende Bürger (einschließlich ihrer eigenen Studenten) an ihnen schätzen. Meiner Ansicht nach ist dem *Wissenschaftler jetzt eine Pflicht auferlegt, einen unbestechlichen Maßstab für die öffentliche Moral aufzustellen.*

Die Öffentlichkeit hat angefangen zu verstehen, daß der konstante Marsch von einer Entdeckung zur anderen nicht durch Glück und nicht einmal durch Cleverness fortgesetzt wird, sondern durch etwas in der Methode der Wissenschaft: eine nie nachlassende Unabhängigkeit in der Suche nach der Wahrheit, die der erhaltenen Meinung, der Bequemlichkeit oder dem politischen Vorteil keine Beachtung schenkt. Wir müssen das öffentliche Verständnis nähren, weil es mit der Zeit eine intellektuelle Revolution selbst in den Angelegenheiten des Staats bewirken wird. Und in der Zwischenzeit müssen wir Wissenschaftler als Wächter und als Beispiele für die öffentliche Hoffnung handeln, daß es irgendwo im Menschen eine moralische Autorität gibt, die alle Hindernisse überwinden kann.

Die Überlegungen gelten auch für jene Wissenschaften, beispielsweise die biologischen, deren Unterstützung von Regierungszweigen ohne militärische Verbindung kommt, denn die moralischen Fragen, die sich jetzt den Wissenschaftlern stellen, können nicht länger mit dem einfachen Maßstab von Krieg und Frieden gemessen werden. Wir sehen, wie sich von Jahr zu Jahr mehr Regierung und Wissenschaft und Wissenschaft und Regierung mehr durchdringen. Wenn wir dieses Durcheinander nicht auflösen, gefährden wir die Integrität jeder Wissenschaft und untergraben das öffentliche Vertrauen in sie, auf das ich so viel setze. Der Konformitätsdruck existiert immer dann, wenn Mittel gebilligt werden und Forschungsaufträge unter der direkten Kontrolle der Regierung stehen; dann ist nämlich (wie das russische Beispiel beweist) keine Wissenschaft gegen die Infektion der Politik und die Korruption der Macht immun.

Jetzt ist die Zeit für die Überlegung gekommen, wie wir – in allen Ländern – eine so vollständige Trennung wie möglich zwischen Wissenschaft und Regierung herbeiführen könnten. Ich nenne das das *Disestablishment der Wissenschaft* im gleichen Sinn wie die Kirchen desetabliert und vom Staat unabhängig geworden sind. Es mag sein, daß das Disestablishment nur durch das Beispiel eines hervorragenden Wissenschaftlers herbeigeführt werden kann, wie etwa durch den großen Kapitza, der in Rußland die Weisungen Stalins ausschlug und Max von Laue, der sich weigerte, in Deutschland für Hitler zu arbeiten. Das unmittelbare Bedürfnis ist jedoch praktischerer Art. Alle Wissenschaftler sollten überlegen, welche Formen das Disestablishment annehmen sollte und für welche sie gemeinsam eintreten werden.

Augenscheinlich sollte die Wahl der Prioritäten nicht in der Hand der Regierungen gelassen werden. Das ist eine Ansicht, die den Regierungsstellen nicht gefallen wird, so daß Wissenschaftler, die sie vertreten, sehr hartnäckig sein müssen, um sie zu Gehör zu bringen. Sie werden sich vielleicht weigern, sich um Geldmittel und Kontrakte zu bewerben, die direkt durch die Regierungsstellen verteilt werden. Das wiederum könnte eine Härte für viele Wissenschaftler bedeuten, die wegen des Geldes nirgends sonst hingehen können und die gezwungen wären, ihre Forschungen einzustellen. Aber sie müssen bereit sein, diesen Härten für eine Weile zu trotzen, wenn sie es ernst meinen und in dem Willen geeint sind, die Wissenschaft in die Hände der Wissenschaftler zu legen.

Auf lange Sicht sollte es das Ziel sein, einen einzigen allgemeinen

Fond für alle Wissenschaftler in einem Land zu erhalten. Das wäre eine wirkungsvolle Form des Disestablishments; zweifellos würden die Regierungen das aber eher hinnehmen als zu sehen, wie die Wissenschaft dahinsiecht und stirbt. Die Alternative wäre, daß die Wissenschaftler sich ihren eigenen Fond aufbauen und sich daraus selbst bezahlen, indem sie ihre Erfindungen zusammenlegen und die Nutzungsrechte verkaufen. Wenn einmal ein allgemeiner Fond für alle Forschungen zusammen besteht, wird die Verteilung Sache der Wissenschaftler selbst. Sie haben jetzt genügend Praxis in Ausschüssen zu sitzen, die das Geld den Bewerbern auf kleineren Teilgebieten zuweisen. In der Zukunft werden sie es jedoch übernehmen müssen, Sektor gegen Sektor, Gebiet gegen Gebiet und Feld gegen Feld abzuwägen (und auf der Spitze dieser Pyramide) jeden Zweig der Wissenschaft gegen den Rest. Das Disestablishment der Wissenschaft wird die Wissenschaftlergemeinde zwingen, sich ihre eigenen Prioritäten zuzuweisen und die Gesamtmittel entsprechend zu verteilen. Im kleinen Maßstab ist das eine bereits vertraute Aufgabe, die nicht allzu belastend wäre. Die Erwägungen zur Arbeit und die Versprechen anderer Wissenschaftler, die Kritik neuer Arbeiten und neuer Pläne, sonst ein formloser Teil jeder wissenschaftlichen Ausbildung. Gegenwärtig ist das in den kleinen Ausschüssen formalisiert, die über die Bewilligung von Mitteln für spezialisierte Gebiete zu entscheiden haben. Im Prinzip gibt es aber keinen Grund, warum die Prozedur nicht in größerem Maßstab, also auf dem gesamten Gebiet der wissenschaftlichen Forschung durchgeführt werden könnte. In den meisten Nationen geben die obersten wissenschaftlichen Körperschaften (beispielsweise die Royal Society und der Medical Research Council in England und die National Academy of Science in den USA) Teil für Teil und von Zeit zu Zeit solche Überblicke. Bisher ist das allerdings nur ein schwacher Schatten einer Wissenschaftspolitik, die in jeder Nation von ihren Wissenschaftlern geleitet wird. Aber es ist immerhin ein Schatten, der den Weg weist, wie man weitermachen kann: er zeigt, daß die Methode praktisch anwendbar ist und aus bekannten Prozeduren entwickelt werden kann.

Bisher habe ich zwei Schritte für Disestablishment der Wissenschaft vorgeschlagen: erstens sich zu weigern, Geldmittel oder Projekte direkt von Regierungsstellen anzunehmen, und zweitens eine einzige nationale Einrichtung zu fordern, die für die Bewilligung von Geldmitteln und deren Verteilung von den Wissenschaftlern selbst vorgenommen wird. Es bleibt noch ein dritter Schritt, allerdings in der ferneren Zukunft – und doch ist das der entscheidende Schritt, daß die Forschung die Stellung eines einzigen *internationalen* Unternehmens einnimmt.

In jeder Nation der Erde sucht die Öffentlichkeit nach einem internationalen Gewissen – das ist der Punkt, von dem aus ich diesen Essay begann und von dem alles abhängt. Die Öffentlichkeit weiß nämlich, daß der Nationalismus ein Anachronismus ist, eine absterbende Form der Zivilisation. Deshalb blickt die Öffentlichkeit überall auf die Wissenschaftler; sie sollen einen gangbaren Weg finden, um das Gefühl der internationalen Pflicht und des Anstands auszudrücken, die so offensichtlich gerade hinter dem Horizont warten. Der Grund für dieses Vertrauen ist, daß die Wissenschaft als internationale Kameradschaft anerkannt wird: international in ihren Prinzipien und international als Körperschaft von Menschen.

Letzten Endes muß das Disestablishment der Wissenschaft dann einen Wandel von nationaler zu internationaler Politik bedeuten. Augenscheinlich wird diese Politik durch die Wissenschaftler selbst diskutiert, geformt und in die Praxis umgesetzt werden müssen – unsere Erfahrungen mit den sogenannten internationalen Organisationen machen das klar. Wir werden aber leider diesen dritten Schritt nicht sehr bald tun können. Es war bereits möglich, daß internationale Ausschüsse in Spezialgebieten der Wissenschaft zusammenkommen und zusammenarbeiten, aber insgesamt gesehen bedeutet es eine ungeheure Verantwortung. Die Gesamtheit der Wissenschaftler wird ein System der Repräsentanz entwickeln müssen, um ihre Politik zu machen, eine Repräsentanz, in der die Jungen, die Kühnen und die Unorthodoxen eine bessere Chance haben, gehört zu werden, als das in der Politik der Fall ist. Es gibt ausgezeichnete Beweise dafür, daß das in der Wissenschaft geschieht, und das ist der allerbeste Grund dafür, den Wissenschaftlern das Feld freizumachen.

Auf diese Weise werden die Wissenschaftler durch ihre eigenen

Vertreter die Bedeutung der einzelnen Wissenschaftszweige und der neuen Forschungsrichtungen in jeder Disziplin zur gegebenen Zeit beurteilen und abwägen müssen. Sie wird den Zeitpunkt und die Erfolgschancen in jedem Fall abschätzen müssen. Und dann wird sie die Beurteilung der Bedeutung mit einer Abschätzung der Erfolgschancen kombinieren müssen, um zu einer Skala der Prioritäten zu gelangen – genauer, einer Skala von Ansprüchen –, um in Übereinstimmung mit dieser Prioritätsskala die gesamten Mittel aufzuteilen.

Es wäre schön, wenn man glauben könnte, daß das Setzen von Prioritäten nichts weiter erfordert, als wissenschaftliche Kompetenz. Aber selbst das Disestablishment der Wissenschaft kann das Leben nicht so einfach gestalten. Es gibt keine Beurteilung der Bedeutung eines Gebiets oder einer Forschungsrichtung, die auf ihr wissenschaftliches Potential beschränkt werden kann. Jedes Urteil im Leben enthält auch eine stillschweigende Einschätzung menschlicher und sozialer Werte, und die Vertreter der Wissenschaft werden nicht in der Lage sein, dem auszuweichen. Es gibt keine Garantie dafür, daß Wissenschaftler dabei bessere Arbeit leisten werden, die Wissenschaft der Humanität anzupassen als bisher, aber es ist Zeit, daß sie sich ihren moralischen Verpflichtungen stellen und es versuchen.

Diskussion

Shallice: Ich glaube, daß wir eben ein erstklassiges Beispiel eines liberalen Phrasengedreschs gehört haben. Es gibt sehr viele Menschen, die glauben, daß Wissenschaftler wegen ihrer Position als Wissenschaftler sehr wohl sehen, daß das kapitalistische System und die Art, wie die Wissenschaft durch dieses System ausgebeutet wird, die Menschheit in den Untergang stürzen wird, falls nicht etwas dagegen unternommen wird. Wenn man diese Form der Analyse akzeptiert, dann lautet die Frage nicht, wie wir unsere Integrität erhalten, sondern wie wir am besten gegen dieses System vorgehen können.

Kafetz: Wir haben sehr viel über die Möglichkeit gehört, daß es einige Aspekte der Wissenschaft gibt, die, weil sie gefährliche Folgen haben könnten, nicht studiert werden sollten. Ich würde sagen, daß, wenn man beispielsweise entdecken würde, daß Schwarze aus verschiedenen Gründen nicht mit der Umwelt vereinbar und auf irgendeine Art weniger intelligent oder weniger fähig sind als Weiße, es für einen Wissenschaftler unmoralisch wäre, das zu unterdrükken, und daß es unmoralisch wäre, eine Gesellschaft auf etwas aufzubauen, das, wie man als Wissenschaftler weiß, nicht wahr ist. Das mag nun wirklich wie ein liberales Phrasengedresch klingen, aber mir scheint, daß es weit besser ist, liberales Phrasengedresch auszuspucken, als tendenziöses, und, falls ich Dr. Beckwith nicht falsch verstanden habe, war es tendenziöses Phrasengespräch, das er uns geliefert hat.

Nathan: Die Auslegung von Politik ist Realität, und Realität war es, was bisher in diese Diskussion nicht eingeführt wurde. Ich denke besonders an die lächerliche Haltung einiger Anwesender, die von sich in Begriffen einer »intellektuellen Elite« oder eines »Gewissens« sprechen. Sie erkennen die soziale Realität der Gesellschaft nicht, in der wir leben. Wenn es um die Machtstruktur und die Erfordernisse der Machtstruktur in unserer Gesellschaft geht, sind wir alle Abschaum und nicht nur die unter uns, die als Studenten oder als Nichtwissenschaftler hier sitzen, sondern selbst die Gentlemen in der ersten Reihe mit ihren Universitätskrawatten, ihren Nobelpreisen oder was sie sonst noch haben mögen. Und diese Position, diese Erkenntnis der allgemeinen Unterdrückung der Menschen, ist von der Art, daß das Gesellschaftssystem nicht dazu da ist, um menschliche, sondern um unmenschliche Bedürfnisse zu befriedigen und daß wir alle seine Opfer sind, ob wir nun unsere vierzig Stunden in der Woche arbeiten, ob wir um unsere Nobelpreise oder um unsere Mandarinpositionen in den biologischen Fakultäten der neuen Universitäten landauf und landab kämpfen.

Bronowski: Kein Maß von leichtherzigen Schmähungen und kein Maß an freundlichem Geplauder wird mich von meiner Position ablenken: Wenn die von uns in diesem Raum, die Wissenschaftler werden wollten, diesen Beruf dem eines Maurers vorzogen, widmeten sie sich etwas, das die Wissenschaft adelt, genau so wie es edle Züge im Beruf des Maurers gibt. Meine Worte sind auf das gerichtet, was der Wissenschaftler als Wissenschaftler und nicht, was er als zufälliger Revolutionär oder Humanist oder dergleichen tun sollte.

Metzger: Professor Monod hat gesagt, daß die Wissenschaft größer ist als alle Wissenschaftler. Dr. Bronowski hat gesagt, daß gewisse Werte angenommen werden müssen, wenn die Wissenschaft weitermachen soll. Wir wissen, daß einige Leute die Wissenschaft und die Religion in Beziehung gesetzt haben. Keine dieser Feststellungen – ob nun direkt oder indirekt – von seiten hervorragender Wissenschaftler hat uns Grund für die Annahme gegeben, daß sich die Wissenschaft nicht auf Glauben gründet; es besteht eine gewaltige theoretische und praktische Struktur, in die die Wissenschaftler wie in einem Netz verstrickt sind. Das Bewußtsein dieses Zustands war es, das einige der hier ausgedrückten Feindseligkeiten zum Ausdruck kommen. Würde aber eine Verstärkung der sozialen Verpflichtungen diese Probleme lösen? Sicherlich sind diese Forderungen gerechtfertigt, ich bezweifle aber, daß hier die Gesamtlösung der Krise liegt. Wir sind mit Fragen konfrontiert, die tiefer als bis zur politischen Ebene reichen. Die Schwierigkeit steckt auch in der besonderen Struktur der Wissenschaft und Technologie – und nicht lediglich in ihren sozialen Anwendungen. Mir scheint – und ich spreche hier als Künstler –, daß die herausfordernste und tiefste, und letztlich auch die konstruktivste Forschungstätigkeit in der Wissenschaft das Bemühen ist, neue und revolutionäre Einblicke in die Natur der Wissenschaft und der Technologie zu schaffen, wie sie sich in verschiedenen Kulturen in den vergangenen Jahrtausenden entwickelt haben.

Rosenhead: Wir hatten eine Debatte, die sich vorwiegend mit der reinen Wissenschaft und den akademischen Methoden befaßte. Es gibt Gründe dafür, und einer davon ist natürlich, daß die Betrachtung des sozialen Einflusses der angewandten Wissenschaft viel schwieriger ist. Man kann hier viel schwerer zu Schlüssen gelangen, sie werden – ob mit oder ohne Anführungszeichen – in keinem Sinn objektiv sein und sie sind wahrscheinlich sehr umstritten.

Wir können nicht wirklich die Funktion der Wissenschaft, die Funktion der Universität oder die Funktion der Industrie erörtern, wenn wir nicht auch erörtern, wie die Gesellschaft funktioniert, deren Teile sie sind.

Die Tagung hat zum großen Teil versucht, eine Trennung zwischen Wissenschaft und Gesellschaft aufrechtzuerhalten. Im Gegensatz zu Professor Bronowski glaube ich nicht, daß es der Mangel an Integrität von Individuen ist, der zählt, so daß die Probleme beseitigt wären, wenn wir nur alle die Wahrheit sagen würden. Und ich stimme wiederum nicht mit Professor Bronowski überein, daß wir von all unserer Verpflichtung befreit wären, wenn wir nur unsere Aufträge vom Verteidigungsministerium und von der NATO los würden. Entscheidend ist, daß wir alle in die Sache verwickelt sind, wir nehmen an der Gesellschaft teil, wir spielen unsere Rolle in ihr und zumeist lehnen wir diese Rolle nicht ab. Ich glaube nicht, daß es einen großen Vorteil bedeutet, wenn wir den Finger der moralischen Verachtung auf Individuen richten und sagen »Du solltest das nicht tun!« Wir sollten eher darüber sprechen, was wir hinsichtlich der allgemeinen Situation unternehmen können.

Und die allgemeine Situation, wie ich sie sehe, ist die, daß das Problem der Verantwortungslosigkeit die Verantwortungslosigkeit von Institutionen und nicht die Verantwortungslosigkeit von Individuen ist. Es gibt Institutionen in der Gesellschaft, die unverantwortlich sind, weil sie das im Innersten sind. Es gehört zu ihrer Natur, es gehört zu ihrer Funktion. Wenn ein Industrieunternehmen versuchen würde, sozial verantwortungsbewußt zu sein, würde es konträr zu seiner eigenen Natur handeln. Es ist zu ganz bestimmten Zwecken aufgebaut und es dient diesen Zwecken und auch gewissen anderen. Es dient, wie unvollkommen das auch sein mag, den Zwekken der Aktionäre in Begriffen des Profits, es dient, vielleicht bedeutungsvoller, den Zielen der Manager in Begriffen der Ausweitung ihres Machtbereichs. Wenn es anders handeln würde, würde es gegen die Gründe handeln, derentwegen es existiert.

Das ist meine allgemeine Perspektive. Ich möchte gern von hier aus fragen, was wir als Nächstes tun können. Wir haben durch die Diskussion etwas erreicht, indem wir die Ebene unserer aller Gewissen angehoben haben. Was können wir sonst tun? Ein Vorschlag, der gemacht wurde, besteht darin, daß wir eine Tagung zur Erörterung der industriellen Verantwortungslosigkeit abhalten sollten. Das ist ein Schritt nach vorn. Wir werden zwar immer noch reden, aber die Ideologie wird notwendigerweise deutlich ins Spiel gebracht werden, und die Übereinstimmung wird verschwinden, und das ist eine gute Sache. Es ist auch ein Gebiet, auf dem es keine Experten gibt, so daß wir keine Nobelpreisträger als Plattformredner auf dem Gebiet der sozialen Verantwortung haben können. Vielleicht ist das ein Gebiet, wo eine echtere Teilnahme stattfinden könnte.

Was können wir sonst tun? Ich stimme mit Dr. Beckwith überein, daß wir nach dem suchen müssen, was wir tun können und nicht, worüber wir reden können, nicht, was wir analysieren, sondern darüber, was wir als Wissenschaftler tun können. Es gibt natürlich Aktionsmöglichkeiten als Bürger: wir können Politiker und wir können Revolutionäre sein – das ist ein anderes Argument. Was aber können wir als Wissenschaftler für den Rest der Gesellschaft tun? Und ich möchte sagen, nicht nur *für*, sondern in Zusammenarbeit *mit* dem Rest der Gesellschaft. Ich will nicht mit und für die *ganze* Gesellschaft handeln, so wie sie heute ist. Einige Teile dieser Gesellschaft sind sehr wohl in der Lage, für sich selbst zu sorgen, besten Dank! Es gibt jedoch Elemente in der Gesellschaft, die am meisten zu leiden haben, und es gibt Institutionen, die am direktesten für das Leiden und für die Tatsache verantwortlich sind, daß diesen Menschen die Möglichkeit fehlt, ihr eigenes Potential zu erkennen. Ich möchte gern sehen, was Wissenschaftler mit diesen und für diese Elemente der Gesellschaft und gegen diese Institutionen tun können.

20. M. H. F. Wilkins · Neue Wege zum Wiederaufbau der Wissenschaft

Ganz allgemein gesprochen gab es zwei Hauptstandpunkte, die bei der Tagung zum Ausdruck kamen. Wissenschaftler, die vor dem Krieg ausgebildet wurden, betonen die Bedeutung der Objektivität in der Wissenschaft (z. B. Monod), die Bedeutung, die objektiven Methoden durch unser Leben auszuweiten und die großen Schwierigkeiten, das zu tun. Jüngere Wissenschaftler (z. B. Young) diskutierten, wie gesellschaftliche Haltungen auf die Art einwirken, wie sich die Wissenschaft entwickelt und zu welchen Schlußfolgerungen sie gelangt.

Wie aufgezeigt wurde, sind diese Wirkungen in einigen Gebieten der Biologie offenkundiger als in der Physik und in der Chemie. Nach der Diskussion zu schließen, scheint ein Teil des Auditoriums das Gefühl zu haben, daß wissenschaftliche Objektivität völlig illusorisch sei, aber ich glaube nicht, daß es Absicht der Redner war, das zu zeigen. Wenn in der allgemeinen Vorstellung von der wissenschaftlichen Objektivität nicht ein großes Element Wahrheit stecken würde, hätte sich die Wissenschaft überhaupt nicht entwickeln können. Wie ich glaube, wäre es ein schwerer Fehler, auf eine zu starke Betonung der Objektivität in der Vorkriegswissenschaft allzu heftig zu reagieren, indem man darauf hinweist, daß die Objektivität ganz und gar eine Illusion ist. Die Frage der Objektivität ist wichtig, weil sie in Beziehung zu der Möglichkeit steht, die Wissenschaft so zu ändern, daß sie den menschlichen Bedürfnissen angemessener ist. Wir müssen in all diesen Diskussionen unterscheiden zwischen der Wissenschaft im allgemeinen und besonderen Formen, die die Wissenschaft in besonderen Situationen annimmt.

Man hat darauf hingewiesen (Blohm), daß das Versagen, eine derartige Unterscheidung zu treffen, zu zersplittertem Denken und so zur Verwirrung führt. Es gab andere Beispiele dafür, was als Ergebnis eines zersplitterten Denkens entgegengesetzte Ansichten zu sein scheinen. Einige Wissenschaftler, besonders die jüngeren, hegten offensichtlich große soziale Besorgnisse und näherten sich den Problemen auf eine sehr emotionale Weise, z. B. bei der Diskussion der

Möglichkeit, die Wissenschaft aus verschiedenen Gebieten zu verbannen oder die Wissenschaftler zu ächten, die an biologischen Waffen arbeiteten. Im Gegensatz dazu zeigen einige Wissenschaftler eine beträchtliche Fähigkeit zu sorgfältigem Denken ohne eine angemessene Erwägung menschlichen Fühlens. Die radikale Jugend wird oft kritisiert, sie sei zu gefühlsbetont und zu besorgt. Um unsere Probleme zu lösen, brauchen wir die Besorgnisse, die wir hier erlebt haben und noch viel mehr; das wird aber alles nur von sehr geringem Nutzen sein, wenn es nicht mit einem sehr sorgfältigen Denken kombiniert wird. Man wird wahrscheinlich zustimmen, daß *wirklich* intelligentes Denken auch menschliche Sorgen umfassen *muß*. Wie ich es bereits in meiner Einleitung angedeutet habe, liegt die Crux des Problems der »sozialen Verantwortung in der Wissenschaft« darin, Wege zu finden, um Denken und Fühlen in Beziehung zu setzen; das sind die entgegengesetzten Tätigkeiten des Geistes, die Dr. Jung zufolge zusammengebracht werden müssen, um den Menschen zu einem Ganzen zu machen. Die traditionelle Anschauung der Wissenschaften, daß das Denken dem Fühlen überlegen ist, ist falsch: beide sind wesentlich.

Kritiker der Wissenschaften, z. B. Roszak[1], behaupten, daß das Fühlen dem Denken überlegen ist, daß die Wissenschaft im allgemeinen sich allzusehr auf die Macht der Vernunft und der Logik verläßt und die moralischen Werte vernachlässigt. Sicherlich ist es einer der Hauptfehler unserer Technokratie, daß Denken und Fühlen nicht in der richtigen Proportion zueinander stehen. Aber es gibt nicht zu viel Denken, viel eher gibt es zu wenig Gefühl. Mehr noch, das Denken ist in sich selbst nicht angemessen, es ist zu beschränkt, zu analytisch, ihm fehlt das Umfassende. Einer der Hauptzwecke bei der Planung der Tagung war, daß das Abwägen des Einflusses der Biologie klarere Vorstellungen von dem Wert der Wissenschaften heute und in der Zukunft geben wird. Ich muß zugeben, daß diese Erwartungen nicht erfüllt wurden. Nur wenige neue Ideen kamen ans Licht. Der Nutzen, der in Medizin und Agrikultur produziert wurde, wurde von den Schwierigkeiten überschattet, die durch die Biologie und durch den Mißbrauch der Biologie geschaffen wurden. Die Stimmung der Tagung war, wenn nicht ausgesprochen düster, so doch vorsichtig und zurückhaltend.

Es war bezeichnend, daß das Wort »Optimismus« zu einem Ausdruck des Tadels wurde. Der Mangel an positiven Ideen war sicherlich nicht einem Mangel an Talenten zuzuschreiben. Im Gespräch mit jüngeren Wissenschaftlern war ich von dem fast völligen Fehlen eines positiven Gefühls über die Werte der Wissenschaft von heute oder über ihren in der Zukunft veränderten potentiellen Wert betroffen. Es wäre ein Fehler, zu behaupten, einige der jüngeren Leute bildeten eine unbedeutende Minderheit am linken Flügel und die Mehrzahl der Wissenschaftler (80 %?) arbeiteten noch zufrieden. Das mag durchaus der Fall sein, aber die jüngeren Wissenschaftler waren kritischer gesinnt und sich der sozialen Probleme bewußter als ihre Kollegen. Der Pessimismus in der Konferenz zeigt an, daß die Zufriedenheit der Mehrzahl der heutigen Wissenschaftler dadurch erreicht wird, daß sie mit Scheuklappen arbeiten und den Schwierigkeiten außerhalb ihrer Alltagsarbeit keine Beachtung schenken. Wenn der gegenwärtige Trend anhält, können wir sicher sein, daß es für die Gesellschaft in steigendem Maß schwieriger werden wird, die Hilfe, die sie braucht, von den Wissenschaftlern zu erhalten.

Der Hauptgrund für den Pessimismus ist der, daß die Anwendung der Wissenschaft unerwünschte Ergebnisse zeitigt. Einige glauben, daß das in erster Linie die Schuld des Kapitalismus ist. Manchmal schien die Diskussion anzudeuten, daß sich die Wissenschaft positiv dem Mißbrauch durch den Kapitalismus zur Verfügung stellt. Roszak behauptet, daß das für die Technokratie im allgemeinen gilt und es, da die Technokratie selbst ein unvermeidliches Produkt der Wissenschaft von heute ist, in der inneren Natur jeder Wissenschaft liegt, unerwünschte Resultate zu produzieren. Es ist möglich, daß das Auditorium diesen Eindruck aus einigen Diskussionsbeiträgen gewonnen hat, die die »Neutralität« der Wissenschaft anzweifelten, indem sie darauf hinwiesen, daß die Wissenschaft heute mißbraucht wird und in der Hand der Regierung zu einem Werkzeug der Unterdrückung geworden ist. Fehlanwendungen im Frieden und im Krieg können, obwohl sie von der größten Bedeutung und Dringlichkeit sind, im Prinzip großenteils durch soziale und wirtschaftliche Planung und durch politische Veränderungen vermieden werden. Die Fehlanwendung kann jedoch nicht von dem subtileren und schwierigeren Problem der entmenschlichenden Wirkungen der Wissenschaft zu trennen sein. Die anti-wissenschaftliche Meinung von heute baut ihre schwerwiegendsten Anklagen gegen die Wissenschaft auf dieser Entmenschlichung auf.

Ich glaube, daß wir uns der Entmenschlichung völlig offen und total stellen müssen; sie ist die Wurzel all unserer Schwierigkeiten und ist von den Wissenschaftlern allzu sehr ignoriert oder geleugnet worden. Antiwissenschaftler behaupten, daß die Praxis des objektiven Denkens nicht nur die Wissenschaftler entmenschlicht, sondern eine Technokratie schafft, die die Menschen im allgemeinen entmenschlicht. Es gibt viele Beweise dafür, daß das heute der Fall ist – aber wenige, daß die Wissenschaft, wie die Antiwissenschaftler zu behaupten scheinen, *»notwendigerweise entmenschlicht«*. Es ist wahr, daß unsere Gesellschaft die Begrenzungen der rein intellektuellen Prozesse nicht anerkannt hat und irrigerweise zu glauben scheint, daß das Denken allein all unsere Probleme lösen kann. Man denke beispielsweise an das Gremium relativ humaner Leute, die zu entscheiden hatten, wie man die erste Atombombe verwenden solle. Sie dachten sehr sorgfältig über viele Möglichkeiten nach und empfahlen dann den einen Aktionskurs, den wir alle jetzt wahrscheinlich für den schlimmsten halten würden: Bomben ohne vorherige Warnung auf Konzentrationen von Zivilbevölkerung abzuwerfen. Da Ausschüsse und Experten oft nicht die richtige Antwort geben, schlagen einige Technokraten – ohne ausreichendes Verständnis für das, worum es geht, – vor, diese Probleme mit Hilfe von Computern zu lösen und so menschliche Werte durch Werte der Maschine beherrschen zu lassen. Eine Entmenschlichung kann auch eintreten, wenn der einzelne Mensch einzig und allein vom Standpunkt der sozialen Planung aus gesehen wird oder von dem der Psychologie, Neurophysiologie, der Molekularbiologie und so weiter.

Die Technokraten und die Wissenschaftler unterbewerten die Bedeutung der nicht-intellektuellen menschlichen Erfahrung. Und doch würden die Wissenschaftler wie andere Menschen darin übereinstimmen, daß das wertvollste im Leben Dinge wie menschliche Erziehung, Liebe, Glück und eine unbestimmte Überzeugung sind, daß das Leben lebenswert ist. Diese Aspekte enthalten ein bedeutenderes Element, das über das intellektuelle und analytische Denken hinausgeht. Vorstellungen über sie werden in der Poesie, in der Malerei und in verwandten Betätigungen entwickelt. Die Beschränkung und Unterentwicklung dieses geistigen und fühlenden Aspekts des Menschen ist es, was wirklich mit der Entmenschlichung durch die Wissenschaft gemeint ist.

Diejenigen, die gegen die Wissenschaft sind, sind völlig zu Recht von den Konsequenzen der heutigen Wissenschaft beunruhigt worden. Aber sie haben allzu stark, manchmal fast unvernünftig reagiert, und sie haben Elemente aus den Augen verloren, die der Wissenschaft und anderen menschlichen Betätigungen gemeinsam sind. Weil die Vernunft in der Wissenschaft von heute nur eine begrenzte und besondere Form besitzt, die für die analytische Wissenschaft angebracht ist, assoziieren sie Vernunft mit einer Verengung und mit einer Eliminierung des Gefühls. Sie sehen die Nationalität als im wesentlichen negativ und einengend für die Freiheit des Geistes an. Das ist heute eine allgemeine Verwirrung. Umfassende Vernunft kann in der Tat ein Führer zu Schöpferkraft und zur Ausweitung der Erfahrung, etwa in der Musik sein.* Die Lösung unseres Problems besteht nicht darin, die Wissenschaft zu zerstören, sondern sie in einer umfassenderen Form wieder aufzubauen, die den Menschen und die menschlichen Bedürfnisse in den Kontext der wissenschaftlichen Forschung mit einbezieht. Eine derartige Wissenschaft könnte dazu beitragen, eher die geistige Einstellung zu befreien als zu beschränken.

Einige Vorstellungen über den Wert der Wissenschaft wurden in der Einführung dargelegt. Dieser Wert muß in erster Linie im Beitrag der Wissenschaft zu dem liegen, was wir Wachsen des menschlichen Geistes oder die Erweiterung seiner Erfahrung nennen können. Die Anwendungen der Wissenschaft tragen dazu bei. In sich selbst können diese Anwendungen sehr nützlich sein, das ist aber nicht ihre primäre Bedeutung. In den wertvollen Erfahrungen des Menschen in menschlichen Beziehungen, in Kunst und Religion liegt eine wesentliche Komponente von Vernunft. Ohne eine rationelle Seite haben sie weder Form noch Wert. Die Kunst braucht genauso

* Ich bin nicht in der Lage, mich hier mit der Beziehung von Vernunft und Gefühl zu befassen. Außerdem ist das Argument nur grob skizziert.

Disziplin wie die Wissenschaft. Künstler denken genauso wie sie fühlen. Die gesamte Wissenschaft besteht im Grunde im Denken und dem Überprüfen des Denkens durch Beobachtung. Obwohl die wissenschaftliche Methode am leichtesten mit wissenschaftlichen Subjekten arbeitet, wo Daten exakt definiert werden können, wird sie auch auf Studiengebieten wie Geschichte oder Literatur usw. angewandt. Es gibt keine klare Grenzlinie zwischen der Wissenschaft und dem denkenden Teil der menschlichen Tätigkeit im allgemeinen. Wir können unser ganzes Leben als Forschung betrachten, in der unsere Ideen mit unseren Erfahrungen getestet werden. Selbst die Kritiker der reinen Wissenschaft würden wahrscheinlich zustimmen, daß die Entwicklung des Menschen die rationale und denkende Seite einschließen muß und davon können wir die Entwicklung der Wissenschaft nicht ausschließen.

Darin liegt der wahre Wert der Wissenschaft. Wir können auch feststellen, daß *wahre* wissenschaftliche Objektivität Ehrlichkeit und Freiheit von Vorurteilen, Beständigkeit und Weite des Blicks erfordert – alles Attribute des traditionellen Werts. Das ist der Grund, warum die Wissenschaft so oft dazu tendiert hat mit menschlichen Haltungen und der Unterstützung der Freiheit in Verbindung gebracht zu werden. Diese Tendenz ist heute nicht mehr so offenkundig, nicht nur wegen der Unzulänglichkeit unserer Politik, sondern weil unsere gegenwärtige Wissenschaft zu begrenzt und nicht für die Probleme geeignet ist, denen sie im weiteren Sinn jetzt gegenübersteht.

Auf welchen Wegen können wir dann am Aufbau einer angemesseneren Wissenschaft arbeiten? Erstens können wir versuchen, uns klarere Vorstellungen von der Natur der Wissenschaft zu machen. Ein Wissenschaftler neigt dazu, in einem feststehenden Rahmen zu arbeiten, für ihn ist es oft sehr schwierig, mögliche Methoden, besonders auf seinem eigenen Fachgebiet, die sich von denen unterscheiden, mit denen er erfolgreich gearbeitet hat, auch nur zu erblicken. Die Gesamtheit ähnelt einer wohletablierten Kirche darin, daß sie eine feststehende Doktrin besitzt. Die Wissenschaft gibt heute sehr erfolgreich Antwort auf Fragen, die sie sich selbst stellt, man denke z. B. an die analytische reduktionistische Methode der Molekularbiologie. Die Fragen, die sich die Wissenschaft stellt, sind in der Hauptsache sehr eng gefaßt. Die engen Methoden, die zur Beantwortung solcher Fragen geeignet sind, sind nicht angemessen, wenn sie in der breiten Wissenschaft angewandt werden, die auch die soziale Auswirkung der Wissenschaft einschließen. In Beziehung dazu wollen wir die Frage der wissenschaftlichen Objektivität betrachten. Bohm nähert sich dem, indem er die Holozyklizität[2] einer Totalität betrachtet, die das Objekt, den Beobachter, seinen allgemeinen Begriff von der Natur und von der Gesellschaft, seine Ideologie und andere relevante Faktoren des Individuums einschließt.

Als Beispiel haben wir die Ökologie, wo man Lösungen nur erhält, indem man alle Teile abwägt. Kein wesentlicher Faktor, so klein er auch sein mag, wird ausgelassen (abgesehen davon, daß die Auffassung des Menschen von der Natur als einem operierenden Faktor innerhalb der Totalität im allgemeinen ignoriert wird).

Es ist klar, daß wir ein viel intensiveres Studium der sozialen und historischen (z. B. Young), der wirtschaftlichen, politischen und philosophischen Aspekte der Wissenschaft brauchen. Auch muß noch viel getan werden, um solche Studien in die wissenschaftliche Ausbildung in Schulen und Universitäten und in die populäre Darlegung der Wissenschaften im allgemeinen zu bringen. An einigen Universitäten ist ein sehr guter Anfang gemacht worden, z. B. in Edinburgh, Manchester und Yale. Die wissenschaftlichen Gesellschaften sollten ihre Rolle bei der Erweiterung der Perspektive in der Wissenschaft spielen. Der Bericht von Hayes, daß sich die neugegründete Genetikgesellschaft in Deutschland auch mit den sozialen Konsequenzen der Genetik befassen wird, ist in der Tat sehr bezeichnend.

Es ist wichtig zu versuchen, über die gegenwärtigen Trends zur Erweiterung der Wissenschaften hinauszugehen. Besonders sollte man dabei die Tätigkeiten beachten, die Wissenschaft und Kunst kombinieren, indem sie neue Bindungen zwischen Denken und Fühlen herstellen. Die Kunst erlebt ihre eigene Krise. Einige von uns in der BSSRS halten vor Kunststudenten wissenschaftliche Vorlesungen. Die Gesellschaft arrangiert Forschungsgespräche über die Elemente der Wissenschaft und der Kunst für Studenten der Wissenschaft und erkundet die Möglichkeit von Kursen für Kinder. Im Verlauf dieser Tätigkeit ergibt sich eine Klärung hinsichtlich der

Natur von Kunst bzw. Wissenschaft. Wir haben dabei nicht die Absicht, die Kunst in die wissenschaftliche Ausbildung mit einzubeziehen. Das wäre eine Zersplitterung. Der Zweck dieser gemischten Studien ist es, ein neues Verständnis von der Natur der Wissenschaft zu vermitteln und die Wissenschaft auf neuen Wegen zu entwickeln, damit sie mehr Teil der gesamten Kultur wird.

Heute besteht eine wachsende Tendenz bei den Künstlern, ihre Arbeit als Forschung anzusehen, als »Tätigkeit mit offenem Ende«, die nicht auf die Produktion eines Objekts abzielt, aber trotzdem eine definierte Aussage macht. Man kann die Wissenschaft ebenso als Tätigkeit mit offenem Ende ansehen, die eher Aussagen über die Aspekte der Natur macht, als daß sie die endgültige Wahrheit liefert.

Beim Wiederaufbau unserer Kultur kann sich die Wissenschaft mit der Kunst in einer breiteren menschlichen Forschung integrieren. Die heute geforderte Objektivität verlangt eher eine Erweiterung als die heute übliche Verengung. Verbunden damit ist die ›Offenendigkeit‹ der Wissenschaft und der Probleme, die sie sich stellt. In den wissenschaftlichen Lösungen mangelt es an Endgültigkeit und Einzigartigkeit – immer tauchen neue Probleme auf.

Die Newtonsche Mechanik und die Wellenmechanik sind beispielsweise eher gültige Aspekte des Universums als sukzessive und engere Annäherungen an eine endgültige Wahrheit. Der Aufbau neuer intellektueller Rahmen sollte durch eine Änderung der Forschungsprioritäten innerhalb der Wissenschaft angeregt werden. Auf jeden Fall wird es wünschenswert sein, mehr Mühe auf die Auswirkungen der Anwendung der Wissenschaft und weniger Zeit auf die Grundlagenforschung zu verwenden, die oft dazu tendiert, bedeutungsloses Wissen anzuhäufen. Wir können hoffen, daß sich neue hybride Gebiete der Forschung entwickeln werden, wo der Mensch und der Rest des Universums in Beziehung zueinander gebracht werden. Die gegenwärtige Umweltforschung ist dafür ein Beispiel.

Wir können erwarten, daß die intellektuelle Herausforderung einer solchen Wissenschaft, die auch soziale Aspekte einschließt – einen Wandel des wissenschaftlichen Denkens bewirken wird, so daß sie sich von der gegenwärtigen Betonung der sogenannten reinen Wissenschaft abwendet.

Etwas zeigte sich bei der Konferenz sehr deutlich, daß nämlich die Wissenschaftler ihre Probleme nicht allein lösen können. Wir brauchen jede Hilfe, die wir von dem Rest der Gesellschaft bekommen können. Die Probleme sind der Gesellschaft und der Wissenschaft gemeinsam. Wissenschaftler und Nichtwissenschaftler müssen lernen zusammenzuarbeiten. Ich glaube, es wäre das Beste, wenn die Wissenschaftler demütig wären und zugeben würden, daß die Entmenschlichung* ein echtes Problem ist. Die Wissenschaftler können nicht lediglich auf die Hilfe von Dichtern, Malern, religiösen Denkern usw. zählen, deren eigene Tätigkeit sich ebenfalls vom Leben entfernt hat. Wir müssen eher zu allen möglichen Menschen gehen. Um meine eigenen Worte zu gebrauchen: »Wir müssen die Wissenschaft unter die Menschen bringen. Wir als Wissenschaftler haben gemeinsame Probleme mit anderen Menschen. Wir sind alle ziemlich hilflos. Wenn die Bombe hochgeht, fliegen wir mit allen anderen in die Luft.« Ich glaube daher, daß wir recht hatten, diese Fragen in der Öffentlichkeit zu diskutieren, obwohl wir vorher unsere Vorstellungen nicht so weit geklärt haben, wie wir das hätten tun können. Die Diskussion zwischen Wissenschaftlern hat einen Hang dazu, in einem starren Rahmen zu bleiben. In Studiengruppen von Wissenschaftlern zu arbeiten bedeutet, im alten Rahmen zu bleiben.

Ich glauben, daß Beckwith recht hatte, als er dafür eintrat, daß die Wissenschaftler in ihren eigenen Institutionen beginnen und versuchen sollten, ihre Arbeit in der Gesamtheit mit ihrem Stab zu teilen. Für mich selbst war es eine Erleuchtung, in unserem Laboratorium zu Nichtwissenschaftlern über unsere Forschung zu sprechen und zu erklären, warum wir diese Arbeit leisten. Die Zuhörer baten um weitere Gespräche und Demonstrationen. Ich war enttäuscht,

* Kierkegaard, der noch über Roszak hinausgeht, hat gesagt: »Wissen ist eine Haltung, eine Leidenschaft, tatsächlich sogar eine unerlaubte Haltung. Denn der Zwang zu wissen, ist wie Dipsomanie (Trunksucht), Erotomanie oder Mordmanie, indem sie einen Charakter schafft, der aus dem Gleichgewicht geraten ist. Es ist keineswegs wahr, daß der Wissenschaftler hinter der Wahrheit her ist. Sie ist hinter ihm her. Sie ist etwas, woran er leidet.« Diese extremistische, wenn auch poetische Formulierung ignoriert den menschlichen Einfluß der Wissenschaft, drückt aber viel Wahrheit aus und ist, abgesehen von dem Wort »unerlaubt« nicht damit inkompatibel, daß die Wissenschaft wertvoll ist. Sie zu akzeptieren, könnte die Wissenschaft schwierig machen, wahrscheinlich gibt es jedoch keinen leichten Ausweg.

als ich erkannte, wie fern unser eigener nichtwissenschaftlicher Stab unserer wissenschaftlichen Arbeit stand. Viele hatten zum Beispiel noch nie durch ein Mikroskop geschaut. Unsere Wissenschaftler erklären ihre Arbeit Nichtwissenschaftlern nur allzu gern und trotzdem haben diese Erklärungen nur selten in unseren Laboratorien oder anderswo stattgefunden, und zwar nicht so sehr, weil es schwierig ist, sondern weil es nicht Teil der allgemeinen wissenschaftlichen Tradition war. Die Übung, über unsere Arbeit mit Außenstehenden zu sprechen und sie möglicherweise vor ihnen zu rechtfertigen, zwingt uns anders zu denken und wirft Fragen über die Natur der Wissenschaft auf.

Um eine klare Vorstellung darüber zu bekommen, wie die Wissenschaft zu ändern ist, brauchen wir Experimente in der Form neuer Forschung, Lehrkurse, Tagungen und andere Tätigkeiten. Bei dem Versuch, eine neue, breite Wissenschaft zu entwickeln, die mit den menschlichen Bedürfnissen in Beziehung steht, werden wir ohne eine politische Veränderung vermutlich nicht weit kommen.

Wir könnten erwarten, daß die Beseitigung der Profit- und der Machtmotive im Kapitalismus den Mißbrauch der Wissenschaft reduzieren würde. Die Erfahrung in Ländern, wo der Kapitalismus ersetzt wurde, zeigt jedoch, daß wir – selbst nach einem politischen Wandel – erleben können, daß wir viele unserer Fehler wiederholen, wenn wir nicht zugleich eine grundlegende kulturelle Wandlung vollziehen werden. Eine solche Wandlung würde notwendigerweise nicht nur auf die Lösung der Krise in der Wisssenschaft, sondern auch auf die Lösung der Krise unserer Kultur im allgemeinen abzielen. Auf diese Art könnte die Wissenschaft wieder eine Kraft zur Besserung des Menschen werden.

Literaturhinweise

1. Roszak, T. (1970), *The Making of a Counter Culture,* London, Faber.
2. Bohm, D. (1971), *Fragmentation in Science and Society,* 22–35.

Die Autoren

Geoffrey Beale, Mitglied der Royal Society, Professor am Institut für Tiergenetik der Universität in Edinburgh.

Jon Beckwith, Abteilung für Bakteriologie und Immunologie der Harvard Medical School.

David Bohm, Professor für theoretische Physik am Birkbeck College der Universität London.

J. Bronowski, Direktor des Council for Biology in Human Affairs am Salk Institute, Kalifornien.

R. G. Edwards, Dozent für Physiologie a. d. Universität Cambridge.

D. V. I. Fairweather, Professor für Gynäkologie, Universitätsklinik London.

Arthur W. Galston, Professor für Biologie an der Yale Universität.

A. J. Hale, Direktor für Forschung und Entwicklung der G. D. Searle & Co. Ltd., High Wycombe.

Joseph G. Hancock, Abteilung für Pflanzenpathologie der Universität von Kalifornien, Berkeley.

W. Hayes, Professor für Molekulargenetik an der Universität Edinburgh.

J. H. Humphrey, Leiter der Abteilung für Immunologie am National Institute of Medical Research, Mill Hill, London.

Martin M. Kaplan, Direktor des Büros für Wissenschaft und Technologie der Weltgesundheitsorganisation in Genf.

Jacques Monod, Leiter der Abteilung für Zellbiochemie am Pasteur-Institut, Professor für Molekularbiologie am Collège de France, Paris.

L. S. Penrose, em. Professor für Humangenetik der Universität London.

M. R. Pollock, Professor für Biologie an der Universität Edinburgh.

Hilary Rose, Dozent für Soziologie, London School of Economics.

Steven Rose, Professor für Biologie, The Open University.

J. D. Watson, Professor für Biologie an der Harvard-Universität.

M. H. F. Wilkins, Professor für Biophysik am King's College der Universität London.

Robert M. Young, Mitglied des King's College der Universität Cambridge.